Utopía Democrática

La Grieta

Gazir Sued

Utopía Democrática
Reflexiones sobre el imaginario político (pos)moderno y el discurso democrático

La Grieta

Segunda edición 2016

Editorial *La Grieta*
Lirio #495 Mansiones de Río Piedras
San Juan, Puerto Rico - 00926
Tel. 787-226-0212

Correo electrónico: gazirsued@yahoo.com
                    gazirsued@gmail.com
                    http://www.facebook.com/gazir

Imagen de portada: Nude Descending a Staircase (1912) de Marcel Duchamp

ISBN 978-0-9763039-1-6

INDICE

CAPÍTULO III

Entre las redes de poder y las resistencias

CAPÍTULO IV

Regímenes de Verdad y crisis de legitimidad

CAPÍTULO V

Tecnología, democracia y redes de información
en la sociedad del espectáculo, en la era de la simulación

CAPÍTULO VI

El (des)orden de las *diferencias*

CAPÍTULO VII

El *fin* de La Historia
y otros relatos de dominación

CAPÍTULO VIII

El Estado *democrático*
y el capitalismo (pos)moderno

CAPÍTULO IX

El Imaginario Democrático
¿Simulacro de resistencia o apuesta de libertad?

EPÍLOGO

Utopía Democrática

REFERENCIAS

PRÓLOGO

Utopía Democrática

" ... a los tristes amores mal nacidos
y condenados por su rebelión
daré algún día mi canción de amigo
y fundiré mi vino con su vino
sin perder el sueño por la excomunión."
Silvio Rodríguez

Prólogo

Utopía Democrática

De la democracia, sin duda, se puede decir cualquier cosa... Demás es sabido que ésta, de manera indiscreta y torpe en ocasiones o cautelosa y hábilmente en otras, ha tenido la cualidad de trocarse en enclave de legitimidad moral para las más diversas manifestaciones de la violencia y la dominación. Entre sus historias, narradas desde el cuento y la poesía, desde el manifiesto político, el texto científico, la novela o la filosofía, este detalle ocupa un lugar singular. Es, pues, para cualquier autoridad (habitual, consentida o impuesta), su virtud más atractiva. No ha habido régimen de gobierno que en algún momento no haya salido al paso a enfrentar en su nombre los *altercados* que ponen en *riesgo* el orden y la *normalidad* de siempre, la de todos los días. Hasta el punto de, una vez *agotados* los remedios *sutiles* para (re)establecerla (para devolver todo a la calma, a lo común y corriente, a lo cotidiano), considere prudente recurrir a la fuerza bruta y a toda la *creatividad* punitiva que la moldea.

Aún así, esta categoría, provocativa y belicosa, es, por demás, principio regulador de toda resistencia política. La democracia, aún desde la relativa ambigüedad que la recorre, y más aún, desde la propia imposibilidad que la constituye, sigue siendo condición fundante y fuente de inspiración de las luchas políticas de fin de siglo; un horizonte emancipador que seguir; una ilusión por la que seguir luchando; una utopía. Y aunque de por sí no puede garantizar nada a nadie, pues nadie puede demarcar en definitiva, de una vez y por todas, los límites de sus dominios, las apuestas reivindicativas insisten en, cuando menos, celarla y protegerla de quienes quiera que sean sus hostigadores. Así sea a costa de mantenerla en su lugar *asignado*, cumpliendo su encargo político habitual, el de promover los rituales domesticantes de la vida social moderna; aceitar el péndulo disciplinario y normalizador de *nuestra* cultura; rendir culto al imperio de la ley del Estado y bailar la rítmica mutante de la economía capitalista y los modos de vida que la sostienen...

Pero la vía más cómoda de asegurar que algo resulte *inevitable*, como dice un amigo, es no preguntarse si acaso podría evitarse o, cuando menos, ser de alguna otra manera. Pienso que la democracia, los rituales de legitimidad que la acompañan, las prácticas que la moldean y consagran sus modos y formas habituales, así como las retóricas que la manosean, las que la levantan y la dejan caer, las que amortiguan sus caídas o hacen mortales sus heridas, como a la libertad, hay que cuestionarla sin mucho reparo y poco miramiento, sin timidez al tocar su cuerpo y sin temor a que al resbalar de entre *nuestras* manos se vuelva a caer y siga rota en pedazos y regada y sin remedio...

Sea en el escenario académico o en cualquier lugar, entre relaciones familiares o de pareja, en el trabajo o entre amistades, ¿cuánto de su configuración actual no se debe, más que al poder de la Razón de Estado o sus aparatos ideológicos y represivos, o a los administradores de los gobiernos de turno, a la inhibición de la propia inventiva de la gente? ¿Qué puntos de vista se imponen sobre cuáles otros?¿Qué prácticas se autorizan? ¿Cuáles se privilegian mientras otras se omiten o se excluyen, se rechazan o se niegan? ¿Qué relaciones se aceptan o se consienten? ¿Cuántas otras se marginan, se reprimen, se suprimen?

La democracia no es un atributo natural de *nuestra* sociedad. La versión prevaleciente es un efecto de conjunto. Debilitarla, preservarla tal cual *es* o radicalizarla depende, sobre todo, de las relaciones de lucha que estemos dispuestos (o no) a librar. Si esto es así, *tenemos* y tendremos la democracia que cada uno y entre todos queramos o cedamos...

De la ilusión democrática
y otras razones para sospechar

"...y quien me quiera incinerar los versos
argumentando un folio inmemorial,
le haré la historia de este sol adverso,
que va llorando por el universo,
esperando el día que podrá alumbrar."
Silvio Rodríguez

De la ilusión democrática
y otras razones para sospechar

Los temas que se entretejen como semblantes de emancipación humana, de las luchas de resistencia y alternativa contra las tecnologías de dominación, por demás híbridas, han sido siempre objetos de inagotables reflexiones teóricas. En el tramo actual de fin de siglo, estos temas, tanto las retóricas como las prácticas políticas que los han acompañado, son filtrados desde múltiples perspectivas. Se registran cada vez más ciertos trastoques, modulaciones y hasta liquidaciones de esas palabras (significantes, categorías o conceptos) que han regulado el imaginario político de la modernidad. O sea, de los conceptos centrales, tal vez más *fuertes*, del programa normativo, ético y político, de ésta: emancipación e historia, sujeto y razón, libertad, justicia, igualdad y progreso, entre otros. Entre ellos, la democracia, matriz mítica del imaginario político moderno, permanece en suspenso.

De estos conceptos, que han regulado los trámites de las luchas políticas hasta nuestros días, sin duda, hay quienes han hecho residencia fija de la intolerancia, de la ortodoxia, de la obediencia y la sumisión, de la mediocridad y del cuento aburrido, de la retórica hueca, hostil e inerte, enclaves todos de las más diversas prácticas de dominación. A pesar de estos entrampamientos, los discursos de resistencia siguen articulándose y moviéndose a partir de y entre ellos. Harto sabido es, por ejemplo, que en nombre de la libertad humana en abstracto se encarcela a la gente de carne y hueso, se invaden y ocupan militarmente países enteros y por lo mismo, bajo el pretexto de un deber o la forma de un derecho, hasta se mata. De igual modo por la justicia y la democracia, por la razón o la ley del Estado, por la moral social, Dios o la patria. Aún así estos conceptos, ambiguos por demás, siguen pretendiendo ejercer un encargo político emancipador. Pero esa misma tarea, consagrada en esas grandes y fuertes palabras, según ha sido vértice de las más terribles atrocidades que ha sufrido gran parte de la humanidad, a la vez, ha movido las reivindicaciones más significativas de la misma; como sigue engendrando sus más altas aspiraciones, sus más grandes ilusiones.

Es en este escenario de confrontaciones incesantes donde se

montan como condición fundante y, a la vez, como horizonte a alcanzar, como principio común y objetivo final, como valor universal para cada cual y, a la vez, por toda y para toda la humanidad viviente, la que ya no es y la que está aún por nacer, que son (re)significados constantemente, tanto como vectores de dominación como enclaves de resistencia y alternativa. Aún cuando las resistencias, en el tramo epocal de fin de siglo -parafraseando a Laclau- constituyan las formas sedimentadas de un poder que ha borrado las huellas de su propia contingencia...

Los temas de las resistencias, es decir, de esos modos de enfrentar los poderes que posibilitan las relaciones de dominación, que se articulan y proyectan en nombre de la libertad y de la justicia, de las ilusiones libertarias y las utopías democráticas son, entonces, motivos de sospecha. En primer lugar, tal vez, porque el orden habitual del discurso político (que incluye desde sus retóricas hasta sus prácticas) les ha asignado un lugar demasiado rígido que, cuando poco, limita excesivamente y entorpece sus movimientos. Aún cuando entre juegos malabares se le dé la vuelta y se asuma que el poder no pertenece sólo a los registros de la dominación, ni que las resistencias a estos poderes supongan, en sí mismas, alguna suerte de esencia liberadora. Pienso que es mucho más complejo que eso y que no basta, de vez en vez, truquear esas cualidades omnímodas que la modernidad históricamente le ha atribuido al poder (sea entendido como el capitalismo, las clases dominantes, el Estado y sus aparatos ideológicos y represivos, el imperialismo o el coloniaje).

Sin embargo, esto no quiere decir que las resistencias políticas dejen de serlo, o que tengan mayor o menor eficacia sólo por desenmarañarse de los registros exclusivos y estáticos asignados por el imaginario político que las hace subir a escena y las mantiene en juego. Tampoco quiere decir que desde ya pertenezcan al orden del azar o a las mañas del caos. Aún cuando sus movimientos, estratégicos o espontáneos, unitarios o fragmentados, estén sujetos a variaciones imprevisibles y se *definan* a partir de la propia condición de lucha, contingente e imprecisa en ocasiones, pero ritualista y demasiado predecible en otras. Las relaciones de fuerza que chocan en los juegos del poder tienen sus historias, sus tramas, sus vínculos estructurales, sus contextos...

Entre estas coordenadas, cómo los trastoques en el imaginario político moderno inciden en las prácticas representacionales de las resistencias políticas y de qué maneras éstas se convierten en dispositivos reguladores de las mismas fuerzas que pretenden combatir, será una vértebra temática de este escrito. Los lineamientos reflexivos se trazarán, pues, en torno a los temas relativos al discurso democrático. Es a partir de este discurso que se han pretendido registrar y referir como enclave último las múltiples y diversas manifestaciones de las luchas de resistencia y alternativa política del siglo XX, tal y como prometen seguir haciéndolo en el siglo XXI...

El objeto de estudio y la metodología: algunas consideraciones

Los territorios donde se libran las batallas de resistencia política, sean bajo el semblante de la democracia o de la emancipación en general, son inestables, a veces azarosos, contradictorios y hasta incongruentes. Por tanto, quiera o no, el *objeto* de esta reflexión teórica estará siempre *sujeto* a movimientos flexibles, entrecruzados y sin duda (in)determinados. Tal vez porque no es sólo historia (aunque lo relate como cuento) ni solamente literatura (aunque lo esté condenando a no ser más que palabra escrita). Las variaciones temáticas, aunque arriesgadas, son, sin duda, a propósito. No sólo porque no todo cabe por el filtro y las mañas de una sola disciplina, sino porque el *objeto* de esta *mirada* no es sólo texto... sino pretexto.

Es a partir de esta *relativa* (in)determinación, que condiciona tanto el escenario epocal, el contexto, como las posibilidades de constitución de un objeto de reflexión teórica, y considerando que tanto en la Universidad como fuera de sus predios, regadas por todo el espectro social, ciertos modos de conjugar, de pensar y de actuar lo democrático, permanecen vigilados y controlados de un lado y censurados, desautorizados y hasta prohibidos de otro, que asigno pertinencia a los temas enlazados en este escrito. A través de él pretendo filtrar algunas sospechas sobre la versión *hegemónica*, que en clave liberal, condiciona la imaginería democrática contemporánea. Para esta tarea intento, mediante los abordajes y acercamientos particulares, ensayar un modo alternativo de reflexión teórica que, sin duda, no tiene cabida en la rigidez metodológica exigida por las ciencias sociales tradicionales. No sólo porque piense que resulte más adecuado a los temas de la mutación epocal sino porque me parece posible convertir la tarea aburrida y tediosa de una obligación académica, de un mero requisito institucional, en una práctica política e intelectual libertaria. A este ensayo metodológico que constituye el cuerpo teórico y político de la tesis le llamo estrategia reflexiva.[1]

Objetivo(s) y organización estratégica

Abordar, a través de una estrategia reflexiva crítica, los regímenes discursivos que sirven de soporte fundamental y legitimidad al imaginario político de la modernidad, acentuar su abierta complicidad con los procesos actuales de (re)estructuración y consolidación del capitalismo y las mutaciones en el orden general del poderío estatal, enmarañados en el acelerado desenvolvimiento de las tecnologías electrónicas y las redes de información/comunicación y, entre estas coordenadas, trazar los límites, encerronas y posibilidades de resistencia política alternativa es, de cierta manera, la intención principal que mueve este escrito. El objetivo clave es, en otras palabras, (re)configurar (en lo (im)posible) las matrices míticas que atraviesan el imaginario político moderno y, particularmente, al discurso democrático, para trocarlo en vector de prácticas de resistencia política alternativa.

Como punto de partida y entrecruzando cada capítulo de este libro esbozo las coordenadas (teóricas y políticas) entre las que se monta y se desmonta de manera incesante el imaginario político moderno, partiendo de la premisa de que es al interior de sus trámites conflictivos y de las múltiples luchas que lo constituyen, calculadas y frías en ocasiones y dispersas, enredadas o azarosas en otras, que se perfila el espectro de posibilidades alternativas. Entre ellas, pienso que es posible ensayar modos alternos de pensar y

---

[1]Pienso que es mediante el propio desenvolvimiento del texto, el montaje particular de sus secuencias y la organización de su lógica, o sea, de los movimientos tácticos que posibilitan acercarme al objetivo estratégico, que cobra sentido hablar de una estrategia reflexiva, me parece pertinente elaborar este concepto con mayor detenimiento. Para estos efectos, así como para acentuar las *influencias,* o más bien simpatías teóricas, como las obligadas precauciones, rechazos y distanciamientos, dedico particular esfuerzo al capítulo II (Tácticas para (des)mantelar el imaginario político (pos)moderno). Además, el capítulo III (Entre las redes del poder y las resistencias) y el capítulo IV (El régimen de Verdad y las crisis de legitimidad) llevan la intención de poner en contexto y, a la vez, de afinar el cuerpo teórico de la estrategia reflexiva que ensayo en este escrito.

actuar lo democrático. En esta reflexión teórica intento, pues, abordar las categorías más *fuertes* que rigen actualmente el imaginario democrático y empujarlas, en lo posible, hacia territorios menos ritualistas y estériles.

Acorde a este objetivo, los ejes regulativos que han regido el imaginario político de la modernidad, o sea, los conceptos centrales de su programa normativo, ético y político, son asumidos con cautela y *mirados*, cuando poco, con desconfianza y sospecha. El acercamiento inicial aborda entonces la propia categoría de modernidad, tomando en cuenta su configuración histórica en relación simbiótica con el capitalismo y considerando a la vez la relación indisoluble entre poder, saber y verdad. Entre estas coordenadas se presenta la condición (pos)moderna como espacio conflictivo e indeterminado, donde las apuestas de resistencia política no sólo se han articulado como estrategias contra-hegemónicas, contra el poder normalizador de la modernidad capitalista y sus particulares modos de dominación, sino que en el propio intento, según han sabido volcarse contra la dominación y resistir, también se han convertido en fichas claves y condición de su propio juego.

De manera simultánea, en el marco de las dislocaciones de época, trazo un lineamiento reflexivo en torno al carácter regulativo de las categorías de identidad que atraviesan los imaginarios colectivos de las resistencias políticas (como historia, nación, pueblo, cultura, etc.). Intento con ello marcar las coincidencias (por ingenuidad política, consentimiento o complicidad) que tienen con la razón de Estado y con las instancias disciplinarias y coercitivas de su poderío y, a la vez, localizar eso que las convierte en dispositivos de legitimidad de las propias prácticas que pretenden combatir, hasta domesticar la imaginación y, por ende, amansar la acción de las fuerzas que resisten.

En síntesis, de acuerdo a los objetivos trazados intento, de manera reflexiva, drenar los ápices de complicidad con el sistema que habitan entre *nuestros* propios discursos de resistencia política. Y, con una dosis necesaria de desconfianza y cautela, activar puntos de fuga respecto a la versión *hegemónica* de la democracia y, a partir de estos desplazamientos, empujar los valores ético-políticos *fuertes* de la modernidad hacia espacios alternativos que viabilicen asumir lo democrático más como *horizonte* móvil de posibilidades que como semblante fijo y dado en definitiva de n*uestra* sociedad.

Mi apuesta política va, entonces, a que es posible pensar y actuar la democracia de alguna otra manera, jugarla más en serio o relajarla, tal vez, *radicalizarla* o, de precisarlo, erradicarla. Que este esfuerzo no sea más que una ilusión libertaria, eco de una utopía democrática, quizás. Que sea una causa perdida, no importa. A fin de cuentas —como decía un amigo- de causas *ganadoras* se sostiene la mayor parte de lo peor en *nuestra* sociedad...

La condición (pos)moderna

"Yo no sé muchas cosas, es verdad.
Digo tan sólo lo que he visto.
Y he visto:
que la cuna del hombre la mecen
con cuentos,
que los gritos de angustia del hombre los
ahogan con cuentos,
que el llanto del hombre lo taponan
con cuentos,
que los huesos del hombre los entierran
con cuentos,
y que el miedo del hombre...
ha inventado todos los cuentos.
Yo sé muy pocas cosas, es verdad,
Pero me han dormido con todos los cuentos...
y sé todos los cuentos."
León Felipe

Capítulo I

La condición (pos)moderna

> "...es el momento desesperado en que se descubre
> que ese imperio que nos había parecido
> la suma de todas las maravillas
> es una destrucción sin fin ni forma,
> que su corrupción está demasiado gangrenada
> para que nuestro cetro pueda ponerle remedio,
> que el triunfo sobre los soberanos enemigos
> nos ha hecho herederos de su larga ruina."
>
> *Calvino*

Un silbido muy agudo teje la melodía seductora del capital, y entre las redes de su verdad embriagante, tantas veces tenue y difusa, recorre la ruta (in)cierta de la actual condición de época. Demasiadas líneas de fuga escapan a la razón *suprema* de la modernidad y atraviesan las narrativas que nos constituyen, nos centran y nos asedian, las que nos hacen categorías de análisis, traquetean los límites de nuestros cuerpos y nos inventan de la piel hacia adentro. Entre ellas, la democracia, matriz mítica de la modernidad, permanece en suspenso...

Mutación de época: coordenadas generales

Los regímenes discursivos[1] que han servido de soporte fundamental al *imaginari*o político de la modernidad[2] pasan por el

---

[1]El concepto *discurso* se emplea, no como conjunto de hechos lingüísticos ligados entre sí por reglas sintácticas de construcción, regularidades internas etc., sino en el sentido que lo emplea Michel Foucault, como juegos estratégicos, que forman parte de las prácticas sociales, de acción y reacción, de pregunta y respuesta, de dominación, retracción y lucha. (M. Foucault, *La verdad y las formas jurídicas*, Editorial *Gedisa*, España, 1995; pp.15;162-63).

[2]Lo imaginario inviste los códigos y estructuras generadas en lo social (en tanto simbólico y bajo el género del lenguaje), que ya sea de modo particular o compartido implica las formas de representación que tiene una sociedad de sí misma, desde las reflexiones intelectuales hasta los deseos que animan el quehacer cotidiano. Incluye además los contornos ideológicos, las aspiraciones, los temores...en fin las ideas, los mitos, creencias que prevalecen y que ponen de

cernidor de la sospecha. Los entramados de su fracaso, de su inconclusión o agotamiento, han puesto en primer plano una tarea de balance y de rendición de cuentas. Son cernidas sus torpezas pero también sus aciertos, sus promesas y sus mentiras, sus virtudes y sus tropiezos; su (im)posibilidad. Entre sus narrativas, sean utópicas o (des)encantadas, trazadas desde la timidez o la cautela, la imprudencia o la radicalidad, se filtran alternativas y se cuelan apuestas de libertad; entre ellas, ecos de incertidumbre trastocan la rítmica constante del péndulo normalizador...

Los temas de la cernición de época se presentan en un escenario global mutante. En él se conjugan los juegos habituales de la dominación, sea desde órdenes subvertidos o entre reajustes y combinaciones que, trilladas, repetidas o en estreno, marcan su carácter (in)cierto e (in)determinado. Es sólo a partir de esta condición que sería posible trazar las coordenadas generales de las mutaciones de fin de siglo y entre ellas trocar las resistencias políticas en trámites de libertad.

La mutación epocal, o condición (pos)moderna -apunta Henry A. Giroux- es referida a cambios radicales en las relaciones de producción, la naturaleza de la nación-estado, el desenvolvimiento de las nuevas tecnologías que han redefinido los campos de las tele-comunicaciones y los procesamientos de información y las fuerzas que trabajan en la creciente globalización e interdependencia de las esferas económicas, políticas y culturales.[3] En palabras de Josep Picó, la condición posmoderna se perfila entre las siguientes coordenadas:

---

manifiesto la arquitectura de la sociedad misma. (N. Correa de Jesús, H. Figueroa Sarriera, M.M. López; Introducción a la recopilación de ponencias del Coloquio Internacional sobre el Imaginario Social Contemporáneo; del 13 al 15 de febrero de 1991, en la Universidad de Puerto Rico). Aunque existe una relativa indeterminación epistemológica sobre la noción de imaginario, permite abordar el conjunto de repertorios de símbolos mediante los cuales la sociedad sistematiza y legaliza las imágenes de sí misma y se proyecta hacia lo diferente. (N. García Canclini; "Después del posmodernismo: la reapertura del debate sobre la modernidad; *Imaginarios Urbanos*; Editorial *EUDEBA*; Buenos Aires, 1997; p.101). En este sentido, la noción de *imaginario* no supone una estructura estática o inmutable sino que designa la condición transitoria, ambivalente e indeterminada de los procesos de significación.

[3]H.A. Giroux; "Postmodernism and Educational Criticism"; *Postmodern Education: Politics, Culture and Social Criticism*; University of Minnesota Press, Minneapolis, 1993; p.63.

"...en política asistimos al final del Estado de
Bienestar y la vuelta a las posiciones conservadoras
de economía monetarista, en ciencia presenciamos el
boom de las tecnologías -la cibernética, la robótica
abren un horizonte incalculable a las capacidades
humanas-, en arte se ha llegado a la incapacidad de
establecer normas estéticas válidas y se difunde el
eclecticismo que, en el campo de la moral, se traduce
en la secularización sin fronteras de los valores, lo
que constituye para algunos una fuerza subversiva
incalculable."[4]

Entre estas coordenadas son desafiados los grandes relatos
fundacionales de la modernidad. Este desafío, tanto a sus reclamos
como a sus promesas/proyectos de *emancipación*, ensancha las grietas
teóricas y políticas que los han acompañado y acentúan la frágil
condición de legitimidad que los soporta.[5] Entre ellos la historia y la
razón, la verdad, la identidad y el sujeto. De igual manera, son
cernidas las categorías que han regulado sus dominios (libertad,
progreso, igualdad, justicia y democracia, entre otras) y (re)escritas en
una pluralidad fragmentada de narrativas. En las postrimerías del
siglo XX se advierte, entonces, que los *grandes* proyectos teóricos
consolidados bajo los dominios de la ciencia -según Hans R. Fisher-
se desmoronan junto con sus pretensiones de conocimiento objetivo,
de explicaciones racionales que trascienden el tiempo y el espacio, de
control y planificación de procesos sociales y de interpretaciones
globales.[6] De modo coincidente Dora Fried Schnitman y Saúl I.Fuks

---

[4] J. Picó; *Modernidad y postmodernidad*; Editorial *Alianza*, Madrid, 1992; p.13.

[5] J.F.Lyotard, por ejemplo, refiere la condición posmoderna al progresivo desuso
del dispositivo meta-narrativo de legitimación del conocimiento (científico),
activado a partir de la crisis de la filosofía metafísica. El desmoronamiento de las
grandes verdades ligadas al proyecto de la modernidad es, según Lyotard, la *crisis* de
credulidad con respecto a los *metarelatos*. Condición de *crisis* que se intensifica a
partir del propio *progreso* de las ciencias, y se expande acorde a la rítmica acelerada
de las tecnologías de información, desde la Segunda Guerra Mundial. (J.F.Lyotard;
La condición posmoderna: informe sobre el saber; Ediciones *Cátedra*, Madrid, 1994;
pp.10;73).

[6] H.R. Fisher; "Sobre el final de los grandes proyectos"; *El final de los grandes proyectos*;
Editorial *Gedisa*; Barcelona, 1997, p.11.

sostienen que esos grandes sistemas de creencias -científicas y políticas- ligadas al proyecto de la modernidad, esas *grandes verdades* que ofrecían recetas para obtener coherencia sobre la realidad, se han desmoronado:

> "Esos sistemas explicativo-descriptivos totalizadores permitían contar con una visión de la historia, con un proyecto político, con un *ideal* científico, con una ética y una estética. Ofrecían, en suma desde una explicación para comprender el cosmos hasta un catálogo de las conductas sexuales o estéticas más aceptables. Al derrumbarse, arrasaron consigo los criterios con los que construíamos nuestros mapas y diseños para reconocer y modificar la realidad."[7]

En este escenario, como afirma Jean-Marie Guéhenno, ya no hay un orden político capaz de producir valores.[8] Es éste, sin duda, un rasgo ineludible de la actual condición de época. Sea como sea, apunta Victoria Camps, todo induce a pensar que el rasgo característico de este fin de siglo es el abandono del anhelo de totalidad, en todos los ámbitos -metafísico, religioso, ético, político, estético, económico.[9] Tal vez. Sin embargo, los espectros del capital permanecen, desde el siglo pasado, encadenando el aquí y el ahora. Respecto a ello Marx todavía asoma su pertinencia:

> "Es el tiempo de la venalidad universal, o hablando en términos de economía política, el tiempo en el cual toda cosa, moral, física o espiritual, al convertirse en valor venal, se lleva al mercado para apreciarla en su más justo valor."[10]

---

[7] D.Fried Schnitman y S.I.Fuks; "Reflexiones de cierre: diálogos, certezas e interrogantes"; *Nuevos paradigmas culturales y subjetividad*; Paidós, Buenos Aires, 1994; p.447.

[8] J.M.Guéhenno; *El fin de la democracia: la crisis política y las nuevas reglas del juego*; Editorial *Paidós*, Barcelona, 1995; p.136.

[9] V.Camps; "Por la solidaridad hacia la justicia"; *La herencia ética de la ilustración*; Editorial *Crítica*, Barcelona, 1991; p.144.

[10] K. Marx; *Miseria de la filosofía*; Ediciones *Júcar*, Madrid, 1974; p.73 en F.J. Ramos;

En la esfera de las artes Octavio Paz, entrada la década de los '60, ya hablaba de "el fin de la modernidad", dada la progresiva *neutralización* de la *crítica* (rasgo distintivo de la modernidad) y la cooptación de las "vanguardias", toda vez que se insertan como *objeto* o *noticia* en los circuitos de producción y consumo de la sociedad industrial y su *significación* depende, si no del precio, de la publicidad. Pasado, presente y futuro han dejado de ser valores en sí -añade Paz-, como tampoco hay una ciudad, una región o un espacio privilegiados.

> "Todos hablamos simultáneamente, si no el mismo idioma, el mismo lenguaje. No hay centro y el tiempo ha perdido su antigua coherencia: este y oeste, mañana y ayer se confunden en cada uno de nosotros. Los distintos tiempos y los distintos espacios se combinan en un ahora y un aquí que está en todas partes y sucede a cualquier hora."[11]

Las maneras habituales de (re)presentar el orden de lo social, de lo político y lo ético, de lo económico, lo cultural y lo estético, están siendo emplazadas desde múltiples vectores. Sean éstas autorizadas (como las teorías dominantes o los paradigmas disciplinarios), marginales o disidentes. Las narrativas que pretenden dar cuenta de los trámites de la mutación de época marcan, entonces, más que un plano fijo donde anclar descripciones o explicaciones definitivas, puntos de tensión en territorios movedizos, fragmentados.

Suben a escena no sólo los discursos *ideológicos* de la modernidad, los que han intentado (re)presentar una *normalidad* hegemónica en los lugares donde las relaciones de fuerza han estado marcadas por posiciones de desventaja y violencia sino, además, lo *contingente*, las fuerzas centrífugas que escapan de los registros habituales de la racionalidad moderna y que, paradójicamente, ocupan la centralidad de la trama de época. Trama que, aunque de

---

"La crisis de la crítica"; Revista de Ciencias Sociales *Nueva Época*, núm.5, Centro de Investigaciones Sociales, Universidad de Puerto Rico, Río Piedras, junio, 1998; p.108.

[11] O. Paz; "Invención, subdesarrollo, modernidad"; *Corriente alterna*, Editorial *Siglo XXI*; México, 1967; p.23-24.

rostro difuso, aparece entre los reajustes estructurales de la economía capitalista a nivel cada vez más global, imbricada en el enjambre de las tecnologías electrónicas y el imperio del *conocimiento* (científico o humanista), cada vez más comprometido con los modos de dominación. Dominación cada vez más dispersa y regada por el espectro de lo social, tantas veces sin blanco estático que atacar. Tanto así como que cada vez es más común coincidir en que "algunos que ayer pedían la cabeza del tirano, hoy día se contentan con verlo mejor peinado". Pues, como lamenta Octavio Paz en su ensayo *Hartazgo y náusea*, "ayer la rebelión fue un grito o un silencio; ahora es un alzarse de hombros: el *porque sí* como razón de ser."[12] O, quién sabe si es que -como figura un personaje de Cortázar- los peces ya no quieren salir de la pecera, casi nunca tocan el vidrio con la nariz."

Los trastoques en el imaginario político de la modernidad dejan, tal vez de manera irremediable, espacios *vacíos*, o quizás demasiado inciertos como para una apuesta final. Los trámites del desencanto dejan en algunos, si no una extraña sensación de vértigo, un mal sabor a resignación. Ambas, sin duda, eco de las mutaciones de fin de siglo. En palabras de Ernesto Laclau:

> "There is today the widespread feeling that the exhaustion of the great narratives of modernity, the blurring of the boundaries of the public spaces, the operation of logics of undecidability, which seem to be robbing all meaning from collective action, are leading to a generalize retreat from the political."[13]

En este escenario las prácticas representacionales se desbordan de sus cauces habituales y se trastocan los rituales de *verdad* que ensamblan el imaginario moderno. Este entrejuego de relaciones de poder, según en ocasiones subvierte los registros de la dominación, en otras (re)configura y consagra su hegemonía. Sin embargo, tanto los términos vinculados al fracaso como los entramados en una utopía realizada o por realizar implican, en el mayor de los casos, relatos demasiado acaparantes y pretenciosos

---

[12] O. Paz; "Hartazgo y náusea"; *Corriente alterna*; op.cit., p.169.

[13] E. Laclau; "Power and Representation"; *Emancipation(s)*; Verso, New York, 1996; p.84.

como para ser de fiar. Así sea -como apunta Fredric Jameson- entre las narrativas apologéticas como entre las que se atrincheran en el lenguaje de la repulsión moral y la denuncia.[14] Situado de manera *indeterminada*[15] entre estos territorios movedizos, el proyecto político de la modernidad insiste en permanecer intacto, aún cuando las propias nociones que lo sostienen se distorsionan cada vez más. Los montajes de su imaginería política suponen, para los dominios del discurso democrático, una suerte inevitable. Sea para acariciarlos, manosearlos o para romper las reglas de sus juegos es preciso, cuando menos, aproximarse con cierta cautela. Toda imagen que intente (re)presentarlos, sea para abrazarlos o combatirlos, corre el riesgo, también inevitable, de convertirse en dispositivo normalizador. El imaginario moderno es entonces filtro de las propias resistencias que, articuladas en relaciones de oposición, configuran una parte imprescindible de su propio juego.

La Modernidad (in)conclusa

La trama del fracaso, de la inconclusión o la imposibilidad de la modernidad, de mantener a flote sus entendidos, sus grandes sistemas de creencias, depende de qué se entiende por *modernidad*. Como apunta Fernando Mires, todas las palabras han sido inventadas alguna vez. Ningún idioma ha nacido completo, y nunca estará completo. Un idioma es, entre otras acepciones, la mediación articulada entre las palabras y las *cosas*. Y éstas no existen de un modo estable. Se forman, se reproducen y se recrean en procesos de nunca acabar.[16] Señala Castoriadis:

---

[14]Como apunta Fredric Jameson, éstas presentan un acusado parecido de familia con las más ambiciosas generalizaciones sociológicas que anunciaron el advenimiento o inauguración de nuevas sociedades (sociedad posindustrial, sociedad de consumo, sociedad de los media, sociedad de la información, entre otras). (F. Jameson; *La posmodernidad o la lógica cultural del capitalismo tardío*; Paidós Studio, Barcelona, 1991).

[15]La condición *indeterminada*, como apunta Homi K. Bhabha, no se trata de celebrar un excedente o una falta sino más bien la relación conflictiva donde la arbitrariedad del signo emerge entre los márgenes regulados del discurso social. (H.K .Bhabha; "The post-colonial and the post-modern: The question of agency"; *The Location of Culture*; Routledge, New York, 1994; p.172).

[16] F. Mires; *El Orden del Caos:Existe el Tercer Mundo?*; Editorial Nueva Sociedad, Venezuela, 1995; p.13.

"El lenguaje siempre expresará relaciones alteradas de cosas que apenas se dejan designar en toda su intensidad y de palabras que se vacían de sus contenidos originarios en el transcurso de sus propias historias."[17]

Y en fin -como decía Nietzsche- todo lo que tiene historia no puede tener definición.[18] La modernidad, entonces, no debe pensarse como concepción sistemática y coherente dada, desde sus comienzos, de una vez y para siempre. Según Mario Heler, las prácticas que le dieron lugar se iniciaron en el siglo XI y no es sino en el siglo XVII, y especialmente en el siglo XVIII, que se conforma una red de significaciones particulares (aunque no completas ni absolutas) que establecen los modos de asumir lo real.[19] O sea, las maneras como, de modo particular o compartido, se *representa* una sociedad a sí misma, desde las reflexiones intelectuales hasta los deseos que animan el quehacer cotidiano. Es entonces la noción de *imaginario* la que designa, no lo que tiene de estructura inmutable o estática sino la condición transitoria, ambivalente e indeterminada de los propios procesos de significación.

Según Adolfo Sánchez Vázquez, la modernidad es un proceso histórico que se abre con el proyecto ilustrado burgués de emancipación humana, con la Revolución Francesa que pretende llevarlo a la práctica y con la Revolución Industrial que va a desarrollar inmensamente las fuerzas productivas.[20] Al proceso histórico de modernización, entendido como uno de *expansión progresiva*, le corresponde una sociedad dinámica, en constante *desarrollo*, con la mirada fija en un porvenir que no conoce límites ni estancamientos. Los bocetos de su movilidad y su dinámica, de su expansión progresiva, de su constante desarrollo, aparecen entre las siguientes coordenadas:

---

[17] C. Castoriadis es citado por F.Mires; op.cit.

[18] F. Nietzsche; *Sobre verdad y mentira*; Editorial *Tecnos*, Madrid, 1998.

[19] M. Heler; "La posmodernidad o una interpretación falaz", *¿Posmodernidad?*, Buenos Aires, Biblos, 1988, p. 99 en M.López Gil; *Filosofía, modernidad y posmodernidad*, Buenos Aires, Biblos, 1993; p.29.

[20] A. Sánchez Vázquez; "Posmodernidad, posmodernismo y socialismo"; Revista *Casa de las Américas*, año XXX, núm. 175, La Habana, 1989; p.138.

1) el proyecto de *emancipación humana* (tanto de los prejuicios y supersticiones como de los regímenes abusivos);

2) el culto a la *razón* (que impulsa el dominio cada vez mayor sobre la naturaleza y sobre las relaciones sociales);

3) el carácter *progresivo* del proceso histórico (proceso teleológico, lineal y ascendente hacia un fin o meta superior).

En palabras de Alain Touraine:

"En su forma más ambiciosa, la idea de modernidad fue la afirmación de que el hombre es lo que hace, que, por tanto, debe existir una correspondencia cada vez más estrecha entre la producción, mejorada en su eficacia por la ciencia, la tecnología o la administración, y la organización de la sociedad regulada por la ley y la vida personal, animada por el interés, pero también por liberarse de todas las coacciones."[21]

Desde esta perspectiva, la rítmica de los movimientos *modernizadores*[22] catapultan *un* modelo de sociedad (*moderna*) que se (re)presenta como *ruptura radical*[23] con la *naturaleza estática* de las

---

[21] A.Touraine; *Crítica de la modernidad*; Editorial *Temas de Hoy*; Madrid, 1993; p.13.

[22] El concepto de *modernización* no se limita a los cambios que acompañan la industrialización sino, además, se refiere a los procesos de cambios fundamentales en los valores así como en las fuentes de poder y status. (S.M.Lipset; "El alzamiento contra la modernidad"; *Los límites de la democracia*; op.cit., p.136). En palabras de Steven Best y Douglas Kellner: "The dynamics by which modernity produces a new industrial and colonial world can be described as 'modernization' - a term denoting those processes of individualization, secularization, industrialization, cultural differentiation, commodification, urbanization, bureaucratization and rationalization, which together have constituted the modern world." (S.Best y D.Kellner; *Postmodern Theory: Critical Interrogations*; The Guilford Press, New York, 1991).

[23] Según Octavio Paz, lo que distingue a la modernidad es la *crítica* (negación u

31

sociedades *tradicionales*.[24] Con la extensión progresiva de la *secularización* (que supone que los fines últimos de la sociedad dejan de ser aceptados, dados por supuesto sin discusión, o explicados en términos de revelación religiosa) -según Gino Germani- esos fines y valores centrales acaban por ser vistos como artefactos humanos, modificables, susceptibles de cambio deliberado y planeado.[25] La imaginería política moderna aparece inspirada, entonces, en los *principios* proclamados por la Revolución Francesa de 1789. A partir de esta *ficción laica* las corrientes de pensamiento político más distantes y antagónicas, y hasta las más absurdas (aunque no por ello menos lógicas), han coincidido en el Gran Proyecto Redentor de la modernidad: la emancipación humana. Ya, desde el siglo pasado, se reconocía su impacto e influencia a escala global. Según Mikail Bakunin:

> "Desde que la Revolución trajo a las masas su Evangelio -no el místico sino el racional, no el celestial sino el terrestre, no el divino sino el humano, el Evangelio de los Derechos del Hombre- y desde que proclamó la igualdad de todos los hombres y el derecho de todos a la libertad, las masas de todos los países europeos, de todo el mundo civilizado, despertando gradualmente del sueño que les había mantenido en esclavitud desde que el cristianismo las drogara con su opio, empezaron a preguntarse si ellas también tenían

---

oposición), donde, por ejemplo, lo *nuevo* se opone a lo *antiguo*. Esa oposición -añade- es la *continuidad* de la tradición. Pero ahora, hablar de la *tradición moderna* supondría una tradición de ruptura y no de continuidad. La referencia histórica que sirve de modelo es la Revolución Francesa donde la historia aparece como cambio violento y ese cambio como *progreso*. (O. Paz; "Invención, subdesarrollo, modernidad"; *Corriente alterna*; Op.cit., p.19-20).

[24]Según García Canclini, por ejemplo, las sociedades latinoamericanas vivieron los procesos de *emancipación* a medida que secularizaron los campos culturales (creencias y costumbres), lo que posibilitó, además, la innovación cultural y social y un proceso democratizador, por lo menos de mayor participación ciudadana. (N. García Canclini; "Después del posmodernismo: la reapertura del debate sobre la modernidad."; *Imaginarios Urbanos*; Op.cit., p.24-25).

[25] G. Germani; "Democracia y autoritarismo en las sociedades modernas"; *Los límites de la democracia*; op.cit., p.30.

32

derechos a la igualdad, la libertad y la humanidad."[26]

¿Cuáles eran las condiciones imprescindibles para darle cuerpo a estas proclamas? ¿Quiénes las decidirían, a costa de qué y a beneficio de quienes? Una vez tirado el telón de fondo del gran espectáculo de la modernidad, vuelve a subir a escena el drama irresuelto de la precaria condición económica de las mayorías. La primera interrogante ya había sido lanzada desde Aristóteles, cuando éste sostenía que el *hombre*, con el fin de pensar, de sentirse libre y humanizarse, debería estar librado de las preocupaciones materiales de la vida diaria.[27] Sin un cambio radical de la situación *económica* de las grandes mayorías no podría haber un proceso efectivo de *emancipación* y *humanización*, sabían revolucionarios y reformistas, liberales y marxistas, socialistas y capitalistas, modernos todos. La Revolución Industrial, iniciada a finales del siglo XVIII, resulta, pues, demasiado atractiva a los promotores del proyecto político de la modernidad. Bien recibida e invitada a quedarse, tanto por la voluntad capitalista como por su contraparte político, incide radicalmente en todas las prácticas sociales cotidianas, desde el orden de la organización del mundo del trabajo (que incluye el breve espacio del ocio) hasta la regulación de la vida *doméstica* (que incluye la ficción de *intimidad* de cada cual). El escenario moderno, *secularizado* e *industrializado*, queda arreglado, según Alex Callinicos, de la siguiente manera:

"No longer is humanity's relation to nature governed by the repetitive cycle of agricultural production. Instead, particularly with the onset of the Industrial Revolution, modern societies are characterized by their efforts systematically to control and to transform their physical environment. Constant technical innovations, transmitted via the expanding world market, unleash a process of rapid change, which soon embraces the entire planet. Tradition-bound social relations, cultural practices and

---

[26]M. Bakunin; *Escritos de filosofía política* (compilación de G.P. Maximoff); Editorial *Alianza*; Madrid, 1978, pp.52-53.

[27]Ídem.

religious beliefs find themselves swept away in the
ensuing maelstrom of change."[28]

En fin -como afirma Ernesto Laclau- todo tiempo se da una
imagen de sí mismo, un cierto horizonte -tan borroso e impreciso
como se quiera- que unifica en cierta medida el conjunto de su
experiencia:

> "En todos los casos, las diferentes etapas de lo que
> se ha dado en llamar 'modernidad' se pensaron a sí
> mismas como momentos de transición hacia formas
> más altas de conciencia o de organización social que
> contenían la promesa de un futuro ilimitado."[29]

Aún así, en contraste con cualquier época precedente -apunta
Paolo Flores d'Arcais- la época moderna (o contemporánea) puede
ser interpretada como época del desfase; de la diferencia entre lo que
se anuncia y lo que se realiza, entre los valores que se bordan en las
constituciones y en los estandartes, y aquellos que se imponen fuera
del escenario, en la periferia de lo cotidiano, desmintiendo a los
primeros.[30] Entre estas tensiones, que incluyen desde las más grandes
expectativas de liberación humana hasta las más sórdidas voluntades
de dominación, se tejen los regímenes discursivos que configuran el
imaginario político moderno. Es a partir de las nociones de *progreso* y
desarrollo, inspiradoras de todos sus movimientos, que tanto los
dispositivos reguladores y las tecnologías de control y dominación
social como las fuerzas que los resisten se activan.

---

[28] A. Callinicos; "Modernism and Capitalism"; *Against Postmodernism: A Marxist
Critique*; St.Martin's Press, New York, 1991; p.29.

[29] Laclau menciona, por ejemplo, el redescubrimiento de un pasado que permitía el
acceso al orden natural del mundo para el Renacimiento, la inminencia del
advenimiento de la razón para el Iluminismo, el avance inexorable de la ciencia
para el positivismo, fueron imágenes unificantes de este tipo. (E.Laclau; *Nuevas
reflexiones sobre la revolución de nuestro tiempo*; Ediciones *Nueva Visión*; Buenos Aires,
1990; p.19.).

[30] P. Flores d'Arcais; "El desencantamiento traicionado"; *Modernidad y política:
izquierda, individuo y democracia*; Editorial *Nueva Sociedad*; Caracas, 1995.

34

De los movimientos *modernizadores*: desarrollo y progreso

Las categorías de *desarrollo* y *progreso* han sido dos ejes regulativos que han regido el proyecto político de la modernidad. Bajo el eufemismo de "ley universal", la idea de progreso llevaba consigo el encargo ideológico de legitimar la mirada imperialista de Occidente, apareada siempre con la "ilusión de finalidad." En gran parte, entonces, la imaginería moderna ha conjugado lo político y lo económico a partir de estas dos categorías.[31] La piedra angular de su sentido es que a los procesos de modernización corresponden procesos de *expansión progresiva*. Esto es, que suponen una sociedad dinámica, en constante *desarrollo*, con la mirada fija en un porvenir que no conoce límites ni estancamientos. Sin embargo, en ciertos aspectos, la posición privilegiada que ocupan estas categorías en el discurso político de la modernidad parece venirse en picada. Por ejemplo, en el plano económico, mientras la posibilidad del *desarrollo* de *todos* los países se proyectaba como una fe universal (por lo menos mientras se ignora la pluralidad de culturas que habitan el planeta y que están al margen de la mirada imperialista de Occidente) ahora, - según Immanuel Wallerstein- lo que había sido una estrella guía aparece como una ilusión.[32] Tal vez. Sin embargo, muy difícilmente se podría afirmar que los atractivos del *desarrollo* y el *progreso* han desertado el proyecto político de la modernidad. Sobre todo allí donde la brecha que separa las zonas *desarrolladas* de las que no lo están (y no por haber dejado de intentarlo) se ensancha cada vez más. La apuesta de que las *riquezas* son ilimitadas y que pueden seguir aumentando, aunque con una que otra regulación, permanece como vector clave del mercado y, por ende, de los estados, los gobiernos, los partidos y las organizaciones que los mueven y los sostienen.

Lo que no quiere decir que, aunque la difusión de la modernidad (por tanto la idea de desarrollo) se haya visto impulsada,

---

[31]En el contexto caribeño y latinoamericano, por ejemplo, el modelo de desarrollo han sido las potencias industriales extranjeras. La finalidad, el *desarrollo* y el *progreso*, salirse del *retraso* y librarse de los *males* del "tercer mundo". Esta mirada ha permeado los proyectos políticos, culturales y económicos tanto de los gobiernos como de las fuerzas (movimientos populares, partidos, etc.) articuladas como *oposición* y *alternativa*.

[32] I.Wallerstein; "La construcción y el triunfo de la ideología liberal: ¿geocultura del desarrollo o la transformación de nuestra geocultura?; *Después del liberalismo*; Editorial *Siglo XXI*, México, 1996; p.165.

en gran parte, por el dinamismo de la empresa capitalista, el mundo *moderno*, como apunta Anthony Giddens, sea sólo *capitalista* pues, aunque la complicidad entre el capital es ineludible también se caracteriza por otras dimensiones estructurales.[33] Entre ellas, los dominios del conocimiento científico y tecnológico ocupan un lugar central. Giddens apunta:

> "La falta de responsabilidad por las consecuencias, la prueba desinteresada de teorías, la libertad para investigar sin limitaciones éticas, constituyeron la base, no sólo de las pretensiones de elaborar la verdad por parte de la ciencia, sino de las repercusiones fortuitas de la tecnología en el orden social."[34]

Como haciéndose eco de la fatalidad bíblica del *Eclesiastés*, cuando habla de la *vanidad* de la ciencia:

> "Porque donde hay mucha sabiduría, hay mucha molestia; y quien aumenta la ciencia, aumenta el dolor."[35]

Tocando en la misma clave, Eduardo Subirats sostiene que las grandes metrópolis modernas son un artefacto técnico (o sea que sus formas de comunicación administrativa, comercial o científica sólo discurren a través de medios técnicos o performativos) donde se conjugan la progresiva disolución de *viejos* valores culturales y el

---

[33] Entre dichas dimensiones menciona, además, el *industrialismo*, como modo de producción que rige nuestra relación cambiante con la naturaleza material; el control del poder militar y los *medios de violencia* y el control de la información, o *vigilancia*, como forma de generar poder administrativo. (A.Giddens; *Más allá de la izquierda y la derecha: el futuro de las políticas radicales*; Ediciones *Cátedra*, Madrid, 1994; p.106).

[34]Op.cit., p.134.

[35] Según los traductores de esta publicación, el término hebreo que se traduce como *vanidad* significa *viento, soplo, vapor*, y en sentido metafórico expresa la *esterilidad*, la *anomalía*, la *fugacidad* y el *ser ilusorio de las cosas*, y por consiguiente la *decepción* que causan al *hombre* que espera en ellas. ("Eclesiastés"; *La Santa Biblia*; Ediciones *Paulinas*; Madrid, 1964; p.779).

36

acrecentamiento de las desigualdades económicas entre los grupos sociales y entre los países. Esas tensiones según Subirats- generan formas terriblemente cruentas de confrontación militar y formas temiblemente totalitarias de control civil:

> "El grado de racionalización máxima que nuestras culturas más avanzadas han alcanzado coincide así con el mayor grado de irracionalidad, en cuanto a sus mismas consecuencias políticas y sociales, ecológicas y psicológicas."[36]

Sin duda alguna, coincidente con Octavio Paz, este tema no es uno de carácter económico exclusivamente, pues en nombre de la *industrialización* (de la modernización, el desarrollo y el progreso), privada o estatal, capitalista o socialista, se han infligido sufrimientos sin cuento a la humanidad viviente.[37] Fernando Mires, de su parte, vincula el *desarrollo*, como concepto y como ideología, a los tiempos de la guerra fría. *Desarrollarse* -apunta- significaba alcanzar una meta que cada vez estaba más lejos, dada la competencia desenfrenada que se dio entre las dos principales potencias acerca de cuál destruía más rápido los recursos naturales y humanos del planeta.

> "El comunismo, en la forma en que se dio, ha sido la expresión más radical del modelo 'industrialista' de desarrollo. Stalin fue sin duda un campeón del desarrollo: convirtió un país de campesinos en la segunda potencia industrial y militar del planeta. Naturalmente 'pagó los precios del desarrollo'. Nadie ha asesinado más seres humanos para que una 'sociedad' se desarrollara. Hoy, los pueblos deportados, las nacionalidades destruidas, las tradiciones 'desraizadas', asoman entre las ruinas del imperio y pasan la cuenta a los antiguos gobernantes. En Occidente, la tragedia no es quizás menor. Detrás del desarrollo nos contemplan los ojos tristes de miles de seres humanos masacrados en nombre

---

[36] E. Subirats; *Metamorfosis de la cultura moderna*; Editorial *Anthropos*; Barcelona, 1991; pp.132-33.

[37] O. Paz; "Revisión y profanación"; *Corriente alterna*; op.cit., p.179.

del 'progreso'. Durante el 'tiempo del desarrollo', se arrastran en los barrios marginales ejércitos de sobrevivientes. Nadie sabe lo que nos espera después del desarrollo..."[38]

Estas dos cicatrices marcan el rostro difuso de finales del siglo XX. Entre ellas no sutura la herida ecología global. El industrialismo tanto como los modos de vida que lo acompañan acentúan la peligrosidad de la expansión progresiva de la modernidad. Este *proyecto* se basa en el crecimiento económico ilimitado, el culto a la productividad y el derecho a dominar/destruir la naturaleza. Los discursos que lo sostienen (desarrollo económico, progreso, civilización) aparecen anclados en el imaginario de la modernidad que no sólo lo legitima sino que suele ignorar sus consecuencias. El entramado de la *condición* actual (que algunos califican bajo el signo de *crisis*), tiene sus raíces en el *superdesarrollo* de las capacidades productivas desatadas por el industrialismo y en la destructividad de las tecnologías empleadas por éste.[39] Entre estas coordenadas, las resistencias que se activan a partir de los vectores míticos de la modernidad pueden trocarse en dispositivos reguladores del mismo sistema que pretenden combatir. Por ejemplo, el discurso ecológico -como advierte Laclau- o bien puede insistir en que el Estado intervenga en la regulación de política ambiental o puede convertirse en una crítica radical a la *irracionalidad* de los sistemas políticos en los que vivimos.[40] Pero, sea como sea, lo que es innegable es que la ecología está siendo domesticada[41] y, como

---

[38]F. Mires; *El orden del caos: ¿existe el tercer mundo?*; Op.cit., p.160.

[39] C. Pabón y A. Torrecilla, "Ecologismo, Ambientalismo y Política", *Revista Piso 13*; Río Piedras, 199(2) (fotocopia). Sostienen además que ésta sólo puede ser superada por una reorganización radical de nuestro modo de vida que, rompiendo con la racionalidad económica imperante, se base en el ahorro de los recursos naturales renovables y el consumo decreciente de energía y de materias primas.

[40]E.Laclau; *Nuevas reflexiones sobre la revolución de nuestro tiempo*; op.cit.

[41]El programa ambientalista local, por ejemplo, a pesar de hacerse eco de ciertos reclamos de la población y, tal vez, reflejar una sensibilidad ante la actual condición ecológica, se inscribe teórica y prácticamente en los términos de soluciones tecnocráticas, encaminadas por los 'expertos' a hacer más eficiente (modernizar) el sistema. La conciencia verde, *el* movimiento ambiental, algo que pudo haber parecido una sensibilidad pasajera atraviesa de diversas formas las resistencias

afirma Wallerstein, está siendo transformada en las mercancías de la limpieza y el reciclaje.[42] Y ya sea mediante sortilegios o predicciones científicas, inspirados en leyendas indias o por el mercado de *sensibilidades* ambientales (tipo Walt Disney World, si se quiere), el imaginario moderno, configurado entre las retóricas *progresista*s, sigue causando estragos.

La retórica *progresista*

Las narrativas de la sospecha, aún en versión del pensamiento *ilustrado*, mantienen sus cautelas. A fin de cuentas la ilustración habría que asumirla, tal vez como apunta Amelia Valcárcel, no como algo homogéneo sino como un movimiento de largas polémicas.[43] Entre ellas, sin duda, prevalece un sentido de insatisfacción, de insuficiencia o de incompletud que transita las rutas del desencanto de época. Desencanto que suele anclar su referente en la idea de *progreso*. La razón *ilustrada* se piensa *progresista* aún donde los reproches se extienden hasta sus límites. Fernando Savater calca al intelectual que encarna tal vez la versión más arrogante de este pensamiento:

> "Ciego ante los males que él mismo padece, el ilustrado parece aún menos perceptivo ante los daños que causa: a las víctimas explotadas del desarrollo industrial burgués, a los miembros de culturas diferentes a los que arrolla, a la sensibilidad mágica o mítica que destruye sin acertar a compensarla, a la propia naturaleza que manipula

---

contemporáneas. Sin embargo, el discurso ambientalista no cuestiona los pilares de la cultura depredadora del industrialismo y la modernidad. Como sostienen Carlos Pabón y Arturo Torrecilla, el ambientalismo puede ser cooptado por un capitalismo 'amistosamente ambientalista', de mercado 'lite', que procura flexiblemente expandir sus ganancias explotando la sensibilidad ciudadana sobre la crisis ecológica. (C. Pabón y A. Torrecilla; op.cit).

[42]I.Wallerstein; "La construcción y el triunfo de la ideología liberal: ¿geocultura del desarrollo o la transformación de nuestra geocultura?"; *Después del liberalismo*; op.cit., p.176.

[43]A. Valcárcel; "Sobre la herencia de la igualdad"; *La herencia ética de la ilustración*; Editorial *Crítica*, Barcelona, 1991; p.156.

instrumentalmente sin miramientos."[44]

Pero no es esta la versión más fuerte, o por lo menos no es la más peligrosa. Aunque no deja de estar presente en la actualidad no pasa de ser la caricatura de la ingenuidad, de la ilusión *progresista.* Ilusión que en su devenir histórico no ha dejado de encarnar efectos fatales sobre la propia humanidad que la inventa y reinventa sin cesar. Savater cita de Hans Blumemberg:

> "La idea de progreso es la auto justificación permanente del presente por el futuro que se concede a sí mismo ante el pasado con el que se compara."[45]

Sin embargo, la noción de progreso no se rechaza por completo, ni tampoco sus sentidos se agotan en los reproches apocalípticos, pues no se trata sólo de criticar su complicidad con lo que de destructivo acarrea el proyecto político de la modernidad. El imaginario *progresista* no transita una ruta unívoca ni pertenece a un orden mecánico y definitivo. En él no habita solamente una trama continuista y teleológica, pues su escenario es también el de la fugacidad y el azar, de la ruptura y la contingencia. Las sospechas permanecen sobre el terreno movedizo que lo soporta y lo posibilita. La idea de progreso bien puede ser instrumento de dominación como posibilidad de resistencia ante la adversidad, ante el estancamiento rutinario, la mediocridad o el aburrimiento.

> "En el mejor de los casos, la confianza progresista no viene a brindar una versión laica de la salvación religiosa sino un remedio contra la depresión paralizadora al saberla definitivamente imposible."[46]

Arrastrado por esta misma corriente (o compartiendo su ilusión), Octavio Paz, apuesta a la imaginación política de los *pueblos*

---

[44]F. Savater; "El pensamiento Ilustrado"; *En torno a la posmodernidad*; Editorial *Anthropos*, Barcelona, 1991; p.111.

[45]Op.cit., p.114.

[46]Ídem.

40

latinoamericanos e invita a inventar formas distintas de *desarrollo*:

> "Desarrollo no significa progreso cuantitativo únicamente; ante todo es, o debería ser, solución al problema de la convivencia como una totalidad que incluye tanto el trabajo como el ocio, el estar juntos y el estar solos, la libertad individual y la soberanía popular, la comida y la música, la contemplación y el amor, las necesidades físicas, las intelectuales y las pasionales..."[47]

Lo que no quiere decir que esta *sensibilidad alternativa*, que soporta y mueve esta *confianza progresista*, de por sí, sea menos *peligrosa*. Pues, ¿no serán los valores que aluden al *progreso* – preguntaría Nietzsche- medios de seducción con los cuales la comedia se alarga para que no llegue nunca al desenlace? Sabido es que la imaginería política moderna se articula en torno a una gran fe en el progreso y rechazarla, desecharlo, incluso cuestionarlo (es decir, en cuanto al valor estratégico de la categoría *progreso*), suele aparecer como una postura fatalista, como rendirse en *la lucha*, como entregarse en vano a una existencia sin sentido, pues no se *comprende* sin finalidad. Y esta idea es la más paralizadora –como apunta Nietzsche- sobre todo cuando se comprende que lo engañan a uno y, sin embargo, no está en las fuerzas de uno el poderlo evitar.[48] Así, tal vez, en ocasiones resulte más *prudente*, o quizás menos pretencioso, mantener esta categoría a raya y *vigilada*, que hacerla desaparecer. Pues, demasiadas interrogantes quedan siempre sobre el tema. Desde qué es *ser* progresista hasta quién puede o no serlo, quién lo decide, a costa de qué y por encima de quiénes...

El contexto local: una colonia (pos)moderna

Las categorías que regulan el imaginario político de la modernidad no son significantes estáticos y definitivos. De tal manera podemos coincidir en que, como apunta Juan Manuel

---

[47] O. Paz; "La revuelta"; *Corriente alterna*; op.cit., p.221.

[48] F. Nietzsche; *La voluntad de poderío*; op.cit., 55, pp.58-59; 113B, p.88.

Carrión, cada sociedad tiene su propia modernidad.[49] Y, sin duda, el escenario local no es la excepción. En él, el proyecto político de la modernidad, aún entre sus variantes históricas, atraviesa todos los registros de la vida social, desde la economía hasta la estética, desde la política y la ética hasta la cultura. No sólo del lado de la dominación sino de las propias fuerzas que resisten (o procuran resistir) sus embates.

Entrelazadas al desenvolvimiento inicial del capitalismo, apunta Francisco A. Scarano, las ideas de la Ilustración fueron un denominador común tanto en los procesos sociales no sólo europeos sino también en las luchas de independencia latino y norteamericana.[50] En este sentido, la idea de nación es una eminentemente moderna y, según ha sido vértice de los procesos de expansión y consolidación del Estado, la reivindicación de la misma ha estado estrechamente ligada a las luchas descolonizadoras. Los movimientos de afirmación nacional, que a lo largo de este siglo exigían (y exigen) como reivindicación democrática la independencia, han cuajado sus discursos en la ecuación *independencia = libertad*.[51] Sin embargo, los ideales de *libertad, igualdad, fraternidad,* tanto como la visión de una *convivencia* social *democrática,* aunque dejaron sus huellas en las arenas locales, por condiciones históricas específicas, no repercutieron de manera similar a otras regiones.

La configuración del imaginario moderno se *desvió* de ruta desde finales del siglo pasado y, aún cuando a fin de siglo, a ya más de cien años de la invasión militar norteamericana a la isla, se asoman insinuaciones menos tímidas del lado del *sentimiento* nacional, éstas poco o nada tienen que ver con la independencia. Parece ser que la imaginería que provocó las luchas de independencia desde los últimos doscientos años se consolidara en Puerto Rico en una paradoja, pues es el movimiento de anexión con el imperio más poderoso del mundo quien se presenta como la mayor fuerza anticolonial, inclusive como la vía *legítima* de la democracia.[52] Pero, si

---

[49] J.M. Carrión; "Del posmodernismo antinacionalista al posmodernismo estadista"; Periódico *Diálogo*, Río Piedras, marzo, 1997.

[50] F.A. Scarano; *Puerto Rico: cinco siglos de historia*; Mc Graw-Hill, México, 1993; p.356.

[51] J.M. Guéhenno; "El final de las naciones"; *El fin de la democracia: la crisis política y las nuevas reglas del juego*; op.cit., p.17.

[52] Por ejemplo Juan Duchesne malabarea la retórica política local e insiste en que la

bien los temas relativos a las luchas de independencia nacional no son el eje, ni exclusivo ni privilegiado, alrededor del cual se organizan las resistencias locales, las luchas emancipadoras, las apuestas de libertad, sino, cuando más, un espacio de lucha más, suben a escena interrogantes sobre su pertinencia epocal. Por ejemplo, si la nación, colonizada o soberana, ha sido considerada desde el imaginario moderno como el espacio político donde podría construirse la democracia, y esta categoría aparece cuestionada y hasta puesta en jaque desde múltiples ángulos, ¿puede concebirse la idea de democracia sin nación? Más aún, si la nación necesita un Estado, entendido como el espacio político centralizador que la organice, regule sus movimientos, la administre y la convierta en democrática, ¿corre la democracia, junto al Estado y la nación, el riesgo de extinguirse?[53]

En cuanto a los procesos de modernización, éstos se han filtrado más en unas esferas de lo social que en otras. Por ejemplo, las fuerzas *modernizadoras* son relativamente *nuevas* y se hacen sentir con mayor intensidad a partir de la década de los cincuenta, con la instauración de un modelo de desarrollo económico basado en proyectos de industrialización. Pero la economía no desatiende la política. La condición colonial, o sea de subordinación política y dependencia económica, es un dispositivo regulador del alcance, los límites y extensiones posibles del proyecto de la modernidad; que en este contexto ha pendido, no sólo de la voluntad lucrativa del capital transnacional y del gobierno estadounidense sino, de la propia imaginaría política local...

---

independencia sería más un simulacro de democracia mientras que la estadidad sería la condición *real* de su posibilidad. (J.Duchesne; "La estadidad desde una perspectiva democrática radical: propuesta de discusión a todo habitante del archipiélago puertorriqueño."; Periódico *Diálogo*, Río Piedras, febrero, 1997). Este tema es vuelto a traer en el capítulo V (El orden de las diferencias) y abordado con relación a la configuración de imaginarios colectivos, en específico en torno a la cuestión de la identidad puertorriqueña.

[53]El tema, por demás conflictivo, de la cuestión nacional, es medular para abordar los procesos de configuración del imaginario democrático local. Dada su pertinencia, señalada a lo largo de la tesis, es trabajado con mayor detenimiento en el capítulo VIII (Capital y Estado).

¿"Fin" de qué modernidad?

Y, aunque tal parece ser que demasiados asuntos que aún permanecen *irresueltos* no van a variar significativamente en mucho tiempo, en el escenario de las mutaciones globales, sean vinculadas a los reajustes estructurales de la economía capitalista, al desarrollo de las tecnologías electrónicas y los medios de información, a los cambios en los ordenamientos políticos y culturales, al optimismo, la resignación o al fatalismo, existe la idea de que de una u otra manera la modernidad, para bien o para mal, ha llegado a su límite. Para Immanuel Wallerstein, por ejemplo, los temas de la modernidad, que eran la virtud de la innovación y la normalidad del cambio político[54] y que condujeron al triunfo del liberalismo como ideología, o sea, como triunfo de la estrategia política de la reforma consciente y racional con la expectativa de *perfeccionar* el cuerpo político, llegaron a sus límites y han perdido su eficacia.[55] Sin embargo, de otro lado, la modernidad como antinomia de lo 'medieval', o sea, como oposición al dogmatismo y a las constricciones de la autoridad, en fin como el triunfo de la *libertad humana* contra las fuerzas del mal y la ignorancia, como sostiene Wallerstein, es un atractivo que aún no se ha agotado.[56] Es, de cierta manera, entre estos dos polos que la modernidad, como significante de época, se bate entre la vida y la muerte. Ya sea -re- tomando la letra de Flores d'Arcais- desde el desfase o desde la diferencia entre lo que se anuncia y lo que se realiza, entre los valores que se bordan en las constituciones y en los estandartes, y aquellos que se imponen fuera del escenario, en la periferia de lo cotidiano, desmintiendo a los primeros. O, como sostiene Aurora Arnaiz, porque en los regímenes democráticos, cuando las etiquetas no concuerdan con sus contenidos, se realizan los mayores fraudes contra la dignidad humana...[57]

---

[54] I. Wallerstein; "¿La muerte del socialismo, o el capitalismo en peligro de muerte?: el colapso del liberalismo"; *Después del liberalismo*; op.cit., p.233.

[55] Op.cit., p.244.

[56] I. Wallerstein; "El fin de cuál modernidad"; *Después del liberalismo*; Editorial *Siglo XXI*; México, 1996; pp.129-30.

[57] A. Arnaiz Amigo; *Ética y Estado*; Grupo Editorial *Miguel Ángel Porrúa*, México, 1986; p.132.

La modernidad se defiende

Las corrientes del pensamiento *ilustrado* bandean el imaginario de la modernidad entre la modestia y la arrogancia. La modestia de saberse a veces torpe e incapaz y la arrogancia de suponerse inevitable o imprescindible. En ellas es siempre la facultad racional el privilegio y sostén del ser humano, el poder de la *razón* en contraste a la revelación religiosa o a la autoridad tradicional. Del lado de la modestia está la sospecha, tal vez oscura y pesimista pero no fatalista y resignada. Aunque una línea censora la intercepta, enraizada en la crítica a los modos de dominación extendidos a lo largo de este siglo, desde la esclavitud hasta el colonialismo, desde los regímenes totalitarios hasta las crisis ecológicas, la modernidad, en su retórica *progresista*, se resiste al desahucio epocal. Alain Touraine, marca la ruta habitual de la crítica:

> "...la *crítica de la modernidad* no lleva la mayoría de las veces a rechazarla sino, de conformidad con el sentido original de esa palabra, a separar a los elementos, a analizar y evaluar cada uno de ellos en vez de dejarse encerrar en un todo o nada que obliga a aceptar todo por miedo a perderlo."[58]

Ernest Gellner, aferrado a la tradición *fundamentalista* del pensamiento ilustrado[59], sostiene que la idea de que exista una 'versión secular de la revelación' (conocimiento científico) capaz de ofrecer el anteproyecto de un atractivo orden social legítimo actualmente está desacreditada, pero que los 'principios aceptables de conocimiento válido' siguen siendo los ya codificados desde la Ilustración. De manera coincidente, Alain Touraine sostiene que, a

---

[58]A.Touraine; *Crítica de la modernidad*; op.cit., p.125.

[59]El fundamentalismo ilustrado o racionalista se contrapone al relativismo por basarse en principios formales absolutos. Este, aunque no intenta ofrecer un modelo alternativo *rival* al de su predecesor religioso, como formalmente intentaba *la* Ilustración, se mantiene arraigado en los principios éticos de la misma, en la simetría de trato para todo. Para Ernest Gellner su referente es la ética de Kant, donde ésta trata de la obligación de ser racional y la racionalidad (o *disciplina* conceptual) es entendida como el rechazo a hacer excepciones, la determinación de tratar todos los casos *iguales* de *igual* forma. (E.Gellner; *Posmodernismo, razón y religión*; op.cit., pp.100-116).

pesar de que el proyecto aparece *agotado* en la actualidad, de lo que precisa es de una *nueva definición*:

> "En todo caso se trata menos de rechazar la modernidad que de discutirla, de sustituir la imagen global de una modernidad opuesta en todo a la tradición por un análisis de los aspectos positivos pero también negativos de sus objetivos culturales y de las relaciones de dominación o de dependencia, de integración o de exclusión..."[60]

Para Jürgen Habermas no existe una *lógica inevitable* de la modernidad y sostiene que lo que en realidad ha ocurrido en la sociedad moderna es un proceso *selectivo* de racionalización, donde prevalece una racionalización intencional-racional que invade y deforma la actividad en el mundo de la vida cotidiana. Habermas supone que existen diversas alternativas por lo que la racionalización del mundo puede tomar una variedad distinta de formas históricas. En este sentido apunta:

> "Creo que en vez de renunciar a la modernidad y a su proyecto como una causa perdida, deberíamos aprender de los errores de aquellos programas extravagantes que han intentado negar la modernidad."[61]

Habermas sostiene que el proyecto de la modernidad todavía no ha sido realizado y que las críticas y desilusiones en el contexto de los procesos de modernización capitalista sirven como pretexto para asumir posturas conservadoras en el terreno de las confrontaciones políticas e intelectuales contemporáneas. Acorde a este lineamiento, señala Carlos Thiebaut:

> "...es necesario sustituir, completar o reformular un proyecto racional de interpretación del mundo que se ha tornado ineficaz, en el mejor de los casos, o en

---

[60]A. Touraine; *Crítica de la modernidad*; op.cit., p.124.

[61] J. Habermas; "Modernidad *versus* posmodernidad" en J. Picó, *Modernidad y post-modernidad*; 0p.cit., p.98.

peligroso y culpable, en los más frecuentes y peores de ellos."[62]

Entre estas coordenadas, aunque trazadas desde vectores diferenciados, los ejes centrales de la modernidad permanecen cumpliendo su encargo regulador. Del lado de la defensa de la modernidad aparecen entrenzadas las corrientes de inspiración marxista. Entre ellas, Alex Callinicos concluye que es posible la transformación social a escala global y establecer nuevas prioridades basadas en el control colectivo y democrático de los recursos del planeta.[63] Pues, si bien la modernidad se ha montado aplastando todo lo que entorpeciera su camino, de ella también han surgido las tradiciones libertarias y democráticas. Como apunta Fernando Mires, la democracia, la libertad de opinión y la crítica son inventos también de la modernidad.[64]

Acorde a ello la categoría *crisis*, sea puesta de manera táctica, como condición o por inmanencia, permanece ocupando un lugar central en las narrativas políticas de fin del siglo XX. Así, la *crisis* de la modernidad, que a algunos les parece una ruptura con la secularización y la confianza en la razón -pregunta Touraine- ¿no es más bien la entrada en una modernidad más completa que ha roto todas las amarras que aún la retenían a la orilla del orden natural, divino o histórico, de las cosas? Alain Touraine propone evaluar el tránsito de época, no como un paso de la modernidad a la *posmodernidad* sino como una *modernidad limitada*:

"Hoy ya no pasamos de la modernidad a la posmodernidad más de lo que volvemos a los grandes equilibrios que han sido alterados por las ideas de progreso y desarrollo (...) Si la modernidad es la representación de la sociedad como producto de su actividad, el período durante el que ella misma se ha llamado 'moderna' no lo ha sido, en efecto,

---

[62] C. Thiebaut; "¿La emancipación desvanecida?"; *La herencia ética de la ilustración*; Editorial *Crítica*, Barcelona, 1991; p.199.

[63] A. Callinicos; *Against Postmodernism: A Marxist Critique*; op.cit., p.174.

[64] F. Mires; *La revolución que nadie soñó, o la otra posmodernidad*; Editorial *Nueva Sociedad*, Venezuela, 1996; p.163.

más que en parte. Ha creído en la historia como otras, antes que ella, habían creído en la creación divina o en el mito fundador de la comunidad. De forma paralela, ha buscado el fundamento del bien y del mal en la utilidad o la nocividad de una conducta para la sociedad. Así, la humanidad, liberada de la sumisión a la ley del Universo o de Dios, sigue sometida a la ley de la historia, de la razón o de la sociedad. La red de correspondencia entre el hombre y el universo no fue rota; esa semi-modernidad soñó aún con construir un mundo natural porque era racional."[65]

La modernidad, por lo menos los trámites de su permanencia como significante de época, siguen vigentes:

"A partir de mediados del siglo XIX, la idea de modernidad fue recubierta cada vez más por la de modernización (...) Estos dos movimientos se conjugaron para borrar la primera imagen de la modernidad cuya fuerza toda procedía de su papel liberador. (...) Llegada al final del siglo XX, la modernidad ha desaparecido, aplastada por sus propios agentes, y se reduce a un vanguardismo acelerado que se convierte en posmodernidad desorientada. De esa crisis (...) nace (...) la modernidad más completa en la que entramos."[66]

De la puesta en *crisis*

Entre los temas que han regulado el imaginario político de la modernidad, los tejidos por las retóricas de la *crisis* son, sin duda, los más ruidosos. A partir de esta categoría se articula una pluralidad de narrativas que pretenden pasar balance y dar cuenta de la actual condición de época. ¿Es la crisis *responsable* de las (re)configuraciones actuales de lo político y lo ético, de lo científico y lo tecnológico, de lo cultural y lo social? ¿Es la crisis soporte fundamental y recurso de

---

[65]A.Touraine; *Crítica de la modernidad;* op.cit., p.465.

[66]Ídem.

48

legitimidad del imaginario de la modernidad? ¿Está en complicidad con los procesos actuales de reestructuración y consolidación del capital? ¿Es signo de los límites y encerronas de la modernidad capitalista? ¿Es vértice de las resistencias políticas o dispositivo regulador de las mismas? El término, sin duda, es ambivalente. Y, aunque en cada contexto puede jugar una posición táctica, su sentido no es ni absoluto ni definitivo. Aludir a ella todavía tiene un valor estratégico, que en ocasiones no es de fiar pero tampoco debe subestimarse.

Las prácticas discursivas involucradas en la producción de categorías acaparantes, tales como *crisis* (crisis social, crisis del Estado, crisis política, crisis del conocimiento, crisis de representación, entre tantas otras) aparecen como marca constitutiva de la racionalidad moderna. Su trama (in)conclusa engendra el imaginario de *crisis* como condición de aparición y re-aparición de su propia imagen. En este escenario, la puesta en crisis sube a escena como reacción de un juego provocado por sí mismo: la crisis, nombre alterno a la condición mutante de época. La crisis es un vector mítico de las retóricas políticas de fin de siglo. Interpela como una creencia extraña a la fe religiosa y a la vez contraria a la razón, como una superstición que se vuelca sobre sí misma en la condición imprevisible de la mutación de época. No hay político comprometido, dice Fernando Savater, ni empresario en dificultades, que deje de aludir a la crisis como premisa condicionada de su gestión. Todos los males se le imputan a su presencia:

> "Si hubiera que señalar en una sola frase aquello en lo que todos estamos de acuerdo, los entendidos y los profanos, los optimistas y los pesimistas, las izquierdas y las derechas; si hubiera que proponer un tema que aunara en una milagrosa 'coincidencia oppositorum' los estamentos más dispares y las ideologías más divergentes, bastaría con decir: vivimos en plena crisis..."[67]

La crisis se ha convertido en eso de lo que todos hablan, aunque a nadie pertenece la exclusividad certera de lo que refiere. Para Savater ésta se ha convertido en un tópico social dominante que

---

[67]F. Savater; *El mito de la crisis: una superstición ideológica;* (fotocopia).

ha ido perdiendo, con la generalización del uso, su capacidad descriptiva, aunque no ha dejado de interpelar. Tal vez, en el sentido de Baudrillard, la crisis absorbería su sentido en sí misma; no refractaria nada, no presagiaría nada. Sin embargo, la crisis no ha perdido su virtud seductora, de provocarse en la mirada del intelectual, de perdérsele al más atento o coquetear con el más distraído; de retarle a una apuesta perdida, de desafiarle a un juego eterno y de enredarle en su cuerpo incierto. Pero, como sostiene Murray Edelman:

> "Una crisis es una creación del lenguaje utilizado para describirla; la aparición de una crisis es un acto político, no el reconocimiento de un hecho o una situación rara."[68]

Es entonces en el lugar donde el discurso de la crisis produce efectos de verdad que se revela su productividad táctica. Y es en lo relativo a la eficacia política de sus movimientos donde su integración estratégica se manifiesta. Es decir, toda vez que se hace pertenecer a los dominios de lo real, dando fuerza de legitimidad, por ejemplo, a las maneras en que el orden del capital se (re)inventa incesantemente, o a los variantes modos de intervención estatal así como a ciertas maneras de *conocimiento* (bajo la crisis del saber o de las disciplinas, por ejemplo) haciendo aparecer ordenes alternos de un discurso siempre en complicidad con las prácticas generales de la dominación (estrategias disciplinarias y normalizadoras, tácticas de vigilancia, control y regulación social, entre otras). Más aún, la crisis aparece dada aún en la pérdida de su propio sentido, saturado y no extraviado, manoseado, en suspenso continuo, regado, al garete y sin lugar donde clavar un significado fijo. Su pertinencia contextual, táctica, requiere cierta dosis de cautela. Como advierte Virgilio Colón:

> "¿No será el enigma de la 'crisis' más bien una trampa, *la astucia de cierta razón* que *sabe* porque *calcula* muy bien cómo hacer productivas sus deficiencias y dificultades más íntimas?"[69]

---

[68] M.Edelman; *La construcción del espectáculo político*; Editorial *Manantial*, Buenos Aires, 1991; p.39.

Cualquier problema puede formularse bajo las retóricas de crisis. Entre ellas, los trámites posibles para *resolverlos*, según pueden convertirse en condición de cambio liberador, pueden trocarse en maraña preservativa y recurso normalizador. La crisis se articula a partir de referirse a sí misma y de cierta manera para sí. En ella, el imaginario político de la modernidad rehace sus promesas e insiste obstinadamente en ser clave última de la saga emancipatoria. Saga que, pensada y actuada siempre desde algún referente de crisis, es marca actual del imaginario político de la modernidad y, por ende, soporte regulador y condicionante de lo democrático a fin de siglo.

Se difumina el horizonte

Si la progresiva *pérdida* de credibilidad en los *grandes relatos* arrastra consigo el *derrumbe* de *viejas* certezas (creencias), no es de extrañar que la condición de crisis aparezca como el "sello de la época actual" -como sostiene Hans R. Fisher-[70] y que esta sea referida a una crisis de orientación (sea teórica o política, económica, cultural o espiritual). Bajo este aguacero de relatividad e (in)determinación, la modernidad no se queda en la intemperie. Entre los diversos choques de posiciones y perspectivas, los dispositivos meta narrativos de legitimidad encuentran una significación alternativa, incapaz de cerrarse en sí misma, de llegar a un fin absoluto y definitivo. El imaginario moderno se reinventa incesantemente. La condición transitoria, ambivalente e indeterminada que caracteriza las prácticas representacionales que lo configuran, y que por cierto tantos temen y rehuyen, es precisamente la salida a las encerronas de la propia modernidad. Los entramados de la mutación de época son trazados entre sus propios límites y, sin *salir* de ella, mantiene las categorías que regulan sus discursos, sólo que ahora en condición suspensiva. Si bien las fronteras, los límites territoriales, por ejemplo, se han supuesto un dato previo, una base estable a partir de la cual la modernidad ha pretendido *edificar* lo social, evidenciar lo histórico o legitimar lo heredado, ahora, en la actual condición de época, como sostiene Jean-Marie Guéhenno, la

---

[69]V. Colón; "Hegel contra 'destrezas' gnoseológicas: el método es la cosa misma"; *Bordes* num.3; Grupo de Estudios Alternos, Río Piedras, 1996.

[70]H.R. Fisher; "Sobre el final de los grandes proyectos"; *El final de los grandes proyectos*; op.cit., p.15.

frontera no es un comienzo, sino una llegada, siempre precaria y fluida, pues la fluidez se hace condición indispensable de la competencia y del dinamismo en la era de las redes (el mundo de la comunicación globalizada).[71] Así, desde el escenario cultural, por ejemplo, la poesía de Antonio Machado lo reza "...caminante no hay camino, se hace camino al andar...". De modo similar, la filosofía de Martin Heidegger cuando escribe: "El borde no es eso en lo que algo cesa, sino, como los griegos lo conocieron, el borde es aquello a partir de lo que algo comienza a presenciarse." O, a la manera de Serrano Caldera:

> "La construcción de la historia es como la acción del caminante que quiere alcanzar la línea del horizonte. Al llegar al sitio imaginario donde se encontraba, se abre de nuevo ante sus ojos el espacio infinito bordado a lo lejos por la línea imaginaria de un nuevo horizonte."[72]

Fernando Mires sostiene que si es cierto que la modernidad se acaba, es porque tiene lugar una desarticulación de conceptos que, en un momento asociados, dieron origen a un modo de percibir, de pensar y de actuar, que todavía prevalece, aunque sus fundamentos parecen venirse al suelo.[73] Afirma que la disipación del cuarteto utopía-política-ciencia-historia significa una ruptura con el pensamiento moderno. En otras palabras, que un determinado modo de *entender* el mundo está siendo reemplazado por una *revolución paradigmática*.[74] Aún así, la modernidad, como significante de época,

---

[71]J.M.Guéhenno; "Un imperio sin emperador"; *El fin de la democracia: la crisis política y las nuevas reglas del juego*; op.cit., p.73.

[72]A.Serrano Caldera; *El fin de la historia: reaparición del mito*; op.cit., p.22.

[73]F.Mires; *La revolución que nadie soñó, o la otra posmodernidad*; op.cit., p.152.

[74]Para Mires paradigma 'sería un modo de *ver*, percibir, conocer y pensar, que es producido predominantemente por las comunidades científicas, que recoge creencias anidadas en el pensar colectivo que no es científico, que se traduce en palabras principalmente escritas, consagradas oficialmente por manuales, y que se establece institucionalmente en organizaciones que se forman a su alrededor. Un paradigma puede originariamente surgir de una ciencia muy especializada, pero tiene la particularidad de desbordar su lugar de nacimiento, transmitiéndose a múltiples ciencias y disciplinas, donde actúa como modelo o principio rector que

insiste en permanecer en escena de manera (in)conclusa, por lo menos en lo que respecta al proyecto emancipatorio. Hidratada por la crítica, sea sutil o radical, que es condición de su propia sobrevivencia, encuentra en el disgusto y la insatisfacción, en la queja y la resistencia, en su puesta en *crisis*, pretexto para escenificarse incesantemente. La letra de Victoria Camps lo evidencia:

> "Los ilustrados creyeron que los grandes nombres transformarían la realidad, acabarían por tener referente y hacerse presentes en el mundo. No fue así. La igualdad y la libertad siguen habitando el universo de la indefinición."[75]

Pero, si asumimos lo imaginario como horizonte[76], como articula Ernesto Laclau, lo que se evidencia en la experiencia cotidiana es el fin de la modernidad como *horizonte*, pero no necesariamente los objetivos particulares y las demandas que han constituido sus contenidos.[77] El *horizonte*, apunta Laclau, es eso que establece, de una vez y por todas, los límites y el terreno constitutivo de cualquier objeto, resultando de esto la imposibilidad de un *más allá*. Es entre estas coordenadas que se han trazado los límites y posibles extensiones de lo político en la modernidad. Pero, como subraya Stuart Hall:

> "'Frontiers effects' are not 'given' but constructed; consequently, political positionalities are not fixed and do not repeat themselves from one historical situation to the next or from one theatre of antagonism to

en un momento determinado deja de ser sólo científico y se transforma en cultural. (F.Mires; *La revolución que nadie soñó, o la otra posmodernidad*; op.cit., 159.)

[75] V.Camps; "Por la solidaridad hacia la justicia"; *La herencia ética de la ilustración*; op.cit. p.147.

[76] Dice Laclau, el imaginario es un horizonte: no es un objeto entre otros objetos sino un límite absoluto que estructura un campo de inteligibilidad y que es, en tal sentido, la condición de posibilidad de la emergencia de todo objeto. (E.Laclau; *Nuevas reflexiones sobre la revolución de nuestro tiempo*; op.cit., pp.79-80)

[77] E. Laclau; *Emancipation(s)*; op.cit.

another, ever 'in place', in an endless iteration."[78]

A partir de estas consideraciones serpentean múltiples reflexiones teóricas. El bagaje de esperanzas, apuestas de libertad y demás pretensiones está resguardado con mucho celo, y atado con infinitud de conflictos y tensiones que hacen muy difícil amortiguar cualquier caída. Aún así, de cantazo en cantazo, se van resquebrajando las ataduras de la modernidad, dilatando en ocasiones o constriñendo en otras el imaginario político que la entretiene...

La tensión (*pos*)moderna

La puesta en *crisis* de la modernidad, de sus prácticas discursivas, de sus retóricas y rituales, en fin, del imaginario político que la sostiene, es una jugada clave para ampliar el horizonte democrático de manera alternativa. El fin de siglo, como señala Ernesto Laclau, aparece dominado por una creciente y generalizada *conciencia de los límites*; desde los límites de la razón, señalados desde múltiples perspectivas hasta los límites -o lenta erosión- de los valores e ideales de transformación radical que habían dado sentido a la experiencia política de sucesivas generaciones. Advierte Laclau:

> "Una primera reacción frente a este nuevo clima intelectual ha sido atrincherarse en la defensa de la 'razón', e intentar un relanzamiento del proyecto de la 'modernidad' en oposición a aquellas que son consideradas como tendencias "nihilistas'."[79]

Tanto las corrientes de pensamiento de inspiración marxista como la Iglesia Católica, soporte de la herencia cristiana en la cultura occidental, han coincidido *amistosamente* en este tema. Karol Wojtyla (Papa Juan Pablo II), entre los principales pasajes de la encíclica "Fides et Ratio" (Fe y Razón), celebrada en octubre de 1998, lanza una apología a la *razón humana* en abierta oposición a estas corrientes

---

[78] S.Hall; "When was the 'post-colonial'?: thinking at the limit"; en I. Chambers y L. Curti (eds.) *The post-colonial question: common skies, divided horizons*; Editorial *Routledge*, New York, 1996; p.244.

[79] E. Laclau; *Nuevas reflexiones sobre la revolución de nuestro tiempo*; op.cit., p.20.

nihilistas.[80]

"Como filosofía de la nada, tiene cierta atracción
para la gente de nuestro tiempo (...) El nihilismo está
en la raíz de la mentalidad difundida que sostiene
que no deben asumirse compromisos definitivos
porque todo es fugaz y provisional."[81]

De este modo, en su *defensa* de la "razón humana"
(provocada por la fe), que por su "propia naturaleza está orientada a
la búsqueda de la verdad última", Wojtyla arremete contra el
posmodernismo, atribuyendo a ésta condición -arraigada en una
progresiva "falta de confianza en la verdad"- un generalizado
"pesimismo existencial". Según algunos -sostiene Wojtyla- la época
de las certidumbres ha muerto irrevocablemente, y el ser humano
debe aprender ahora a vivir en un horizonte con una ausencia total
de significado, donde todo es provisional y efímero. Frente a esta
mirada, el Papa Juan Pablo II relocaliza la posición tradicional de la
Iglesia Católica y la coloca ahora del lado de la voluntad secular de
los movimientos modernizadores y sitúa el orden de la Fe del lado de
la Razón Humana y la Verdad, pilares ambos del proyecto político de
la modernidad capitalista industrial. En palabras de Karol Wojtyla:

"Les exhorto a seguir sus esfuerzos sin abandonar el
horizonte sapiencial dentro del cual los logros
científicos y tecnológicos están embebidos en los
valores filosóficos y éticos que constituyen la marca
distintiva e indeleble del ser humano."[82]

La imagen *unificante* que habitualmente pretende representar
esta *diferencia* ha sido activada por el dispositivo binario:
moderno/posmoderno. Se supone entonces una *clara* relación de

---

[80]La cobertura *local* (portada del periódico *El Nuevo Día*, viernes 16 de octubre de
1998) de la decimotercera encíclica "Fides et Ratio" (Fe y Razón) subraya las
expresiones del Papa contra la teología de la liberación, el "new age" y las bases
filosóficas del pensamiento de Michel Foucault.

[81]M.A.Agea (de la Agencia EFE); "Apología al optimismo la encíclica papal";
periódico *El Nuevo Día*, viernes 16 de octubre de 1998, Sección *Mundiales*, p.52.

[82]Ídem.

oposición entre identidades diferenciadas, situadas cada una de antemano, puestas en sus respectivos lugares y reconocidas, cada cual, a partir de su particular ficción de transparencia. De un lado de la barra, la crítica de la modernidad ancla sus referentes entre profecías *progresistas,* mientras del otro, las reflexiones (pos)modernas desertan su gran proyecto político. En palabras de Fisher, contrario a la tradiciones de pensamiento modernas, estas suponen un abandono de las *creencias* en los "grandes relatos" junto con sus anhelos de unidad y sus intentos de fundamentación última:

> "De aquí en adelante, las cartas de triunfo de los posmodernos respecto de los modernos serán entre otras la pluralidad y la heterogeneidad de los juegos del lenguaje, la muerte del sujeto, el pensamiento de la diferencia y de lo otro; en síntesis, un 'pensamiento débil' (...) para el cual la hipotética fuerza del pensamiento fuerte, que buscaba la fundamentación última, constituye una exigencia excesiva."[83]

Desde esta perspectiva *pluralista,* lo *posmoderno* relocaliza la *sensibilidad emancipadora* toda vez que presta mayor atención a la *multiplicidad* y se sitúa como *contrario* a las estrategias de exclusión que han dominado el proyecto político de la modernidad.[84] Wolfgang Welsh, por ejemplo, hibrida la posmodernidad y la democracia en un doble movimiento simultáneo. Para él los conceptos *posmodernos* de pluralidad y diferencia pretenden continuar radicalmente las ideas básicas de la democracia pues, si bien la posmodernidad es a tal punto radicalmente plural que sólo puede tener éxito en la democracia, la democracia, a su vez, está pensada a partir de sus mismos principios, para una situación de pluralidad que obtiene su fuerza justamente en la posmodernidad.[85]

---

[83] H.R. Fisher; "Sobre el final de los grandes proyectos"; *El final de los grandes proyectos;* op.cit., pp.15-16.

[84] El tema de las estrategias de *exclusión* del proyecto político de la modernidad, que incluyen las prácticas teóricas tanto oficiales como contestatarias, las más comerciales y acomodadas como las marginales y excluidas, será tocado nuevamente en el capítulo II (Lineamientos para una estrategia reflexiva).

[85] La democracia -desde esta perspectiva- es una forma de organización que no

Sin embargo, prefiero dejar de lado esta manía de referir las diferencias a un orden antagónico e irreconciliable pues, en el juego de lo uno o lo otro, del todo o nada, se pierde demasiado. A fin de cuentas, no sólo no existe realmente una esencia moderna a la cual una suerte posmoderna puede oponérsele sino que, además, sería demasiado sospechoso (y por cierto tan ingenuo como peligroso) pretender hacerle lugar en el breve espacio de cualquier categoría.[86] Pero para muchos, los discursos de corte *pos* sólo tratan de secuelas de muerte o de fin: muere la historia, muere el progreso, muere el sujeto que las encarna y las hace correr o detenerse. No es de extrañar, entonces, que aludir al calificativo *posmoderno* como insignia de la actual condición de época provoque una cierta sensación de vértigo. Pero esta mirada apocalíptica es demasiado lúgubre y morbosa; demasiado rígida para aguantar tan fuertes vientos. A esta *crítica*, litigada entre las líricas de la decadencia y el pesimismo, le corresponde un libreto: la existencia humana a la deriva, sin rumbo y sin guía, y las resistencias a merced de las fuerzas tempestivas del azar, de la vida o el capital, a la ética de avidez que lo impulsa y a las voluntades hedonistas que lo mueven y lo sostienen. Este rostro depresivo se dibuja conciliatorio con un presente que arrastra irremediablemente un porvenir de resignación. En letra de Alejandro Serrano:

"En resumen, es la crítica que pretende sepultar
todos los valores de identidad, libertad y justicia que

---

depende tanto del consenso de las convicciones como de su disenso. Está concebida de antemano para una situación de creciente pluralidad y se construye a partir del supuesto de que en la sociedad coexisten opciones que, si bien son distintas en última instancia, todas son igualmente legítimas. El hecho de admitir semejante falta de unidad en las convicciones respecto de los contenidos básicos es -añade Welsh- inherente al sentido de la democracia moderna. (W. Welsh; "Topoi de la posmodernidad"; *El final de los grandes proyectos*; op.cit., p.42). Y, aún cuando el ordenamiento jurídico moderno monta una ficción de unidad en torno al reconocimiento global de los derechos fundamentales y los derechos humanos, desde este enfoque, éstos no constituyen sino, por lo menos de fondo, el derecho al disenso, la legitimidad de ser diferente.

[86]El ánimo que recorre este escrito no busca hacerse cabida en ninguna de estas categorías pues, entre otras cosas, reducen el marco de acción de las reflexiones teóricas de fin de siglo, las rupturas y distanciamientos, así como la voluntad que mueve o detiene sus apuestas políticas, a una mera lucha entre dos fuerzas antagónicas que, de hecho, no existen.

nacen de la ilustración europea y latinoamericana, lo mismo que la Revolución Francesa y de nuestras luchas de independencia y que se funda en lo que se conoce como 'Razón Histórica', para sustituirlos por las consignas de orden, poder y defensa del sistema capitalista industrial y tecnológico, a cuyos intereses debe subordinarse toda la sociedad civil y la sociedad política en su expresión nacional y al que debe subordinarse también el resto de los países del mundo, particularmente aquellos situados en la órbita de acción del poder hegemónico."[87]

Cualquiera de los regímenes discursivos que pretenda conjugar las mutaciones de época en los territorios movedizos vinculados al prefijo *pos* libra choques entre múltiples posiciones éticas y políticas.[88] Del escenario epocal no han bajado ni dejado de subir aduladores e injuriosos, cínicos y arrogantes, buscones, buenas gentes, ingenuos e ignorantes. El territorio ocupado por lo (pos)moderno es uno conflictivo, de confrontaciones incesantes, de antagonismos y contradicciones tanto como de pactos y conciliaciones; en él, lo único que, sin duda alguna, está fuera de sus dominios es la neutralidad. Según Fredric Jameson:

"...toda posición posmodernista (...) -ya se trate de apologías o de estigmatizaciones- es, también y al mismo tiempo, *necesariamente*, una toma de postura implícita o explícitamente política sobre la naturaleza del capitalismo multinacional actual."[89]

---

[87]A.Serrano Caldera; *El fin de la historia: reaparición del mito*; op.cit., pp.89-90.

[88]Cabe advertir que, tal vez, la manera como desenvuelvo mis líneas argumentativas puede prestarse a 'malas' interpretaciones o tergiversaciones. Por ejemplo, es posible acusar, desde alguna perspectiva, que ciertos textos citados pecan de omisión o están 'fuera de contexto'. Sin duda existen diferendos políticos y teóricos significativos entre los autores citados, como sin duda las tradiciones de pensamiento a las que son referidos pueden ser mucho más complejas. Sin embargo, es en su puesta en contexto, el de la tesis, a partir de donde cobra sentido el fragmento de texto citado.

[89]Para Jameson la cultura, en el contexto de las transformaciones del capital, se ha expandido en el dominio social. Sostiene que ya todo -desde los valores

Aunque, sin menoscabo de la pertinencia de este aforismo, cabe advertir que la condición de época excede los dominios de la economía capitalista. Sin embargo, como apunta Fernando Mires, la *posmodernidad* (surgida de la arquitectura para referirse a un determinado tipo de construcción), ha pasado a ser, sobre todo para muchos autores de inspiración marxista, el nuevo Satán que hay que exorcizar, donde lo posmoderno es entendido como algo anti-moderno, como defensa de lo irracional o como postulado conformista.[90] Por ejemplo, para Teresa L. Ebert, la práctica teórica y política vinculada a la categoría posmoderno, más que cumplir una función descriptiva, juega un papel legitimador y descalifica la acción política.[91] De modo coincidente, José María Mardones, acusa a los *intelectuales posmodernos* de anidar una suerte de neo-conservadurismo y de quedarse, cuando más, en un "ingenuo pluralismo neoliberal."[92] En otras palabras, concluye Mardones:

"El pensamiento posmoderno, con su defensa de un pluralismo de juegos del lenguaje que imposibilita ir más allá de consensos locales y temporales, no permite disponer de criterio alguno para discernir las injusticias sociales. Nos deja a merced del *status quo*, encerrados en lo existente y sin posibilidades de una crítica socio-política racional. Tal pensamiento, aunque se proponga lo contrario, termina no ofreciendo apoyo a la democracia y siendo un apoyo de las injusticias vigentes."[93]

---

mercantiles y el poder estatal hasta los hábitos y las propias estructuras mentales-se ha convertido en cultura de un modo original y aún no teorizado.(F. Jameson; *La posmodernidad o la lógica cultural del capitalismo tardío*; Op.cit., p.107.).
[90]F.Mires; *La revolución que nadie soñó, o la otra posmodernidad;* Op.cit., p.152.

[91]T.L .Ebert; "Ludic Feminism, the Body, Performance, and Labor: Bringing *Materialism* Back into Feminist Cultural Studies" (fotocopia). En el texto citado, esta autora, de tradición marxista, clasifica bajo el semblante posmoderno a autores como Judith Butler, Michel Foucault, Jaques Derrida y J.F.Lyotard, por ejemplo.

[92]J.M. Mardones; *El desafío de la posmodernidad al cristianismo*; Editorial *Santander*, Sal Terrae, 1988; pp.16-17 en M.López Gil; *Filosofía, modernidad, posmodernidad*; Op.cit., p.69.

[93]J.M. Mardones; "El neoconservadurismo de los posmodernos" en *En torno a la posmodernidad*; Op.cit., p.38.

De otra parte, para Fredric Jameson, la posmodernidad, de lo que se trata es de una norma hegemónica o lógica cultural dominante del capitalismo avanzado[94], el 'malestar de fin de siglo', como lo califica Juan Manuel Carrión.[95] Roger Bartra, de otra parte, sugiere que en lugar de hablar de *posmodernidad* se hable entonces de *dismodernidad*. Esta palabra, suena en inglés como *dismothernism,* que permite traducirla a su vez en *desmadre.*[96] Siguiendo su línea, el posmodernismo, para Ernest Gellner, es la versión contemporánea del relativismo (o de las tendencias nihilistas), una moda cultural pasajera y de actitud extravagante, indisciplinada y fugaz:

> "El posmodernismo (...) es un capricho tortuoso, algo afectado, practicado todo lo más por algún académico de vida aceptablemente protegida; muchas de sus partes son inteligibles sólo y como mucho (y a menudo con dificultad) para quienes dominan a la perfección las sutilezas de tres o cuatro disciplinas abstrusas, y en su mayor parte no es inteligible para nadie en absoluto."[97]

El perfil del posmoderno desde esta perspectiva, común por los pasillos de la Universidad, conjuga poco más que la queja de un mediocre, de quien espera ingenuamente *transparencia* unívoca en el orden de los discursos. A fin de cuentas, si nadie *entiende,* ¿por qué el reproche? Stuart Hall comenta una *razón* posible:

> "A certain nostalgia runs through some of these arguments for a return to a clear-cut politics of binary oppositions, where 'clear lines can be drawn in the sand' between goodies and baddies."[98]

---

[94]F. Jameson; *La posmodernidad o la lógica cultural del capitalismo tardío;* Op.cit., p.20-22, 105.

[95]J.M.Carrión; "Del posmodernismo antinacionalista al posmodernismo estadista"; Periódico *Diálogo,* marzo de 1997; pp.36-37.

[96]R. Bartra en J. Muguerza; "Kant y el sueño de la razón"; *La herencia ética de la ilustración;* Op.cit., p.13.

[97]E.Gellner; *Posmodernismo, razón y religión;* Op.cit., p.92.

Y algo de cierto hay en ello. Pero, ¿a precio de qué se "dibujan" estas líneas? Y, esa "claridad" *añorada*, si bien pudiera ser realmente posible, ¿sería deseable? Sabido es que el lenguaje, según inventa la libertad a la vez la entrampa. El prefijo *pos* (in)variablemente hace referencia a una sucesión temporal en la que una realidad, acontecimiento, experiencia, lectura o interpretación viene después de otra. En este sentido la una no puede prescindir de la otra, o sea que para continuarla, negarla, radicalizarla o despedirse de ella, la posmodernidad se encuentra en una relación de inclusión, depende de la modernidad.[99] Pero por suerte (buena o mala, siempre peligrosa) el horizonte del sentido no se agota en el cuerpo de la palabra. El escenario mutante de fin de siglo no puede ser representado, entonces, como una mera transición entre matrices en competencia (lo moderno y lo posmoderno, lo viejo y lo nuevo, lo tradicional y lo contemporáneo, lo global y lo local, lo universal y lo particular, etc.) como concluyen, por ejemplo, Best y Kellner.[100] Según Wolfgang Welsh, la posmodernidad no *significa* una época que sigue a la modernidad sino un nuevo enfoque, una actitud espiritual distinta[101] y que, como coincide Fisher, no surgió de una clausura de la "época moderna".[102] El prefijo *pos* es semblante de tensión, marca del carácter conflictivo de época y, sin duda, signo de lucha y violencia. Su encargo, para efectos de este escrito, es mantener en suspenso la trama epocal. Para evitar caer en encerronas que entorpezcan sus movimientos es preciso asumirlo tanto entre los límites y entrampamientos del lenguaje como entre sus posibilidades. Se trata de asumir lo posmoderno, -como sugiere Torrecilla- no en

---

[98]S. Hall; "When was the 'post-colonial'?: thinking at the limit"; *The post-colonial question: common skies, divided horizons*; Op.cit., p.244.

[99]A.Sánchez Vázquez; "Posmodernismo, posmodernidad y socialismo"; Op.cit., p.137.

[100]S. Best y D. Kellner; "La política posmoderna y la batalla por el futuro"; Revista de Ciencias Sociales *Nueva Época*, núm.5, Centro de Investigaciones Sociales, Universidad de Puerto Rico, Río Piedras, junio, 1998; p.25.

[101]W. Welsh; "Topoi de la posmodernidad"; *El final de los grandes proyectos*; Op.cit., p.36.

[102]H.R. Fisher; "Sobre el final de los grandes proyectos"; *El final de los grandes proyectos*; Op.cit., p.16.

un sentido laxo, no de *corpus* consumado, sino más bien de retazos discursivos, innovaciones culturales, disposiciones de apertura y vulnerabilidad al balance y debilitamiento de categorías que, aún con tropiezos, continúan regentando la modernidad.[103] No tanto como insiste Sánchez Vázquez, donde lo posmoderno se presenta como un "cambio radical" del pensamiento y las condiciones de existencia que siguen a las de la modernidad, propias de una sociedad informatizada en la que la multiplicación de las máquinas de información, con sus múltiples juegos del lenguaje, afecta a la interacción social,[104] sino más como una *crítica* al fundamentalismo de los proyectos "emancipatorios" de la modernidad que, según Ernesto Laclau, no implica un abandono a los *valores humanos* y políticos del proyecto del Iluminismo, sino una diferente modulación de sus temas.[105] En otras palabras:

> "...if the movement from modernity to post modernity takes place at the level of their intellectual and social horizons, this movements will not necessarily involve the collapse of all the objects and values contained within the horizon of modernity but, instead, will involve their reformulation from a different perspective. The universal values of the

---

[103]A. Torrecilla; *El espectro posmoderno: ecología, neoproletario, intelligentsia,* Publicaciones Puertorriqueñas, San Juan, 1995; p.149.

[104]A.Sánchez Vázquez; ; "Posmodernismo, posmodernidad y socialismo"; Op.cit., p.137.

[105]Por ejemplo, aquellas que para la modernidad eran esencias absolutas han pasado ahora a ser construcciones contingentes y pragmáticas. El comienzo de la posmodernidad -apunta Laclau- puede ser concebido (...) como la adquisición de una conciencia múltiple: conciencia epistemológica, en la medida en que el progreso científico aparece como una sucesión de paradigmas cuya transformación y reemplazo no se funda en ninguna certeza algorítmica; conciencia ética, en la medida en que la afirmación y defensa de los valores se basa en movimientos argumentativos (...) que no reconocen a ningún fundamento absoluto; conciencia política, en la medida en que los logros históricos aparecen como productos de articulaciones hegemónicas y contingentes -y, como tales, siempre reversibles- y no como el resultado de leyes inmanentes de la historia. (E.Laclau; "La construcción de una nueva izquierda" (Entrevista llevada a cabo por el colectivo editorial de la revista *Strategies* en marzo de 1998); *Nuevas reflexiones sobre la revolución de nuestro tiempo*; Op.cit., p.198).

Enlightenment, for instance, do not need to be abandoned but need, instead, to be presented as pragmatic social constructions and not as expressions of a necessary requirement of reason."[106]

Aún así, para muchos, el prefijo *pos* sigue haciendo referencia a una condición de discordia, desorientación, confusión y desorden. Sobre todo a quienes les resulta ajeno, perturbador o amenazante. Por lo menos de parte de quienes han jurado lealtad incondicional a la modernidad, a su proyecto político, a su pretensión unificadora y globalizante; a los que encuentran en ella un refugio seguro contra lo que de discontinuo y fugaz, contingente y azaroso recorre la existencia humana.

No es de extrañar que los debates políticos e intelectuales de fin de siglo se mantengan en un clima de tensión. Pero, esto no quiere decir que lo *(pos)*moderno sea semblante de una mera lógica oposicional, ni mucho menos. No es o unos u otros, ni monjitas de la caridad contra ángeles de la maldad, ni sensibilidades revolucionarias contra fuerzas reaccionarias, ni la voluntad de cambio contra la terquedad conservadora. Ni ortodoxias ni utopías tienen reserva exclusiva en una u otra categoría. En el contexto local, sin lugar a dudas, ciertos intelectuales clasificados *posmodernos* coquetean con las retóricas neoliberales y con la versión hegemónica de la democracia.[107] Sin duda nunca faltarán quienes monten su tribunal inquisidor e insistan en quemar cualquier diferencia en las hogueras de la intolerancia y la ortodoxia, que pos o moderna, opina y opta tanto como juzga y acusa desde su razón y su verdad. Sin embargo, mientras, de un lado, desde el prefijo *pos* se activan dispositivos de intolerancia, censura o desautorización[108], de otro, se

---

[106] E.Laclau; *Emancipation(s)*; Op.cit., p.103.

[107] El ejemplo más reciente es la propuesta que establece la estadidad como alternativa de democracia radical que aparece en el artículo firmado por los profesores universitarios J. Dushesne, C. Georas, R. Grosfoguel, A. Lao, F. Negrón, P.A. Rivera y A.M. Sotomayor, "La estadidad desde una perspectiva democrática radical: propuesta de discusión a todo habitante del archipiélago puertorriqueño, publicado en la sección 'Especial' del periódico *Diálogo*, enero de 1997; pp.30-31. Este asunto es trabajado con mayor detenimiento en el capítulo VI (El orden de las diferencias), referido específicamente a la cuestión de las categorías identitarias que atraviesan el imaginario democrático local.

despliega un repertorio plural de apuestas de libertad.[109] Entre ellas, lo democrático, aún entre los límites y encerronas de los juegos del lenguaje que le son propios, los que lo inventan, lo soportan y lo mueven, se podría perfilar como horizonte de posibilidades...

---

[108]Ejemplo de ello aparece *denunciado* en el escrito de Carlos Pabón, "De postmodernismos antinacionalistas y otros pretextos satánicos", en el periódico *Claridad*, del 18 al 24 de abril de 1997; pp.24-25.

[109]Apunta Irma Rivera Nieves que lo posmoderno no se trata de un Partido, de una Misión, de una Conspiración ni de una Causa, ni que tampoco se trata de un nuevo binarismo (moderno/posmoderno) que sustituya al viejo (moderno/tradición) de la Modernidad, sino de un *chance* de libertad. (I. Rivera Nieves; "La posmodernidad, un chance de libertad"; *Polifonía Salvaje: ensayos de cultura y política en la posmodernidad*; Editorial *Postdata*, San Juan, 1995; p.447)

CAPÍTULO II

Tácticas para desmantelar
el imaginario político (pos)moderno

¿A dónde van las palabras
que no se quedaron?
¿A dónde van las miradas
que un día partieron?
¿Acaso flotan eternas,
como prisioneras de un ventarrón,
o se acurrucan entre las hendijas,
buscando calor?
¿Acaso ruedan sobre los cristales,
cual gotas de lluvia que quieren pasar?
¿Acaso nunca vuelven a ser algo?
¿Acaso se van?
¿Y a dónde van?
Silvio Rodríguez

Capítulo II

Tácticas para desmantelar
el imaginario político (pos)moderno

"Toda palabra es prejuicio"
F.Nietzsche

La imaginería (pos)moderna es territorio de combate e instrumento de lucha, arma ruidosa o silente de las fuerzas que resisten, pero de las que dominan también. Las matrices míticas de la modernidad atraviesan de manera incisiva todos los registros de las luchas políticas. La democracia, entre ellas, según puede convertirse en dispositivo de resistencia y alternativa puede también trocarse en péndulo normalizador, en enclave de dominación. Me pregunto, ¿entre qué coordenadas teóricas sería posible articular una estrategia de resistencia política alternativa que posibilite ampliar el imaginario político moderno y extender el horizonte de lo democrático; radicalizar su sentido habitual y con él las prácticas emancipadoras que pudieran acompañarlo? ¿Cómo articular una estrategia tan efectiva como eficaz de resistencia y alternativa? ¿Cómo potenciar sus posibilidades? Estas interrogantes, que atravesarán desde una posición reflexiva y crítica los lineamientos a continuación, están enmarcadas en un contexto general donde inclusive las posturas contestatarias en el orden de los debates teórico/políticos más críticos y comprometidos con el proyecto emancipador del humanismo moderno han sido absorbidas y cooptadas por el poderío estatal y trocadas, en las más de las veces, en tecnologías normalizadoras, en soporte ideológico de las estructuras generales de dominación. Y, por lo común, lo hacen pensándose a sí mismas, ingenua o ilusoriamente, como prácticas de resistencia o modos de acción alternativa. ¿Quién decide qué pertenece al orden de lo emancipador? ¿Por qué eso y no otra cosa? ¿Con qué objeto y para qué fines lo hace? ¿Cómo lo hace o, si acaso, lo deja de hacer? ¿Para quién dice hacerlo? ¿A pesar y a costa de quién...?

Del acto de la palabra

La apuesta política de esta reflexión *teórica* va a que es posible pensar y actuar la democracia de alguna otra manera. Ello precisa considerar que los juegos del lenguaje son vitales en la configuración del imaginario político que la soporta y que la mueve. Estos juegos, aunque no siempre guardan un valor estratégico, tienen un valor significativo en las luchas políticas, tanto para evocar realidades particulares como para la *construcción* de subjetividades. Pero el escenario que envuelve estas relaciones no es uno estable ni *claramente* definido pues, como sostiene Murray Edelman, los problemas, las aspiraciones y las condiciones sociales son también construcciones del lenguaje y, por tanto, susceptibles de interpretación. En otras palabras, el lenguaje, la subjetividad y las realidades se definen recíprocamente.[1]

> "...el lenguaje político, como todo texto, puede verse como creador de una cadena interminable de asociaciones y construcciones ambiguas que permiten amplias potencialidades de interpretación y manipulación."[2]

Sin duda -como advertía Nietzsche- tras toda palabra se esconde un prejuicio.[3] Y tal vez haya algo de cierto en lo que dice Sartre, de que *escribimos* porque no podemos vivir como quisiéramos, que la literatura es una ilusión, la expresión de una falta, el recurso contra una carencia[4]; -o como, de modo similar concluía Freud mucho antes- que por nuestras condiciones de existencia, irremediablemente miserables y azarosas (aunque marcadas, atravesadas y determinadas por el devenir de la cultura y sus mecanismos de regulación), no podemos prescindir de estas poderosas distracciones, como la actividad científica, las artes o la

---

[1]M.Edelman; *La construcción del espectáculo político*; Editorial *Manantial*; Buenos Aires, 1991; pp. 33, 132.

[2]Op.cit., p.128.

[3]F.Nietzsche; *Más allá del bien y del mal*; Editorial *Alianza*, Madrid, 1997.

[4]J.P. Sartre; *El ser y la nada*; Editorial *Alianza*, México, 1984.

política misma.[5] Pero -como sostiene Octavio Paz- puede ser todo lo contrario, pues la palabra es la condición constitutiva de todo ser humano.[6] Y, sin duda, es en esta condición de relativa ambigüedad y radical indeterminación que atraviesa el orden del lenguaje que, según espanta la tranquilidad anhelada por ciertos teóricos, donde habita la posibilidad de tramitar significados alternativos; de resignarse a los ya existentes y reinantes, de resistirlos o de negociar otros térmicos o imponerlos. La tarea de *ampliar* el imaginario político que regula lo democrático precisa entonces *considerar* eso que lo condiciona y posibilita: la palabra. Las palabras están aquí y ahora, en cada uno de nuestros movimientos y, o las convertimos en nuestras aliadas o se nos convierten en enemigas. Las que están demasiado acomodadas, repetidas, que se creen verdad sabida, intocables, domesticadas o privilegiadas (sea por la academia o el partido, la cultura o la historia, la iglesia o el Estado, el hábito o la indiferencia) son peligrosas, por eso hay que cuestionarlas. En ellas, o se dan los trámites de la dominación o se conjugan apuestas de libertad. Entre ellas es preciso revolcar la democracia, la justicia, la igualdad, la libertad. Y también lo revolucionario, la disciplina y el principio, la lucha y la unidad. Sobre todo porque estas palabras, que han querido ser el horizonte *compartido* de *nuestras* luchas y reivindicaciones, se han volcado y convertido, en demasiadas ocasiones, en punta de lanza de las más terribles intolerancias y de los más grandes abusadores. Esto, sin duda, puede resultar hiriente para quienes sus privilegios dependen de mantener intactas ciertas relaciones de autoridad. Relaciones que si bien pueden ser premeditadas y calculadas, también pueden darse por hábito o por *falta* de imaginación, por costumbre o temor, por lealtad, tradición o conformismo, por comodidad o por placer. Advierte Murray Edelman:

" (...) palabras tales como 'público', 'oficial', 'debido proceso de ley', 'interés nacional', no tienen ningún referente específico, pero inducen un grado

---

[5]S. Freud; *El malestar en la cultura*; Editorial *Alianza*, Madrid, 1996.

[6]Es un recurso contra el ruido y el silencio insensatos de la naturaleza y la historia -dice Octavio Paz- pero así mismo es la actividad humana por excelencia. Vivir implica hablar y sin habla no hay vida plena para el hombre. (O. Paz; "La excepción de la regla"; *Corriente alterna*; Op.cit., p.189-90).

importante de aceptación de acciones que de otro modo serían consideradas con escepticismo u hostilidad. Tales términos evocan un aura sagrada, lo mismo que las inauguraciones, las banderas, los edificios imponentes y las togas judiciales."[7]

Más aún cuando no sólo es cuestionada la relación de autoridad, su legitimidad y los privilegios que la acompañan, sino que se busca de lleno debilitarla, ponerla en jaque y, de ameritar la ocasión, erradicarla. Tal vez debiéramos inventar un nuevo vocabulario. Y sin duda algo de revolucionario habría en tal intento. Pero, como pregunta Irving Howe:

"¿Qué cambiaría en realidad si cambiasen nuestras palabras?...Nuestros problemas serían sustancialmente los mismos, la carga de este siglo continuaría pesando sobre nuestras espaldas. Seguiremos teniendo que considerar injusta la sociedad capitalista e intolerables sus desigualdades, debería seguir repugnándonos su ética de la avidez, deberíamos seguir tratando de imaginarnos una sociedad mejor."[8]

Sin duda, como afirma Norberto Bobbio, el significado de las palabras depende del uso que se hace de ellas.[9] Y ese *uso* depende del significado atribuido a una acción que, como apunta Edelman, depende a su vez de la postura moral desde la cual se *observa*.[10] Desde esta perspectiva todo signo ejerce su efecto como consecuencia del contexto específico (de privilegio, desventaja, frustración, aspiración, esperanza o miedo) en el que es experimentado. Por eso subvertir el orden del discurso o, si se quiere, una *revolución del lenguaje,* no basta. Pues, si las palabras por sí

---

[7]M.Edelman; *La construcción del espectáculo político*; op.cit., pp.33; 114-115.

[8]I. Howe; *Selected Writings 1950-1990*, Harcourt Brace Jovanovich, San Diego, 1990, p.489 en R. Rorty, "¿Cantaremos nuevas canciones?"; *Izquierda: punto cero*; Editorial *Paidós Estado y sociedad*; Barcelona, 1996; p.56.

[9]N. Bobbio; "La izquierda y sus dudas"; *Izquierda: punto cero*; op.cit., p.79.

[10]M.Edelman; *La construcción del espectáculo político*; op.cit., p.15; 143.

solas bastaran para liberar a los pueblos, a la gente que los habitan, hace rato que serían libres. Y por demás sabemos que de hacer creer que se es verdaderamente libre se ha encargado la retórica política de todos los regímenes de gobierno en la modernidad; mediante ese arte de seducción de la palabra que -por lo menos según se evidencia en los textos clásicos griegos (de Platón o Aristóteles, por ejemplo) o romanos (Cicerón)- que muy hábilmente supieron utilizar para legitimar y hermosear los embates de la dominación imperial en *sus* épocas...

El acto de la palabra precisa de cuerpos que la encarnen, voluntades o ilusiones que las muevan. Por eso cada interrogante, como cualquier relación de lucha, implica la disposición de cada cual a asumir sus riesgos y consecuencias, como bien se evidencia, cuando menos, desde las antiguas tragedias del teatro griego (como en la *Antígona* de Sófocles o el *Prometeo encadenado* de Esquilo). Pero el cambio del lenguaje, si bien puede suavizar las cosas o devolverlas a su estado normal, no supone una variación cualitativa. Así mismo -como afirma Edelman- la difusión de nuevos términos, conceptos y frases políticas sin un cambio concomitante en las condiciones materiales sólo puede reforzar las antiguas tensiones y premisas.[11] De acuerdo a ello Flores d'Arcais advierte que, en una democracia, la palabra constituye el recurso político por excelencia, pero son las normas las que deciden la distribución más o menos asimétrica de aquél y las que también deciden quién, de hecho podrá ser escuchado. En resumen, quién podrá hablar *verdaderamente*, y así quién podrá existir políticamente, y quién deberá resignarse a estar privado de la comunicación.[12] Sabido, por tanto, es que poder hablar no significa ser escuchado, ni mucho menos ser tomado en cuenta. En este sentido la resistencia, más que retórica literaria, marca la condición bélica del discurso. La ilusión moderna tal vez más caricaturesca sea la vinculada a la participación electoral, al sufragio universal y la representatividad de los representantes electos para hablar por el pueblo, es decir por cada uno de nosotros.

Las relaciones de lucha de significados en las prácticas representacionales que caracterizan la actual condición (pos)moderna lo evidencia. La significación, pues, adquiere sentido, no por algún

---

[11]Op.cit., p.148.

[12]P. Flores d'Arcais; "El desencantamiento traicionado"; *Modernidad, política: izquierda, individuo y democracia*; op.cit., pp. 38, 77.

sistema formal, como propone la lingüística, sino por la relación de lucha sobre los significados, situada ésta entre relaciones de poder al interior de prácticas y estructuras sociales concretas, aunque en su materialidad cotidiana aparezcan entre relaciones contradictorias, incongruentes y asta incoherentes o carentes de algún sentido. Apunta Ebert:

> "...the relation of signifier to signified is not a free floating play of signification but an ideological process in which the signifier is related to a matrix of historically possible signified."[13]

Las estrategias *lúdicas* son puestas bajo interrogatorio por el riesgo de que en ellas, como apunta Alex Callinicos, "la resistencia" puede llegar demasiado fácilmente a ser una estética o una postura moral más que un asunto *genuinamente* político.[14] En otras palabras, que lo político (entendido como relación de lucha) no debe reducirse a meros efectos de juegos del lenguaje, ni simples modos de retórica en el orden de las prácticas representacionales. Como sostiene Ebert, en el lugar donde la *realidad* se convierte en *teatro de simulación*, se reduce la política a la retórica y la historia a la textualidad, se invita a dejar intactas las estructuras sociales dominantes, tales como las instituciones, los recursos económicos o la distribución del poder cultural...

Goza de mayor poder, legitimidad y autoridad, quien mayor credibilidad posee y, condición de ésta es el dominio sobre el saber, es decir, la posesión *del* conocimiento, del entendimiento certero de lo real, de la tenencia incuestionable de la verdad. Es entre los dominios del lenguaje y sus juegos que se trazan sus posibilidades inmediatas, pero el lenguaje, sin duda, excede y escapa al orden limitado de la retórica y la semántica. Y, aunque tal vez los juegos del lenguaje -como afirma Lyotard- son el mínimo de relación exigido para que haya sociedad[15], una estrategia reflexiva debe rechazar los

---

[13]T.L. Ebert; "Ludic Feminism, the Body, Performance, and Labor: Bringing *Materialism* Back into Feminist Cultural Studies"; p.17. (fotocopia)

[14]A. Callinicos; ¿Post-modernidad, post-estructuralismo, post-marxismo?; *Modernidad y post-modernidad*; Editorial *Alianza*, Madrid, 1992; p.289.

[15]J.F.Lyotard; *La condición posmoderna: informe sobre el saber*; op.cit., p.37.

análisis que se refieren exclusivamente tanto al campo de lo simbólico como al dominio de las estructuras significantes. Como sostiene Foucault, no hay que referirse al gran modelo de la lengua y de los signos, sino al de la guerra y la batalla, pues la historicidad que nos arrastra y nos determina es belicosa, no es habladora:

> "Relación de poder, no de sentido. La historia no tiene *sentido*, lo que no quiere decir que sea absurda o incoherente. Al contrario es inteligible y puede ser analizada hasta su más mínimo detalle: pero a partir de la inteligibilidad de las luchas, de las estrategias y de las tácticas. Ni la dialéctica (como lógica de la contradicción), ni la semiótica (como estructura de la comunicación) sabrían dar cuenta de la inteligibilidad intrínseca de los enfrentamientos. Respecto a esta inteligibilidad la *dialéctica* aparece como una manera de esquivar la realidad cada vez más azarosa y abierta (...) y la *semiología* como una manera de esquivar el carácter violento, sangrante y mortal, reduciéndolo a la forma apacible y platónica del lenguaje y del diálogo."[16]

Como condición y consecuencia de la palabra se vierte y se riega mucho más que tinta sobre el papel...

De la crítica como posicionamiento político

La crítica no es la pasión del cerebro, sino el cerebro de la pasión -decía Marx-. Es un arma, y su objeto es su enemigo, su "pathos" esencial la indignación y su obra *esencial* la denuncia –añade-, por lo que no trata de ver si el adversario es un adversario noble o no, sino de golpearlo; ella no quiere discutir, pero sí aniquilar.[17] Y la modernidad, sin duda, ha sido el reino de la crítica -como afirmaba Octavio Paz[18]-. Sin embargo, la propia crítica de la modernidad, que

---

[16]M.Foucault; "Verdad y Poder"; *Microfísica del poder*, op.cit., pp.179-80.

[17]C. Marx; introducción a G.F. Hegel; *Filosofía del derecho*; Editorial *Claridad*; Argentina, 1944; p.10.

[18]O. Paz; "Sobre la crítica"; *Corriente alterna*, op.cit., p.41.

supone ser su condición fundante, parece ser, a la vez, su finalidad fatal. No sólo porque las más de las veces la crítica política no pasa de ser "funcionaria del poder sacerdotal del mercado y mercader de preferencias personales"[19] sino, más aún, porque las narrativas que ponen en *crisis* las versiones más radicales del proyecto de emancipación humana (basado en la ilusión de un Gran Proyecto Redentor, de una Gran Ética o una Moral Universal), sea a partir de los progresivos desgastes o saturaciones de los discursos teóricos *fuertes* o por el relativo *fracaso* de los proyectos políticos cimentados y promovidos desde ellos, dejan a la crítica sin un puerto firme donde anclar su misión. Ni referente fijo, ni perspectiva transparente ni orden *evidente*, ni un mismo oponente u objeto íntegro de negación, parece quedarle a la crítica. Esta trémula ficción de vacío, sin duda, para muchos, provoca una extraña sensación de vértigo. Según Carlos Thiebaut:

> "[La crítica] en su versión actual, sin proyecto emancipador fuerte que la sustente, sin una gran teoría de la razón, esa distancia confiada en el progreso se puede haber trocado en algo bien distinto al hacer del cinismo una oportuna estrategia de sobrevivencia."[20]

Y es innegable que en el actual curso de la trama epocal, frente a los *profesionales*, a los *intelectuales* que (por virtud o coincidencia, por conexiones privilegiadas o por esfuerzos personales) gozan de cierto poder para decidir cualquier cosa por cualquiera, una cierta dosis de cinismo, de insolencia, es, más que estrategia de sobrevivencia, táctica efímera de resistencia. Pero sólo eso...

La crítica de la modernidad supone la revisión de su programa normativo o, en palabras de Carlos Thiebaut, de los conceptos centrales de su programa ético: razón, humanidad, libertad, igualdad, justicia, emancipación, entre otros. Estas categorías han regulado el imaginario político de la modernidad,

---

[19] F.J. Ramos; "La crítica de la crítica"; Revista de Ciencias Sociales *Nueva Época*; op.cit., p.100.

[20] C.Thiebaut; "¿La emancipación desvanecida?"; *La herencia ética de la ilustración*; op.cit., p.209.

desde las prácticas más crudas de la dominación hasta las más tenues y sutiles, tanto así como las de las fuerzas que la resisten. Entre ellas, se le exige a la propia noción de crítica que rinda cuentas. El cuerpo de la crítica no está inmune a los virus de la dominación, como los trámites de la misma, sus movimientos, sean de encadenamiento, ruptura o dispersión, no están exentos de juegos de poder. Sus movidas podrán ser torpes en ocasiones, o ingenuas tal vez, pero nunca neutrales, o capaces de cubrir sus faltas o exaltar sus aciertos con pretendida exterioridad 'objetiva'. La crítica no está situada en algún lugar 'fuera' de la intención política que la mueve y la voluntad que la sostiene. Su ubicación podrá ser táctica respecto a algún objetivo estratégico y su eficacia política dependerá, sin duda, no sólo de su integridad más rígida sino de su agilidad de movimiento, de su (re)flexividad. Puede ser, como ha sido, tímida o impetuosa, reacia o disciplinada, dócil o insumisa. Podrá, como ha podido, provocar insurrección (sea en los trámites de lo político, en el orden del lenguaje, en las prácticas de la representación, en la vida cotidiana, en las relaciones entre la gente) o simplemente hacer papeles para la historia, que sin duda le ha guardado su lugar.

La crítica no sólo supone una puesta en cuestionamiento de los múltiples registros de autoridad que rigen la imaginería contemporánea sino, además, la desobediencia a ciertos códigos determinados, a ordenamientos y jerarquías de valores que, de una forma u otra, sostienen esa autoridad. Pero la crítica juzga. Y juzga porque no se da en un vacío sino, precisamente, porque habita y recorre territorios conflictivos, al calor de una relación de combate. El montaje de la crítica se traza entre coordenadas referenciales determinadas, en un contexto eminentemente normativo que, por demás, no es neutral ni objetivo sino, cuando menos, efecto de una relación de lucha. Este ha sido el lugar de las apuestas políticas de resistencia que, entrenzadas con los regímenes discursivos que han regido el imaginario de la modernidad, han puesto en escena cierta complicidad, sea premeditada, negada o ignorada, con las prácticas habituales de la dominación. La crítica, en fin, o emancipa o somete, o libera o embrutece...

La crítica *radical*: una táctica alternativa

Dice Octavio Paz que, tal vez, a *nuestra* crítica lo que le hace falta es *imaginación*. Y no se trata ahora de pretender confirmar una verdad revelada, como el creyente; ni fundirse a una realidad trascendente, como el místico; ni demostrar una teoría, como el ideólogo, sino -parafraseando a Paz- *saber* que no son las ideas sino los resultados, las obras y no las intenciones, lo que cuenta.[21] Agrietar más aún las sólidas paredes que protegen los cuerpos teóricos tradicionales, entre los cuales las disciplinas científicas constituyen, tal vez, su columna vertebral, puede ser una ruta posible de resistencia política alternativa, de *crítica*. Como punto de partida cabría rechazar la idea de que existe o podría existir (descubrir o inventar) una verdad única, objetiva, exclusiva, externa o trascendental. El cuestionamiento de la lógica fundante de la modernidad, de los ejes reguladores que la rigen y de la pretendida coherencia e integridad de las teorizaciones sociales totalizantes, por ejemplo, es un intento (tal vez igual de pretencioso) por *debilitar* los discursos de verdad sobre los que se mantiene la hegemonía política moderna y, por lo menos, *entorpecer* el camino de quienes pretenden *representar* intereses universales; es decir de cada uno, a pesar de cada cual.

En el escenario de fin de siglo, donde el *conocimiento* (bajo las formas de lo real, lo verdadero, la esencia, el hecho) aparece cada vez más comprometido con los más diversos modos de dominación, hacer aparecer los horizontes de significación como parte de las prácticas y luchas sociales, supone asumir que la teoría no es más que una de sus múltiples variantes. Si se quiebran las jerarquías del conocimiento y se impone una visión *débil* de la ciencia -como señala David Lyon-, cuando poco, la autoridad *pierde* su lugar privilegiado.[22]

La crítica radical -según la elabora Joan Scott- propone *relativizar* la condición de todo conocimiento y asumir que éste siempre aparece implicado en relaciones de poder.[23] El concepto de

---

[21]O. Paz; "Conocimiento, drogas, inspiración"; *Corriente alterna*; op.cit., p.79.

[22]D. Lyon; *Postmodernidad*; Editorial *Alianza*, Madrid, 1994; p.22.

[23]Para Joan Scott el concepto de conocimiento es asumido en el sentido que lo trabaja Michel Foucault, donde significa el entendimiento producido cultural y socialmente de las relaciones humanas: "Knowledge is a way of ordering the world; as such it is not prior to social organization, it is inseparable from social organization". Este conocimiento no es ni absoluto ni verdadero sino siempre relativo. Es producido de manera compleja al interior de marcos epistémicos que en sí mismos tienen una relativa autonomía histórica. Añade la autora: "Its uses and meanings become contested politically and are the means by which

conocimiento debe ser referido entonces no sólo a las ideas sino a las instituciones y estructuras, a las prácticas cotidianas así como a los rituales especializados que constituyen las relaciones sociales. Desde esta perspectiva se sitúa el orden del conocimiento, así como todo efecto de verdad, con relación a su historicidad. En otras palabras, a su contexto y transitoriedad; a su contingencia y su radical indeterminación. Por ejemplo, Michel Foucault, retomando del pensamiento de Nietzsche, sostiene que *no existe conocimiento en sí*, y como tal, que no existe verdad en sí. En otras palabras:

> "...quiere decir que no hay naturaleza, ni esencia, ni condiciones universales para el conocimiento, sino que es cada vez el resultado histórico y puntual de condiciones que no son del orden del conocimiento."[24]

Desde éste ángulo se acentúa la naturaleza bélica del conocimiento y, por tanto, su relatividad política. O sea, que está condicionado por relaciones de lucha y no derivado de la naturaleza humana o de estructuras universales. Los dominios del saber son, entonces, efectos de relaciones polémicas, situadas estratégicamente en lo posible, pero sujetas a movimientos indeterminados y contingentes por su propia *naturaleza* conflictiva. Nietzsche[25] dice: -en todo querer-conocer hay ya una gota de crueldad-.[26] Y en su interpretación de sus escritos, apunta Michel Foucault:

> "...el conocimiento sólo puede ser una violación de las cosas a conocer y no percepción, reconoci-

---

relationship of power -of domination and subordination- are constructed." (J.W Scott; "Gender: A Useful Category of Historical Analysis" en *Gender and the Politics of History*; Columbia University Press, New York, 1988).

[24]M. Foucault, *La verdad y las formas jurídicas*; op.cit., pp.29-30.

[25]Nietzsche sostiene –por ejemplo- que frente al conocimiento nos posicionamos de tal manera que practicamos el libertinaje del espíritu con toda inocencia, odiamos las costumbres patéticas e hieráticas, nos gusta más lo más prohibido, apenas nos interesa el conocimiento si el camino para alcanzarlo resultase demasiado aburrido. (F.Nietzsche; *La voluntad de poderío*; op.cit., 120, p.92.)

[26]F.Nietzsche; *Más allá del bien y del mal*; op.cit., p.190.

miento, identificación de o con ellas (...) no hay continuidad sino ruptura, relaciones de dominación y subordinación, relaciones de poder..."[27]

Desde esta perspectiva –activada desde por lo menos algunos rincones oscuros en la Europa del siglo XIX- se *debilitan* las prácticas representacionales que, referidas a esquemas esencialistas, atraviesan la imaginería política moderna. Entre ellas, reluce la frágil legitimidad de los discursos científicos (filosóficos, religiosos, moralistas, políticos, etc.). Las pretensiones de neutralidad política y objetividad sobre las que montan su autoridad, los regímenes de verdad que los soportan, así como las intenciones políticas que los mueven, son sometidas a una crítica cuando poco irreverente e inmisericorde.

En síntesis -como advertía Nietzsche-: el saber y la sabiduría no tiene ningún valor en sí: es necesario saber la meta según las cuales estas cualidades adquieren valor o se desvalorizan.[28] Al conocimiento, entonces, no es preciso concederle un valor provisional con respecto a la realidad, sino estratégico respecto a la cuestión planteada –como señala Lyotard.[29] En palabras de Foucault:

> "A los discursos (...) no hay que preguntarles ante todo de cuál teoría implícita derivan o qué divisiones morales acompañan o que ideología -dominante o dominada- representan, sino que hay que interrogarlos en dos niveles: su productividad táctica (qué efectos recíprocos de poder y saber aseguran) y su integración estratégica (cuál coyuntura y cuál relación de fuerzas vuelve necesaria su utilización en tal o cual episodio de los diversos enfrentamientos que se producen)."[30]

---

[27]M. Foucault, *La verdad y las formas jurídicas*; op.cit., pp.29-30.

[28]F. Nietzsche; *La voluntad de poderío*; Libro II; op.cit., 243, p.157.

[29]J.F. Lyotard; *La condición posmoderna*; op.cit., p.21.

[30]Añade Foucault que no existe el discurso del poder por un lado y, enfrente, otro que se le oponga. Los discursos son elementos o bloques tácticos en el campo de las relaciones de fuerza: puede haberlos diferentes e incluso contradictorios en el interior de la misma estrategia; pueden por el contrario circular sin cambiar de

El (des)montaje: afinando la estrategia

El (des)montaje no es sino la configuración de movimientos tácticos en una estrategia reflexiva. Esta práctica supone una crítica radical de los términos habituales de un régimen discursivo, los dominios de su verdad, las relaciones de poder implicadas en él. Supone entonces indagar sobre las maneras y posibilidades de aparición histórica y producción de los saberes y campos discursivos que emergen como ecos de la tríada normalizadora de la modernidad (saber/verdad/poder)[31] y, a la vez, tomar en cuenta que los procesos de lucha y resistencia contestataria se pueden no sólo constituir en discursos de regulación sino que pueden adoptar los propios modelos de dominación que pretenden confrontar.[32] A partir de esta perspectiva se acentúa el carácter contingente e indeterminado de todo acto de significación. Esta condición atraviesa todos los órdenes de las prácticas representacionales y agrieta la obstinada ficción de neutralidad pretendida por el discurso científico.

---

forma entre estrategias opuestas. (M.Foucault, *Historia de la Sexualidad*, op.cit., p.124)

[31]El valor estratégico del conocimiento, tanto como fuerza de resistencia o principio de dominación, como vector normalizador o trámite de libertad, es posible a partir de la correlación entre poder/saber/verdad. Esta relación condiciona, mueve y soporta la imaginería política de la modernidad y, con ella, la versión hegemónica de lo democrático en el escenario de fin de siglo. Dada su relevancia para la tesis, este tema es elaborado con mayor detenimiento en el capítulo IV (El régimen de verdad).

[32]La lógica del pensamiento binario, dual u oposicional, que atraviesa las producciones teóricas tradicionales, basado en la construcción de categorías identitarias, pensadas por oposición la una de la otra (hombre/mujer, blanco/negro, heterosexual/homosexual) tiene efectos contradictorios según expone la tesis pos-feminista. Apunta que si bien puede revertir el orden de los privilegios en algunas instancias de la dominación las estructuras que producen la lógica binaria permanecen inalteradas. (N. Correa, H. Figueroa, M.M. López y M. Román, "Las mujeres son, son, son...Implosión y recomposición de la categoría", *Más allá de la bella (in)diferencia: revisión post-feminista y otras escrituras posibles*, Publicaciones Puertorriqueñas, San Juan, 1994). La influencia en los trabajos de Jaques Derrida es bien marcada en estos lineamientos teóricos. Scott, por ejemplo, utiliza la definición de Derrida de deconstrucción de la siguiente manera: "...this criticism means analyzing in context the way any binary opposition operates, reversing and displacing its hierarchical construction, rather than accepting it as a real or self-evident or in the nature of things."(J. W.Scott; "Gender: A Useful Category of Historical Analysis" en *Gender and the Politics of History*; op.cit., p.41)

Como sostiene Octavio Paz, las obras (literarias o científicas) son mecanismos de significación múltiple, irreductibles al proyecto de aquél que las escribe.[33] Esta relativa (in)dependencia de la obra respecto del autor como del lector, atraviesa y condiciona de modo similar el montaje de todo *espectáculo* político. Como indica Murray Edelman, la creencia en la verificabilidad o refutabilidad de las observaciones, en la separabilidad de hechos y valores, y en la posibilidad de confiar en la deducción para establecer generalizaciones válidas es una fórmula del autoaseguramiento, incluso del dogmatismo, así como del reclamo de poder sobre los otros. Pero si los supuestos no son válidos -añade Edelman-, si el conocimiento y los significados son en algún sentido función de otros conocimientos o de la posición social del *observador*, entonces, ni la precisión del observador ni el rigor del razonamiento deductivo producirían "leyes abarcativas" o generalizaciones aceptables.[34] En otras palabras, según todo acto de representación es político, pues es efecto de relaciones de lucha (de interpretaciones, de significaciones, etc.), de igual modo es relativo y contingente. Por tanto, el *significado* no está inscrito en la *naturaleza* de la palabra, es decir, que no existe relación de reciprocidad entre el significante y el significado —como advierte Lacan-.[35] Acorde a esta *relativización* política, las prácticas representacionales, las perspectivas de interpretación, las maneras particulares de significación, siempre contextuales, aparecen producidas con relación a la *posición de enunciación*.[36] Esto es, relativo a la posición de quien habla o *escribe* y no a una norma rígida, a una regla inmutable o a una ley absoluta. Lo que no quiere decir que -como apunta Edelman- según comprender que las realidades prevalecientes son múltiples y que las interpretaciones varían con las situaciones sociales, es liberador, esa *comprensión*, de ningún modo sugiere que

[33]O. Paz; "La excepción de la regla"; *Corriente alterna*; op.cit., p.189.

[34]M. Edelman; *La construcción del espectáculo político;* op.cit., p.11.

[35]J. Lacan según citado por A.D. Alvarado, "De la mujer a las mujeres: polisemia psicoanalítica"; *Más allá de la bella (in)diferencia: revisión post-feminista y otras escrituras posibles*, op.cit., p.53.

[36]S. Hall, "Cultural Identity and Diaspora", *Colonial Discourse and Post-colonial theory*, P. Williams and L. Chrisman, eds., Columbia University Press, New York, 1994; p.392.

toda construcción es tan *buena* como cualquier otra.[37] Sólo que, de lo contrario, se mantendrían intactas las prácticas regulares de la dominación. En el escenario de la relación entre autor, lector, texto y contexto, Moreno Plaza sostiene:

> "...la reducción de los posibles sentidos del texto es un factor de constreñimiento significativo que sirve para conjurar la amenaza de la multiplicidad explosiva de sentidos posible, tan indeseable para la tendencia estabilizadora del sistema social.[38]

La táctica (de)constructiva no busca revelar secretos o descifrar misterios. En otras palabras, no trata ni de preguntar cuál es la interpretación *correcta*, la *esencia* o la *verdad* oculta de una obra, de un texto, de una categoría o de algún acontecimiento. Su trama se da a partir del *juego* mismo del (des)montaje, de las confrontaciones, de las relaciones de lucha entre poderes y resistencias. Su eficacia política no se da alrededor de nociones de validez o legitimidad sino en torno a su pertinencia contextual; su productividad táctica y su integración estratégica. En palabras de Judith Butler y Joan W. Scott:

> "...deconstruction implies only that we suspend all commitments to that which the term (...) refers, and that we consider the linguistic functions it serves in a consolidation and concealment of authority. To deconstruct is not to negate or to dismiss, but to call into question and, perhaps most importantly, to open up a term (...) to a reusage or redeployment that previously has not been authorized."[39]

Más adelante añaden:

---

[37]Según Edelman, la aceptación de esa variación alienta el examen cuidadoso de las pretensiones morales y el carácter tentativo que reviste su aplicación, cuyos modos otros podrían considerar objetables o perjudiciales, pero no establece ni socava el código moral de un individuo o un grupo. (M.Edelman; *La construcción del espectáculo político*; op.cit., p.12).

[38]G. Moreno Plaza; *La liberación del lector en la sociedad postmoderna: ensayos de interpretación abierta*; Editorial de la Universidad de Puerto Rico, Río Piedras, 1998; p.175.

[39]J. Butler y J.W. Scott; *Feminists Theorize the Political*; Routledge, New York, 1992.

"...this kind of analysis *requires* that these terms be reused and rethought, exposed as strategic instruments and effects, and subject to a critical reinscription and redeployment."[40]

El (des)montaje no invita ni a la censura de los términos, ni a su negación, ni trata de anunciar meros anacronismos. Por el contrario, sugiere (re)localizar las significaciones en un sentido estratégico, dirigido a *proliferar* las *diferencias*[41] y a provocar luchas de significados al nivel de las prácticas representacionales. En este sentido, por ejemplo, invita a asumir la diferencia, como sugiere Jana Sawicki, como estrategia contra los dogmatismos, como un recurso y no como una simple amenaza.[42]

La crítica radical filtra los dispositivos metanarrativos de legitimidad situando su énfasis en la heterogeneidad y la fragmentación de lo social. Su objetivo táctico es localizar las tecnologías disciplinarias y los dispositivos reguladores, las técnicas de subjetivación vinculadas al proyecto político de la modernidad, en sus formas específicas, y su imbricación con los dominios del capital. Localizar patrones específicos de dominación permite situar la pertinencia contextual (táctica y estratégica) de una u otra práctica o configuración discursiva así como detectar las posibilidades como los límites y encerronas de tácticas particulares de resistencia política.

Cerrando brecha entre lo político y lo teórico

Entre estas coordenadas, la crítica radical cierra la brecha entre lo político y lo teórico. Se interroga la función reguladora de la práctica teórica, desde quién tiene la autoridad para (re)presentar y establecer qué es o no adecuado, aceptable, normal, permisible, entre otras valoraciones morales o éticas, todas ellas políticas; qué regímenes de verdad autorizan o no lo que cabe o queda fuera de lo comprendido entre lo teórico, hasta de qué maneras inciden sobre

---

[40]Ídem.

[41]Sobre el discurso de las *diferencias*, sus reclamos, límites y posibilidades políticas elaboro en el capítulo VI.

[42]J. Sawicki; "Foucault and Feminism: Toward a Politics of Difference"; *Disciplining Foucault: Feminism, Power and the Body*; Editorial *Routledge*, New York,1991.

los "representados".

Una estrategia reflexiva supone interrogar desde qué cualifica como teoría, sobre todo cuando ésta se define por oposición a algo anti-teórico o pre-teórico (como la ideología para los materialistas del marxismo tradicional u ortodoxo)[43], cuáles son las implicaciones políticas, una vez considerado que bajo el signo "teoría" aparecen raíces de dominación y, como advierten Judith Butler y Joan Scott, la propia producción del discurso teórico implica un poder formativo y exclusivista. Un modelo estratégico sugiere entonces no aceptar de manera definitiva ningún término o categoría, incluyendo las mismas referidas. En este sentido se propone (re)significar o apropiarse de los conceptos para fines específicos, pertinentes en un sentido estratégico dado.

Para Michel Foucault, el papel de la teoría debe ser, no formular la sistematicidad global que hace encajar todo, sino analizar la especificidad de los mecanismos de poder, percibir las relaciones, las extensiones, edificar -añade- avanzando gradualmente un saber estratégico. Se trata de construir no un sistema sino un instrumento, una *lógica* propia a las relaciones de poder y a las luchas que se establecen alrededor de ellas.[44] O sea, articular una estrategia reflexiva en torno a cómo los significados producen efectos de verdad, lo *real*, el conocimiento, en relación a múltiples estrategias de poder. Estrategias de poder que producen la legitimidad de ciertas prácticas sociales sobre el montaje de la (in)significancia de otras. En palabras de Teresa L. Ebert:

---

[43]Me distancio de esta acepción teórica que supone que de alguna manera existe un conocimiento ideológico al que es posible contraponer una forma de saber superior mediante la ciencia. Esta práctica teórica construye la diferencia por contraposición entre un saber verdadero y otro falso, entre la ciencia y la ideología, que pertenece a los puntos claves del debate referido a la crisis del conocimiento. La crítica marxista parte por lo general del entendido de que existe un saber incierto, falso, engañoso, que se presenta enmarañado con las supersticiones, los mitos, el saber "popular" (sinónimo de desconocimiento), siempre amparado bajo la sombra de lo cotidiano, a merced de las apariencias, manipuladas en el mayor de los casos por una clase dominante o formas de poder análogo. Supone la idea de que de alguna manera se puede abstraer la realidad invisible e inaccesible a través de medios sensoriales y estructurar el orden de lo real mediante la práctica teórica científica, por medio de un método de ruptura con las apariencias, con los efectos de superficie, con la ficción, con la ideología.

[44]M. Foucault; "Poderes y Estrategias"; *Microfísica del poder*, op.cit., p.173.

"...it is through the struggle over theory, the critique of the limits and uses of existing modes of knowing and the effort to construct new frames of intelligibility, that we can produce emancipatory knowledges (rather than merely subversive pleasures) and thus generates the new subjectivities necessary to transform the world as it is."[45]

La teoría -según Ebert- adquiere una función dual: comprende el marco de inteligibilidad a través del cual se organiza y se le atribuye sentido, o se significa, la "realidad", mientras simultáneamente interroga los modos como aparecen y se construyen los significados. De esta manera, lo teórico no aparece simplemente como un proceso cognoscitivo, sino como lugar de convergencia de múltiples luchas sobre la (re)presentación de la "realidad" y donde reside, pues, la posibilidad de (trans)formarla. Es en este sentido que se propone asumir la naturaleza política[46] de cualquier dominio teórico. O sea, que no se trata de dispositivos singulares, de una causa última o primera que produce el orden del significado, sino, como apunta Scott, de múltiples y a veces contingentes, que incluyen, además de los aspectos semánticos y de retórica discursiva, los efectos de poder propios al juego enunciativo, las estructuras, instituciones, entre otros. Desde esta perspectiva, las categorías que regulan el imaginario político moderno, aún desde sus límites y encerronas, designan un campo inagotable de diferencias, que escapan a la voluntad normalizadora de la tríada moderna saber/verdad/poder. Ningún concepto o categoría, para efectos de una posible articulación estratégica alternativa, debe cerrarse en sí mismo bajo la forma de una identidad inmutable, de un sentido fijo, de una esencia. Las relaciones entre poderes y resistencias se

---

[45]T.L. Ebert; "Ludic Feminism, the Body, Performance, and Labor: Bringing *Materialism* Back into Feminist Cultural Studies"; op.cit., p.32.

[46]Cabe recordar que lo político, asumido en sentido amplio, se refiere a los juegos de poder envueltos en la construcción e implementación social de los significados. Es entonces que, en lugar de atribuirle un significado transparente y compartido a los conceptos culturales, se insiste en que los significados no están dados de manera definitiva sino que acentúa su atención en los procesos conflictivos del establecimiento de significados. (J. Butler y J. Scott; *Feminists theorize the political*; op.cit.).

convierten en terreno móvil de reflexión, de apertura permanente a su propio cuestionamiento, dejando abierta la posibilidad de resignificación sin ataduras a referentes fijos de inevitabilidad y acentuando el carácter político de las prácticas representacionales.

A partir de estas consideraciones es posible afirmar, entonces, que las relaciones sociales son siempre *contingentes*.[47] Desde esta perspectiva el campo de lo social podría ser visto -según Ernesto Laclau- como una guerra de trincheras en la que diferentes proyectos políticos intentan articular en torno de sí mismos un mayor número de significantes sociales. Una dimensión de opacidad será, pues, siempre inherente a las relaciones sociales, por lo que la idea de una sociedad reconciliada y transparente es -como apunta Laclau- simplemente un mito; o bien una verdad que -como advertiría Nietzsche- se trata más bien de una ilusión que en algún momento olvidamos que lo era.[48] Así mismo, del carácter contingente de las condiciones de existencia de las relaciones sociales se desprende su historicidad.[49] Historicidad desde la cual es posible reafirmar la contingencia de las relaciones sociales, la inerradicabilidad de las relaciones de poder y la imposibilidad de arribar a una sociedad transparente y reconciliada.[50] Entre estas coordenadas es posible trazar tácticas para desmantelar el imaginario político (pos)moderno y ampliar el horizonte para las apuestas de resistencia política y, entre ellas, la posibilidad de articular un imaginario democrático alternativo...

---

[47]El carácter *contingente* se refiere, según Laclau- a que es externa a la estructura, en el sentido de que si bien resulta *posible* a partir de una estructura no está, sin embargo, determinado por ella. (E.Laclau; *Nuevas reflexiones sobre la revolución de nuestros tiempo*; op.cit., p.46)

[48]F. Nietzsche; *Sobre verdad y mentira*; Editorial *Tecnos*, Madrid, 1998.

[49]Como apunta Ernesto Laclau, no hay una objetividad estructural básica, dentro de la cual 'fluye' la historia, sino que la misma es histórica. Y, es histórico también el ser de los objetos, en la medida en que es socialmente construido y estructurado en sistemas de significación. Esto implica -añade Laclau- que entender históricamente algo significa reconducirlo a las condiciones contingentes de su emergencia. Lejos de buscar un *sentido objetivo* a la historia, de lo que se trata es de deconstruir todo sentido remitiéndolo a su ficticidad originaria.(E.Laclau; *Nuevas reflexiones sobre la revolución de nuestros tiempo*; op.cit., p.52)

[50]Ídem.

CAPÍTULO III

Entre las redes de poder y las resistencias

"Siempre habrá nieve altanera
que vista al monte de armiño...
y agua humilde que trabaje
en la presa del molino.
Y siempre habrá un sol también,
un sol verdugo y amigo
que trueque en llanto la nieve
y en nube el agua del río."
León Felipe

Capítulo III

Entre las redes de poder y las resistencias

> "...una hormiga no puede detener un tren.
> Pero puede llenar de ronchas al conductor."

Las resistencias políticas, articuladas a partir de las matrices míticas del imaginario moderno, tropiezan y se enredan con los dispositivos normalizadores que lo configuran incesantemente. Las apuestas de sus luchas, activadas como resistencia frente a los regímenes abusivos de poder, sean estos desde las intervenciones excesivas de la hiedra estatal o las enredaderas de la dominación en el orden de la vida cotidiana (en lo social o lo cultural, lo político o lo ético, lo económico o lo estético), aunque en ocasiones han podido volcar la democracia contra el sistema que ha pretendido controlarla y filtrar con sutilezas las prácticas de la dominación, paradójicamente, se han convertido en fichas clave para las estrategias reguladoras del mismo sistema...

Entre las redes del poder

Los discursos modernos de resistencia política han reservado un lugar céntrico a la idea del poder. En torno a este vector han gravitado las matrices míticas de la modernidad. Las posibilidades de (re)configuración alternativa del imaginario democrático dependen, de cierta manera, de poder socavar sus cimientos; los que corren paralelos y entrecruzándose incesantemente entre las tecnologías represivas del poderío estatal (su ordenamiento jurídico, sus sistemas penales y carcelarios, sus fuerzas coercitivas) y sus instancias ideológicas (ordenadas bajo el registro de la cultura, la tradición y la costumbre, entre sus dispositivos disciplinarios y sus respectivos imaginarios).

En clave histórica, cabe resaltar que para que las dinámicas modernizadoras cuajaran eficazmente sus objetivos políticos era preciso, como sigue siéndolo, regular los procesos de subjetivación. Para tales efectos, éstas requerían de un poder normalizador que ajustara en lo posible tanto lo particular de cada cual como lo general de las poblaciones a las expectativas, aspiraciones y exigencias características de un modelo particular de formación social:

capitalista, democrática y moderna. Es decir, al gran proyecto político de la modernidad. Los modos de crítica tradicional a este proyecto, desde diversas perspectivas, ha atribuido a estas tecnologías de poder un encargo político de control y dominación y, a la vez, una esencia constitutiva de la sociedad capitalista, los valores y modos de vida que la posibilitan, que la atraviesan, que la mueven y la sostienen. Los filtros de la crítica han asignado a los dispositivos de poder una virtud productora y reproductora, condicionante y a la vez condicionada, de las prácticas representacionales y por ende de las relaciones de lucha en el espectro de lo social. Alrededor de esta noción esencialista del poder circulan las condiciones de posibilidad de cualquier sociedad disciplinaria y autoritaria, en fin, moderna, las posibilidades de preservarla tal cual *es* o hacerla cambiar.

El orden de la (re)presentación política habitual suele enredar y fijar el significante *poder* a una estructura invariante de dominación. En ella, los horizontes de referencialidad lo han convertido en vértice de la razón moderna. Razón que por demás lo sitúa del lado del gran NO (de la censura, de la prohibición, de la pena, del castigo). Pero los procesos de modernización, la consolidación del poderío estatal como de la economía política capitalista, no pueden lograr su instauración y preservación bajo la forma exclusiva de una violencia coercitiva y sus permanentes amenazas. Ya Platón lo advertía y Maquiavelo lo recordaba: la fuerza por sí sola no basta para mantener el control sobre una sociedad, es decir, para hacer efectivo el arte de gobernar. Marx (re)inició su confirmación. Pero el poder ha sido tanto más efectivo cuanto más ha sabido invertir sus negaciones y convertirlas en asignaciones de lugar (deberes, responsabilidades, obligaciones, valores, creencias) en lo social. Pregunta Michel Foucault: ¿Y si el poder no tuviera como función esencial decir no, prohibir, castigar, sino ligar según una espiral indefinida la coerción, el placer y la verdad?[1] ¿Y si la productividad táctica de lo normativo se realiza de acuerdo a un principio de

---

[1]Jean Baudrillard establece una coincidencia entre la versión del poder propuesta por Foucault y la versión del deseo propuesta por Deleuze y Lyotard, donde ya no se trata más de la carencia o la prohibición, sino del dispositivo, de la diseminación positiva de flujos o de intensidades. Esta coincidencia, sostiene, no es accidental, sino que "es simplemente que en Foucault el poder sustituye al deseo". Baudrillard adelanta una crítica que por el momento dejo en suspenso: "Esta complicidad es demasiado bella para no ser sospechosa..." (J.Baudrillard; *Olvidar a Foucault*, Pretextos, Valencia, 1978; p.24).

producción y no de represión? Además, si el poder no fuera más que represivo, si no hiciera nunca otra cosa que decir no -pregunta Foucault- ¿pensaríamos realmente que se le obedecería?[2] Ya decía Freud:

> "Al parecer, no existe medio de persuasión alguno que permita inducir al hombre a que transforme su naturaleza en la de una hormiga; seguramente jamás dejará de defender su pretensión de libertad contra la voluntad de la masa."[3]

No obstante, la imaginería política moderna mantiene a las resistencias circulando en un espacio muy estrecho, al confiscar y absorber los movimientos del poder normalizador y enclaustrarlo en un punto central o un foco único de soberanía, como los aparatos del Estado o la dominación de clase. Contrario a esta tradición, sostiene Michel Foucault:

> "...no se trata de decir que el poder es el conjunto de instituciones y aparatos que garantizan la sujeción de los ciudadanos en un Estado determinado ni de un sistema general de dominación, sino que el análisis referido al poder respecto a la soberanía del Estado, de la ley o la unidad global de una dominación son más bien sus formas terminales."[4]

Es decir —añade— que el poder se refiere al efecto de conjunto que se dibuja a partir de sus propias movilidades, cuyas estrategias, que las tornan efectivas, se cristalizan en las instituciones, en los aparatos estatales, en la formulación de la ley, en las hegemonías sociales.[5] Desde esta perspectiva el poder normalizador que recorre

---

[2]M.Foucault; *Verdad y Poder;* Microfísica del Poder; La Piqueta, Madrid, 1992; p.181.

[3]S.Freud; *El malestar en la cultura;* Editorial *Alianza;* Madrid, 1996; p.40.

[4]M.Foucault, *Historia de la Sexualidad: la voluntad del saber;* op.cit.., pp.112-113.

[5]Apunta Foucault, que "...el poder no es una institución, y no es una estructura, no es cierta potencia de la que algunos estarían dotados: es el nombre que se presta a una situación estratégica compleja en una sociedad dada." (Ídem).

la actual condición de época no se aplica indiscretamente por un poder soberano, central, omnímodo. Trata más bien -en palabras de Foucault- de tecnologías disciplinarias[6], de técnicas de control y vigilancia que aparecen regadas en las estructuras jerárquicas, en la autoridad, en la tradición, en los ejercicios, las clasificaciones, los exámenes, en los registros; un poder que se esparce en las relaciones de fuerza inmanentes y propias del dominio en que se ejercen, y que son constitutivas de su organización. Michel Foucault propone asumir el poder como coextensivo al cuerpo social donde:

> -las relaciones de poder están imbricadas en otros tipos de relación (de producción, de alianza, de familia, etc.) donde juegan un papel a la vez condicionante y condicionado;

> -que dichas relaciones no obedecen a la sola forma de la prohibición y del castigo, sino que son multiformes;

> -que su entrecruzamiento esboza hechos generales de dominación;

> -que esta dominación se organiza en una estrategia más o menos coherente y unitaria;

> -que los procedimientos dispersados, heteromorfos y locales de poder son reajustados, reforzados, transformados por estas estrategias globales;

> -que todo ello coexiste con numerosos fenómenos de inercia, de desniveles, de resistencias;

> -que no conviene partir de un hecho primero y

---

[6]Se trata de técnicas del poder de normalización, cuyo encargo ha sido el de la producción, como apunta Foucault, de sujetos útiles y dóciles. Apunta además, que "la disciplina es ritual de reconocimiento y dispositivo de prevención de lo contingente porque fija el límite de una identidad que se expresa en la reactivación de reglas previsibles. Esta forma parte del ordenamiento del control intra discursivo de un régimen de verdad". (M.Foucault, *El orden del discurso*, pp.27-32, citado de A. Torrecilla, *El espectro posmoderno*; op.cit.. p.96).

masivo de dominación (una estructura binaria compuesta de *dominantes* y *dominados*), sino más bien de una producción multiforme de relaciones de dominación que son parcialmente integrables en una estrategia de conjunto;

-que las relaciones de poder sirven en efecto, pero no porque estén al servicio de un interés económico primigenio, sino porque pueden ser utilizadas en las estrategias;

-que no existen relaciones de poder sin resistencias.[7]

A partir de estas consideraciones teóricas se opera una ruptura epistemológica con el imaginario político moderno y se establecen coordenadas alternativas que posibilitan relocalizar la significación del *poder* a partir de un *modelo estratégico*, más pertinente a la condición mutante de las prácticas representacionales políticas de fin de siglo. Michel Foucault sugiere:

"...orientarse hacia una concepción del poder que remplaza el privilegio de la ley por el punto de vista del objetivo, el privilegio de lo prohibido por el punto de vista de la eficacia táctica, el privilegio de la soberanía por el análisis de un campo múltiple y móvil de relaciones de fuerza donde se producen efectos globales, pero nunca totalmente estables de dominación."[8]

Los postulados siguientes permiten afinar la estrategia reflexiva en contraste con las definiciones convencionales que constituyen y regulan el imaginario moderno del poder:

-Postulado de la Propiedad (según el cual el poder es algo que posee la clase dominante): el poder no se posee, se ejerce. No es una propiedad, es una estrategia: es algo que está en juego.

---

[7]M.Foucault; "Poderes y estrategias"; *Microfísica del poder*; Op.cit..; pp.170-71.

[8]M.Foucault; *Historia de la Sexualidad: la voluntad del saber*; Op.cit.., p.124.

-Postulado de la Localización (según el cual el poder debe entenderse como poder del Estado). El Estado no es el lugar privilegiado del poder; su poder es un efecto de conjunto.

-Postulado de la Subordinación (según el cual el poder estaría subordinado a un modo de producción que sería su infraestructura): el poder no es una mera superestructura -toda economía presupone unos mecanismos inmiscuidos en ella.

-Postulado del Modo de Acción (según el cual el poder actúa por medio de mecanismos de represión e ideología): se debe sustituir el poder en negativo (...) el poder produce lo real, a través de una transformación técnica de los individuos, que en nuestra sociedad recibe el nombre de normalización.

-Postulado de la Legalidad (según el cual el poder del Estado se expresa por medio de la Ley). Debe entenderse la ley como un procedimiento por medio del cual se gestionan diferentes órdenes de ilegalismos. La ley como una batalla perpetua; como el ejercicio actual de unas estrategias.[9]

Cabe advertir que estos postulados marcan los límites de los entendidos tradicionales que circulan el imaginario moderno del poder pero no por ello proponen sustituir una mirada por otra. Unas clases sociales siguen gozando de posiciones privilegiadas de poder sobre otras; en el poderío estatal se engloban sus privilegios y en el orden jurídico, bajo la forma imperial de la ley, se siguen materializando las condiciones de posibilidad de sus privilegios políticos, económicos. El poder normalizador de la modernidad sigue teniendo reservado sus lugares fijos donde instalarse y, desde su residencia fija cumplir su encargo. Y lo hace prohibiendo, negando, obligando, imponiéndose, de precisarlo, con la fuerza bruta de la represión. Mas no exclusiva ni particularmente de este modo...

---

[9]Los postulados sobre el poder, de M.Foucault, son presentados por M.Morey de acuerdo a la clasificación que hace Gilles Deleuze en la introducción a M.Foucault, *Un diálogo sobre el poder*, Op.cit..

El dispositivo de resistencia

Paralelo y entrecruzado al discurso del poder, la noción de resistencia se ha utilizado en el imaginario político moderno como la relación de fuerza oposicional a un poder dominante o a las fuerzas que amenazan la el ejercicio habitual de una dominación. En lenguaje más tradicional, la resistencia es referida al ejercicio de una relación de lucha: se lucha para vencer, se resiste para no ser vencido. A partir de esta premisa, la idea de resistencia no refiere únicamente al orden de las prácticas representacionales, o sea a los juegos retóricos del lenguaje. Aún cuando es tal vez ahí donde residen sus mayores tropiezos y entrampamientos. La resistencia es una actividad bélica, como tal violenta. Su objetivo estratégico-político, como el de la guerrilla, es derrotar las fuerzas enemigas.[10] Las tácticas de resistencia, ante la (im)posibilidad de una gran revolución, en singular y mayúscula, incluyen desde explorar, detectar y atacar los puntos más vulnerables hasta molestar y entretener, hostigar y desmoralizar, cansar, agotar y hacer desangrar si es posible la fuerza enemiga antes de (o bien en lugar de) entrar en combate frontal. Los medios y recursos pueden ser infinitos. Desde la seducción hasta la fuerza bruta, desde la maña de la retórica y la manipulación, flanqueados por el cinismo, la sinceridad o la mentira, y brincando de grito en grito hasta las grutas más oscuras del silencio. La virtud del *guerrillero* ante la contingente adversidad y la precariedad de los *territorios* (características de la condición (pos)moderna), sería su flexibilidad para adaptarse a todas las circunstancias y convertir en favorables todos los accidentes de la acción. Coincidiendo con los lineamientos del general Sun-Tzu, Ernesto Guevara escribe:

> "Frente a la rigidez de los métodos clásicos de guerrear, el guerrillero inventa su propia táctica en cada momento de la lucha y sorprende constantemente al enemigo."[11]

---

[10]J.A. Silén; *De la guerrilla cívica a la nación dividida*; Ediciones Puerto, Río Piedras, 1972.

[11]E. Guevara; *La guerra de guerrillas*; Departamento de Instrucción de MINFAR, La Habana, Cuba; (sin fecha); p.28.

Los límites de la lógica oposicional

En las relaciones de lucha, las figuras que salen al paso a resolver los *problemas sociales* o a provocarlos (como la del enemigo político, el líder, el gobernante o el disidente) son significantes que varían de acuerdo a múltiples perspectivas y posiciones de interpretación. Estos significantes, por demás ambiguos, inestables y cambiantes, son símbolos que representan (o están supuestos a representar) ideologías, valores o posturas morales y se convierten (o no) en modelos a seguir, imitar o rechazar, en puntos de referencia o símbolos de esperanza, amenaza o maldad. Son la tensión permanente y el choque continuo de estas diferencias las que marcan el carácter conflictivo del escenario político en general. La representación de estas tensiones mediante una retórica dualista es un signo de la imaginería política moderna. En palabras de Murray Edelman:

> "En todas las épocas y todas las culturas nacionales, las maniobras y controversias políticas han girado en torno de las interpretaciones conflictivas de las acciones y desarrollos actuales: los líderes son percibidos como tiránicos o benévolos, las guerras como justas o agresivas, las políticas económicas como soporte de una clase o del interés público, las minorías como patológicas o útiles..."[12]

A partir de este arreglo discursivo, montado en una lógica dual u oposicional, la resistencia es situada frente a algún poder fijo, determinado. Lo que no es de extrañar pues, según en nombre de la *razón*, -como apunta Fernando Mires- al igual que la cientificidad moderna se sirvió de una lógica dicotómica, de la misma manera que la religiosidad medieval era entendida de acuerdo a categorías derivadas de la contradicción entre lo satánico y lo divino[13], esta relación posibilitaba articular una base teórica relativamente estable para la acción política que, al igual que el alma humana, la voluntad de Dios, o el curso lineal de la historia -como sostiene Rorty- ofrecía un punto de partida para una teoría omnicomprensiva y

---

[12]M. Edelman; *La construcción del espectáculo político*; op.cit.., p.9.

[13]F.Mires; *La revolución que nadie soñó, o la otra posmodernidad*; op.cit.., p.161.

políticamente útil.[14] Entre ecuaciones tales como izquierda / derecha, revolución / reforma, igualdad / diferencia, orden / caos, resistencia / dominación, ha sido trazado el horizonte fijo de lo político en la modernidad. Este esquema dualista, que diferencia a partir de una relación de oposición o antagonismo, ocluye el carácter contingente de las relaciones de lucha política. Por ejemplo, reduciendo la condición actual de época (mutante tanto en el orden de lo social y lo cultural así como en lo económico y lo político), a un análisis de las fuerzas económicas del mercado como determinantes en última instancia, o a un conflicto entre fuerzas antagónicas igualmente sobredeterminadas. Entre estas coordenadas, los *protagonistas* del drama de La Historia[15] deben registrarse en alguno de los polos: sea entre capitalistas o trabajadores, entre oprimidos u opresores, entre dominadores o dominados, colonizadores o colonizados, entre patriotas o traidores...

Sin embargo, en el tramo epocal de fin de siglo, este esquema dualista parece haber agotado su eficacia política y apenas sale a pasear de vez en vez, siempre entonando, en demasiadas ocasiones, las retóricas de la inercia. En el contexto local, la racionalidad de los grandes dualismos de la modernidad, aún desde las *mejores* intenciones del mundo, ha desbordado sus residuos de intolerancia. Demasiado ha quedado excluido entre el imperio y la colonia, entre los patriotas y los traidores, entre la izquierda y la derecha, entre el boricua y el yanqui, entre la mentira reaccionaria y la verdad revolucionaria...

De la relación política bipolar: entre la izquierda y la derecha

Las prácticas de resistencia política, representadas bajo este esquema dualista (bipolar), se han expresado históricamente de diversas maneras: en el lenguaje de los derechos, como historia de la extensión de la democracia, o como lucha inacabable contra la explotación y la opresión. Del lado de la izquierda, la resistencia. De la derecha, las prácticas de la dominación. Apunta Steven Lukes:

---

[14]R. Rorty; "¿Cantaremos nuevas canciones?"; *Izquierda: punto cero*; op.cit.., p.61.

[15]Sobre las encerronas y posibilidades de resistencia política alternativa que circulan alrededor del discurso histórico trabajo el capítulo VII, El *fin* de La Historia y otros relatos de dominación.

"La izquierda, se podría afirmar, está comprometida en la rectificación progresiva de las desigualdades que la derecha considera sagradas, in-expugnables, naturales o inevitables. (...) La izquierda ve en el principio de la rectificación el eje central de una teoría del progreso, una estructura narrativa global de conquistas acumuladoras, sean cualesquiera las paradas que se produzcan en el camino."[16]

Acorde a esta distinción, Giovanni Sartori, afirma que, en principio, "la izquierda" es la política que apela a la ética, rechaza lo injusto y que, en sus tentativas y en su *autenticidad*, es "hacer el bien a otros", mientras que "la derecha" es hacer el propio bien, basándose en una ética utilitarista, en una ética débil, en un cálculo hedonista.[17] En palabras de André Gorz:

"Ser de izquierda significa sentirse ligados a todos aquellos que luchan por la propia liberación, que no aceptan sin más la determinación desde arriba de metas y objetivos y luchan, juntos o solos, por la eliminación de todas las formas de dominio y por el derrocamiento de todo aparato de poder."[18]

Qué cosa sea de izquierda -añade Gorz- no puede determinarse de una vez para siempre, pues, al variar los aparatos de poder y las formas de dominio varían también los objetivos y las formas de los movimientos de liberación que determinan en su contenido la política de izquierda.[19] Sin embargo, aunque de cierto modo esta (re)significación da lugar a una salida airosa de las encerronas del orden del discurso político tradicional (de la ortodoxia o la disciplina de partido, en fin, de la religiosidad de lo político en la modernidad), esta relativa indeterminación atribuida al concepto de izquierda es una salida retórica común al imaginario

---

[16]S. Lukes; "¿Qué queda de la izquierda?"; *Izquierda: punto cero;* op.cit.., p.52.

[17]G. Sartori; "¿La izquierda? Es la ética"; *Izquierda: punto cero*; op.cit.., p.100.

[18]A. Gorz; "Adiós, conflicto central"; *Izquierda: punto cero*; op.cit.., p.109.

[19]Ídem.

político moderno, a su lógica bipolar. ¿Quién decide cuándo, cómo y respecto a qué la noción de izquierda aplica o no a los trámites de la libertad o la justicia y no a los de la dominación? La tensión epocal riega la advertencia de que, a fin de cuentas –como se suele decir- el poder es como el violín: se toma con la izquierda, pero se toca con la derecha...

Las relaciones políticas contemporáneas -advierte Lukes- son demasiado complejas para quedar *reflejadas* en este simple esquema dualista.[20] Además -como sostiene Norberto Bobbio- reconoce la distinción (izquierda/derecha) quien está seguro de la propia identidad, porque, en un universo dividido en dos, la definición de la propia identidad sirve también para definir la identidad del adversario.[21] Sin embargo, es innegable que -como sostiene Giancarlo Bosetti- la función del *enemigo* ha resultado *vital* en la constitución de las democracias modernas[22]; que no ha habido régimen de gobierno que haya prescindido de hacerlo y que el poderío estatal, muy posiblemente, no podría existir si dejara de hacerlo...

Pero, ciertamente, la actual condición de época asiste a una progresiva difuminación de la tradicional forma de representar al mundo partido en dos, tanto en el ámbito de las relaciones de poder *internacionales* como en el orden interior de lo doméstico. Como sostiene Bosetti, al *desaparecer* (en 1989) la confrontación Este-Oeste como factor de interpretación y de gestión de las relaciones internacionales también la distinción derecha-izquierda, en la medida en que hasta entonces funcionaba como criterio ordenador de las relaciones políticas, ha entrado en una fase de *caída libre*.[23] La *derecha* ha perdido su enemigo declarado -afirma Peter Glotz- la contra imagen, el contraste. De un lado -según Glotz- la izquierda, concebida como alternativa de principio, tanto respecto del capitalismo como del comunismo, de golpe ha dejado de encontrarse en el centro de dos ejes y ha pasado a ocupar un punto no identificable con exactitud a lo largo de una amplia escala de

---

[20]S. Lukes; "¿Qué queda de la izquierda?"; *Izquierda: punto cero;* op.cit.., p.49.

[21]N. Bobbio; "La izquierda y sus dudas"; *Izquierda: punto cero*; op.cit., p.78.

[22]G. Bosetti; "La crisis en el cielo y en la tierra"; *Izquierda: punto cero*; op.cit., p.14.

[23]Ídem.

capitalismos más o menos moderados.[24] De esta manera, según la *presencia* del *enemigo* ha legitimado y estabilizado determinadas relaciones de poder, la *ausencia* posterior las pone en cuestión y posibilita demolerlas. Proceso este que, a partir de la progresiva difuminación de imágenes fijas del *enemigo*, pone en tela de juicio, no sólo la productividad táctica sino, además, la pertinencia política de seguir pensando de manera maniquea. Sobre todo dada la opacidad cada vez más marcada de los dispositivos *modernos* de dominación.

Se riegan las resistencias

Los modos de dominación en las sociedades capitalistas contemporáneas no sólo exceden los límites de la representación binaria sino que aparecen descentrados y esparcidos por toda la red del espectro social. En el contexto actual, por ejemplo, se hace cada vez menos posible traducir (o reducir) la *diversidad* en unidades de oposición.[25] Sea desde el espectro fragmentario de las luchas y transgresiones así como desde el poderío estatal o la hibridación de los dominios del capital, que entre conveniencias, sutilezas y cantazos se ha visto *obligado* a (re)conocer las voces múltiples de la *diferencia*. En este escenario es posible despejar la escena de las prácticas representacionales demasiado rígidas y disolver las identidades *fuertes* arraigadas en la imaginería moderna. Como muy bien ha sabido sacar provecho y mercadear la industria de la publicidad (pos)moderna.[26] De manera simultánea, se activan *otros* registros de identidad, colectiva o singular, tal vez, menos acaparantes que los anclados en las categorías tradicionales fijas en

---

[24]Peter Glotz define la izquierda como la fuerza que persigue la limitación de la lógica de mercado, o más bien como la búsqueda de una racionalidad compatible con la economía de mercado; la sensibilización por la cuestión social, es decir, el apoyo al Estado social y a ciertas instituciones democráticas; la transposición del tiempo en nuevos derechos de libertad, etc. (P.Glotz; "Más allá del 89"; *Izquierda: punto cero*; op.cit.., p.108).

[25]Dada la exacerbada flotabilidad de los significantes del discurso de la *diferencia*, tan de boga en estos tiempos, y su marcada ambigüedad para efectos de una reflexión teórica, el tema será tratado en el capítulo VI "El orden de las diferencias".

[26]Este tema se aborda con mayor detenimiento en el capítulo V, "Tecnología, democracia y redes de información en la sociedad del espectáculo, en la era de la simulación"

100

los campos discursivos de lo étnico y lo racial, del género y la clase. De este modo se hace cada vez menos posible detectar algún territorio privilegiado donde fijar referentes absolutos y estáticos de dominación. Siguiendo los lineamientos de Michel Foucault, sostiene Mark Poster:

> "La forma de dominación característica del capitalismo avanzado no es la explotación, ni la alienación, ni la represión, ni la anomia, ni la conducta disfuncional. Es una nueva pauta de control social que está encastrada en la práctica en varios y numerosos puntos del campo social, formando una constelación de estructuras que está a la vez en todas partes y en ninguna."[27]

Ni las coordenadas establecidas por las luchas contra la dependencia y la subordinación colonial ni las de la revolución proletaria son suficientes para detectar y combatir sus fuerzas. Los registros de la dominación no sólo exceden la razón vigilante de sus propios guardianes, sino que están infiltrados aún entre las sombras más clandestinas de las resistencias. Aún así, esta estrategia reflexiva no suponen erradicar, abolir o hacer desaparecer indistintamente las prácticas discursivas que soportan la imaginería política moderna. Y, aunque tampoco descarta esa posibilidad, la intriga se mantiene sobre su pertinencia con relación a su productividad táctica y su integración estratégica. En otras palabras, más que descartarlas, se considera posible, con la debida cautela, subirlas a escena, ponerlas en juego y hasta hacerlas proliferar (como sugiere la táctica deconstruccionista). Advierte Stuart Hall:

> "We have to keep these two ends of the chain in play at the same time -over determination and difference, condensation and dissemination- if we are not to fall into a playful deconstructionism, the fantasy of a powerless *utopia* of difference. It is only too tempting to fall into the trap of assuming that, because essentialism has been deconstructed *theoretically*, therefore it has been displaced

---

[27]M. Poster, "Una Nueva Clase de Historia", *Foucault, el marxismo y la historia: Modo de producción versus modo de información*, op.cit.., p.114.

politically."[28]

La dispersión: una táctica de resistencia

Michel Foucault sostiene que, según el poder aparece como coextensivo al cuerpo social y no tan solo en las instancias superiores de la censura, y penetra de un modo muy profundo, muy sutilmente, en toda la red de la sociedad, de igual manera aparecen las resistencias:[29]

> "Así como la red de las relaciones de poder concluye por construir un espeso tejido que atraviesa los aparatos y las instituciones sin localizarse exactamente en ellos, así también la formación del enjambre de los puntos de resistencia surca las estratificaciones sociales y las unidades individuales."[30]

Decir que las resistencias suben a escena como condición *inmanente* a las propias relaciones de poder y, más aún, que se riegan imprevisiblemente entre las redes de lo social, cuando menos, consuela las nostalgias del desencanto y la frustración provocadas por el embate, real o imaginado, de un poder omnipresente. De cierto modo, tal vez, el discurso psicoanalítico de Freud ya lo sospechaba cuando refería las resistencias al poder normalizador de la cultura al registro de las pulsiones activadas desde el inconsciente. El desequilibrio, la inestabilidad, la contingencia y las tensiones, desbordan los márgenes del imaginario de la modernidad y se integran en un campo entrecruzado por múltiples relaciones de fuerza, concientes o no.

Como sostiene Foucault, pues, en el campo estratégico de las relaciones de poder siempre hay resistencias y éstas no existen en posición de exterioridad respecto del poder. Pero -advierte

---

[28]S.Hall; "When Was the 'Post-Colonial'?: Thinking at the Limit"; en I.Chambers y L.Curti (eds.) *The Post-Colonial Question: Common Skies, Divided Horizons*; op.cit.., p.249.

[29]M.Foucault; "Poderes y estrategias"; *Un diálogo sobre el poder*; op.cit., pp.80-83.

[30]M.Foucault; *Historia de la sexualidad: la voluntad de saber*; op.cit.., p.116.

Baudrillard- que desde este enfoque, el poder, asumido en términos de relaciones de fuerzas, es siempre el que *gana*, incluso si cambia de manos en el transcurso de las revoluciones.[31] Esta lógica de por sí, entonces, no lleva una mecánica liberadora, pues –como advierten Edwards, Reich y Weisskopf-:

> "Just as the existence of oppression does not guarantee the emergence of oppositional forces, so oppositional forces do not inevitably lead to the creation of liberating institutions."[32]

Los regímenes discursivos vinculados al proyecto político de la modernidad capitalista, sean articulados o puestos en práctica desde las múltiples versiones de la dominación o desde las fuerzas que las resisten, no pueden reclamar un centro fijo donde anclar sus referencias, así como tampoco pedir que *transparenten* su inocencia o su culpabilidad.[33] En este sentido, la relación poder / resistencia no implica la posibilidad de un poder total sino más bien -como apunta Ernesto Laclau- la existencia de una pluralidad de centros de poder con distinta capacidad de irradiación y de estructuración, en lucha entre sí.[34] Este disloque, sin duda, es condición de posibilidad para relajar la rigidez política que atraviesa la imaginería democrática contemporánea. Sin embargo, de por sí, no supone un trámite *liberador* alternativo...

---

[31]J.Baudrillard; *Olvidar a Foucault*; op.cit.., p.78.

[32]R.C.Edwards, M.Reich, T.E.Weisskopf; *The Capitalist System: A Radical Analysis of American Society*; Editorial *Prentice Hall*; Harvard University, Cambridge, Massachusetts, 1972; p.521.

[33]Este choque incesante entre poder y resistencia encarna el orden del discurso. En palabras de Michel Foucault: "Los discursos, al igual que los silencios, no están de una vez por todas sometidos al poder o levantados contra él. Hay que admitir un juego complejo e inestable donde el discurso puede, a la vez, ser instrumento y efecto de poder, pero también obstáculo, tope, punto de resistencia y de partida para una estrategia opuesta. El discurso transporta y produce poder; lo refuerza pero también lo mina, lo expone, lo torna frágil y permite detenerlo. Del mismo modo, el silencio y el secreto abrigan el poder, anclan sus prohibiciones; pero también aflojan sus apresamientos y negocian tolerancias más o menos oscuras." (M.Foucault, *Historia de la Sexualidad*; op.cit.., p.123).

[34]E.Laclau; *Nuevas reflexiones sobre la revolución de nuestro tiempo*; op.cit.., p.57.

Virtud y aporía de la resistencia

El modelo estratégico configurado por Michel Foucault nos permite establecer estrechos vínculos entre la producción teórica, entre las diversas formas de producción de saberes en general y las relaciones de poder, en abierta ruptura con el proyecto político normalizador de la modernidad. Es en este sentido que sus escritos son piezas claves en la articulación de una estrategia reflexiva en torno a las consecuencias e implicaciones de los saberes producidos como pilares fundamentales de la modernidad y sus estrechos vínculos con la formación, transformación y consolidación de las sociedades capitalistas. Sin embargo, ese sentido *esencialista* de las resistencias también puede convertirse en entrampamiento. Y, aunque de cierta manera escapa del imaginario moderno, se vuelca sobre los límites y encerronas de su propio discurso. Se convierte en una promesa que deja en suspenso lo que de contestatario y alternativo podrían articular las resistencias políticas. La melodía seductora del capital marca en ellas su rítmica, y su verdad embriagante aún insiste en la borrachera. En palabras de Ella Shohat:

> "It dissolves the politics of resistance because it 'posits no clear domination and calls for no clear opposition'."[35]

Y aunque para articular una resistencia política efectiva y luchar con eficacia debe asumirse una posición respecto a lo resistido, cabe advertir que la lógica oposicional, en ocasiones, hace que eso que se articula como contraparte de la dominación sea absorbido por su propio poder. Las oposiciones electorales, son un claro ejemplo, a pesar de que se den entre diferencias irreconciliables: en esta contienda el saldo final de la lucha es siempre un efecto normalizador de conjunto. En este sentido, estos modos de resistencia se representan como partes de un mismo imaginario político unificador, que ansía canalizar por una ruta unívoca y atraer desde y para un poder central el conjunto de las posibles fuerzas de resistencia. Fuerzas que aparecen filtradas, por demás, por una moralidad, una economía y una política cónsona con este poder

---

[35]E. Shohat; "Notes on the Post-colonial"; *Social Text,* 31/32, 1992 según es citada en S. Hall; "When Was 'The Post-colonial'? Thinking at the Limit"; *The Post-Colonial Question;* op.cit.. P.242.

104

centralizador. La representación de las luchas sociales como fuerzas en oposición al Estado, como si este fuera el lugar privilegiado del poder, es otro ejemplo. Su pertinencia política, así como su legitimidad, es conferida con relación a la estrategia global trazada en función de un objetivo estratégico: el combate frontal. Desde esta perspectiva, compartida por muchos, los movimientos fragmentados y dispersos, en las más de las ocasiones transitorios, coyunturales y por ende pasajeros, carecen de condiciones *intrínsecas* para modificar las raíces de la dominación contemporánea. Afirma Ricardo Cicerchia que su vulnerabilidad radica en su misma virtud:

> "La heterogeneidad (...) virtud y debilidad de los movimientos populares, puerta de entrada a su complejidad y freno a la construcción de cualquier matriz teórica..."[36]

Para otros, aunque sin duda los menos, las formas de resistencia (popular o no) son muy diversas y lo suficientemente abstractas como para sospechar de cualquier intento de definirlas en términos absolutos. De un lado, porque uno de los resultados de la fragmentación es, como afirma Laclau, que las diversas reivindicaciones sociales adquieren una mayor autonomía y, como consecuencia, confrontan al sistema político de un modo crecientemente diferenciado.[37] Y, de otro, porque es, tal vez, en su relativa indeterminación, en su imprecisión, incoherencia y fugacidad donde reside su mayor fortaleza. Imprecisa desde la afinación de un poder centralizador y unitario, incoherente desde su lógica normalizadora y fugaz desde su pretensión acaparante. Desde esta condición, cuando menos, como concluye Laclau, la manipulación se hace más difícil. O, siguiendo los lineamientos de Bourdieu, como sostiene Gabriel Moreno contra las posiciones *derrotistas*:

> "...el cambio social profundo y decisivo no viene ni de las grandes palabras, ni de los grandes conceptos, ni de las Grandes Narraciones, ni de los grandes

---

[36]R. Cicerchia; "O inventamos o erramos. América Latina: ¿La política de la crisis o la crisis de la política?; *Gobernabilidad, ¿sueño de la democracia?*; Revista *Nueva Sociedad*, num.128, Caracas, 1993; p.170.

[37]E.Laclau; *Nuevas reflexiones sobre la revolución de nuestro tiempo*; op.cit.., p.97.

planes, ni de los grandes poderes sino de la generación anónima y la pretensión lenta y continua de nuevas sensibilidades, de nuevas actitudes y estados de ánimo, de nuevos hábitos internos, a través de las prácticas cotidianas en la vida nuestra de cada día."[38]

Pero, en el curso actual de la modernidad capitalista, un poder normalizador asecha las múltiples relaciones de fuerza que las atraviesan, las constituyen y las dislocan. Tanto más, que aún sin un territorio privilegiado donde fijar referentes absolutos de la dominación, las maneras como se han articulado las estrategias políticas de resistencia, o sea, las fuerzas que combaten las prácticas y efectos de la dominación, filtradas por el imaginario de la modernidad, por demás centralizador, aparecen insistentemente atravesadas por este poder normalizador.

Articular posibilidades de ruptura con el proyecto político de la modernidad requiere asumir que en la discursividad de resistencia, móvil y transitoria, ya sea entre secretos a voces o entre los silencios más ensordecedores, también coexisten dispositivos de normalización. Estos dispositivos están inscritos en las prácticas sociales más diversas y encarnan los espacios más íntimos de la existencia humana. Un esbozo general de algunos de los lineamientos que atraviesan las discursividades de resistencia en las sociedades capitalistas contemporáneas puede servir para detectar las instancias donde el poder de normalización se funde simultáneamente entre fuerzas centrífugas así como cohesivas. La articulación de una estrategia reflexiva supone *problematizar* los supuestos y entendidos que han servido de fundamento a las resistencias políticas. Es por ello que las categorías regulativas que han regido el imaginario político de la modernidad (como emancipación, verdad, progreso, justicia y libertad), como los dispositivos metanarrativos de legitimación (como la Historia y el Sujeto, la Cultura y la Nación) y las grandes oposiciones binarias (como izquierda/derecha, hombre / mujer, blanco / negro), están siendo emplazadas, cuando no para rechazarlas, para hacerlas rendir cuentas y, cuando menos, asumirlas con mayor cautela. Cautela que, sin duda, expresa la fragilidad fatal de cualquier régimen de verdad...

---

[38]G.Moreno Plaza; *La liberación del lector en la sociedad postmoderna: ensayos de interpretación abierta*; op.cit.., p.106.

Regímenes de Verdad y crisis de legitimidad

"¿Qué le digo a la luna
que creí compañera de noches y noches
sin ser verdadera?"
Silvio Rodríguez

Capítulo IV

Regímenes de Verdad y *crisis* de legitimidad

> "Las verdades son ilusiones...
> ...que se ha olvidado que lo son..."
> *F.Nietzsche*

Los diversos modos como la actual condición de época se (re)presenta a sí misma no serían posibles sin un horizonte de sentido que los refiera, los sitúe y los devuelva inmediatamente a sí. Su enclave estratégico: la verdad. La línea que dibuja y desdibuja este horizonte ideológico, es condición de posibilidad y soporte de las más diversas prácticas sociales. Entre ellas, tanto a las prácticas de dominación como a las que las resisten, la verdad, convertida en cuerpo y alma de toda relación de lucha política, sea de modo particular o compartido, las anima y las mueve o las enclaustra y las detiene. Como las críticas marxistas y las apologías liberales, por ejemplo, la alta jerarquía de la Iglesia Católica ha manifestado su abierta simpatía con el proyecto político de la modernidad y, por ende, con su soporte referencial, la verdad. En palabras de Karol Wojtyla, el Papa Juan Pablo II:

> "En esta época en particular, parece descuidarse la búsqueda de la verdad última (...) La época moderna ha visto la promoción de varias doctrinas que tienden a devaluar aún las verdades que habían sido proclamadas como certezas. Una legítima pluralidad de posiciones ha dado lugar a un pluralismo indiferenciado, basado en la suposición de que todas las posiciones son igualmente válidas, lo que es uno de los síntomas actuales más extendidos de la falta de confianza en la verdad."[1]

Como habitualmente acostumbra la tradición moderna, una vez *detecta* e *identifica* el "síntoma" (diagnosticado ahora como un mal nihilista, peligroso por ser altamente contagioso), receta la cura de la

---

[1]M.A.Agea (Agencia EFE); "Apología al optimismo la encíclica papal"; periódico *El Nuevo Día*, viernes 16 de octubre de 1998, Sección *Mundiales*, p.52.

verdad (producida o revelada por la razón humana, la fe y la ciencia) ante esta epidemia epocal que llaman *posmoderna*. Las sospechas se ciernen, entonces, sobre los territorios ocupados, controlados y administrados, conservados y reproducidos por esos *regímenes de verdad*[2] que hacen circular la imaginería política moderna. Entre ellos, el reinado de la Razón que, desde estadios iniciales del capitalismo (y aparejado con la noción moderna de Historia), se ha montado como contraparte antagónica de las creencias religiosas y como recursos de *liberación* contra las tradiciones de autoridad de corte absolutista o despótico, es puesto en *crisis*. Como objeto de crítica radical, la frágil condición del *conocimiento* sube a la escena de fin de siglo jugando un papel protagónico. Las complicidades híbridas entre el poder, la verdad y el saber, tramitadas bajo las sombras de la Ilustración a partir del siglo XIX, forman parte del repertorio. Las promesas que hermosean su libreto, encargadas de seducir y cautivar tanto a su audiencia como al público espectador, pasan por el filtro censor de la sospecha. Son cuestionadas no sólo en el ámbito de su pertinencia teórica sino, además, en lo concerniente a la dimensión política de sus efectos.

Discurso de Verdad / Relación de Poder

La versión hegemónica de la democracia (compartida entre socialistas, liberales y cristianos, entre conservadores y revolucionarios), sitúa sus referentes *fuertes* en el *proyecto* político de la modernidad. Su configuración actual tiene sus raíces ensambladas en la idea de un sentido unitario de la historia, coherente y dirigido hacia un *fin superior*, regulado por un proyecto de *emancipación* humana, cuya condición de posibilidad, montada como cualidad y virtud, como esencia y a la vez como compromiso inalienable del ser humano, es la *razón*. En torno a ella se configuran los rituales de dominación que, impuestos por la fuerza bruta o el hábito y la costumbre, resentidos, consentidos o resistidos, recorren la actual condición de época.

---

[2]Me refiero a *régimen de verdad* en el sentido que lo trabaja Michel Foucault. Esto es, en cuanto la verdad aparece ligada circularmente a los sistemas de poder que la producen y la mantienen, y a los efectos de poder que induce y que la acompaña. Foucault apunta además que este régimen no es simplemente ideológico o superestructural sino que ha sido una condición de formación y desarrollo del capitalismo. (M.Foucault; "Verdad y Poder"; *Microfísica del Poder*, Ediciones de la Piqueta, Madrid, 1992; p.189).

Alrededor de este proyecto político *emancipador*, convertido en esencia espiritual y materialidad irreducible de sus movimientos, la modernidad se representa como un movimiento ascendente, real y no imaginario; verdadero. La modernidad –siguiendo la crítica de Nietzsche- imagina un poder que si no es *real* no puede actuar. Pero lo que importa no es si algo es verdad –añade- sino cuáles son sus consecuencias.[3]

Para el ejercicio eficaz de una dominación, lo que impresiona tiene que ser verdad, lo que cuesta sangre debe ser verdad, pues ésta, en todas partes se considera como un valor en sí, y –advierte Nietzsche- puesto que no se sabe honrar a un pensamiento de otra forma que calificándolo de verdadero, el primer predicado para que se le tome en consideración es que sea verdadero.[4] La verdad os hará libres, prometen los creyentes bíblicos y los ordenamientos jurídicos de todos los estados. Pero, ¿la verdad según quién? Y, a fin de cuentas, ¿libres de qué?

Los *pensadores* de la Ilustración (estrategas políticos, teóricos, especuladores o retóricos), suponían que si la religión y la superstición habían logrado generar un orden social (el autoritarismo y el dogmatismo jerárquico, presidido por la nobleza y el clero) – apunta Ernest Gellner- entonces la *doctrina verdadera*, por oposición, definiría igualmente un orden social diferente y superior. Esta diferencia y superioridad se establecería a partir de una lógica binaria:

"Si el *error* (religión y superstición) definió y legitimó un régimen, entonces con toda seguridad la verdad haría lo mismo con otro (...) La ilusión había creado, o vindicado, un régimen opresivo y explotador; la verdad generaría y satisfaría uno libre, fraternal e igualitario."[5]

La modernidad se representa a sí misma a partir de la ilusión generalizada de que de algún modo la verdad, asumida como esencia oculta tras el orden superficial de las apariencias (sea por los prejuicios populares o bajo la forma distorsionada de las ficciones

---

[3]F. Nietzsche; *La voluntad de poderío*; Libro II; Editorial *Biblioteca Edaf*, Madrid, 1981.

[4]Ídem.

[5]E.Gellner; *Posmodernismo, razón y religión*; op.cit., p.109.

ideológicas de las clases dominantes), puede ser matriz del horizonte emancipador de su proyecto político. Gran parte de las luchas y demás relaciones que atraviesan y constituyen el espectro de lo social se mueven alrededor y a partir de esta gran ilusión política. Según Michel Foucault, éstas no pueden disociarse, ni establecerse, ni funcionar sin una producción, una acumulación, una circulación, un funcionamiento del discurso de verdad. O sea, que no hay ejercicio de poder posible sin una cierta economía de los discursos de verdad que funcionen en, y a partir de esta pareja: poder/verdad. Estamos sometidos -afirma Foucault- a la producción de la verdad desde el poder y no podemos ejercitar el poder más que a través de la producción de la verdad[6]:

> "...estamos constreñidos a producir la verdad desde el poder que la exige, que la necesita para funcionar: tenemos que decir la verdad; estamos obligados o condenados a confesar la verdad o a encontrarla. El poder no cesa de preguntarnos, de indagar, de registrar, institucionaliza la pesquisa de la verdad, la profesionaliza, la recompensa. En el fondo tenemos que producir verdad igual que tenemos que producir riquezas. Por otro lado, también estamos sometidos a la verdad en el sentido en que la verdad hace ley, elabora el discurso verdadero que, al menos en parte, decide, transmite, empuja efectos de poder. Después de todo somos juzgados, condenados, clasificados, obligados a competir, destinados a vivir de un cierto modo o a morir en función de discursos verdaderos que conllevan efectos específicos de poder."[7]

Las prácticas discursivas que atraviesan los dominios del saber, que operan como técnicas de subjetivación imbricadas

---

[6]*La verdad* -según Foucault- es el conjunto de reglas según las cuales se discrimina lo verdadero de lo falso y se ligan a lo verdadero efectos políticos de poder, o sea de un combate, no en favor de la verdad sino en torno al estatuto de verdad y al papel económico-político que juega. En otras palabras, el conjunto de procedimientos reglamentados por la producción, la ley, la repartición, la puesta en circulación y el funcionamiento de los enunciados.(M.Foucault; "Verdad y Poder"; *Microfísica del Poder*, op.cit., p.188).

[7]M.Foucault; "Curso del 14 de enero de 1976"; *Microfísica del Poder*, op.cit.; p.140.

siempre en relaciones de poder, llevan de manera implícita una *economía política de la verdad.* Esta relación de complicidad, que localiza la verdad del lado de los poderes reguladores de la modernidad, trama su función precisa, su productividad táctica y su integración estratégica, dispersa, aunque no independiente de manera absoluta, entre múltiples prácticas y luchas sociales. Foucault apunta:

> "La verdad no está fuera del poder, ni sin poder (no es, a pesar de un mito, del que sería preciso reconstruir la historia y las funciones, la recompensa de los espíritus libres, el hijo de largas soledades, el privilegio de aquellos que han sabido emanciparse) (...) La verdad es de este mundo; está producida aquí gracias a múltiples imposiciones (...) Cada sociedad tiene su régimen de verdad, su política general de la verdad: es decir, los tipos de discurso que ella acoge y hace funcionar como verdaderos; los mecanismos y las instancias que permiten distinguir los enunciados verdaderos o falsos, la manera de sancionar unos y otros; las técnicas y procedimientos que son valorizados para la obtención de la verdad; el estatuto de aquellos encargados de decir qué es lo que funciona como verdadero."[8]

La verdad, sin más, está ligada a los modos actuales de dominación. Resulta clave asumir, pues, que los *regímenes de verdad* que constituyen el imaginario político moderno aparecen implicados en la trama del (des)envolvimiento de la economía capitalista y del creciente poderío estatal, en sus estrategias de normalización *social* y sus prácticas disciplinarias. Este entramado -según Michel Foucault- puede ser sitiado a partir de estos cinco rasgos:

> -La verdad está centrada en la forma del discurso científico y en las instituciones que lo producen;

> -Está sometida a una constante incitación económica y política (o sea a una necesidad de verdad tanto para la producción económica como para el poder político);

---

[8]Ídem.

-Es objeto bajo formas diversas de una inmensa difusión y consumo (esto es, que circula en aparatos de educación y de información cuya extensión es relativamente amplia en el cuerpo social);

-Es producida y transmitida bajo el control no exclusivo pero si dominante de algunos grandes aparatos políticos o económicos (se refiere por ejemplo a las universidades, al ejército, la escritura, los medios de comunicación, entre otros);

-La verdad es, en fin, el núcleo de la cuestión de todo un debate político y de todo un enfrentamiento social.[9]

Saber/Verdad/Poder: la tríada normalizadora

Articular lo social como un entramado de relaciones de fuerza supone establecer una relación indisoluble entre el saber y el poder. Las relaciones de poder convergen desde los juegos de legitimidad de las políticas institucionales hasta los sistemas de reglas, principios y conceptos que condicionan y regulan, sea de modo conciente o no, las perspectivas e interpretaciones (dominantes o marginales) de cada época. Este poder se cristaliza en las prácticas discursivas que producen y definen, regulan y controlan todo lo implicado en los dominios del saber. En este sentido, las relaciones de poder/saber, se articulan bajo el orden del conocimiento como uno de los modos actuales de dominación.[10]

Las redes dispersas de la dominación, en la actual condición de época, se han entretejido (aunque quizá con poca cautela) con mucha astucia política. El imaginario político moderno está configurado entre múltiples estrategias discursivas que (forjadas a la luz de las promesas emancipatorias de la Ilustración) hicieron aparecer modos particulares de conocimiento; conocimientos que,

---

[9]Ídem.

[10]Como sostiene Michel Foucault, poder y saber se implican directamente el uno al otro y no existe relación de poder sin constitución correlativa de un campo de saber, ni de saber que no suponga y no constituya al mismo tiempo unas relaciones de poder. (M.Foucault, *Vigilar y Castigar*, op.cit., p.34).

registrados bajo la legitimidad de la razón (científica), se constituyeron en tecnologías de un poder disciplinario; poder normalizador que, traducido en regímenes de verdad, se ha encargado de condicionar las perspectivas de los sujetos, de producir los estándares de lo normal y lo desviado; lo permitido y lo prohibido; lo posible y lo inimaginable. Nos recuerda Foucault:

> "Los jueces de la normalidad están por doquier. Nos encontramos en compañía del profesor- juez, del médico-juez, del educador-juez, del 'trabajador social'-juez; todos hacen reinar la universalidad de lo normativo, y cada cual en el punto en que se encuentra le somete el cuerpo, los gestos, los comportamientos, las conductas, las actitudes, las proezas..."[11]

Las condiciones de aparición histórica de estos saberes marcan la trayectoria de su complicidad política y permiten trazar las coordenadas de su función, de un lado, eminentemente disciplinaria[12] y, de otro, esencialmente reguladora.[13] Los regímenes de verdad que cercan la imaginería política moderna operan entonces, no sólo como fundamento de legitimidad de la racionalidad capitalista, del poderío estatal y la versión hegemónica de la democracia, sino incluso como condición, soporte fundamental y eje referencial de las fuerzas que la resisten y de las ilusiones y

---

[11]Michel Foucault añade que ha sido la red carcelaria, bajo sus formas compactas o diseminadas, con sus sistemas de inserción, de distribución, de vigilancia, de observación, el gran soporte, en la sociedad moderna, del poder normalizador. (M.Foucault; *Vigilar y Castigar*, op.cit., p.311).

[12]De las prácticas jurídicas, penales y judiciales (que son prácticas sociales) surgieron formas particulares de análisis (exámenes) que durante el siglo XIX dieron lugar a ciertos dominios de saber que conocemos como "ciencias humanas": sociología, sicología, criminología, sicopatología, psicoanálisis). Foucault identifica en la emergencia de estos dominios de saber, en los inicios de la sociedad capitalista a finales del siglo XIX una conexión directa con cierto número de controles políticos y sociales.(M.Foucault, *La verdad y las formas jurídicas*; op.cit., pp.18; 31;140).

[13]N. Correa, H. Figueroa, M.M. López y M. Román; "Las mujeres son, son, son...Implosión y recomposición de la categoría"; *Más allá de la bella (in)diferencia: revisión post-feminista y otras escrituras posibles*; op.cit., pp.34-35.

alternativas que las guían. Advertido esto, resta continuar desenmarañando la relación política de la tríada normalizadora de la modernidad (saber/verdad/poder), cuestionando sus autoridades y debilitando, en lo posible, las legitimidades que autorizan las relaciones habituales de dominación...

Del Saber y la puesta en *crisis* de su legitimidad

La imaginería liberal moderna ha convertido el principio de secularización en punta de lanza emancipadora. Con él, la aparición del discurso científico como fuerza oposicional a los dogmas religiosos se celebra como una gran reivindicación de la humanidad. Según Germani, la sociedad moderna, por su propia lógica, tiende a eliminar todo carácter "sagrado" o intangible en sus principios básicos, su sistema de valores, sus instituciones, sus normas, sus actitudes y sus modelos de conducta.[14] Sin embargo, los presumidos cambios estructurales y políticos efectuados por los procesos modernizadores no trajeron consecuentemente una ruptura radical con las tradiciones del *pasado* (creencias, rituales, relaciones de poder, etc.) sino que, con uno que otro matiz (negociado, impuesto o infiltrado), se enraizaron más profundamente en la imaginería social, ahora referida esencialmente al proyecto político moderno. Los discursos de legitimidad moral y política del poderío interventor estatal lo evidencian. Nada de lo que se creía *superado* por la historia – advierte Baudrillard- ha desaparecido realmente; todo está ahí, dispuesto a resurgir como los virus en lo más hondo de un cuerpo.[15]

Esta advertencia llama la atención, más que sobre el carácter vulnerable del pensamiento *ilustrado*, sobre la irremediable precariedad de sus innovaciones concretas. La promesa emancipadora, que legitimaba y privilegiaba su primacía, era desestabilizar los dominios de las tradiciones que no se ajustaran a las exigencias del proyecto político moderno. Pero la modernidad no se impuso sobre ellas con la *fuerza* que se suele creer, o por lo menos con la que presume ella misma de sí. Las tradiciones (culturales, políticas, religiosas, etc.,) en lugar de desaparecer, mutaron; si acaso

---

[14]G. Germani; "Democracia y autoritarismo en la sociedad moderna"; *Los límites de la democracia*; op.cit., p.25.

[15]J.Baudrillard; *La ilusión del fin: la huelga de los acontecimientos*; Editorial *Anagrama*, Barcelona, 1993; p.47.

(como la Iglesia), lucharon cuanto pudieron y por razón de sobrevivencia se sometieron y ajustaron a las exigencias de los nuevos poderes reinantes; superiores moralmente por ser superiores físicamente, nada más. Es a partir de este choque de fuerzas, entre la tradición y el proyecto político moderno, que no sólo se inventaron o reinventaron otras tradiciones sino que se reconstruyeron otras de tipo más específico. Los posibles contenidos de las verdades que a partir de entonces regularían la imaginería política y social estarían condicionados por relación particulares de lucha. Su sentido último, La Verdad, sería pues, el saldo de un combate, el semblante de un triunfo; efecto de una victoria.

Engranada en esta relación, la modernidad (como proyecto político social y posibilidad del gran ideal emancipador) aparece como dispositivo desestabilizador, como pensamiento de ruptura y, simultáneamente, como dispositivo generador, regulador y correctivo del ordenamiento social emergente. Los rituales de verdad, las prácticas de la tradición, las que se dan el lujo de prescindir de justificación, de ser cuestionadas, marcan incisivamente la actual condición de época. Incluso la propia ciencia, aparentemente tan opuesta a los modos tradicionales de pensamiento, se convirtió en una especie de tradición, como sostiene Giddens: la ciencia se convirtió en una 'autoridad' a la que se podía acudir de forma más o menos indiscutible para enfrentarse a los dilemas o intentar resolver problemas.[16]

Y es que los regímenes discursivos que configuran el imaginario de la modernidad, aunque surgen por oposición a los paradigmas religiosos[17] incorporaron a su lógica -aún para contradecir principios religiosos- categorías y nociones que son propias al orden del discurso religioso. Fernando Mires acentúa las siguientes, que aunque no calcadas del discurso religioso se encadenan bajo su misma lógica: el principio de *determinación*, de *naturalismo*, el de *esencialismo*, de *racionalismo*, la *lógica dicotómica*, la

---

[16]A.Giddens; *Más allá de la izquierda y la derecha: el futuro de las políticas radicales*; Ediciones *Cátedra*, Madrid, 1994; p.15.

[17]El pensamiento *ilustrado* se presenta como antítesis de la doctrina del pecado original y de la salvación por medio de la iglesia. Es decir -como sostiene José Ribas- nos redime del *somos culpables* por haber nacido, del nacemos malos y perversos y necesitamos el correctivo de la iglesia y el temor al castigo divino para salvarnos. (J. Ribas; "Romanticismo libertario: del individualismo egoísta al hombre solidario"; Revista *Ajoblanco*, octubre, 1992; p.28).

proyección de *trascendencia*, y la creencia de que existe un orden *universal*, sujeto a leyes medibles y cuantificables, por tanto un objetivo, diferenciable a través de la ciencia de lo que no lo es.[18] En palabras de Josep-Vicent Marqués:

> "El propio ascenso de la burguesía rompía la sensación de que las cosas eran como eran porque no podían ser de otra manera. Para la burguesía, el proceso de cuestionamiento del orden social podía y debía llegar a impugnar el orden divino de la monarquía, las normas del vasallaje y la autoridad de los papas, pero era necesario que se detuviera a las puertas de la propiedad privada, la familia y la idea de patria, entendida ahora como soberanía nacional."[19]

La conciencia de ciertos sectores de que la modernización traería consigo el progresivo debilitamiento de las autoridades tradicionales y el temor de que esto significara la eventual desaparición de sus posiciones de privilegio, beneficio y poder, dio lugar a mutaciones híbridas en el orden de las relaciones de poder reinantes. Los modos de legitimar sus existencias privilegiadas daban al traste, pues, con la promesa moderna de que el advenimiento de los regímenes democráticos supondrían el ejercicio de un poder prístino, transparente, no basado en los modos de autoridad hasta entonces reinantes. Pero el proyecto político moderno prescindía sólo de ciertas modulaciones, retoques cosméticos y afinaciones retóricas en el orden de la representación y no transformaciones radicales en sus prácticas generales de control y dominación social. El poder normalizador de la modernidad requería, para efectos de su objetivo político, articular modos alternos de legitimar las prácticas habituales del poderío estatal y de las clases privilegiadas. La ciencia —por ejemplo- que en su momento inicial suponía operar una ruptura radical con los modos tradicionales de producir el conocimiento, en fin, la verdad de las cosas y, al hacerlo, prometía llevar de su mano el devenir emancipador dela humanidad, ocupó su sitial privilegiado; su

---

[18]F. Mires; *La revolución que nadie soñó, o la otra posmodernidad*; op.cit., pp.160-63.

[19]J.V. Marques; *No es natural: para una sociología de la vida cotidiana;* Editorial *Anagrama,* Barcelona, 1981; p.68.

altar fue levantado para rendirle culto al fenómeno del progreso, según la racionalidad industrialista y, más adelante, según la lógica productivista de las sociedades de consumo; su trono le fue reservado en las escuelas y universidades, en las plataformas de los partidos políticos; en los cuarteles generales de las fuerzas armadas; en los grandes centros de estrategia económica de mercado. La ciencia ha sido para la carrera armamentista como para el lucrativo negocio de la salud y la educación en las sociedades capitalistas, para el poderío estatal como para la hegemonía del capital, condición de posibilidad.

La legitimidad del discurso científico como de los campos de saber en general es cuestionada desde múltiples posiciones. Las sospechas se levantan alrededor tanto de los modos como se produce el conocimiento, las condiciones que posibilitan su reproducción y, sobre todo, sobre los efectos que tiene para su objeto principal: la vida de la gente. El curso del siglo XX, aunque asiste la consolidación del discurso científico como tecnología de dominación, está atravesado desde múltiples perspectivas que ponen en tela de juicio sus promesas emancipadoras. Tras ellas los poderes reinantes se han dado a la tarea de fortalecer sus funciones ideológicas instaurando y consagrando jerarquías en el orden del conocimiento, arquetipos ideales, grandes construcciones sistemáticas y modelos totales. Desde los regímenes de gobierno autoritarios hasta las relaciones también autoritarias entre profesores y estudiantes en los salones de clases, se han justificado con el discurso científico; la explotación de los trabajadores como la subordinación de las mujeres a los hombres, de los menores a *sus* mayores, también. La gran ilusión del discurso científico moderno como respuesta final y certera a todos los problemas e interrogantes de la humanidad, como condición esencial para dar materialidad a sus aspiraciones de justicia y ánimo incesante a sus pretensiones de libertad, se desvanece progresivamente. Con ella todos los soportes de su legitimidad. Según Lyotard:

> "La *crisis* del saber científico, cuyos signos se multiplican desde finales del siglo XIX, no proviene de una proliferación fortuita de las ciencias que en sí misma sería el efecto del progreso de las técnicas y la expansión del capitalismo. Procede de la erosión

interna del principio de legitimidad del saber..."[20]

Sin embargo, aún pasada por los filtros de la sospecha y desenmascarada por las más radicales críticas, la lógica del capital la absuelve de toda culpa y la convida de sus privilegios. A fin de cuentas, más que una relación de complicidad, la ciencia ha sido condición de su posibilidad. La teoría científica, apuntan Aronowitz y DiFazio, es la base de la investigación y desarrollo de la tecnología y ésta el recurso principal de acumulación de capital.[21] Entre estas coordenadas, el conocimiento científico y tecnológico, diseminado por toda la red social, se ha convertido en la principal fuerza productiva de las sociedades capitalistas contemporáneas. Este conocimiento que ha sido producido cultural y socialmente a través de relaciones de poder, supone cierta manera de ordenar la *realidad*; un dominio particular sobre los discursos de verdad y, por consecuencia de su exclusión, lo que no tiene cabida en ellos. Así para dar rango de autoridad a unos modos de saber como para desautorizar otros; así para organizar sus jerarquías como para subordinar, marginar o rechazar según sus propios criterios de legitimidad. Hay –sostiene Lyotard- un hermanamiento entre el tipo de lenguaje que se llama ciencia y ese otro que se llama ética y política.[22] Tener la autoridad (o el derecho) a decidir lo que es verdadero no es independiente, pues, del derecho a decidir lo que es justo. Y en el discurso democrático moderno lo justo y lo verdadero están hermanados por sangre. Así, el dominio sobre el saber constituye un poder que, en el escenario de fin de siglo, no sólo constituye la principal fuerza de producción, sino que ha posibilitado, con ella, los más diversos modos de control y dominación. Pero, ¿quién decide en última instancia lo que es saber, y quién sabe lo que conviene decidir... por qué, para qué, a pesar de quién?

El discurso científico sigue siendo, en el fin del siglo XX, un soporte regulador del imaginario político de la modernidad. Fusionado entre la ética capitalista y la moral cristiana, diferencia e

---

[20]J.F.Lyotard; *La condición posmoderna*; op.cit., p.75.

[21]S. Aronowitz y W. Di Fazio; *The Jobless Future: Sci-Tech and the Dogma of Work*; University of Minnesota Press, Minneapolis, 1995; pp.58, 191.

[22]J.F. Lyotard; *La condición posmoderna*; op.cit., p.23.

instituye las zonas de lo pensable y lo impensable, de lo real y lo irreal, del sentido y el sin sentido, del bien y el mal. Ocupando un lugar privilegiado en el orden del saber, el discurso científico sigue abriendo espacios para las estrategias industriales y comerciales así como para las estrategias militares y políticas. Advierte Lyotard:

> "En su forma de mercancía informacional indispensable para la potencia productiva, el saber ya es, y lo será aún más, un envite mayor, quizá el más importante, en la competencia mundial por el poder. Igual que los Estados-Naciones se han peleado para dominar los territorios, después para dominar la disposición y explotación de materias primas y de mano de obra barata, es pensable que se peleen en el porvenir para dominar las informaciones."[23]

Sin embargo, el saber -acentúa Lyotard- no se reduce a la ciencia, ni siquiera al conocimiento.[24] El conocimiento, por su propia condición, no es ni absoluto ni verdadero; aunque históricamente haya habido quienes tuvieran el poderío para hacer creer lo contrario. Los sentidos que pudiera tener no dependen exclusivamente de los marcos epistémicos que los producen sino de la relación conflictiva en que es posible tanto su significación como su utilización práctica. El orden del conocimiento pertenece a los regímenes discursivos, o sea, los juegos estratégicos que forman parte de las prácticas sociales de acción y reacción, de pregunta y respuesta, de retracción, dominación y lucha. Acorde a esto, el conocimiento, como el lenguaje, que es condición de su posibilidad, siempre expresará relaciones alteradas de cosas que -como apunta Castoriadis- apenas se dejan designar en toda su intensidad y de

---

[23]Ídem.

[24]El conocimiento sería el conjunto de los enunciados que denotan o describen objetos, con exclusión de todos los demás enunciados, y susceptibles de ser declarados verdaderos o falsos. La ciencia sería un subconjunto de conocimientos. La discursividad científica excede la determinación y la aplicación de un único criterio de verdad. En el entrecruce de juegos estratégicos que configuran un régimen discursivo aparecen también, en *competencia,* otros criterios. Apunta Lyotard, los criterios de eficiencia (cualificación técnica), de justicia y/o de (sabiduría ética), de belleza sonora, cromática (sensibilidad auditiva, visual). (J.F.Lyotard; *La condición posmoderna: informe sobre el saber,* op.cit., p.43).

palabras que se vacían de sus contenidos originarios en el transcurso de sus propias historias. Aún así, nuevamente, durante el transcurso del siglo XX, bajo la forma del discurso científico o de la teoría, los modos de *conocer* han estado estrechamente relacionados y en complicidad a las más diversas prácticas de la dominación. Advierte Serrano Caldero:

> "...de las grandes construcciones teóricas han surgido los grandes abusos, y en la defensa del *género humano* como gran abstracción universal, se ha escondido la agresión contra el *hombre* de carne y hueso."[25]

De la Razón y la decadencia de su reinado

Durante el periodo del Renacimiento, y más específicamente en los siglos XVII y XVIII –según relata Serrano Caldera- la razón fue asumida como el común denominador de la especie humana y de cada uno de los individuos. De ella -añade- se hicieron derivar los derechos fundamentales del ser humano; en ella encontraron justificación la libertad, la igualdad y la dignidad de la persona; la cultura y la vida toda se pusieron al servicio de los arquetipos ideales y de los modelos políticos a cuya imagen y semejanza debía moldearse la sociedad humana.[26] Así –según Marta López Gil- para el proyecto de la modernidad la razón sería eso que de un lado justificaría el desarrollo del individuo y, al mismo tiempo, lo controlaría y lo limitaría.[27] El alma mudaría su residencia a otros espacios dentro de la imaginería social moderna y, aunque siempre del lado de los dispositivos de control y dominación, sería remplazada en ciertos lugares tradicionalmente asignados a su encargo en la tierra, cohabitaría simultáneamente en otros e incluso, en ocasiones, hasta se confundiría con la razón. Los dominios de la razón estarían referidos a un poder perteneciente a la naturaleza del ser humano, capaz de acceder y revelar la verdad esencial de las cosas. Así para la moral, así para la política, así para el registro

---

[25]A.Serrano Caldero; *El fin de la historia: reaparición del mito*; op.cit., pp.36-37.

[26]Op.cit., p.157.

[27]M.López Gil; *Filosofía, modernidad y posmodernidad*; Editorial Biblos, Argentina, 1993.

indefinido de las relaciones sociales. La razón sería una pieza clave en el orden del discurso legitimador de los medios de control social; pretexto para dar materialidad a modos particulares de prejuicio. Sería, para el poderío estatal, eje de su ordenamiento jurídico, base fundamental de los mandamientos de la ley, de sus coerciones, sus penas y castigos. La razón de Estado, en las sociedades capitalistas sería para las desigualdades sociales, la marginación, la exclusión, la subordinación, matriz de toda justificación. Lo mismo para las resistencias...

Pero ya desde el siglo XIX se iniciaba un proceso de ruptura con estos poderes en guerra incesante entre la ilusión y lo real, entre el saber y la creencia, entre el conocimiento válido y la ficción, en fin, entre lo verdadero y lo que no lo es: la humanidad, entre tanto, enemiga de Dios si cuestionaba los dogmas de la Iglesia, o de la Ciencia, si no encontraba cabida en sus ilusiones emancipadoras, en fin, en sus verdades.[28] Nietzsche a finales del siglo XIX, *recordaba* (o más bien advertía) que, a fin de cuentas, todas las verdades son ilusiones en las que en algún momento olvidamos que lo son. [29]

Durante todo el siglo XX, consecuentemente, aunque fuere desde posiciones marginales o en desventajas de poder, tanto lo referido a la verdad como lo que, por relación de lucha, se somete a la suerte de una derrota y pervive bajo la forma de lo no-verdadero, atraviesa por un proceso de deslegitimación. Las posiciones de subordinación social, política y económica, los abusos de poder, la irremediable condición de marginalidad y desventaja de la mayor parte de la humanidad, sobrevivieron los dominios de la fe religiosa y habitaron su existencia bajo el reinado de la diosa ciencia. La explotación, el discrimen, los prejuicios raciales, étnicos, la exclusión de amplios sectores de la población de innumerables "logros", "adelantos" y "beneficios" de la *ciencia* siguió estando a la orden del día. Antes bajo el reinando de Dios en la Tierra, bajo el poder de la Iglesia, después bajo el dominio de la razón, la del Estado secular y sus gobiernos. Ambos polos, nuevamente, conviviendo amistosamente como enemigos declarados y a la vez como aliados inseparables –como advertía Bakunin, también en el siglo XIX-. Y

---

[28]Nietzsche, por ejemplo, declara la guerra a los conceptos de lo verdadero y lo no verdadero en F.Nietzsche; *El Anticristo*; Editorial *Alianza*; Madrid, 1996.

[29]F.Nietzsche; *Sobre verdad y mentira*; Editorial *Tecnos*, Madrid, 1998 / F. Nietzsche; *El Anticristo*; Editorial *Alianza*; Madrid, 1996.

así seguiría ocurriendo hasta finalizado el siglo XX. Ante la progresiva deslegitimación de los grandes regímenes de verdad enraizados en el proyecto político de la modernidad –por ejemplo- Karol Wojtyla (el Papa Juan Pablo II), en la encíclica celebrada en 1998, aunque subraya que es la fe la que provoca a la razón a salir de todo aislamiento y arriesgarse de buen grado en todo lo que hay de bello, bueno y verdadero, se pregunta:

> "¿...por qué la razón se obstina en impedir a sí
> misma tender hacia la verdad pese a estar orientada,
> por su misma naturaleza, a alcanzarla?"[30]

Aunque los dispositivos de verdad -sean de orden religioso, filosófico o científico, político o moral- no descansan en un principio único, es el discurso de la *Razón* vértice del imaginario que los mueve y los sostiene. Para el proyecto político de la modernidad, bajo los seudónimos de ser pensante, de sujeto racional o de individuo reflexivo, entre tantos otros, la razón aparece como extensión, cualidad o virtud de la *naturaleza humana*. Así, al ser la razón una condición *natural* del género humano (y el objeto de su existencia la emancipación y el bienestar general), los *antiguos* privilegios y diferencias entre las personas, formalmente establecidos y legalmente sancionados, fueron blanco de ataque del proyecto político de la modernidad. La ilusión que reinaría a partir de su gran promesa: que éstos quedarían abolidos. Para tales efectos –como apunta Serrano Caldera- proclamó la igualdad y la libertad no sólo como elementos esenciales al sujeto, sino como divisa política y bandera de lucha.[31] Así, desde estadios iniciales del capitalismo y consecuentemente para la instauración de los regímenes de gobierno democrático, la tesis racionalista sería soporte de legitimidad. Lo mismo para sus adversarios...

El proyecto político (*ilustrado*) de la modernidad, que prometía la emancipación y la liberación humana (tanto de prejuicios y supersticiones como de los regímenes abusivos[32]), se mantuvo en

---

[30]M.A.Agea (de la Agencia EFE); "Apología al optimismo la encíclica papal"; op.cit., p.52.

[31]Ídem.

[32]Narrado como un gran relato, es común ver la figura de Kant –por ejemplo-

movimiento constante aunque sesgado por múltiples sospechas. Los fundamentos de legitimidad, sus contradicciones, sus hipocresías, sus ilusiones, fracasos e imposibilidades, se mantuvieron en tensión desde sus inicios. Y es que estos principios racionalistas, según dieron lugar a abolir ciertas prácticas vinculadas al sistema feudal (a los modos de vida que posibilitaban su reproducción y preservación como a los regímenes de gobierno que lo sostenían), a la vez consagraron jurídicamente, en nombre de la igualdad y las libertades formales, no sólo las desigualdades económicas engendradas por el capitalismo, sino los múltiples dispositivos de dominación de los que aún pende su hegemonía. Denuncia Fernando Mires:

> "El culto al racionalismo es (...) la versión moderna de la contradicción entre el bien y el mal. Todo lo que los científicos no incluían en el mundo de lo racional, lo han convertido en naturaleza y, mediante esta coartada, en irracional. Naturaleza ha sido, por lo demás todo lo que los propietarios del racionalismo decidían que estaba al margen de su control..."[33]

Así para el hereje o pecador frente a los dogmas de la Iglesia y la Razón de Dios bajo sus dominios; así para el delincuente, el desviado o el loco, para la ley del Estado; así el reaccionario frente a la Razón revolucionaria; así el traidor frente a la Razón de la Nación o la Patria. Así también, aunque con menos suerte en la mayoría de las ocasiones, a la inversa...

Las coordenadas del debate en torno a la actual condición de época, aunque aparecen dispersas entre orientaciones epistemológicas y enfoques plurales y fragmentados, localizan en el *debilitamiento* de los discursos de la *Razón* un vértice para la crítica. A partir de él se ponen en tela de juicio los regímenes de verdad que

---

como semilla ideológica de la Revolución Francesa y esta como pilar fundamental del gran proyecto emancipador de la humanidad. En 1784 Kant escribe: "La ilustración es la liberación del hombre de su culpable incapacidad. La incapacidad significa la imposibilidad de servirse de su inteligencia sin la guía de otro (...) Ten el valor de servirte de tu propia razón: *he aquí el lema de la ilustración.*" (Citado además por M.López Gil, *Filosofía, modernidad, posmodernidad*; op.cit., p.35 y por J. Muguerza en "Kant y el sueño de la razón", *La herencia ética de la ilustración*; op.cit., p.13.

[33]F.Mires; *La revolución que nadie soñó, o la otra posmodernidad*; op.cit., p.161.

circulan y atraviesan, entre categorías tales como progreso, emancipación, igualdad, justicia, las grandes narrativas legitimadoras de las relaciones de poder construidas a partir del proyecto político de la modernidad. Alain Touraine marca una de las líneas de tensión y ruptura que ponen en entredicho su atributo como *fuerza liberadora*:

> "La racionalización es una palabra noble cuando introduce el espíritu científico y crítico en unos dominios hasta entonces dominados por unas autoridades tradicionales y la arbitrariedad de los poderosos; se vuelve una palabra temible cuando designa el taylorismo y los demás métodos de organización del trabajo que rompen la autonomía profesional de los obreros y someten a éstos a cadencias y a órdenes que se dicen científicas, pero que no son más que instrumentos al servicio del beneficio, indiferentes a las realidades fisiológicas, psicológicas y sociales del hombre en el trabajo."[34]

Y sin duda lo mismo podemos decir no sólo del ámbito del trabajo sino de cualquier registro en la vida cotidiana. Las huellas de la razón marcan las rutas del desencanto. Las consecuencias e implicaciones de los saberes producidos como pilares fundamentales de la modernidad y sus estrechos vínculos con la formación, transformación y consolidación de los modos de dominación en las sociedades capitalistas, sus dispositivos disciplinarios y sus estrategias de normalización, perfilan sus mutaciones de época. Los estrechos vínculos entre la producción teórica, entre las diversas formas de producción de saberes en general y las relaciones de poder, asfixian todo lo referido a la razón y en ella al imaginario político que la significa incesantemente. Una ilusión, cuando poco peligrosa, permanece en suspenso: la que da hace alusión a la razón como *manso poder*, como inofensiva condición o inocente idea, en fin, como opuesto/excluyente de la fuerza, en lugar de admitir la razón como complemento/reserva de la consigna *por la razón* o *la fuerza*[35]. Pero a todas cuentas, cabría preguntarse –como lo hace Michel Foucault-:

---

[34]A.Touraine; *Crítica de la modernidad*; op.cit., p123.

[35]S. Pesutic; *¿Fuerzas armadas? No, gracias*; Editorial *Gakoa*, Santiago de Chile, 1992; p.21.

"¿Debemos juzgar a la razón? A mi modo de ver nada sería más estéril. En primer lugar porque este ámbito nada tiene que ver con la culpabilidad o inocencia. A continuación, porque es absurdo invocar la razón como entidad contraria a la no razón. Y, por último, porque semejante proceso nos induciría a engaño al obligarnos a adoptar el papel arbitrario y aburrido del racionalista o del irracionalista."[36]

Siguiendo esta línea de pensamiento es tal vez más pertinente la crítica a los modos actuales de dominación, a las estrategias de control y sujeción, de regulación y encuadramiento, que se materializan tanto en las instituciones como en las prácticas sociales más diversas. Sea bajo la forma de una cruda relación de dominación o bajo los modos consentidos de la misma.

La Verdad: ilusión emancipadora / voluntad de dominación

Estas rupturas, que se operan a partir de los discursos fundantes de la razón, son tal vez más cortantes allí donde la relación entre saber, verdad y poder se entrenza. A partir de este punto es posible trazar un horizonte de sentido alterno a la crítica tradicional del proyecto político (bipolar) de la modernidad. Entre sus rutas es posible situar el pensamiento de Nietzsche como epicentro de ruptura:

"El 'mundo verdadero'-una idea que ya no sirve para nada, que ya ni siquiera obliga- una idea que se ha vuelto inútil, superflua, por *consiguiente,* una idea refutada: ¡eliminémosla!"[37]

Los términos que han delineado tradicionalmente los límites y extensiones de los campos del conocimiento, en cuanto regímenes de verdad, son asumidos no como esencias constitutivas de lo real sino como objetos de sospecha, duda y cuestionamiento. De una

---

[36]M.Foucault; "Omnes et singulatim"; *Tecnologías del yo*; Editorial *Paidos*, Barcelona, 1995; p.96.

[37]F. Nietzsche; *Crepúsculo de los ídolos*; Editorial *Alianza*; Madrid, 1973; p.51.

parte, la discursividad científica que aparece entramada entre tecnologías disciplinarias y dispositivos de regulación, o sea del lado del poder normalizador que constituye el imaginario moderno. De otra, las resistencias que se presentan como alternativas a los dominios de la tríada disciplinaria y reguladora de la modernidad, entrampadas en los límites que pretenden superar (como el propio discurso científico). El territorio movedizo de los rompimientos se traza entre las coordenadas de un imaginario debilitado y los focos dispersos de lucha, poder y resistencia; allí donde se materializan los efectos del poder de la razón, de la verdad y el conocimiento es donde más pertinente resultan los posibles rompimientos...

Llegado el fin del siglo XX, la promesa de emancipación, de liberar al sujeto de los dogmas y los mitos, de la ignorancia y la enajenación, de la ingenuidad y el desconocimiento, bajo las formas de la verdad moderna, de la razón y el conocimiento, se debilita cada vez más. En su relativa fragilidad se quiebra la espina dorsal del imaginario moderno, la tríada saber/verdad/poder. Sin embargo, su legitimidad reguladora, vertida entre los rituales de sujeción social, entre las estructuras del poder normalizador y las instancias del saber disciplinario, aún exige asilo político del lado de la dominación. Nietzsche ya negaba el privilegio del refugio:

> "Hemos eliminado el mundo verdadero: ¿qué mundo ha quedado?, ¿acaso el aparente?... ¡No!, ¡*al eliminar el mundo verdadero hemos eliminado también el aparente!*"[38]

La "eliminación" de ese *mundo verdadero* (y con él la *muerte de Dios*) aparece como crítica al positivismo materialista, a la intención de apropiarse de la realidad y de la manipulación técnica. Sobre todo –según Jalfen- en cuanto la presencia de Dios suponía la participación activa en un sentido unitario de la realidad que inducía todas las manifestaciones de la vida.[39] La muerte de Dios anunciada por Nietzsche es, entonces, metáfora del fin de esa unidad y a la vez ruptura y participación infinita del mundo fragmentado.[40] A fin de

---

[38]Ídem.

[39]L. Jalfen; "El compromiso de la libertad"; Editorial *Galerma*, Buenos Aires, 1987; pp.28-30 en M.López Gil; *Filosofía, modernidad y posmodernidad*; op.cit., p.43.

cuentas, la afirmación de que la verdad existe y que termina con la ignorancia y el error -como advertía Nietzsche- no ha sido sino una gran seducción; seducción que pudiera resultar incluso más nefasta en ocasiones que la misma ignorancia, es decir, que advertir la oscuridad alrededor. Lo mismo, la invención de la verdad ha sido históricamente un principio de desprecio de unos contra otros, de los que presumen tenerla contra los que no[41]; la verdad es afán de quienes tienen el anhelo de estabilización contra los que se empeñan en hacer *cambiar* las cosas...

> "La verdad no es, en consecuencia, algo que está ahí y que haya que sorprender y que encontrar, sino algo que hay que inventar, que de su nombre a una operación. Mejor aún, a la voluntad de conseguir una victoria, voluntad que, por sí misma, carece de fin: admitir la verdad es iniciar un proceso "in infinitum", una determinada acción activa, y no la llegada a la conciencia de alguna cosa fija y determinada. En una palabra, para la voluntad de poderío." [42]

La verdad se inventa, pues, como semblante de una relación de lucha. Y la *tiene* quien tiene el poder de hacerlo. Eso basta para sospechar de todo lo que la refiera a una esencia de las cosas. La verdad que sirve de fundamento de legitimidad para cualquier poder o autoridad reinante lo es sólo porque en algún momento pudo imponerse como tal. Haya sido por la fuerza bruta o por la seducción, por el engaño, la comodidad o la conveniencia, por el dominio de una clase sobre otra o el pacto social entre seres humanos *libres*; por la educación, las tradiciones o la cultura; por represión o ideología. Nada más.

En el tránsito de fin de siglo, aunque sigue el combate contra

---

[40]Múltiples interpretaciones circulan en torno a esta frase. Sin embargo, la imaginería democrática liberal, si bien ha sido cómplice de esta ficción, simultáneamente- manteniendo siempre una distancia *prudente*- le ha reservado a Dios su sitial privilegiado, al lado del Estado, y extendido, junto a él, sus dominios en la Tierra.

[41]F.Nietzsche; *La voluntad de poderío*; op.cit., pp.-261-69.

[42]Op.cit., p.308.

el poderío legitimador de los regímenes de verdad reinantes (enraizados profundamente en el imaginario político moderno) la rítmica acelerada de las tecnologías informáticas parece intensificar los términos de las luchas. En la actual condición de época la saturación de los sistemas de información difuminan el horizonte del sentido; las teorías aparecen como satélites de un referencial ausente; los regímenes de verdad se debilitan allí donde lo real se desplaza indeterminada y azarosamente. En este escenario las posibilidades de poner en juego modos alternos de pensar y actuar lo político, la libertad y lo democrático, con sus consabidos y habituales riesgos, se riegan infinitamente...

CAPÍTULO V

Tecnología, democracia y redes de información en la sociedad del espectáculo, en la era de la simulación

"…y las causa me andan cercando,
cotidianas, invisibles;
y el azar se me viene enredando,
poderoso, invencible."
Silvio Rodríguez

Capítulo V

Tecnología, democracia y redes de información en la sociedad del espectáculo, en la era de la simulación

> "...my make up may be flaking,
> but my smile still stays on...
> ...show must go on..."
> *Queen*

¿Se quiebra el imaginario moderno?

Si de un lado la modernidad ha aparecido como red de significaciones que establecen modos particulares de producir lo real, la acelerada hibridación de las tecnologías y redes de información marcan, de otro lado, una progresiva ruptura con el imaginario que ha posibilitado su primacía histórica. En la actual condición de época, a través de las tecnologías electrónicas, la información circula cada vez con mayor intensidad, trastocando tanto las relaciones habituales de las prácticas políticas como los entendidos y supuestos sobre los que tradicionalmente se han montado. Sin embargo, mientras en ciertas instancias los términos a través de los que se ha configurado o referido el orden de lo real (sea bajo los registros de lo político en general, de lo cultural o de lo subjetivo) se disuelven infinitamente, de modo simultáneo, en otras instancias, consolidan su poder, su saber y su verdad. Entre tanto, la imaginería democrática permanece en movimiento en su devenir incierto; a veces conjurando juegos de dominación y a veces intentos de libertad...

Una marcada característica de la actual condición (pos)moderna es el efecto de las tecnologías electrónicas vinculadas al mundo de las comunicaciones y de la información en general. Los nuevos recursos tecnológicos –según Néstor García Canclini-, agrietan los órdenes que clasificaban y distinguían las tradiciones culturales, debilitan el sentido histórico y las concepciones macro estructurales en beneficio de relaciones intensas y esporádicas con objetos aislados, con sus signos e imágenes.[1] De otra parte -apunta

---

[1]N. García Canclini; *Culturas Híbridas: estrategias para entrar y salir de la modernidad*; Editorial *Grijalbo*, Argentina, 1990; p.286.

Baudrillard- los sistemas de comunicación, de información, de producción y destrucción han excedido los límites de su función, de su valor de uso (la *hipertelia*[2]) para entrar en la *era de la simulación*, espacio donde aparece alterado el sentido habitual del tiempo y la dimensión flotante de la realidad se amplía[3]: En palabras de Baudrillard:

> "...la modernidad operacional, en su delirio de almacenarlo todo y de memorizarlo todo, de registrar hasta la última de las inutilidades del mundo, circula tanta información que ya no hay representación posible... La hemorragia de las causas objetivas, el delirio de querer explicarlo todo, de imputarlo todo, de referenciarlo todo, ocasionó una acumulación fantástica: las referencias viven las unas sobre las otras y a expensas las unas sobre las otras dando lugar a un sistema excrecente de interpretación sin relación alguna con su objetivo."[4]

Así, en nuestra cultura —concluye- el contrato social se ha vuelto un pacto de simulación, sellado por los medios de comunicación y la información, donde se juega a hablarse, a oírse, a comunicarse, se juega con los mecanismos más sutiles de la comunicación:

> "El contacto por el contacto se convierte en una especie de auto seducción vacía del lenguaje cuando ya no hay nada que decir."[5]

No obstante, hay quienes sostienen que es en el mundo de

---

[2]La hipertelia, según Baudrillard, es el desafío de finalidad que responde a una indeterminación creciente. En un sistema en el que las cosas están cada vez más entregadas al azar, la finalidad no desaparece en favor de lo aleatorio sino en su excedente de finalidad, convirtiéndose en delirio.(J.Baudrillard; *Las estrategias fatales*; Editorial *Anagrama*, Barcelona, 1994; p.10).

[3]Op.cit., p,19.

[4]Op.cit., p.28

[5]J.Baudrillard; *De la seducción*; Editorial *Cátedra*, Madrid, 1989; pp.154-55.

los *mass media* donde se llevan a cabo los envites de la acción democrática.[6] Entre esta ilusión y las imposibilidades reales que la atraviesan incesantemente se bandea una buena parte de las esperanzas democráticas del fin del siglo XX y, sin duda, así será para el siglo entrante.

Pero no siempre ha sido así. La rítmica acelerada en el desenvolvimiento de las altas tecnologías suele encontrar su referente histórico a partir de la Segunda Guerra Mundial.[7] La industria de las comunicaciones electrónicas emerge en el escenario contemporáneo con un potencial irreversible e incontenible. Así, en el mundo de las relaciones de producción, la revolución en el procesamiento y registro de información las marcó incisivamente y, de cierta manera (subversiva o en complicidad), alteró tanto sus ritmos tradicionales como sus expectativas habituales. Por ejemplo, Lazzarato y Negri[8], al igual que Gianni Vattimo[9], (aún a riesgo de toparse con los límites de una perspectiva histórica lineal y las encerronas de las taxonomías epocales) sostienen que el período actual se caracteriza por la "política de la comunicación", donde la unidad de lo político, lo económico y lo social se haya *determinado* en ella.[10] Ya a finales del siglo XX, la progresiva consolidación de una estructura global de información ha tenido implicaciones significativas en la tríada normalizadora de la modernidad, o sea, en las relaciones entre poder/saber/verdad. Como sostiene Gabriel Moreno Plaza –por ejemplo-, se han operado cambios de sentido radicales en la sociedad actual como consecuencia de la nueva conceptualización del deseo, objetivado y masificado, que se difunde por los medios electrónicos

---

[6]A. Touraine; ¿Qué es la democracia?; Editorial *Temas de Hoy*; Madrid, 1994; p.242.

[7]J.F.Lyotard; *La condición posmoderna*; op.cit., p.13.

[8]M. Lazzarato y A. Negri, "Trabajo inmaterial y subjetividad", Revista *Bordes*, Grupo de Estudios Alternos (GEA); num.2, Río Piedras, 1995; p.107.

[9]G. Vattimo; "Posmodernidad: ¿Una sociedad transparente?; *En torno a la posmodernidad;* Editorial *Anthropos*, Barcelona, 1991; pp.9-19.

[10]Aunque prefiero evitar los sesgos deterministas de ciertos conceptos como *determinante*, cito textualmente a los autores y asumo que ese tipo de clasificaciones operan como referentes para delinear las coordenadas históricas de ciertas nociones, periodizar el peso que ha tenido alguna categoría en ciertas condiciones y puntualizar abordajes particulares.

de información.[11] Así mismo -según García Canclini-:

"En un período de globalización se produce una interacción de actividades económicas y culturales dispersas, generada por un sistema con muchos centros, en el que son más decisivas la velocidad para recorrer el mundo y las estrategias para seducir a los públicos que la inercia de las tradiciones históricas locales."[12]

Lo que no quiere decir que las posibilidades de subvertir ciertos entendidos y prácticas producidas por la imaginería moderna pendan exclusivamente de las suertes del azar o, en términos de la economía política clásica, de la *mano invisible* del capital.[13] De acuerdo con Carlos Pabón y Arturo Torrecilla, asistimos a una reestructuración tecnológica que, junto a la movilidad del capital y la desterritorialización de la producción, ha incrementado significativamente el poder del capital transnacional a expensas no sólo de los trabajadores sino también del Estado-nacional.[14] De otro ángulo Lyotard señala:

"The mayor development of the last twenty years, expressed in the most rapid terms of political economy and historical periodization, has been the transformation of language into a productive

---

[11]G.Moreno Plaza; *La liberación del lector en la sociedad postmoderna: ensayos de interpretación abierta*; Editorial de la Universidad de Puerto Rico, Río Piedras, 1998; p.305.

[12]N. García Canclini; "Después del posmodernismo: la reapertura del debate sobre la modernidad"; *Imaginarios Urbanos*; Editorial *EUDEBA*, Buenos Aires, 1997; p.42.

[13]En el contexto latinoamericano -advierte García Canclini- la multiculturalidad y las desigualdades se conforman ahora no sólo por la convivencia de tradiciones históricas diversas sino debido a la estratificación engendrada por el desigual acceso de los países, y de los sectores internos de cada sociedad, a los medios avanzados de comunicación transnacional. (N. García Canclini; "Después del posmodernismo: la reapertura del debate sobre la modernidad"; *Imaginarios Urbanos*; Op.cit., p.46).

[14]C. Pabón y A. Torrecilla; "El capitalismo después del 'fin de la historia'"; *Revista Bordes*; Grupo de Estudios Alternos (GEA); num.3, Río Piedras, 1996; pp.19-27.

commodity: phrases considered as messages to encode, decode, transmit, and order (by the bundle) to reproduce, conserve and keep available (memories), to combine and conclude calculations, and to oppose (games, conflicts, cybernetics); and the establishment of a unit of measure that is also a price unit, in other words, information. The effects of the penetration of capitalism into language are just beginning to be felt."[15]

En este escenario, los sistemas de procesamiento de información alteran significativamente los términos como comúnmente se ha articulado la producción de subjetividades.[16] Por ejemplo, apunta López Gil, la televisión puede ser considerada como un fenómeno publicitario cuya eficacia se basa en que *produce realidad*, en que tiene un enorme poder referencial, con sus redundancias y sus montajes agresivos y ultrarrápidos. En este sentido –añade– consumimos publicidad y al hacerlo consumimos consumo, esa semántica social que con todas sus argucias y sofisticaciones es un mecanismo de circulación y ordenamiento de deseos.[17] En otras

---

[15]J.F.Lyotard; "Rules and Paradoxes and the Svelte Paradox"; *Cultural Critique*; vol.5, pp.217, 1986, citado por S. Best y K. Douglas; "The Reconstruction of Critical Theory"; *Postmodern Theory: Critical Interrogations*; op.cit., p.301.

[16]Advierte Baudrillard que existe y existirá siempre una dificultad considerable en analizar los media y la esfera de la información a través de categorías tradicionales de la filosofía del sujeto: voluntad, representación, elección, libertad, saber y deseo. Pues resulta evidente que en ellas aparecen completamente contrarias, y que en su soberanía el sujeto aparece completamente alienado. Existe una distorsión de principio entre esta esfera, la de la información, y la ley moral que sigue dominándonos y que dice: tú sabrás cual es tu voluntad y cual tu deseo. Bajo este aspecto los media, al igual que las técnicas y las ciencias no nos enseñan nada, han hecho retroceder más bien los límites de la voluntad y de la representación, han embarullado las cartas y eliminado a cualquier sujeto la disposición de su propio cuerpo, de su propio deseo, de su elección y de su libertad. (J.Baudrillard; *Las estrategias fatales*; op.cit., p.101).

[17]El consumo, según López Gil, no es solamente satisfacción de necesidades, ni siquiera de las artificialmente creadas. Por eso no tiene límites, no se satisface nunca. En realidad es una manipulación, un intercambio de signos: *status, moda, poder, potencia, lo nuevo, lo "imprescindible"*, que deslocaliza al individuo. Todo se consume, arte, deporte, espectáculos, viajes, comida, ropa, pero también amor, odio, amistad, etc. Porque, añade, el consumismo, esa revolución de lo cotidiano

137

palabras, las tecnologías electrónicas de comunicación masiva resultan ser, no tanto medios para que se comuniquen las masas sino, más bien, medios para *comunicar* de manera masiva. Estos medios de difusión masiva, así como el sistema educativo -según Moreno Plazano son otra cosa que gigantescas máquinas de producción y acumulación de credulidad, de apego obsesivo generalizado del deseo a unos sentidos o significaciones automatizadas por el *habitus* colectivo que son objetivados en unos conjuntos simbólicos o unos ritos:

> "El sistema llamado democrático, de partidos y de votación, viene a ser operacionalmente considerado un automatismo para capturar y canalizar deseos, estabilizarlos y atarlos a unos símbolos circulantes, a unas representaciones o imaginarios colectivos, dotados de cierta estabilidad."[18]

Sin embargo, el flujo incontenible de información, aunque en múltiples instancias es vigilada y monitoreada por los juegos del capital y el poderío del Estado, éstos adolecen de mecanismos para controlar en definitiva su producción y circulación. Según Mark Poster:

> "Los medios electrónicos de comunicación hacen estallar los límites del espacio-tiempo de los mensajes, permiten la vigilancia de mensajes y acciones, completan el proceso de automatización de la producción, desespacializan cierto tipo de trabajo, hacen que los significantes sean flotantes en relación con sus referentes, sustituyen ciertas formas de relaciones sociales, modifican la relación texto/autor, extienden al infinito la memoria humana y socavan la ontología cartesiana del sujeto y del objeto..."[19]

---

que se produce en el siglo XX, es mucho más que consecuencia de la necesidad de vender y comprar; es una manera de vivir la realidad, y también un encubrimiento de control social del cual los medios de comunicación están en parte a su servicio. (M.López Gil; *Filosofía, modernidad y posmodernidad*; op.cit p.25).

[18]G.Moreno Plaza; *La liberación del lector en la sociedad postmoderna: ensayos de interpretación abierta*; op.cit., p.106.

Además, como señala Lyotard, las nuevas tecnologías sustituyen no tan sólo las operaciones físicas sino además las operaciones mentales, que aparecen basadas tanto en las *ciencias del espíritu*, como en la electrónica y la cibernética. Esto da pie a la idea de que existe una especie de desmaterialización en todas direcciones: del lado de los referentes, del lado del propio soporte del mensaje, hasta de su propia matriz codificada, que contrasta con la noción de un código establecido, permanente, universal y definitivo. Apunta Lyotard:

> "El efecto global de todo ello comporta (...) una gran importancia: a fuerza de interponer, entre las cosas y el sujeto, filtros, mediaciones, imágenes o sonidos que pasan por la criba de la numerización, incluidas (...) en las memorias automáticas de los ordenadores o los bancos, nuestro acceso a las cosas, el acceso del sujeto a las cosas, se mediatiza hasta tal punto que se vuelve imposible saber qué es real y qué no, qué está presente y qué no, quién es o no es autor del mensaje, quién es el destinatario y quién no lo es."[20]

De la (im)posibilidad de *la* sociedad

Lo social pertenece al orden del discurso moderno como punto de partida y enlace de las categorías fuertes que lo constituyen circularmente como vértice referencial y matriz de todo cuanto sucede en el devenir de la existencia humana; todo, o casi todo, en algún momento puede ser referido a lo social como espacio de acción, como condición de posibilidad, como irremediabilidad de la vida en constante movimiento; es el escenario de todas las luchas posibles, es condición de ellas, pretexto, excusa y razón; es para todas las cosas el lugar amorfo donde situar con precisión desde las

---

[19]M. Poster propone abordar los límites de la lingüística a partir de una teorización del modo de información que plantea que la cuestión del sujeto no se limita ya a la oposición de conciencia y estructura sino que aborda el sujeto como una multiplicidad de autoconstrucciones. (M. Poster; *Foucault, el marxismo y la historia;* Editorial *Paidós Studio*, Buenos Aires, 1987; pp.310-311)

[20]J.F.Lyotard en M.López Gil; *Filosofía, modernidad y posmodernidad;* op.cit., p.49.

reivindicaciones más gloriosas de la humanidad como las minucias y trivialidades más comunes y corrientes de la vida cotidiana, los reproches ante los fracasos e imposibilidades y las culpas de todos sus males y demás pesares.

La imaginería moderna ha promovido una visión *esencialista* que niega aceptar la *infinitud* de lo social, es decir -en palabras de Ernesto Laclau-, el hecho de que todo sistema estructural es limitado, que está siempre rodeado por un "exceso de sentido" que él es incapaz de dominar y que, en consecuencia, la sociedad como "totalidad fundante", como "objeto unitario e inteligible", es una *imposibilidad*.[21] Afirma Laclau:

> "...el sentido de muchas cosas se nos escapa, la 'guerra de interpretaciones' introduce ambigüedades y dudas acerca del ser de los objetos, y la sociedad se nos presenta, en buena medida, no como un orden objetivo, armónico, sino como un conjunto de fuerzas divergentes que no parecen obedecer a ninguna lógica unificada o unificante."[22]

Lo social debe ser identificado (en un movimiento simultáneo) como "juego infinito de diferencias" y, a la vez, como el intento de limitar ese juego, de domesticar la infinitud, de abarcarla dentro de la finitud del orden: de fijar el sentido.[23] En otras palabras, se trataría de asumir el espacio social como discurso[24]; donde a pesar de que cada formación social —como sostiene Laclau- tiene sus

---

[21]E.Laclau; "La imposibilidad de la sociedad"; *Nuevas reflexiones sobre la revolución de nuestro tiempo*; op.cit., p.104.

[22]E.Laclau; "La construcción de una nueva izquierda" (Entrevista llevada a cabo por el colectivo editorial de la revista *Strategies* en marzo de 1998); *Nuevas reflexiones sobre la revolución de nuestro tiempo*; op.cit., p.193.

[23]E.Laclau; "La imposibilidad de la sociedad"; *Nuevas reflexiones sobre la revolución de nuestro tiempo*; op.cit., p.104.

[24]Es importante tener presente que el concepto *discurso no* se refiere al conjunto de hechos lingüísticos ligados entre sí por reglas sintácticas de construcción, regularidades internas, etc. , sino como juegos estratégicos que forman parte de las prácticas sociales, de acción y reacción, de pregunta y respuesta, de dominación, retracción y lucha. (M.Foucault, *La verdad y las formas jurídicas*, Editorial *Gedisa*, España, 1995; pp.15;162-63).

140

propias formas de determinación y de autonomía relativa, que son siempre instituidas a través de un complejo proceso de sobredeterminación, lo social siempre excede los límites de todo intento de constituir la sociedad.[25] Aún así, y valga la redundancia, lo social es imposible sin una cierta fijación de sentido, sin el discurso de cierre, sin una voluntad de totalidad; sin la manía de convertir su carácter relacional, incierto e indeterminado, su *infinitud*, en objeto identificable e inteligible, es decir, en esencia.[26]

Los campos tradicionales de teoría y crítica política, que desde por lo menos entrada la década de los '80 conjugan la imaginería democrática, establecen una correlación entre los procesos de secularización e individualización (característica predominante de los movimientos modernizadores) y la falta o progresiva desterritorialización de referentes unitarios *fuertes* (sistemas normativos, valores tradicionales, etc.). Para Gino Germani, por ejemplo, el saldo de esta relación es, entonces, la actual condición de *crisis* de gobernabilidad democrática y la dificultad creciente de estrechar vínculos de solidaridad.[27] Las virtudes que la teorización liberal ha atribuido a los procesos modernizadores, desde esta mirada, se invierten, ahora, para dar lugar a su revés, los vicios. Es ésta raíz paradojal entre democracia y sociedad moderna que, independientemente de la imposibilidad de ser resuelta, aclama un discurso de cierre que fije cierto sentido, por lo menos productivo para el proyecto político normalizador de la modernidad, el imperio de la ley y la moralidad que lo acompaña:

"...en efecto, cualquier sociedad requiere un núcleo

---

[25]E.Laclau; "La imposibilidad de la sociedad"; *Nuevas reflexiones sobre la revolución de nuestro tiempo*; op.cit., p.105.

[26]A partir de este juego propone asumir lo *ideológico* como constitutivo de lo social. Lo *ideológico* -apunta Laclau- no consistiría en la falsa representación de una esencia positiva (objetiva), sino el reconocimiento del carácter precario de toda positividad, en la imposibilidad de toda sutura final. Lo ideológico consistiría en aquellas formas discursivas a través de las cuales la sociedad trata de instituirse a sí misma sobre la base del cierre, de la fijación del sentido, del no reconocimiento del juego infinito de las diferencias. Lo ideológico sería la voluntad de "totalidad" de todo discurso totalizante. (Ídem).

[27]G. Germani; "Democracia y autoritarismo en la sociedad moderna"; *Los límites de la democracia*; op.cit., p.15.

común de valores y significados, relativamente estables, que puedan representar una base mínima para la regulación y la resolución de los conflictos sociales, de grupos e interindividuales."[28]

Aunque en estrecha relación con el acaparamiento global de la economía capitalista, de la voluntad sin límites de la razón mercantil y los movimientos de innovación tecnológica que le son propios, estas expectativas unitarias comienzan a disiparse y la posibilidad de un discurso unitario o totalizante aparece cada vez más raquítica. Lo social aparece más como un *simulacro*, donde la *realidad social* -según Baudrillard- ha llegado a un punto de *éxtasis* y las cosas aparecen privadas de finalidad y referencia.[29] Consecuencia de ello, según Guy Debord, es la *dominación espectacular*, donde ya la réplica de lo real no pertenece a las clasificaciones de la falsedad sino a los dominios propios de lo real.[30] En este escenario, el gobierno del espectáculo reina en solitario y *ejecuta sus juicios sumarios*.[31]

Se altera el libreto: entre causas y azares

En la actual condición de época la desterritorialización de los referentes fijos de la imaginería moderna se acentúa. De un lado, la proliferación de los medios de comunicación guarda vínculos estrechos con la hegemonía capitalista contemporánea y los modos

---

[28]R. Scartezzini, L. Germani y R. Gritti; *Los límites de la democracia* (introducción); op.cit., p.15.

[29]Su escrito advierte que en el simulacro lo real no se borra en favor de lo imaginario, sino que, la lógica que de cierta manera le es propia a lo social, encuentra sus extremos, de modo inseparable de su esencia, en el punto en que invierte sus finalidades y alcanza su punto de inercia, donde pierde sentido. (J.Baudrillard; *Las estrategias fatales*, op.cit.).

[30]Ahora la réplica ha dado una nueva cualidad a lo *falso*, apunta Debord. Es a la vez lo *verdadero* que ha dejado de existir casi en todas partes. La imaginería política contemporánea está atravesada por esta condición que la *debilita*. Por ejemplo, sostiene Debord, la falsedad sin réplica ha acabado por hacer desaparecer la opinión pública, que primero se encontró incapaz de hacerse oír y después (...) incapaz de formarse. (G. Debord; *Comentarios sobre la sociedad del espectáculo*; op.cit., p.24).

[31]G. Debord; *Comentarios sobre la sociedad del espectáculo*; op.cit., p.21.

que le son propios a sus prácticas de dominación. De otro, se desbordan los límites (o excesos) de lo social y se desperdigan múltiples líneas de fuga que escapan de sus dominios. En palabras de Mark Poster:

> "...se disipa la ilusión de la estabilidad semántica, el sentido de las palabras 'flota' en el espacio social y se adhiere a objetos independientemente de la 'utilidad' de éstos o de sus propiedades referenciales, insiste en el componente performativo de los actos elocutivos y niega que las enunciaciones puedan reducirse a la expresión de la verdad."[32]

Estos abordajes, señala Gilles Deleuze, de una u otra manera designan el aspecto temporal de los análisis, lo que pone en tela de juicio la idea de un método inmutable, sistemático y universalmente aplicable.[33] En palabras de Vattimo:

> "...lo que de hecho ha acontecido, a pesar de todos los esfuerzos de los monopolios y las grandes centrales capitalistas, ha sido más bien que radio, televisión, prensa han venido a ser elementos de una explosión y multiplicación general de (...) concepciones de mundo."[34]

La tensión entre las palabras y las cosas, o la *crisis de representación* -apunta Poster- deriva no sólo de la explosión de la información sino de las nuevas estructuras comunicacionales al interior de las cuales circula la información. Hasta cierto punto – añade- permitiendo una nuevo arreglo en la relación entre el emisor y el receptor, entre el mensaje y el contexto, entre el receptor/sujeto y la representación de sí. Los posibles sentidos o significados son, entonces, el efecto temporal de relaciones específicas y contextos

---

[32]M. Poster, "Foucault, el presente y la historia"; *Michel Foucault: filósofo*, Editorial *Gedisa*, Barcelona, 1990; p.308.

[33]G. Deleuze; "Qué es un dispositivo"; *Michel Foucault, filósofo*; op.cit., p.158.

[34]G. Vattimo; "Posmodernidad: ¿una sociedad transparente?"; *En torno a la posmodernidad*; op.cit., p.13.

particulares.[35] Estas reconfiguraciones (wrapping of language) alteran las relaciones entre el poder y la ciencia, entre el Estado y el sujeto, entre el sujeto y la comunidad, entre la *autoridad* y la ley. En palabras de Mark Poster:

> "In sum, the solid institutional routines that had characterized modern society for some two hundred years are being shaken by the earthquake of electronically mediated communications and recomposed into new routines whose outlines are as yet by no means clear."[36]

El libreto aparece alterado. La (in)coherencia y el azar reclaman su lugar en el escenario político. Entre las tramas de fin de siglo se filtra una vertiente interpretativa embriagante, donde puede parecer que la difuminación de los referentes representacionales responde más al orden del caos que a dispositivos reguladores y a tecnologías fijas de control y normalización. Cada vez menos se pueden anclar las prácticas representacionales en principios homogéneos, en un racional lógico y predecible. Si el imaginario moderno suponía asignar lugares específicos a los objetos y los signos, agruparlos en conjuntos fijos y estables, la revolución de tecnologías de información los desvían de sus propios márgenes y la voluntad del poder normalizador escapa en el brote de sus cruces. Así mismo, en lo que respecta al orden de lo político, se aceleran los procesos de desmantelamiento de las bases referenciales de legitimidad y autoridad de las prácticas generales de dominación social, de sus razones y de sus moralidades.

---

[35]Como sostiene Murray Edelman, por ejemplo, el espectáculo político transmitido por las noticias no es portador en sí mismo de ningún significado pues toda noticia toma su significado de otras noticias en el que aparece, y de los supuestos de fondo de sus audiencias. Como el contexto puede variar de espectador en espectador - añade Edelman- una misma noticia puede ser portadora de una amplia gama de significados. (M.Edelman; *La construcción del espectáculo político*; op.cit., p.109)

[36]M. Poster; *The Mode of Information: Poststructuralism and Social Context*; Chicago Press, 1990; p.14.

Se erosiona el *principio de realidad*

Entre estas coordenadas, donde la irrupción de los medios de comunicación social (prensa, radio, televisión entre otros) ha incidido en la disolución de los puntos de vista centrales, de los grandes relatos, aparece como semblante de época la erosión del *principio de realidad*. En letra de Vattimo:

> "La realidad (...) es más bien el resultado de cruzarse y 'contaminarse' (...) las múltiples imágenes, interpretaciones, re-construcciones que distribuyen los medios de comunicación en competencia mutua y, desde luego, sin coordinación 'central' alguna."[37]

Más aún, en la actualidad -según Baudrillard- *cualquier* evento carece virtualmente de consecuencias, está abierto a *todas* las interpretaciones posibles, *ninguna* puede detener su sentido.[38] El movimiento actual de las mutaciones de época, sus indeterminaciones e incertidumbres, dan lugar al progresivo debilitamiento, difuminación o pérdida de todo poder referencial. Y cierto es que dando rondas entre las sombras del fin de siglo aparece un espíritu escéptico, desconfiado y al que le resulta antipático todo discurso cerrado, al que le molestan u ofenden sus manías de fijación absoluta del sentido y teme, se esconde o se defiende de su voluntad de acaparamiento total. Pero esta afirmación deja en suspenso las interrogantes que acompañan la trayectoria inconclusa de la modernidad capitalista y sus modos propios de dominación social. Ante este *vacío*, sus límites y posibilidades, cabe preguntar —como lo hacen Steven Best y Douglas Kellner- :

> "Who is free to choose? Who is beyond the law? Who is healed? Who is housed? Who salutes longest? Who prays loudest? Who dies first? Who laughs last?"[39]

---

[37] G. Vattimo; "Posmodernidad: ¿una sociedad transparente?"; *En torno a la posmodernidad*; op.cit., p.15.

[38] J. Baudrillard: *Las estrategias fatales*; op.cit., p.16.

[39] S. Best y D. Kellner; *Postmodern Theory: Critical Interrogations*; The Guilford Press,

La pertinencia de estas interrogantes cobra una relevancia particular pues el trastoque en el imaginario moderno no sólo subvierte los registros de la dominación sino además disloca las coordenadas entre las que las apuestas de las luchas políticas de resistencia han sido trazadas. La pérdida de centros de referencia fija, sea por agotamiento o por exacerbación, no es por sí más que condición de libertad. Cuando las metáforas quedan en el plano de la retórica pueden, si acaso, poco más que ofender o agradar, entretener o molestar. Pero cuando se materializan en manos de una determinada forma de poder sus efectos también son muy concretos...

La *era* informática: neoliberalismo y globalización

Tanto los términos vinculados al fracaso como los entramados en una utopía realizada o por realizar implican, de cierta manera, relatos demasiado acaparantes y pretenciosos como para ser de fiar. Entre la pluralidad de narrativas que se han dado a la tarea de pasar balance y hacer rendir cuentas a la trama (in)conclusa de la modernidad aparece, en estrecha relación con las mutaciones en los dominios del capital, un marcado coqueteo con las retóricas de la informática y las seductoras tecnologías electrónicas. Como apunta Fredric Jameson, sea las narrativas apologéticas como las que se atrincheran en el lenguaje de la repulsión moral y la denuncia-presentan un acusado parecido de familia con las más ambiciosas generalizaciones sociológicas que anunciaron el advenimiento o inauguración de nuevas sociedades (sociedad posindustrial, sociedad de consumo, sociedad de los media, sociedad de la información, entre otras).[40] Aún así, las corrientes más fuertes arrastran la idea de que los enjambres comunicacionales y la hibridación de las tecnologías electrónicas de información llevan consigo una gran promesa emancipadora.

Sin embargo, y cabe acentuarlo nuevamente, los dispositivos y tecnologías disciplinarias que regulan (o pretenden regular) los procesos de subjetivación entre los registros del imaginario moderno y su proyecto político normalizador permanecen intactos. De igual

---

New York, 1991.

[40]F. Jameson; *La posmodernidad o la lógica cultural del capitalismo tardío*; op.cit.

modo, la producción de sujetos útiles y dóciles le sigue resultando imprescindible a los regímenes económicos y políticos capitalistas. En este escenario, las promesas utópicas de la 'nueva era' resultan, cuando menos, sospechosas. Ante las dudas que se levantan en torno a ella advierten Arthur Kroker y M.Weinstein:

> "What appears as *empowerment* is a (...) seduction, an entrapment in a (...) loop in which the Net elicits information from the *user* and gives it back in what the selectors say is an appropriate form for that user. The great agent of possibility becomes the master tool of normalization, now a micro-normalization with high specificity..."[41]

Pero, ¿cuán posible es subvertir ese poder normalizador que irremediablemente atraviesa estas tecnologías? ¿Dónde, si acaso, tendría cabida una suerte democratizante o, cuando menos, un trámite de libertad?

En este escenario la producción de conocimiento científico y tecnológico -sostienen Aronowitz y DiFazio- adquiere cada vez mayor auge en la industria de la información, desde los sistemas de educación hasta las políticas gubernamentales. Los reajustes estructurales del capital responden a una estrategia *neoliberal*[42] que ha permeado la política económica a lo largo de este siglo. Esta no altera cualitativamente los efectos políticos (reguladores y disciplinarios) del poder normalizador que caracteriza la economía de

---

[41]A. Kroker y M.A. Weinstein; "The Theory of the Virtual Class"; *Data Trash: The Theory of the Virtual Class*, New York: St. Martin's Press, 1994.

[42]El neoliberalismo –según F.A Cátala- es básicamente la política económica de la economía política clásica. Bajo la premisa de que el mercado constituye el mecanismo social más eficiente para la articulación de la actividad económica se postula su más compleja liberalización. Esto se traduce en políticas de desreglamentación y privatización, privilegiando así el espacio privado en prejuicio del espacio público. (F.A.Catalá Oliveras; "Apunte en torno al neoliberalismo y la desigualdad"; *Debates contemporáneos: globalización y neoliberalismo*; Periódico *Diálogo*, Río Piedras, diciembre, 1996). El modelo neoliberal -apunta Núñez Miranda-, se caracteriza por la progresiva desreglamentación de la economía, liberalización del comercio, desmantelamiento del sector público y el predominio del sector económico de las finanzas sobre la producción y el comercio. (A. Núñez Miranda; "Globalización y neoliberalismo: dos palabrotas de la política contemporánea"; Periódico *Diálogo*; Río Piedras, noviembre, 1996).

mercado capitalista, ni impugna la lógica y ordenamiento de sus mecanismos de poder (productivos y reproductivos). Aún así, como muchos han señalado, la información se ha convertido en la principal fuerza productiva, por lo que no es de extrañar que la actual metamorfosis de época aparezca ligada a la taxonomía de la informática.[43] La llamada *revolución de la información,* aún cuando implica un progresivo descentramiento de ciertos poderes, lleva implícita en su estrategia una contradicción. La lógica competitiva del mercado urge, si no de un mundo de consumo uniforme, como sugiere la tesis *posfordista*[44], de un orden corporativo (global) equilibrado. Núñez Miranda sostiene que ésta presupone la centralización de las medidas y planes económicos y políticos del planeta y que, en un contexto de competencia por la inversión corporativa, lejos de proteger empleos, favorecer a las comunidades, fomentar la democracia o preservar la naturaleza, labora para proteger y expandir las libertades del comercio intentando establecer un gobierno corporativo transnacional.[45]

Los dominios del capital se expanden y dejan huellas muy bien definidas que permiten trazar sus rutas, las ya recorridas y las por recorrer. La incapacidad estructural del sistema capitalista para absorber toda la fuerza laboral disponible, aparece ahora y cada vez más marcada por los *adelantos* tecnológicos. Consecuencia directa de ello, bajo las formas de planificación estratégica o modernización, el

---

[43]La informática, según influye toda la tecnología, es a la vez una tecnología con usos y características específicas que la diferencia. La informática es la fusión de las computadoras con las comunicaciones. Entre sus efectos más dramáticos está la capacidad de comprimir el espacio y el tiempo, acelerando el ritmo de la vida. (S. Aronowitz y W. DiFazio; *The Jobless Future*; op.cit., p.76)
.
[44]Podemos referirnos al posfordismo o bien al capitalismo posmoderno. Si el fordismo, en cuanto racionalidad práctica y política, logró estabilizar el capitalismo en un periodo histórico particular, ya en la década de los setenta tropezó con sus propios límites, técnicos y sociales, que dieron lugar a la activación de nuevas estrategias, a procesos de reestructuración y transición hacia otras formas de acumulación y de regulación. Según lo utiliza C. Pabón y A. Torrecilla, el concepto de posfordismo o capitalismo posmoderno, es una metáfora que sugiere no sólo importantes transformaciones en la estructura y organización de la producción sino también significativos desplazamientos culturales y políticos. (C. Pabón y A. Torrecilla; "El capitalismo después del 'fin de la historia'"; op.cit., p.20).

[45]A. Núñez Miranda; "Globalización y neoliberalismo: dos palabrotas de la política contemporánea"; Periódico *Diálogo*; Río Piedras, noviembre, 1996.

fin de siglo presencia ciertos reajustes estructurales en la organización y administración del trabajo. Sus más marcadas consecuencias se evidencian sobre los sectores no propietarios, empleados, asalariados, que quedan sujetos a la posibilidad incierta de despidos masivos y sin opción. Paralelo a ello y progresivamente se debilitan, si no se destruyen, las uniones obreras.[46] Según Aronowitz y DiFazio:

> "All of the contradictory tendencies involved in the restructuring of global capital and computer-mediated work seem to lead to the same conclusion for workers of all collars- that is unemployment, underemployment, decreasingly skilled work, and relatively lower wages. These sci-tech transformations of the labor process have disrupted the workplace and worker's community and culture. High technology will destroy more jobs than it creates. The new technology has fewer parts and fewer workers and produces more product..."[47]

Mientras tanto los sectores más *conservadores*, paradójicamente los más simpatizantes de la revolución cibernética o informática, brindan por el ritmo del progreso y se acomodan a contemplar y a disfrutar sus grandes, prometedores y lucrativos adelantos. Juan Luis Sebrián, durante una conferencia del Club de Roma en su asamblea anual, sostuvo que la sociedad moderna ha sido transformada por la revolución de la multimedia y que la interrogante es cuánto tiempo tomará completar ese proceso. Proceso que, según expone, a pesar de que los beneficios de una revolución cibernética y de telecomunicaciones podrían extenderse a toda la humanidad, también es posible que en un corto período de tiempo se amplíe la brecha entre las sociedades pobres y las *desarrolladas*:

> "Aquellos que estén en los sistemas tendrán un nivel de conocimiento y un nivel social de existencia más

---

[46]E. Mandel; "The Relevance of Marxist Theory for Understanding the Present World Crises"; *Marxism in the Postmodern Age: Confronting the New World Order*; Guilford Press, New York, 1995; p.438.

[47]S. Aronowitz y W.DiFazio; *The Jobless Future;* op.cit.

alto que aquellos que no pertenecen (al sistema)..."[48]

De modo coincidente, advierte Lyotard-:

"En la edad postindustrial y postmoderna, la ciencia conservará y, sin duda, reforzará más aún su importancia en la batería de las capacidades productivas de los Estados-naciones. Esta situación es una de las razones que lleva a pensar que la separación con respecto a los países en vías de desarrollo no dejará de aumentar en el porvenir."[49]

De otra parte, Edwin Irizarry Mora sostiene que la incompatibilidad entre la participación en los mercados globales y la promoción racional de estrategias de desarrollo sostenibles no es responsabilidad de las naciones-estado pobres, sino una consecuencia de la inserción de éstas en un juego donde las reglas se imponen de arriba hacia abajo, donde los productores encuentran en la lógica y sincronización del binomio comunicación/mercado la justificación de la globalización a cualquier precio. [50] En el contexto local –por ejemplo- los procesos de *globalización* se asumen por lo general como fenómenos inevitables y se tiende a extender los brazos abiertos a la ilusoria promesa de un mundo sin fronteras. Como si la saga emancipatoria promulgada en el imaginario moderno encontrara su cauce certero en las ilusiones de progreso del mercado global de tecnologías electrónicas.

Pero si es cierto que la eficiencia de la comunicación aumenta en tanto más se eliminan las restricciones de espacio y tiempo, el control de las tecnologías de información es una presa que demasiados buitres asechan. Las formas de resistencia que emergen contra el control de la información pueden arrastrar consecuencias insospechables. Desde una sutil queja a las intromisiones de los administradores de la moral en una institución académica hasta

---

[48]C.E. Torres; *Imparable la revolución cibernética*; Periódico El Nuevo Día, 2 de diciembre, San Juan, 1996; p.85.

[49]J.F. Lyotard; *La condición posmoderna*; op.cit., p.17.

[50]E. Irizarry Mora; "La dimensión escondida de la globalización"; *Debates contemporáneos: globalización y neoliberalismo*; Periódico Diálogo; Río Piedras, diciembre, 1996.

protestas silentes pero devastadoras a través de los *virus*.[51] La velocidad a la que se esparcen los virus en las computadoras –por ejemplo- saca a relucir la fragilidad de uno de los pilares fundamentales de la economía en las sociedades de *nuestra* era (en el *modo de información*.[52]) Advierte Poster:

> "The communication network that ties the world's financial hubs together for better access to information also threatens them with instant economic collapse."[53]

Sin embargo, es entre las coordenadas de esa debilidad donde se vierten las promesas emancipadoras de fin de siglo. Por lo menos mientras los recursos naturales den abasto. Best y Kellner trazan algunos escenarios posibles donde pudieran subir las apuestas de las luchas políticas:

> "The information explosion could work either to multiply and pluralize information, or to cancel all meaning in a meaningless noise; it could enhance literacy skills or deaden them; it could decentralize information so that all people have easy and equal access, or it could further the control and domination of ruling elites who monopolize

---

[51]Si bien el concepto de *virus* se refiere a un agente que esparce una enfermedad entre organismos vivientes, la aplicación metafórica del término, apunta Mark Poster, supone establecer una semejanza entre la configuración de las redes de computadoras y los cuerpos vivientes. La definición formal según el autor es: "A *virus* is a small *program* or set of commands that attaches itself to other programs files so that it reproduces itself while executing its routines. The virus spreads both within a computer and from one computer to another as files or messages are transmitted between them." (M.Poster; *The Mode of Information: Post structuralism and Social Context*; op.cit., p.5).

[52]El término *modo de información*, según Mark Poster, sugiere (al igual que Marx) que la historia se puede periodizar por las variaciones en la estructura, en este caso refiriéndose al intercambio simbólico, implicando además que la cultura actual atribuye una cierta importancia fetichista a la *información*. Además, utiliza el concepto como metáfora de la época capitalista donde se privilegia la actividad económica como *determinante en última instancia*.

[53]M. Poster; *The Mode of Information: Post structuralism and Social Context;* op.cit.

information and computer technologies. Similarly, computerization process could facilitate new learning skills or perpetrate class inequalities, promote militarist adventures, and increase population surveillance. Computers and robotics could eliminate harsh, physical labor, or produce new forms of slavery; the new technologies could produce a shortened working week and increase leisure time, or lead to massive unemployment. New Media technologies could activate or stultify the mind, democratize and pluralize information and entertainment, or work for purposes of information control homogenization; they could allow new voices to enter a reinvigorated public sphere or increase domination by corporate elites."[54]

Entre estas posibilidades se bandean incontables luchas, urgentes pero disparejas, arregladas y truqueadas desde sus comienzos y, en infinidad de ocasiones, irremediablemente destinadas a fracasar. Aún así, alrededor de estas posibilidades se lanzan las más diversas apuestas emancipadoras y democratizantes de fin de siglo y, sobre sus genuinas ilusiones se mueven, de golpe en golpe, hacia el nuevo milenio...

La (des)ilusión

Entre las copas de la utopía emancipadora unas se desbordan, otras se vacían y otras se rompen. La idea de un plan racional de emancipación, de la existencia o posibilidad de un punto de vista supremo, capaz de dirigir hacia un fin, comprender y unificar la contingencia humana, contrasta marcadamente con la proliferación indefinida de relaciones de fuerzas, discursos *culturales*, sistemas de valores, criterios de legitimación. Pero, si bien de un lado esta pluralidad de discursos distorsiona el imaginario político de la modernidad, en cuanto rechaza las prácticas representacionales absolutas, o la idea de un camino único, las condiciones precarias (como la subordinación y la violencia política, la desventaja y la dependencia económica, la marginalidad, la exclusión y el discrimen)

---

[54]S. Best y D. Kellner; *Postmodern Theory: Critical Interrogations*; Op.cit., pp.302-03.

de amplios sectores de la población permanecen inalteradas. Fredric Jameson advierte:

> "Si en otro tiempo las ideas de una clase dominante (o hegemónica) configuraron la ideología de la sociedad burguesa, actualmente los países capitalistas desarrollados son un campo de heterogeneidad discursiva y estilística carente de norma. Unos amos carentes de rostro siguen produciendo las estrategias económicas que constriñen nuestras vidas, pero ya no necesitan (o son incapaces de) imponer su lenguaje..."[55]

Tal vez, como indica Gabriel Moreno Plaza, lo que acontece es que el efecto de las estructuras de poder que antes se manifestaban de modo directo como censura o prohibición se manifiesta ahora -en la sociedad de consumo- de un modo más oculto y difuso, aunque no menos efectivo.[56] Las matrices míticas de la modernidad (libertad, igualdad, justicia, progreso, entre otras), filtradas por la hegemonía liberal y ensambladas por las retóricas políticas que hermosean las tecnologías electrónicas de información, posibilitan configurar un imaginario democrático sin duda seductor. En él se amplía el horizonte de libertad, o por lo menos el de sus simulacros:

> "El hecho de que las interpretaciones sean relativas y variables se traduce en una celebración de la libertad del sujeto interpretante cuando se lee a través de la ideología rosada de la libertad individual (...) También se traen la igualdad y la fraternidad para producir una visión de comunidades (...) armoniosas y no jerárquicas donde todas las interpretaciones son hechas iguales y el consenso es alcanzado a través de un proceso de diálogo y persuasión entre iguales..."[57]

---

[55] F. Jameson; *La posmodernidad o la lógica cultural del capitalismo tardío*; op.cit., p.43.

[56] G. Moreno Plaza; *La liberación del lector en la sociedad postmoderna: ensayos de interpretación abierta*; op.cit., p.48.

[57] M.L. Pratt según citado por G.Moreno Plaza; *La liberación del lector en la sociedad*

El "mundo de las comunicaciones", sin duda, hace posible estallar una multiplicidad de racionalidades *locales* (minorías étnicas, sexuales, religiosas, culturales o estéticas). Pero que la lógica del mercado de la información y la multiplicación vertiginosa de las comunicaciones guarden una estrecha relación con la toma de la palabra de diversos sectores marginados o *minoritarios*, no evidencia un trámite cualitativo de emancipación política. Como sostiene Moreno Plaza, existen múltiples mecanismos culturales, en las más diversas áreas, mediante los cuales se logra crear, para la gran mayoría, el espejismo de la vida comunitaria en libertad e igualdad.[58] Y aún cuando pueden existir paliativos a la dominación, en una sociedad estratificada -dado el presente tecnológico industrial y la progresiva fragmentación del poder- las élites privilegiadas política y económicamente, como siempre, han tenido una gran ventaja en influir a la opinión pública (espectadora, consumidora o ciudadana), las costumbres y los valores y, como sostiene Di Tella, en tener acceso a los ámbitos de poder, sea bajo la propiedad privada o estatal de los medios de producción.[59] Sabido es, pues, que -como sostiene Vattimo- el poder económico no ha dejado de estar en manos del *gran capital.*[60]

En este escenario, las tecnologías de información, según pueden subvertir el orden de significación que caracteriza el imaginario moderno, no alteran cualitativamente las prácticas reguladoras y disciplinarias que lo conforman. Y aunque, cada vez con mayor frecuencia, éstas aparecen dispersas y fragmentadas, permanecen entramadas como dispositivos de dominación: regulación, vigilancia y control social.[61] Acorde a ello, Mark Poster

---

postmoderna: ensayos de interpretación abierta; op.cit., p.48.

[58]G. Moreno Plaza; *La liberación del lector en la sociedad postmoderna: ensayos de interpretación abierta;* op.cit. p.48.

[59]T.S. Di Tella; "La democracia: ¿será posible?"; *Los límites de la democracia;* op.cit., p.195.

[60]Para Vattimo la emancipación, en el contexto de la comunicación generalizada, consiste en el *desarraigo,* en la liberación de las diferencias, de los elementos *locales,* y se basa en la oscilación, en la pluralidad, en la erosión del *principio de realidad.* (G. Vattimo; "Posmodernidad: ¿una sociedad transparente?"; *En torno a la posmodernidad;* op.cit., pp.14-17)

[61]Richard Lacayo evidencia múltiples instancias donde los registros de información

advierte que, aún cuando la ley restringe el tipo de información que puede ser almacenada por el gobierno, limita su utilización a los propósitos para los cuales fue recolectada, regula su circulación y prohíbe su venta, los cambios en la reproducción, transmisión, almacenamiento y control efectivo de la información afecta todo el sistema social.[62] De otro lado, la descentralización -apunta David Lyon-, es compatible incluso con un mayor control general, aunque no haya un organismo concreto responsable del mismo.[63] En él la razón emancipadora queda sustituida por la racionalización tecnocrática, donde la producción de conocimientos, que para el pensamiento *ilustrado* suponía un factor del progresivo desenvolvimiento de la libertad, queda reducida al rendimiento, a la información y al desarrollo de habilidades en función de optimizar la eficacia del sistema y de cierta manera incrementar los mecanismos de control y regulación social.

De manera simultánea estos dispositivos no sólo regulan lo social sino que dejan en suspenso las condiciones de desventaja económica y social, aún cuando, en cierta medida, el principio de *propiedad privada* se ve amenazado por la propia difusión de la información.[64] Mientras de un lado hacen posible producir necesidades y canalizar deseos, condicionar las subjetividades, las estéticas y las moralidades, de otro, las oportunidades de aprovechar las innovaciones tecnológicas y adecuarlas a las propias necesidades productivas y comunicacionales –como advierte -García Canclini- permanecen desiguales. Afirma Bernhard Serexhe:

---

invaden cada vez con mayor intensidad los espacios de privacidad de la gente. Por ejemplo, sostiene que "...using computers high-tech gadgets and mountains of data, an army of snoops is assaulting our privacy". Más adelante señala: "computers have turned into a $1 billion-a-year industry that gathers financial records, medical history and other personal information- even the record of every credit-card purchase. The data are then sold to markets, mortgage lenders, small businesses and individuals". (R. Lacayo; "Nowhere to Hide"; *Times Magazine*; nov. 11, 1991; p.34)

[62]M. Poster; *The Mode of Information: Postructuralism and Social Context*; op.cit., p.71.

[63]D. Lyon; *Postmodernidad*; op.cit., p.79.

[64]Esto es, dado que las nuevas tecnologías de comunicación hacen posible, según Poster, que la gente controle tanto la reproducción como la distribución de la información. (M.Poster; *The Mode of Information: Post structuralism and Social Context* op.cit., p.73).

"Constructed by the powerful partners of the telecommunications industries and, in order to obtain a return on the enormous investments required, the infrastructure of this new interactive communication space must serve the same investors, in their capacity as producers and distributors. This will occur through the practically unlimited transmission of information and the exploitation, on a planetary scale, of a multitude of new services, generally classed under the somewhat vague term of 'multimedia': tele-working, tele-shopping, e-mail, instant video, access to administrative services, and even electronic voting."[65]

Más adelante señala:

"This notion of the information highway, suggesting universal and free access for each and every one of us as consumers, has a pre-requisite: the user must dispose of the adequate cultural capital and the financial means to acquire the technical devices involved and to access the different services offered, which can only be pay-services, and probably expensive ones at that."[66]

Por su parte, Lyotard sostiene que la hegemonía de los ordenadores conlleva una cierta lógica y, por tanto, un conjunto de prescripciones que determinan qué enunciados son aceptables como enunciados de *conocimiento*. Sostiene, además, que reforzando la tecnología se refuerza la *realidad* y, por ende, las posibilidades de tener razón. Recíprocamente, entonces, la tecnología se refuerza tanto más eficazmente si se tiene acceso al conocimiento científico y a la autoridad de la toma de decisiones.[67]

Se puede afirmar, pues, que entre las coordenadas de la

---

[65]B. Serexhe; "Deregulation/Globalization: The Loss of Cultural Diversity? "; ZKM, in Karlsruhe, Germany. (fotocopia de internet).

[66]Ídem.

[67]J.F.Lyotard; *La condición posmoderna*; op.cit.

racionalidad normalizante de la modernidad, desde sus estadios iniciales, la imbricación entre conocimiento y tecnología ha guardado estrecha relación con los diversos modos de control, regulación y dominación social. Y para hacerlo ha dependido, no sólo de la fuerza bruta de la represión, sino de modos más sutiles, o menos brutos, para cuajar sus objetivos estratégicos (preservativos y reproductivos). Paralelo a las fuentes permanentes de amenaza (los mecanismos coercitivos y represivos del Estado u otras instancias similares) corren, entre otros dispositivos ideológicos –por ejemplo- los dispositivos de *subyugación semiótica*. Según Félix Guattari[68]:

> "Capitalism cannot put together its work force unless it proceeds through a series of semiotic subjugations (...) What I call *semiotization* is what happens with perception, with movement in space, with singing, dancing, mimicry, caressing, contact, everything that concerns the body. All these modes of semiotization are being reduced to the dominant language, the language of power which coordinates its syntactic regulation with speech production in its totality."

De manera coincidente, plantea Mark Poster:

> "The emergent forms of dominations in the mode of information are not acts at all but language formations, complex manipulations of symbols."[69]

En este sentido (que no excluye los modos habituales de dominación) la posibilidad de articular estrategias de resistencia alternativas supone interrogar -como sugiere García Canclini- los órdenes emergentes que sistematizan las relaciones materiales y simbólicas entre la gente. La quiebra del imaginario moderno no supone en sí misma una resistencia contestataria. Y, aunque de un lado desactiva las ilusiones acaparantes de ciertos teóricos tradicionales, de otro, no implica que los recursos y posibilidades,

---

[68]F. Guattari; "Molecular Revolutions"; *Soft Subversions*; Semiotext(e); New York, 1996, p.11.

[69]M. Poster; *The Mode of Information: Post structuralism and Social Context*; op.cit., p.87.

individuales o colectivos, hayan dejado de estar en condición de desventaja como tampoco que hayan dejado de encontrar sus límites más marcados, no en una ausencia estratégica de interés sino en condiciones que no son del orden del simulacro. El rostro providencial del capital no altera las relaciones de marginación de amplios sectores poblacionales que carecen de los recursos económicos (necesarios) para hacer uso efectivo de medios como la radio, la televisión o la prensa. El *reino del siempre todavía* nunca ha tenido la intención de ocultar su rostro. El control que sobre estos medios ejercen los custodios legítimos de la moral y la pertinencia, del lucro y la cautela, tampoco han pretendido dar o ceder más de lo que interesan.[70] En el contexto local:

> "En ocasiones, los individuos o grupos interesados en la promoción de sus intereses carecen de los recursos económicos necesarios para hacer uso de la radio, la televisión o la prensa. Y añádase el control que sobre estos medios tradicionales puedan ejercer sus dueños o administradores para la obtención del acceso adecuado a aquellos, particularmente en relación con individuos y grupos que vinculados a posturas minoritarias son de poca aceptación y tolerancia pública."[71]

Y aún cuando el orden del simulacro subvierte la dicotomía entre la *verdad factual* y la ficción, fundamental para el imaginario social de la modernidad, el desencanto y la sospecha deambulan entre las zonas más sombrías de la modernidad capitalista. La

---

[70]En el terreno internacional se afina su crudeza. La justificación 'oficial' de la Guerra del Golfo Pérsico fue la invasión por Irak a un país *soberano*, Kuwait. Acción inaceptable por el derecho internacional. Pero es bien sabido que los objetivos estratégicos poco o nada tenían que ver con el derecho de independencia sino con el control de las reservas de petróleo, recurso crucial para la economía capitalista norteamericana y aliada. Los reportajes aparecieron controlados por los estrategas de la censura, privilegiando la imagen que las fuerzas militares querían proyectar, mostrando una ilusión de tecno-guerra donde, independientemente de la justificación, las miles de víctimas iraquíes nunca subieron a escena... por lo menos, en vida.

[71]Comisión de Derechos Civiles; *Los Derechos de Expresión y el Uso de las Vías Públicas en Puerto Rico*; tercera edición, San Juan, 1974; p.7.

promesa *implícita* en el desarrollo de las altas tecnologías, de asegurar mayor eficacia en las estrategias de producción, vinculadas además al acelerado proceso de automatización, se hace insoportable. Tropieza por su propio ritmo, e incapaz de controlarlo cierne sus efectos sobre cada vez más amplios sectores poblacionales: una reducción numérica de asalariados y un progresivo desplazamiento de trabajadores que no cualifican de acuerdo a los códigos de la producción *abstracta*.

Allí donde la repetición y la redundancia de imágenes aparecen como estrategias de poder, entre dispositivos disciplinarios y reguladores, que incluyen las técnicas publicitarias, nunca neutras y transparentes, se refuerzan, consolidan y expande el simulacro frente a lo real.[72] Y, aunque la imagen, tal vez como apunta Font, está constituida por un entramado de signos codificados que proponen una lectura plural[73], la hiedra normalizadora enredada en el proyecto político de la modernidad, convertida al orden del simulacro, afina su objetivo estratégico, que es producir efectos de verdad[74], es decir, la realidad convenida por su voluntad de dominación.

Una utopía vigilada

Las retóricas políticas de fin de siglo, amparadas bajo los

---

[72]J. Saborit; "La imagen publicitaria"; Editorial *Cátedra*, Madrid, 1988; en M.López Gil; *Filosofía, modernismo y posmodernismo*; op.cit., p.148.

[73] En este sentido la lectura, añade, no se agota en lo que muestra la imagen. Detrás de lo aparente hay un inventario de sistemas de connotación, una serie de elementos que se ponen en relación formal. En este sentido, estructuralista, sostiene que toda imagen es retórica, sea tanto a nivel verbal como icónico, y realza su significación mediante los juegos de tropos aplicados a la literatura escrita (hipérbole, metáfora, metonimia, sinécdoque, sustitución entre otras). Acentúa que a pesar de su simplicidad, estos procedimientos son altamente eficaces y persuasivos y de ahí su utilización reiterada. (D. Font; *El poder de la imagen* según citad o en M.López Gil; *Filosofía, modernidad y posmodernidad*; op.cit., pp.160-61).

[74]Por ejemplo, las tecnologías mediáticas (como la televisión) se convierten, señala Umberto Eco, en lugar de su función habitual, *de vehículos de hechos* (considerados neutrales), en aparatos para la producción de hechos, o sea, que en lugar de constituirse en espejos de la realidad pasan a ser productores de la realidad. (U. Eco; "TV: La transparencia perdida", en *Las estrategias de la ilusión*, Buenos Aires, De la Flor, 1986, pp. 209-213 según citado en M.López Gil; *Filosofía, modernidad y posmodernidad*; op.cit., pp.134-135).

signos del discurso neoliberal, aunque logran de cierta manera sublimar las tecnologías electrónicas y hacerlas aparecer no sólo como aparatos inofensivos sino como *desarrollados* para el bien común (así se trate de juegos de video o de mísiles nucleares), guardan una larga historia común: la de la dominación. El espíritu milenario que la encadena, sea atado al deseo lucrativo del capital o corriendo por la vena morbosa de los fundamentalismos, sean religiosos o nacionalistas, a la bestialidad del pensamiento militar o enredado en la hiedra del poderío estatal, no hubiera podido criarla sin las dosis necesarias de información. Para ello fue necesario inventar la vigilancia. El general Sun Tzu afirmaba, hace ya más de dos mil años, no sólo que el espionaje es esencial para las operaciones militares y que los ejércitos dependen de él para llevar sus acciones, sino que los espías son útiles en todas partes:

> "...lo que posibilita a un gobierno inteligente y a un mando militar sabio vencer a los demás y lograr triunfos extraordinarios es la información previa. (...) La información previa no puede obtenerse de fantasmas ni espíritus, ni se puede tener por analogía, ni descubrir mediante cálculos. Debe obtenerse de personas (...) que conozcan la situación del enemigo."[75]

Hoy, la diferencia estriba no tanto en el contenido y el fin sino en los medios. Sólo se han montado lucecitas electrónicas para el escenario del espionaje y la vigilancia. Y, aunque en algunos espacios la relación entre el signo y el referente se desestabiliza, la capacidad de vigilancia de los aparatos estatales y corporativos se sofistica y agudiza. En el contexto local la vigilancia electrónica ha jugado un papel determinante en las estrategias de control y regulación de las poblaciones y los sujetos. En el escenario local, los métodos de represión política utilizados contra sectores independentistas o las estrategias de *contra-insurgencia* permiten hilar

---

[75]Existen cinco clases de espías -apunta Sun Tzu-: el *nativo*, que se contrata en la localidad, el *interno*, que se contrata entre los funcionarios enemigos, los *agentes dobles*, que se contratan entre los espías enemigos, los *liquidables*, que transmiten datos falsos a los enemigos y son prescindibles y los *flotantes,* que se desplazan para mover información. (T. Cleary; *Sun Tzu: el arte de la guerra,* Editorial *Arca de Sabiduría,* Madrid, 1993, p.121.).

un dramático ejemplo.[76]

Las tecnologías electrónicas aparecen en este escenario como dispositivos *normalizadores* y tácticas políticas de encuadramiento. Como tal, se entrelazan en complicidad los *jueces de la normalidad*, los que evalúan, diagnostican y pronostican las *motivaciones* de las personas. Una pena aplicada no ya tanto al cuerpo en sí (aunque persista el encierro, el racionamiento de la comida, la prohibición de las relaciones sexuales, el confinamiento solitario) sino para amansar el alma. Siguiendo la pista al trabajo de Michel Foucault, Marya Muñoz y Dolores Miranda apuntan:

> "En otras palabras, se evalúa si es una reacción psicótica, un delirio o un acto perverso. También si es producto del instinto, del ambiente, la herencia o el inconsciente. La disminución en la intensidad del castigo se desplaza a través de un nuevo sistema de conocimiento, discurso científico y de las técnicas de quienes lo aplican: psiquiatras, criminólogos, psicólogos, antropólogos y criminalistas. Se castiga pero se dice que es la forma de curar."[77]

---

[76]La utilización efectiva de estas tecnologías apunta a desacreditar los trabajos políticos de las personas marcadas con el fin de convertirlos a la luz pública en "peligrosos", vinculando ideales políticos contrarios a los dominantes con el crimen organizado y el terrorismo. Además, estas tecnologías, como parte de las redes de espionaje estatal o federal, hacen posible registrar y procesar toda la información necesaria para articular estrategias de persecución y hostigamiento hasta, una vez encarcelados, preparar perfiles de maltrato psicológicos para cada caso.(Comité Unitario Contra la Represión (CUCRE); *Los medios de represión utilizados por el gobierno de los Estados Unidos en contra del pueblo de Puerto Rico y sus organismos de liberación nacional y los intentos de criminalizar la lucha puertorriqueña por la independencia*; Ofensiva '92; Río Piedras, 1992; p.11). El texto más recientemente publicado sobre este asunto es de R. Bosque Pérez y J.J. Colón Morera; *Las carpetas: persecución política y derechos civiles en Puerto Rico*; Centro para la Investigación y Promoción de los Derechos Civiles (CIPDC), Inc, Río Piedras, 1997.

[77]M. Muñoz Vázquez y D. Miranda; "Reflexiones en torno al conocimiento como constructor de sistemas deshumanizantes: abandonando una tradición"; *Brutalidad, violencia y sicología: el caso de Alejandrina Torres*; Edición de Marya Muñoz Vázquez; Departamento de Sicología, Recinto de Río Piedras, Universidad de Puerto Rico; 1989.

Tecnofobia: entre la narrativa y la imagen

Simultáneamente, las resistencias que se activan en torno a la trama incierta de las tecnologías electrónicas de información pueden operar más como preservativos de una tradición debilitada que como estrategas en un conflicto irresuelto, sin vuelta atrás y sin un afuera posible. Los regímenes de verdad que autorizan un sitial privilegiado a los efectos de la fusión entre los aparatos electrónicos y las comunicaciones, sea bajo la informática, la cibernética o lo que fuere, contrasta si bien con fuerzas tradicionales, las del hábito, el temor o la costumbre o con las que los augurios no le resultan ni políticamente útiles ni económicamente ventajosos. Por ejemplo, si bien de un lado los regímenes tecnológicos emergentes son *juzgados* como dispositivos de dominación, una narrativa atenuante la acompaña. La ruta de una moralidad trenzada del lado de la palabra escrita se levanta y condena la fugacidad de la mirada: la *tecnofobia*. Cuza Malé, por ejemplo, presenta una imagen perversa de la propia imagen. Hace aparecer ese sentido que pertenece al orden de lo visual del lado de los aparatos electrónicos, como adueñándose cada vez con mayor intensidad de la imaginación y de lo real. Estas tecnologías, que van desde la fotografía hasta el cine, desde las computadoras y la *Internet* hasta los juegos electrónicos, aparecen, de cierta manera, en complicidad sediciosa, como levantadas contra el reinado de lo escrito, de la letra impresa, sea bajo la forma de un libro, de una revista o de un periódico, o perteneciente a cualquier género literario, sea cuento, poesía, historia o literatura, documento científico o novela. Dice Cuza Malé:

> "Hay una conspiración silenciosa para acabar con lo escrito, con los libros, con los periódicos: es el analfabetismo galopante de los que se someten a la tecnología..."[78]

Cuza Malé confiere un sitial privilegiado a la forma escrita por oposición a cualquier otra forma de expresión, comunicación o representación. Cierta complicidad persiste con lo que, sin duda alguna, ha sido un recurso fundamental para consagrar la eficacia política del imaginario moderno. Sin embargo, en el fin de siglo, el

---

[78]B.Cuza Malé; "El Reino de la Imagen"; Periódico *El Nuevo Día*, sección Literatura, Revista Domingo, 8 de diciembre de 1996.

imperio de la palabra consolida su hegemonía. La imagen, por más que se insista en que la debilita, la desplaza o la extingue, lo que hace es potenciándola. En letra de Gabriel García Márquez:

> "...nunca hubo en el mundo tantas palabras con tanto alcance, autoridad y albedrío como en la inmensa Babel de la vida actual. Palabras inventadas, maltratadas o sacralizadas por la prensa, por los libros desechables, por los carteles de publicidad; habladas y cantadas por la radio, la televisión, el cine, el teléfono, los altavoces públicos, gritadas a brocha gorda en las paredes de la calle o susurradas al oído en las penumbras del amor. No: el gran derrotado es el silencio. Las cosas tienen ahora tantos nombres en tantas lenguas que ya no es fácil saber cómo se llaman en ninguna. Los idiomas se dispersan (...), se mezclan y confunden, disparados hacia el destino ineluctable de un lenguaje global."[79]

Mientras cada vez más se borran las líneas que diferencian entre lo *material* y lo que de alguna manera se supone no serlo, el progresivo despliegue de posibilidades interpretativas, de hecho (in)determinadas, que se da mediante las tecnologías electrónicas de información, trastoca la rítmica del péndulo de la modernidad (sin que esto quiera decir que se amanse el poder normalizador que la recorre). Apertrecharse del lado de algún extremo, sea para despojarse de los malos espíritus del papel y la tinta o, por el contrario, para abrigar la tradición como ritual de fe, restringe el potencial liberador y democratizante que, de (in)cierta manera, puede promoverse mediante las tecnologías electrónicas de información. Posibilidad que, casi finalizado el siglo XX, sube a escena mientras se disuelven realidades, diversidades y desigualdades, a la par que -como sostiene Octavio Ianni- se reafirman y desarrollan realidades, diversidades y desigualdades.[80]

---

[79]G. García Márquez; "Botella al mar para el dios de las palabras"; Periódico *Diálogo*, sección Escritor Invitado; febrero, 1998; p.33.

[80]O.Ianni; *Teorías de la globalización*; op.cit., p.139.

CAPÍTULO VI

El (des)orden de las *diferencias*

"¿Qué me importa que se borren
los caminos de la tierra
con el agua
que ha traído esa tormenta?
Mi pena es porque esas nubes tan negras
han borrado las estrellas."
León Felipe

Capítulo VI

El (des)orden de las *diferencias*

No sólo la rítmica de las actuales mutaciones en el orden de lo político parece no acoplarse a la imaginería esencialista de la modernidad. Los referentes en torno a los cuales han gravitado sus prácticas representacionales parecen, cuando no tambalearse o caer por su propio peso, flotar en un enorme vacío que, sea en relación de crisis o no, cuando menos evidencia la irremediable precariedad del acto de significación. Los regímenes discursivos que se han configurado tanto como base fundamental, soporte de legitimidad o condición inmanente de lo político en la modernidad, hasta la actual puesta en escena del fin de siglo, deambulan (aunque unos más que otros), sin rumbo fijo...

Entre lo universal y lo particular

A partir de la puesta en *crisis* de los dispositivos meta narrativos de legitimidad surge la pregunta sobre la relación (sea de complementariedad, tensión o de exclusión mutua) entre lo *universal* y lo *particular* como eje central de las luchas políticas. Los valores *universales* pasan por los cernidores de la sospecha. La fe centrada en los valores clásicos de la ilustración se debilita, no sólo en el entrecruce de múltiples *culturas* sino, además, en la circulación acelerada de la información que, a través de las tecnologías electrónicas, difumina cada vez más las líneas fijas de cualquier horizonte. Entre estas coordenadas, cuando menos, la centralidad asignada por la razón occidental, aunque lejos de perderse, aparece ocupada por *otros* signos; más dinámicos sin duda, pero no por eso revolucionarios. La puesta en crisis de los referentes universales que, como la *historia* y la *humanidad*, han servido de soporte al imaginario político de la modernidad, aunque por rutas asimétricas, caracterizan la actual condición de época.

En este escenario los registros de la dominación no son erradicados. El (des)orden de la mutación no es de por sí subversivo sino, en el mayor de los casos, conservador y preservativo. Las redes de significación que arropan tanto como desabrigan la imaginería política de la modernidad siguen tejiéndose con los mismos hilos de la normalización. La gran manta de la libertad, la igualdad y la fraternidad, cubre el fin de siglo, a pesar del insoportable calor que lo acompaña. Ardiendo bajo ella, el cuerpo humano, insistiendo en el dominio imperial sobre la *naturaleza* (como olvidando o queriendo olvidar que él mismo la ha inventado), acurrucado bajo el amparo de una *voluntad racional* que supone propia y añoñado siempre por el canto hipnótico de un único verso. Entre estos acordes el capital instrumenta y entona sus dominios y la democracia liberal afina su hegemonía. Pero, como a cualquier composición orquestada en vivo, la asechan las notas disonantes y el desafino. Y, aunque no se puede apostar con certeza definitiva la reacción de los *espectadores*, cuando menos sabemos que no siempre la primera en partir es la cuerda más fina.

Los regímenes discursivos que han servido de soporte fundamental al imaginario político de la modernidad, sus prácticas representacionales, las categorías que las regulan, sus juegos más seductores como los que más repulsan, los más sublimes como los más violentos, son sometidos a la cernición de la sospecha. En ella, se trastocan los términos habituales con los que se ha solido conjugar lo político, los montajes identitarios, las categorías de la diferencia, los entrejuegos de sus luchas, en fin, los mitos fundantes de la modernidad. Es bajo esta condición incierta e indeterminada que es posible (re)configurar el imaginario democrático. Ernesto Laclau traza algunas rutas posibles:

> "...the so-called postmodern approaches can be seen as weakening the imperialist foundationalism of Western Enlightment and opening the way to a more democratic cultural pluralism; but they can also be perceived as underpinning a notion of 'weak' identity which is incompatible with the strong cultural attachments required by a 'politics of authenticity'. And universal values can be seen as a strong assertion of the 'ethnia of the West', but also as a way of fostering -as least tendentially- an attitude of respect and tolerance *vis-á-vis* cultural diversity."[1]

En el desfiladero de las narrativas del desencanto de época, de la sospecha y la cautela, se pasean la falta de identidad política

---

[1] E. Laclau; *Emancipation(s)*; Editorial *Verso*, New York, 1996; p.47.

(unitaria), de explicaciones globales y de *alternativas* no fragmentadas y la ausencia de una finalidad redentora. Acorde a ello, Carlos Thiebaut sostiene que es menester encontrar un lugar más allá de la pluralidad de los particularismos, para poder ejercer una forma de crítica que pueda, a la vez, ejercer una forma de *tolerancia* donde las diferencias pudieran ser no sólo comprendidas sino aceptadas. Añade Thiebaut:

> "...sólo un esfuerzo racional que cree marcos de amplitud y tolerancia, aunque sea haciendo expresa abdicación de proponer contenidos que pudieran colisionar con formas de vida particulares, con jerarquías de valores diferentes, parece poder garantizar el derecho a la supervivencia de los disidentes, de los minoritarios o, sencillamente de los distintos."[2]

Pero, ¿entre qué coordenadas sería posible configurar esa actitud de respeto y tolerancia a las diferencias, a la diversidad? ¿Cómo, y si acaso para qué conjugar la (im)posibilidad de lo universal con lo particular de cada cual? A fin de cuentas, y si acaso pudiera ser posible, ¿es verdaderamente deseable trazar un horizonte normativo común, una Gran Ética, que regule los trámites de las diferencias para toda la humanidad?

La Gran Ética

Ya –por ejemplo- Platón (aunque en abierta complicidad con los poderes de gobierno de su época) advertía los límites de la voluntad acaparadora de la ley del Estado:

> "...una ley no podría nunca abarcar a un tiempo con exactitud lo ideal y más justo para todos, y luego dictar la más útil de las normas; porque las desemejanzas entre los hombres y los actos, y el hecho de que nada goza jamás, por así decirlo, de fijeza entre las cosas humanas, no permiten que un

---

[2]C.Thiebaut; "¿La emancipación desvanecida?"; *La herencia ética de la ilustración*; Editorial *Crítica*, Barcelona, 1991; p.203.

arte, sea el que sea, imponga en cuestión alguna ningún principio absoluto valedero para todos los casos y para todo el tiempo." [3]

Y Sade, en1795, insistía en que resultaba absurdo querer prescribir leyes universales pues, tal proceder sería tan ridículo como el de algún general de algún ejército que quisiera que todos sus soldados se vistieran con un uniforme cortado a la misma medida.[4] La imaginería política emergente, a partir de la Revolución Francesa, procuraba consagrar su hegemonía organizando la sociedad en torno a los principios centrales de humanidad, fraternidad y, hasta la del deseo de hacer *bien* al prójimo. El horizonte normativo del Antiguo Régimen iría mutando, diluyéndose en ocasiones e hibridándose en otras, pero siempre acoplándose al imperio de la ley. A lo que Sade reaccionaba:

> "...es una injusticia espantosa exigir que hombres de caracteres desiguales se amolden a leyes iguales para todos: lo que al uno le va bien no le va nada bien al otro."[5]

Pero, como afirma Flores d'Arcais, cualquier orden social, con su distribución de obligaciones y derechos y sus correspondientes jerarquías de poder, constituye un ordenamiento normativo.[6] Este horizonte que se supone compartido, y al que la modernidad le ha asignado la tarea de regular los trámites de las relaciones sociales, colectivas o individuales, sea por hábito, por consentimiento o por imposición, parece disolverse. En alguna ocasiones para desaparecer y en otras para repartir herencia. Las fronteras que habitualmente han marcado el territorio de los *valores*, de los órdenes de creencias, religiosas o laicas, en fin, de los códigos éticos en la modernidad, aparecen cada vez más difusas. Es a partir

---

[3]Platón; *El político*; Instituto de Estudios Políticos, Madrid, 1960; p.62.

[4]D.A. Francois de Sade; "Franceses, un esfuerzo más si queréis ser republicanos'" *Marqués de Sade: Elogio de la insurrección*; Editorial *El viejo topo*; España, 1988; p.62.

[5]Ídem.

[6]P.Flores d'Arcais; "El desencantamiento traicionado"; *Modernidad y política: izquierda, individuo y democracia*; op.cit., p.26.

de ésta opacidad que se desterritorializan los dominios de la ética y se establecen las coordenadas entre las que "la crisis de valores" es hecha aparecer como rasgo característico de la actual condición de época. Crisis no sólo atribuida a los trámites del desencanto o a las dislocaciones en los órdenes de lo político, lo económico y lo cultural sino, además, a una lógica de *inevitabilidad* adjudicada frecuentemente al desarrollo de las tecnologías electrónicas de información. Norbert Bilbeny marca dos polos *fuertes* a los que comúnmente es referida tal condición de crisis. De un lado, el polo *tradicionalista*, pendiente de un pasado supuestamente mejor, que se lamenta de la "degradación" de los valores tradicionales. De otro, el polo *progresista* que se queja de la "interrupción" o malogramiento de estos valores que no han podido cuajar.[7] Y, aunque situado entre ambos extremos, afirma que la "crisis de los valores" no es la señal de ningún tiempo de carestía ni de perversidad. Pero, aunque podemos coincidir en eso, y en que los conceptos éticos (entre los cuales se encuentran términos tales como norma, obligación, moral, deber) no pueden ser asumidos como lo fueron en otros contextos[8], donde tal vez las dislocaciones no eran tan marcadas y se suponía una relativa estabilidad basada en los hábitos y creencias culturales, es precisamente por el carácter mutante y por la condición *indeterminada* de esos mismos hábitos y creencias que las pretensiones de (re)configurar una Gran Ética global y unificante de la humanidad, como la vertidas en las narrativas de la crisis, sea desde el pesimismo, la resignación o el optimismo, se hacen cada vez más insostenibles.

A pesar de los esfuerzos fallidos del proyecto político de la modernidad, la propia imaginería que lo configura e intenta regular choca incesantemente con sus propios límites e imposibilidades. Son entonces las propias relaciones de lucha, contingentes por demás, que constituyen la pretensión universalizante que, paradójicamente, se alejan de la ilusión de *encontrar* un centro fijo de poder, una

---

[7]N. Bilbeny; *La revolución en la ética: hábitos y creencias en la sociedad digital;* Editorial *Anagrama;* Barcelona, 1997.

[8]Por ejemplo, mientras antes del embate industrial el sentido de *obligación* o de *responsabilidad* se fundaba más en exigencias morales, a partir de éste, aunque sin duda por herencia, sujeta este sentido más firmemente al plano de las leyes jurídicas. Como apunta Norbert Bilbeny, ética y derecho han coexistido, en pie de igualdad, como fundamento de los deberes del *hombre* moderno. (N.Bilbeny; *La revolución en la ética: hábitos y creencias en la sociedad digital;* op.cit. p.41).

autoridad reguladora definitiva capaz de irradiar e imponer un control y una vigilancia absoluta sobre las múltiples prácticas y manifestaciones sociales, culturales o políticas. Esta (in)determinación recorre las tramas políticas de fin de siglo. Algunos interpretan tal condición como una fragilidad fatal, que pone en riesgo el contenido mismo de las luchas políticas y por consiguiente que *debilita* la versión hegemónica de la democracia. Otros ven en esta suerte y en su progresivo *debilitamiento* el terreno fértil para apostar por su radicalización y, por ende, por abrir nuevas posibilidades a prácticas alternativas de libertad.

En este escenario, para los teóricos tradicionales de la *emancipación,* la *ausencia* de un vector normativo que sirva como telón de fondo, acoplable no sólo al escenario político general sino también a las actuaciones *individuales* es una condición negativa, un estado caótico, desorientado y hasta motivo (o pretexto) de desesperación. Para Gino Germani, por ejemplo, (con el mejor ánimo de evitar "la guerra de todos contra todos"-según interpreta Di Tella-)[9] cualquier sociedad requiere un núcleo común de valores y significados, relativamente estables, que puedan representar una base mínima para la regulación y la resolución de los conflictos sociales, de grupos e interindividuales.[10] Pero esa voluntad reguladora, aunque sin duda bien intencionada, ha sido también el pretexto de todas las intervenciones estatales (incluyendo de su parte a las iglesias, las escuelas, los partidos, las familias y los centros de trabajo) en la "vida privada" y la relativa *intimidad* de cada cual. Sin embargo, esta condición fragmentaria que parece *debilitar* las fuerzas de atracción centralizadora, o por lo menos relativizar los imanes normativos de la modernidad, es preferible cuando se contrasta, por ejemplo, con regímenes autoritarios, con fundamentalismos religiosos o con nacionalismos exacerbados. Advierte Edelman:

> "Es la certidumbre moral, y no el carácter tentativo,
> lo que históricamente ha alentado a las personas a
> dañar o matar a otros. El genocidio, la persecución
> racial y religiosa, y el resto del largo catálogo de actos

---

[9]T.S. Di Tella; "La democracia: ¿será posible?"; *Los límites de la democracia*; op.cit., p.190.

[10]G. Germani; "Democracia y autoritarismo en la sociedad moderna"; *Los límites de la democracia*; op.cit., p.15.

políticos que maculan la historia humana sólo puede provenir de personas seguras de estar en lo cierto."[11]

Esta tensión ubica a ambos *extremos,* tanto al que nos refieren a todo eso que nos *diferencia* como al que está supuesto a *igualarnos,* en un territorio no sin fronteras estáticas e inamovibles sino en un espacio *indeterminado,* con callejones sin salida en algunas superficies pero también con posibilidades soterradas de fuga que, de vez en vez, logran hacer de las fronteras caprichos inútiles y, por ende, desechables. Sitúa entonces los dominios de la ética en un plano contextual y político que, en el actual tránsito de época, cobra más un valor estratégico respecto a relaciones específicas de poder que un sentido meramente fundante o esencialista. La saga emancipatoria de la modernidad se desenvuelve y se enreda a la vez no tanto por la línea imaginaria que diferencia entre lo político y lo ético sino precisamente por eso que hace imposible diferenciar un dominio de otro.

Si el horizonte que pretendía una Gran Ética que encaminara a la humanidad por el *buen camino* se difumina cada vez más y el paquete de *valores universales* se rompe con la quiebra de la propia imaginería que los inventó, ¿quiere decir esto que las reivindicaciones políticas de la modernidad pierden sentido? ¿Es acaso que la libertad ha perdido su atractivo seductor? ¿Le resta aún algo de valor estratégico al discurso singular y unísono *del* proyecto emancipador?

La saga emancipatoria: un conflicto ético y político

En términos generales, la descentralización del imaginario moderno del poder abre la posibilidad de un juego con más jugadores que el anterior. La novedad de la situación presente -apunta Ernesto Laclau- consiste en que el punto nodal en torno del cual se articula la inteligibilidad de lo social no tiende ya a desplazarse de una instancia a otra de la sociedad sino que tiende a disolverse. La pluralidad de las dislocaciones -añade- da lugar a una pluralidad de centros de poder relativo, y la expansión de toda lógica social tiene lugar, por ende, en un terreno cada vez más dominado por elementos externos a cada una de estas lógicas.[12] Cono afirma Mires,

---

[11]M. Edelman; *La construcción del espectáculo político*; op.cit., p.12.

[12]E. Laclau; *Nuevas reflexiones sobre la revolución de nuestro tiempo*; op.cit., p.75.

ahora se actuaría más a través de la diferenciación que de la unidad.[13] En el escenario de actual condición de época –coincide Lyotard- está atravesado también por la posibilidad de un refinamiento de la sensibilidad ante las diferencias.[14] Sensibilidad que, como sostiene José María Mardones:

> "...deambula ya, no sólo por la cabeza de los pensadores posmodernos, sino por el pluralismo de sub-culturas de nuestro momento, por la pérdida de peso de las grandes palabras que movilizaron a los hombres y mujeres de la modernidad occidental (verdad, libertad, justicia, racionalidad), por el desencanto, en suma, ante nociones como la razón, la historia, el progreso o la emancipación."[15]

Pero aunque de cierto modo puedo coincidir con esta descripción, pienso que *reconocer las diferencias* no es una práctica original o exclusiva de la modernidad, pues nunca ha sido posible montar una unidad sin diferenciar lo que no tiene cabida en ella. La diferencia a la que aluden estos autores está en el reconocimiento como aceptación de la diferencia, como sensibilidad o tolerancia ante ellas, no como condición primaria de toda unidad, que es la exclusión de lo que se le opone, precisamente en cuanto diferencia. Resulta pertinente, pues, levantar interrogantes sobre quién decide qué, sobre quién y cuáles son los criterios de "reconocimiento de las diferencias".

El territorio movedizo donde habitan las categorías centrales (éticas y políticas) que han regulado el imaginario político de la modernidad permanece entre relaciones conflictivas, entre perspectivas chocantes y tensiones. Entre estas coordenadas a las rutas del desencanto, de la cautela y el escepticismo de época, también las recorre una hebra ética que se filtra entre los entramados de la sospecha. Pero, ni la puesta en crisis de las categorías centrales

---

[13]F. Mires; "Por una reformulación de la política. O la libertad del discurso."; *El orden del caos*; op.cit., p.161.

[14]J.F. Lyotard, *La condición posmoderna*; op.cit.

[15]J.M. Mardones; "El neoconservadurismo de los posmodernos"; *En torno a la posmodernidad*; op.cit., p.21.

que han regulado el imaginario de la modernidad, ni las transformaciones estructurales en los dominios del capital, ni los entrecruces culturales o los (des)centramientos de los referentes *fuertes*, de por sí, pueden evitar que estas *sensibilidades* emergentes se vuelquen contra ellas mismas. Este punto de tensión se traza en torno a la progresiva difuminación del horizonte normativo que, moderno o no, ha regulado (o pretendido regular) las relaciones entre la gente. Pero, si bien los ideales éticos, encarnados en prácticas políticas y culturales por los movimientos *emancipatorios* durante los últimos siglos, no han carecido de opacidades y conflictos, de experiencias amargas, la condición de época no puede (o por lo menos no debería) ser leída sólo desde el rencor y el reproche, la nostalgia y el lamento. Apunta Carlos Thiebaut:

> "Si esas filosofías, centradas sobre el sujeto y la conciencia, racionalistas en su metodología, y trascendentales y fundamentalistas en su concepción, se hacen insostenibles parece que habrán de arrastrar consigo también aquellos ideales que quedarían convertidos en ciegas intuiciones morales que no hallarían conceptos en los que formularse."[16]

Los trastoques en el imaginario político de la modernidad, la tensión entre las "palabras" y las "cosas", las progresivas dislocaciones entre los significantes y significados, imposibilita que las *utopías emancipadoras* encuentren un punto fijo, creíble o confiable, donde anclar sus referentes. Estas dislocaciones, que alteran las maneras habituales de (re)presentar lo político, inciden de manera indeterminada en el espectro de la resistencia. Las luchas políticas, fragmentadas y dispersas por todo el entramado social, en demasiadas ocasiones flotan a la deriva, dando palos a ciegas, alimentando, sin querer, el engreimiento liberal reinante.[17] Para

---

[16]C.Thiebaut; *La herencia ética de la ilustración*; op.cit.

[17]En el contexto local, por ejemplo, se hace alarde de que vivimos en una sociedad integralmente democrática donde cada cual tiene el derecho a manifestar su malestar *libremente*. La paradoja es que en este juego las resistencias se convierten indirectamente en eco de la versión hegemónica de democracia al reducir esa *libertad* a lo promovido por ella misma y entre sus límites preestablecidos. Las resistencias se convierten en rituales: en una cultura del piquete y la consigna, entre el folklore de las marchas y las manifestaciones, y los rituales eleccionarios.

Sánchez Vázquez, por ejemplo, esta perspectiva cumpliría una función desmovilizadora desde el momento en que niega la posibilidad de articular un proyecto *total* de transformación social, o sea desde que rechaza la médula de la modernidad, el proyecto emancipador:

> "La negación del proyecto emancipatorio es, en definitiva, una cuestión central no sólo teórica sino práctica, política, ya que descalifica la acción y condena a la impotencia o al callejón sin salida de la desesperación al fundar -ahora sí- la inutilidad de todo intento de transformar radicalmente la sociedad presente."[18]

La categoría de *emancipación* es central para el discurso-proyecto de la modernidad. La modernidad, o proceso histórico de modernización, apunta Josep Picó, se había presentado desde sus comienzos como el proceso emancipador de la sociedad, tanto desde la vertiente burguesa como de su "contraria" (o complemento oposicional), la crítica marxista.[19] El imaginario emancipador no sólo se ha nutrido sino que ha sido el frente de lucha de las más diversas fuerzas de resistencia y alternativa. La idea de emancipación -apunta Carlos Thiebaut-, se radicalizó a lo largo de la modernidad en las corrientes socialistas y demócratas radicales como crítica a la sociedad capitalista y como propuesta alternativa de una sociedad diferente. Esta idea, según Thiebaut, implicaba no sólo una propuesta normativa de orden político, moral o social sino, y a la vez, un programa *cognitivo* de definición de lo *real*. O sea, convierte el ideal normativo de una *nueva sociedad* en la definición de un estado de cosas real y la definición de un estado de cosas en el lógico fundamento de un proyecto político.[20] El agotamiento de los supuestos teóricos esencialistas y el fracaso de los proyectos políticos que se fundamentaban sobre el imaginario emancipador de la

---

[18]A. Sánchez Vázquez; "Posmodernidad, posmodernismo y socialismo"; op.cit., p.141.

[19]J. Picó; *Modernidad y posmodernidad*; op.cit., p.14.

[20]C.Thiebaut; "¿La emancipación desvanecida?"; *La herencia ética de la ilustración*; op.cit., p.208.

modernidad tensan el desencanto de la trama epocal. Carlos Thiebaut apunta:

"La idea de emancipación que era, y cabalmente, el fruto de un programa filosófico que creía, aún con discontinuidades, en una idea de progreso, se convierte, entonces, en la categoría de una sensibilidad oposicional, fragmentaria, de nuevo y siempre-ya clandestina."[21]

No es de extrañar, pues, que si en el escenario actual de época se perfila un progresivo desuso de los dispositivos meta narrativos de legitimación, los ideales vinculados a un proyecto totalizador se debiliten cada vez más:

"La idea de emancipación parece hallar su lugar sólo en una sensación de rechazo del presente, en una herida sensibilidad ante las injusticias, en el resentimiento de los siempre vencidos de la historia, o en la resistencia moral ante las opacidades del presente."[22]

Sin embargo, coincidiendo con Ernesto Laclau, no se trata de la asistencia a la entrada de un mundo de repetición y ausencia sino a la desintegración de esta dimensión de globalidad que era inherente a los discursos emancipatorios clásicos:

"No son las reivindicaciones específicas de los proyectos emancipatorios formulados desde el Iluminismo las que han entrado en crisis; es la idea de que el conjunto de esas reivindicaciones constituía un todo unificado que alcanzaría su triunfo en un único acto fundacional llevado a cabo por un agente privilegiado del cambio histórico."[23]

---

[21]Op.cit., p.210.

[22]Op.cit., p.208.

[23]E. Laclau; "Teoría, democracia y socialismo" (Entrevista por R .Blackburn, P. Dews y A.M. Smith); *Nuevas reflexiones sobre la revolución de nuestro tiempo*; Op.cit.,

Añade además, contrario a la mirada apocalíptica del desencanto, que no es sólo que las reivindicaciones emancipatorias se están diversificando y profundizando, sino también que está declinando la noción de su unificación esencial en torno de un acto global de ruptura. Lo que no significa que estas reivindicaciones estén condenadas al aislamiento y a la fragmentación sino que, parafraseando a Laclau, a partir del creciente *debilitamiento* de las pretensiones fundacionalistas de los discursos emancipatorios, permite una perspectiva más democrática de las demandas sociales, donde sus luchas pueden ser asumidas como "guerra de interpretaciones" en las que el significado de las demandas se construye discursivamente a través de esta relación de lucha, manteniendo así legitimidad propia sin tener que justificarse delante del "tribunal de la historia".[24] En otras palabras, la ausencia de una emancipación global de la humanidad permite, según Laclau, la constante expansión y diversificación de las luchas *emancipatorias* concretas y, a diferencia de los "nostálgicos del fundamento perdido", más que hablar de un mundo en términos de simulación y pérdida de autenticidad, sostiene que:

> "...es precisamente esta declinación de los grandes mitos de la emancipación, de la universalidad y de la racionalidad, la que está conduciendo a sociedades más libres: sociedades en las que los seres humanos se ven a sí mismos como constructores y agentes del cambio de su propio mundo, y advierten, por lo tanto, que no están ligados a ninguna institución o forma de vida por la necesidad objetiva de la historia..."[25]

Sin embargo, ha sido a raíz de este optimismo extremo que la imaginería moderna se ha consolidado. Y, aunque subvierte ciertos entendidos habituales en el orden de lo político, de sus trámites y sus luchas, deja intacto todo lo que tiene que ver con el contenido de esas luchas. Luchas que por demás, articuladas en torno al horizonte

---

p.225.

[24]Ídem.

[25]Op.cit., p.226.

emancipatorio, ahora plural, dislocado e *indeterminado*, han creído reivindicarse en nombre de la libertad, sin prevenir las trampas de la dominación.

Mientras el imaginario moderno consolidaba el embate del desarrollo y el progreso, amparando su legitimidad en la idea mítica de un horizonte compartido, global y unificante, el de la emancipación humana, la historia y la razón, ahora, sin esencia ni fundamento, el embate continúa. Pero sin remordimientos, sin cargos de conciencia si se quiere, sin referente para nada más que reproche. La consigna ecológica de moda, "piensa globalmente, actúa localmente", se reduce a que alguna voluntad nomádica, fugaz, de meras ganas, decida, por *opción* hacerla propia. Sólo que a cada opción la asecha una astucia globalizada, la del mercado, una historia, donde impera la ley del más fuerte y un horizonte compartido, el de la ética capitalista de la competencia; de la comodidad y el lucro; del placer hedónico o la simple supervivencia...

Lo que no quiere decir que sea preciso *escoger* de golpe y en definitiva por uno u otro extremo. Tampoco que entre ambos se deba elegir algún punto medio. Los posicionamientos éticos y políticos variarían, sin duda, con relación a las condiciones que los atraviesen; a los objetivos estratégicos particulares o a las ilusiones, posiciones o creencias que sirvan de soporte y a la vez de horizonte a seguir o esquivar. Toda relación de lucha, aunque se pueda predecir una parte sustancial de sus posibilidades, está atravesada por cierto grado de impredecibilidad, de contingencia, de relatividad; así mismo sus valores posibles serán siempre parciales (aunque no cesen de referirse a la humanidad entera) y coyunturales (aunque se asuman como consecuencia natural del devenir de la Historia de esa humanidad). Ninguna lucha particular (fuera de cómo ella misma se represente) puede encarnar la liberación global de la humanidad. Así, siguiendo los lineamientos de democracia radical trazados por Ernesto Laclau, sería entonces más pertinente hablar de emancipaciones, en plural y minúscula, y no ya de Emancipación, en singular y mayúscula. Entre estas coordenadas, los imaginarios emancipatorios políticos deberían de constituirse sobre el reconocimiento de sus propios límites y del carácter puntual y parcial de su poder emancipador (ya se registre bajo las luchas por la libertad, la justicia o la democracia.) La fijación de sentido será, cuando más, el saldo de una relación de lucha, no de la esencia de ellas mismas, como advertía Nietzsche.

Para tales efectos cabría dar mayor énfasis no a *eso* que está supuesto a hacernos iguales (aunque sea bajo la categoría de humanos) sino a todo lo que *inevitablemente* se nos escapa (por omisión o exclusión, conciente o no) y nos hace *esencialmente* diferentes. Desde esta perspectiva, ya no serían referidas las luchas emancipatorias al orden de un gran proyecto universal, regido por una gran matriz de poder regulador y normativo (como una Gran Ética) que abrigue las conciencias de cada cual. La ilusión de un poder capaz de regir a toda la humanidad se cancelaría por una posición menos pretenciosa (aunque no por ello menos radical) capaz de asumir lo particular, lo contingente y lo fugaz, no de la existencia humana sino de cada cual. Desde este enfoque, en lugar de una sola ética que regule todos los trámites de relaciones entre las personas se reconocerían otros referentes que posibiliten relaciones múltiples y posiciones plurales; más flexibles (mas no por ello menos exigentes), más tolerantes (mas no por ello indiferentes). En síntesis, ocuparía un lugar privilegiado la idea de que en lugar de lo que nos *asemeja* (o está supuesto a hacerlo) es lo que nos diferencia el referente desde el cual basar cualquier relación. Relación que, si bien puede ser comunicada o dialogada en ocasiones, puede ser también inexpresable bajo los registros habituales del lenguaje y el habla, o bajo los dominios de la coherencia, la razón o la conciencia. Sería pues, como apunta Flores d'Arcais, asumir a cada cual como portador de una *irreducible diferencia*[26] o, como sostiene Hanah Arendt, que la *pluralidad* es el presupuesto de la acción humana porque nosotros somos todos iguales, o sea humanos, pero de modo tal que nadie es jamás idéntico a cualquier otro que ha vivido, vive o vivirá.[27]

Es esta *ambigüedad*, que marca la imposibilidad de lo *universal*, la condición necesaria para la reproducción incesante del discurso de *igualdad* tanto como para su vector oposicional, el de la diferencia. En los regímenes democráticos, bajo el imperio de la ley, por ejemplo, la

---

[26]Flores d'Arcais se refiere a las *diferencias* para resaltar el carácter imprevisto, de lo inesperado, que se da a partir de la diferencia recíproca entre cada cual y no para caracterizar las entidades colectivas perseguidas o marginadas. Sostiene Flores que en esa acepción, la reivindicación de la diferencia pretende expresar una contraposición crítica respecto del mundo de los poderes constituidos, de las capas "homologadas" y de sus conformismos. (P. Flores d'Arcais; "El desencantamiento traicionado"; *Modernidad y política: izquierda, individuo y democracia*; op.cit., p.24).

[27]Arendt es citada por Flores d'Arcais en "El desencantamiento traicionado"; *Modernidad y política: izquierda, individuo y democracia*; op.cit., p.24.

180

igualdad, ensamblada desde el *determinismo natural*, no presupone - según Arnaiz- la confesión de a todos por igual, pues esto atentaría al *principio* de la dignidad humana. A fin de cuentas, se ha dicho que si los dedos de las manos no son iguales, ¿cómo han de serlo las cualidades individuales?[28] Arnaiz cita de Erich Fromm:

> "La idea de la igualdad humana, del carácter sagrado de la vida, del derecho de todos los hombres a participar en los frutos de la tierra, encontró su expresión en el derecho natural, en el humanismo, en la filosofía de la ilustración y en los objetivos del socialismo democrático. A todas estas ideas les es común el concepto de que todos los hombres son hijos de la Madre Tierra y tienen derecho a ser nutridos por ella y a gozar de felicidad sin tener que probar ese derecho conquistado una posición particular..."[29]

Desde esta perspectiva todo lo individual es universal, o como sostiene Emil Brunner, todos los *hombres* son iguales por tener igual destino e igual dignidad.[30] Pero, ¿dónde reside esa irreducible diferencia, esa pluralidad que se supone condición inmanente del *ser* humano? Sin duda en la idea de un sujeto trascendental, en una lógica metafísica donde la razón aparece como soporte ontológico del ser que la encarna. Pero, y si en algún momento resultara imposible conciliar esas diferencias, esa pluralidad, ¿del lado de quién pesaría la balanza?

Sería, si no una torpeza, una ingenuidad, pensar la contienda política como un lugar de diálogo apacible o como una simple relación de conversación donde, como señala -Salvatore Veca- se deambula charlando.[31] Por lo que no quiere decir, como advierte

---

[28]Al concepto de *determinismo natural*, Aurora Arnaiz Amigo, se refiere a que el *hombre* es desigual en la integración de las cualidades psíquicas, físicas e intelectivas, que le son comunes. (A.Arnaiz Amigo; *Ética y Estado*; Editorial *Miguel Ángel Porrúa*; México, 1986; p.313)

[29]A.Arnaiz Amigo; *Ética y Estado*; op.cit., p.370.

[30]Op.cit., p.314.

[31]S. Veca; "Individualismo y pluralismo"; *Modernidad y política: izquierda, individuo y*

Gianni Vattimo, que la reciprocidad que supone la condición de *igualdad,* (por lo menos en la versión liberal) en la que cada uno hace valer sus propias "razones", no deba prever también que cada uno haga valer sus propios músculos.[32] Independientemente de lo que pueda pasar en ese sujeto mítico o hipotético, al cual se le atribuye una esencia y se le asigna, incluso desde antes de nacer, ciertos deberes y responsabilidades, obligándolo a amoldar su existencia a los mandamientos imperantes de su época. Aún así, esta concepción del sujeto, como apunta Javier Muguerza, se halla lejos de garantizar que el enfrentamiento entre una serie de voluntades *autónomas* se salde con un *consenso racional* de la totalidad de los sujetos reales implicados.[33] Sobre todo cuando cada vez más se agrieta ese enclave mítico de la modernidad: la voluntad humana.

De lo humano, la voluntad y el sujeto

"...¿qué importa el resto?
El resto es simplemente la humanidad.
Hay que ser superior a la humanidad
por fuerza, por altura del alma,
por desprecio..." [34]
Nietzsche

De la noción de voluntad, siguiendo las advertencias de Nietzsche, sabemos que los filósofos antiguos y ahora los teóricos modernos como los demás estrategas políticos, hablan de ella como si fuera la cosa más conocida del mundo. Y lo hacen, como lo hicieron antes: tomando un prejuicio popular y exagerándolo:

"...[la voluntad] sólo como palabra forma una unidad, y justo en la unidad verbal se esconde le prejuicio popular que se ha adueñado de la siempre

---

democracia; Op.cit., p.121.

[32] G. Vattimo; "El desencantamiento y la dispersión"; *Modernidad y política: izquierda, individuo y democracia;* op.cit., p.185.

[33] J. Muguerza; "Kant y el sueño de la razón"; *La herencia ética de la ilustración;* op.cit., p. 25.

[34] F.Nietzsche; Prólogo a *El Anticristo;* Editorial *Alianza,* Madrid, 1996.

exigua cautela de los filósofos." [35]

Pero sabido es que la noción de voluntad, por lo menos desde los escritos políticos de Platón, tiene reservado su lugar en la imaginería política moderna y que, sobre todo, ha gozado de un sitial privilegiado en el orden del discurso democrático durante todo el siglo XX; tanto en lo que respecta a las estrategias generales de dominación como a las fuerzas que las han resistido. Llegando a su fin el siglo XX, la apuesta política por un ordenamiento *global* democrático, que pretende ser capaz de regular efectivamente los trámites de las *diferencias* entre las personas (culturales, étnicas, sexuales, políticas, éticas, religiosas, económicas, estéticas, generacionales, entre tantas otras), sigue fundamentando su existencia en una categoría que por sí sola está supuesta a condensar una *voluntad* universal: *la humanidad*. Y este *universalismo* –como señala Fernando Savater- pide algo más que la buena voluntad universal, es decir, pide la institucionalización efectiva en lo jurídico y en lo político de la *humanidad* como valor.[36] Sabemos que, para tales efectos, advertencias como las de Nietzsche deben ser omitidas o rechazadas por los poderes políticos que quieren dar lugar a esta instauración. Poderes a quienes les resultaría, cuando poco, inadmisible e intolerable aceptar que:

"La humanidad no representa una evolución hacia algo mejor, o más fuerte, o más alto, al modo como hoy se cree eso. El 'progreso' es meramente una idea moderna, es decir, una idea falsa." [37]

Sin embargo la imaginería política de fin de siglo (aún entre contradicciones irreconciliables) monta aún sus legitimidades y pertinencias sobre esta categoría. Sea desde los enclaves de la subversión y las resistencias o desde las tácticas y estrategias del control y la dominación. Entre estos polos, interroga Savater:

---

[35]F. Nietzsche; *Más allá del Bien y del Mal*; Editorial *Alianza*, Madrid, 1997; p.41.

[36]F. Savater; "La humanidad en cuestión"; *La herencia ética de la ilustración*; Editorial *Crítica*, Barcelona, 1991, p.100.

[37]F. Nietzsche; *El Anticristo*; op.cit., p.29.

"¿Tener *humanidad*, qué es lo que supone exactamente? ¿La posesión de una virtud, la propensión a cierto sentimiento, el derecho a reivindicar frente a otros determinado estatuto? ¿Consiste la humanidad en la esencia que caracteriza a los pertenecientes a la clase o conjunto de los humanos? ¿Acaso se trata de un proyecto político o de una reivindicación moral?"[38]

Y contesta:

"Antes de haberla definido por completo, *saboreamos* ya la humanidad: la admiramos como virtud, la elogiamos como sentimiento, la reclamamos como derecho, la proponemos como meta... Por otro lado, es voz que suena a retórica manida, a trascendente intrascendencia. No es fácil tomar del todo en serio a algo con rasgos de obligación, de privilegio y de carácter específico."[39]

Acorde con los escritos de Hannah Arendt, Savater sostiene que la humanidad es la condición más integra del *hombre* y que en cierto modo se anuda sobre sí misma al convertirse en exigencia previa de lo que nace a partir de ella.[40] La *humanidad* abstracta sigue siendo un dispositivo regulador de la humanidad concreta. En su nombre la propia modernidad reclama para sí su autoría y patria potestad. La humanidad es el objetivo a emancipar. Desde ella, por ella y para ella, el desarrollo, el progreso, la justicia, la igualdad y la libertad:

---

[38]F. Savater; "La humanidad en cuestión"; op.cit., p.92.

[39]Ídem.

[40]A este respecto, apunta Savater, la condición de la *humanidad* es íntimamente semejante a la del *lenguaje*, la institución más objetiva e indomable de la subjetividad. De hecho -añade- es el lenguaje y los elementos de *comprensión* y *expresión* que vehiculiza la raíz de la formación de lo humano, en cuanto apertura hacia los demás. No humaniza la posibilidad de la palabra en sí misma, sino la palabra dicha, intercambiada, *aceptada*. (F. Savater; "La humanidad en cuestión"; *La herencia ética de la ilustración*; op.cit., p.93).

184

"La humanidad es el ámbito donde el juicio de razón práctica tiene cabida. Supone un cierto nivel de *integridad* tanto fisiológica como psicológica y política. El límite de la humanidad es la frontera misma de lo que podemos inteligiblemente encomiar o rechazar: transgredirlo es caer en el frenesí de lo sagrado o en la torpeza animal..."[41]

Este montaje, sin duda, regula los trámites de lo político en un espacio demasiado incómodo para no ser motivo de sospecha. Aún cuando se niegue su sentido esencialista, y se afinque la imposibilidad de una identidad inmutable, de un sujeto monolítico y centrado que la encarne, la humanidad sigue configurando la clave de la normalización para el proyecto político de la modernidad. De cierta manera, pese a la posible *buena* voluntad que la recorre, la humanidad no está exenta de la arrogancia moderna de pretender nivelar la diversidad *humana*. Hablar de la humanidad sin reparo ni cautela la convierte irremediablemente en dispositivo de dominación. Su embate se da contra la singularidad del sujeto.

Sin embargo, esto no quiere decir que al otro lado de la humanidad existe una singularidad soberana pura, inmune a los virus de la dominación, una subjetividad libre y autónoma. El montaje de esta ficción ha sido soporte histórico de las prácticas modernas de dominación. Al proyecto político de la modernidad (que no obvió las múltiples *diferencias* existentes entre los sujetos particulares como entre las poblaciones en general) le ha resultado conveniente contar con un dispositivo capaz de englobar a la totalidad de las personas y a la vez aludir a lo particular de cada cual. Sabido es, pues, que la economía capitalista y los modos de vida que la soportan, la preservan y la mueven, desde sus estadios iniciales, ha dependido en gran parte de un arreglo particular -estratégico si se quiere- entre el ser humano y la humanidad. Tanto así que, de modo coincidente, el dispositivo de humanidad interpela inclusive a su contraparte política. En el siglo XIX escribía Bakunin:

"Sólo puedo llamarme y sentirme hombre libre en presencia de otro hombre y en relación a él. Ante un animal de especie inferior no soy libre ni hombre,

---

[41]Ídem.

porque ese animal es incapaz de concebir (...) y de reconocer mi humanidad. Yo mismo sólo soy un ser humano y libre cuando reconozca la libertad y la humanidad de todas las personas que me rodean. Y sólo cuando respeto su carácter humano, respeto mi propia humanidad."[42]

Que no sea posible acaparar en una única categoría la totalidad de las particularidades de cada cual no quiere decir que lo que resta es lo contrario. La modernidad ha necesitado un lugar donde materializarse. Inventó la razón y la situó estratégicamente en los cuerpos de las personas. Así cada cual, por virtud o inmanencia, es responsable de *sus* movimientos. Ahí residen las apuestas emancipadoras tanto como los enclaves más sutiles de la dominación. La constitución histórica de la humanidad necesita de un *sujeto* que sea, como apunta Michel Foucault, el fundamento, núcleo central de todo conocimiento, el lugar donde pueda eclosionar la verdad.[43] Por ejemplo, como señala Jean-Marie Guéhenno:

"El hombre político con el que soñaban los filósofos de la Ilustración debía ser el partero de la verdad de una sociedad. Habiendo recibido el don de la palabra al mismo tiempo que el de la razón, contribuía a revelar, en la ceremonia parlamentaria, la trascendencia social. Pero para mantener tal ambición -la búsqueda colectiva y democrática del interés general- había que apostar a que cada hombre es capaz de llevar en sí la verdad y, por tanto, de reconocerla."[44]

El escenario de fin de siglo marca un progresivo distanciamiento de las reivindicaciones morales del humanismo. Se cierne la sospecha sobre la productividad táctica y la integración

---

[42]M. Bakunin; "El anarquismo y sus tácticas"; *Escritos de filosofía política* (compilación de G.P. Maximoff); Editorial *Alianza*; Madrid, 1978; p.12.

[43]M.Foucault; *La verdad y las formas jurídicas*; op.cit., p.16.

[44]J.M. Guéhenno; "El final de la política"; *El fin de la democracia: la crisis política y las nuevas reglas del juego*; op.cit., p.48.

estratégica de un sujeto unitario: ¿Quién sale ganando? ¿Quién pierde? ¿Quién se queda igual? De un lado, el montaje de un sujeto autocentrado, unitario, ha sido el vértice desde el cual la modernidad ha tramitado sus movimientos y mutaciones. De otro, de manera simultánea, ha cumplido el encargo político de ser soporte fundamental de la economía capitalista y los modos de vida que la sostienen. Pero la categoría sujeto (como la humanidad de la que se supone parte constitutiva) ha sido constituida históricamente a través de prácticas discursivas.[45] Esta condición, que de cierta manera es marca de su indeterminación, sitúa la categoría en un escenario de confrontación incesante y por ende de posibilidades alternativas de resignificación. Sea por frustración o aburrimiento, indiferencia, sensatez o agotamiento, junto a la idea de un proyecto universal capaz de emancipar a toda la humanidad, y que a la vez depende de ella misma para ponerlo y mantenerlo en marcha, encara una fragilidad fatal. Siguiendo los lineamientos de Nietzsche, Foucault apunta:

> "La unidad del sujeto humano era asegurada por la continuidad entre el deseo y el conocer, el instinto y el saber, el cuerpo y la verdad (...) todo esto aseguraba la existencia del sujeto (...) entonces la unidad del sujeto no es ya necesaria: podemos admitir dos cosas: o múltiples sujetos posibles o que el sujeto no existe (...) quien desaparece entonces no es Dios sino el sujeto en su unidad y soberanía."[46]

El horizonte fijo de la significación moderna se desvanece no sólo en el orden del discurso sino en las imposibilidades que le son propias a sus prácticas representacionales. Acorde a ello, Fernando Savater articula una interpretación antiesencialista de la humanidad: sostiene que ésta tiene que ver más con la habilidad artística que con un don natural, porque toma en cuenta las renuncias civilizadoras, las formas de la disciplina y el coraje constructivo de las normas. Pero reservar lo que de humanidad pudiera haber a la conciencia y a la razón fría y calculadora de la estrategia deja un margen demasiado amplio a los dominios habituales de una voluntad soberana que, de

---

[45]M.Foucault; *Tecnologías del yo*; op.cit., pp.45-86.

[46]M.Foucault; *La verdad y las formas jurídicas*; op.cit., p.16.

entrada, devuelve al sujeto al mismo orden unitario al que ha estado desde siempre confinado. Dice Jean Starobinsky:

> "La plena humanidad pertenece al que sabe usar oportunamente de todos los medios: golpear, decir, guardar silencio. La sabiduría, en cada ocasión, consiste en retener el impulso irrazonable, en no dejar *salir* la palabra o el gesto que produciría el desastre, dando ventaja al enemigo exterior. La civilización se edifica con este artificio."[47]

Este artificio pertenece al orden de las prácticas representacionales del imaginario político moderno, todavía a fin de siglo. De una parte, el proyecto político de la modernidad ha requerido de un sujeto con cualidades innatas particulares (voluntad, razón, conciencia, etc.) que encarne la humanidad, que de sentido a sus reclamos, objetivo a sus ilusiones y pretensiones y, a la vez, sirva de depósito a sus quejas y reproches. Sin embargo, lo que de entrada pudiera parecer contradictorio, es que el capitalismo, según se consolido sobre la base de estos entendidos *cerrados* sobre el sujeto y la humanidad (y en infinitud de instancias no ha dejado de hacerlo), ha *sabido*, y muy hábilmente por cierto, aceptar, incluir, absorber y poner a su disposición la dispersión del sujeto, la fragmentación de las identidades, la imprecisión de las subjetividades, el *re-conocimiento* de la diversidad (cultural, étnica, estética, etc.). A la lógica estratégica del capital posmoderno le suena ahora más atractiva, y por demás lucrativa, la idea de mercadear *las* diferencias, sean bajo registros de identidades fuertes o identidades rotas, fragmentadas, dispersas. La mutación de época no augura en sí misma espacios alternativos de libertad. El poder normalizador que la recorre no desiste de su encargo político. A fin de cuentas, advierte Foucault:

> "No se ha sustituido el alma, ilusión de los teólogos, por un hombre real, objeto de saber, de reflexión filosófica o de intervención técnica. El hombre del que se nos habla e invita a liberar es en sí el efecto de un sometimiento mucho más profundo que él mismo. Un 'alma' lo habita   y lo conduce a la

---

47J. Starovinski según es citado en F. Savater; "La humanidad en cuestión"; op.cit., p.99.

existencia, que es una pieza en el dominio que el poder ejerce sobre el cuerpo. El alma, efecto e instrumento de una anatomía política; el alma, prisión del cuerpo."[48]

Y, sin duda, como concluye Jean-Marie Guéhenno, nada hay más extraño en nuestra época que esta idea de una persona-sujeto que existiese por sí misma, fuera de la red relacional en la que aparece inserta[49] (como la Cultura en Freud, la Ideología en Althusser, el Poder en Foucault, la subyugación semiótica en Guattari, etc.). La democracia liberal –sostiene- se ha apoyado en dos postulados, cuestionados hoy: la existencia de una esfera política, lugar del consenso social y del interés general; y la existencia de actores dotados de una energía propia, que ejercían sus derechos, que manifestaban su *poder*, antes incluso de que la sociedad los constituyese en sujetos autónomos. En el escenario de fin de siglo -añade- en lugar de sujetos autónomos, sólo hay situaciones efímeras en función de las cuales se traban alianzas provisionales apoyadas en competencias movilizadas para la ocasión:

"En lugar de un espacio político, lugar de solidaridad colectiva, no hay sino percepciones dominantes, tan efímeras como los intereses que las manipulan."[50]

La identidad *colectiva*

Sin una Gran Ética que nos oriente, sin un proyecto emancipador que nos anime y sin un sujeto capaz de entonar desde siempre un mismo canto, la propia noción de identidad es lanzada a la deriva. La imaginería política moderna se ha empeñado en cimentar sus luchas en un sujeto unitario y ensamblar sus apuestas en una identidad centrada, coherente y fija. Desde este enclave ha trazado un horizonte que se torna cada vez más (in)cierto. Esta condición, por convicción o por inmanencia, troca las identidades

---

[48]M.Foucault; *Vigilar y castigar*, op.cit., p.36.

[49]J.M. Guéhenno; "El final de la política"; *El fin de la democracia: la crisis política y las nuevas reglas del juego*; op.cit., p.46.

[50]Ídem.

fragmentadas en semblante político de los discursos de la diferencia. Sin embargo, su opuesto antagónico, la *particularidad*, la *singularidad* o la *individualidad* (que sin duda ha sido también inventada por la modernidad), no desplaza ni sustituye de los escenarios políticos la noción de universalidad. Tal vez, de cierta manera *libera* cuando desterritorializa sus dominios, pero no por ello erradica las marañas de la dominación. La noción de identidad arrastra estas tensiones. El imaginario democrático moderno (de)pende de ellas.

El orden del discurso jurídico moderno (del derecho en versión liberal-democrática y la dominación imperial de la ley del Estado bajo la forma de un consentimiento social pactado) asume la categoría de sujeto como epicentro de su discursividad. Y, aunque el montaje de su legitimidad se basa en la mítica moderna, son sus contradicciones internas, o más bien sus propias imposibilidades, la condición de su reproducción. La primera sección de la carta de derechos de la Constitución del Estado Libre Asociado de Puerto Rico -por ejemplo- establece: Todos los hombres son *iguales* ante la ley. Lo que podría interpretarse como que en alguna otra parte no somos, en verdad, *iguales*. Otro ejemplo: asume como inevitable en el ejercicio de la libertad de expresión la "confrontación ideológica" y hasta le confiere un rango de valor democrático. Estos valores[51], convertidos en derecho, reconocen las diferencias (raciales, de clase, sexuales, étnicas, políticas, religiosas, etc.) desde el propio discurso que de manera difusa las niega.[52] Sabe que, por ejemplo, sería

---

[51]El sistema liberal-democrático se fundamenta en que los valores que apoyan a las libertades de expresión son, por un lado, procurar el desarrollo de la personalidad humana en sus múltiples proyecciones existenciales -políticas, económicas, religiosas, culturales y cívicas- en la vida individual y colectiva. De otro lado, pretenden coadyuvar a la formación de una opinión pública ilustrada mediante la permisibilidad de una responsable y eficaz participación individual y concertada en los asuntos colectivos. (*Los derechos de expresión y el uso de las vías públicas en Puerto Rico*; Comisión de Derechos Civiles, Estado Libre Asociado de Puerto Rico, San Juan, 1974, p.46.)

[52]Por ejemplo, si se parte de la premisa de que la intención última del Derecho es controlar, sería fácil articular que su estructura lógica es contradictoria. Sin embargo, si la práctica jurídica trata más bien de cumplir una función reguladora y preservativa, las categorías del discurso democrático, unitario o diferencial, la libertad, la dignidad, la justicia, la igualdad, aparecen más como fichas claves en los trámites regulares de su dominación. Detectar la contradicción interna no es la clave última de su debilidad, pues es su carácter relativo, de cierto modo impreciso, donde reside su poder más abarcador. Le permite cómodamente desplazarse por

190

extremadamente torpe negar que existe la posibilidad de antagonismos irreconciliables entre los sujetos y que los trámites de las diferencias pueden resultar irritantes, ofensivos y provocativos y, consecuentemente, activar la repulsión, indignación o intolerancia entre los mismos. Ese encadenamiento posible, *fuera* de la zona de la indiferencia, implica la posibilidad de reacciones violentas (de alteración a la paz), por lo menos desde los registros de la ley:

> "Y es que sobre el conflicto social permisible a toda sociedad tiene que subyacer un cierto orden y estabilidad que, sin violentar los genuinos reclamos al cambio, contengan las posibilidades de la arbitrariedad de unos hacia otros."[53]

El discurso de la diferencia en la narrativa jurídica, enraizado en una tradición filosófica humanista, aparece como dispositivo regulador que, según se arroga la custodia legítima de lo que constituye el ser "humano", traza en términos muy estrechos los bordes de su libertad:

> "Fuera de la comunidad la libertad individual y concertada carecen de sentido y de significación humanos. Pues le es constitutivo al hombre vivir en y de la comunidad. Destruir o debilitar la base de esta existencia colectiva es destruir o debilitar la existencia individual en ella."[54]

Estas categorías acaparantes refieren siempre a colectivos, comunidades, sociedades o culturas y no a los sujetos particulares que los habitan. Y, aunque en situaciones específicas pueden tener un valor estratégico, tanto así pueden cumplir una encomienda domesticante, acallando (sea ignorando, rechazando, excluyendo u omitiendo) las voces disidentes; las diferencias. La singularidad es eso que siempre está en riesgo de desvanecerse cada vez que es arropada (o asfixiada) por las tentaciones universalizantes de la unidad. Más aún, cuando se mete en un mismo paquete a toda la humanidad (o

---

rutas sombrías y nebulosas; lo mantiene en movimiento; lo mantiene en juego.
[53] *Los derechos de expresión y el uso de las vías públicas en Puerto Rico*; op.cit., p.52.

[54]Ídem.

los diversos fragmentos también colectivos que la constituyen, como comunidad, pueblo, país, cultura, etc.), y con las *mejores* intenciones se pretende *liberar*:

> "Los seres humanos, en su gran mayoría, se resignan a la inercia social, por hábito y por miedo a los imprevistos que sin duda alguna va a traerle el ejercicio de la libertad. Sólo conciben y desean aproximadamente lo mismo que todo el mundo a su alrededor. Sin duda no son verdaderos sujetos, pues no destruyen ni crean -sentido- sólo lo consumen. Ellos creen pensar y sentir por sí mismos, incluso puede ser que se consideren creadores; aunque se limiten a reproducir rutinariamente más de lo mismo, con mínimas alteraciones de lo acostumbrado. Viven dentro de un sistema de hábitos internalizados y conceptos que suelen manifestarse como estereotipos, más o menos generalizados. Suele haber en ellos cierto grado de irritación y de sentido de fracaso -a veces crítico-, pero más fuerte aún es el miedo a la libertad real."[55]

Y, aunque sin duda esta *descripción* parece de cierta manera un calco de los efectos *globales* del poder normalizador que atraviesa el espectro social (del que de infinidad de modos *somos* todos cómplices), coquetea demasiado con las retóricas de ese poder que, en nombre de la libertad, si no ha regulado el péndulo embrutecedor de la modernidad, ha regado los virus más arrogantes de su dominación. No obstante, cabe subrayar que la posibilidad de (re)conocimiento de las diferencias, por ejemplo en el plano cultural, no responde sólo a una cuestión pensada y articulada estratégicamente por algún poder central (sea el Estado, el capital, o las clases

---

[55]El texto continúa: "Por lo tanto suelen atenerse y apegarse substancialmente en todo a la autoridad social y a lo ya dado. Puede que alguna vez hagan trampa a ese hábito entrañable, pero entonces se sentirán culpables en el fondo y deberían iniciar algún ritual de purificación basado en el ejercicio del servilismo social. Ese miedo a diferir clara y abiertamente a las inercias del orden social establecido es el factor que más peso tiene en la lentitud desesperante del verdadero cambio social." (G.Moreno Plaza; *La liberación del lector en la sociedad postmoderna: ensayos de interpretación abierta*; op.cit., p.212)

dominantes) sino que se da, más bien, a partir de relaciones de poder, donde las resistencias aparecen intencionadas políticamente en ocasiones, pero también reactivas (rebeldes y no revolucionarias, como distingue Octavio Paz[56]), sin un objetivo definido ni final, respecto de las múltiples fuerzas *unitarias* (que bien pueden condensarse en el Estado, el capital o las clases dominantes.). En palabras de Bonfil Batalla:

> "El tradicionalismo o conservadurismo que se atribuye a muchas comunidades de cultura diferente a la dominante y que se señala frecuentemente como obstáculo para el desarrollo y la modernización (en otras palabras: para la generalización del proyecto cultural dominante), puede ser entendido también desde la perspectiva contraria: como una respuesta de los grupos subalternos ante la imposición cultural, con la cual se busca preservar espacios de cultura propia, aunque no se exprese a nivel conciente."[57]

Sin embargo, en la cultura occidental, como señala Moreno Plaza, la resistencia a la diversidad es muy fuerte, y con frecuencia brutal, porque hay una especie de obsesión, una manía por la unidad que lleva a rechazar violentamente todo aquello que amenaza con establecer definitivamente una diversidad incancelable. A esto añade:

> "El pretendido individualismo proclamado por la tradición cultural occidental (...) es sólo un tapujo ideológico. El individuo en cuanto singularidad, no cuenta aquí para nada; sólo es considerado en cuanto es compatible con la unidad y la fundamenta, fortalece, respeta y glorifica."[58]

Contra ello, Paolo Flores d'Arcais propone rechazar los

---

[56]O. Paz; *Corriente alterna*; Editorial *Siglo XXI*, México, 1984; pp.185-86.

[57]G. Bonfil Batalla; *Identidad y pluralismo en América Latina*; Editorial de la Universidad de Puerto Rico, San Juan, 1992, p.209.

[58]G.Moreno Plaza; *La liberación del lector en la sociedad postmoderna: ensayos de interpretación abierta*; op.cit., p.327.

atajos comunitarios que pretenden *emancipar* para toda la humanidad:

> "En efecto, a simple vista el multiculturalismo enarbola la bandera de la diferencia radical. No obstante, ésta se convierte inmediatamente en conformismo arraigado, en identidad forzosa. Las únicas diferencias exaltadas como inalienables, y por ende admitidas, son las colectivas (...) Nunca el individuo como disensión con respecto a la identidad del grupo."[59]

Los filtros disciplinarios implementados desde los salones de clase hasta los partidos políticos, desde la rutina doméstica hasta el *descanso* dominical, constituyen, tal vez, la bomba de oxígeno de la hegemonía liberal. La versión que de lo democrático, a partir de ella, se practica, poco o ningún espacio deja para (re)ubicar(se) *fuera* de estas categorías. Lo que no quiere decir que su *salida* esté toda prohibida. Sólo que, tal vez, no hay trabajo para todo el mundo, ni cabida en tal o cual sitio, o no se satisfacen ciertas exigencias o expectativas, o no se cumple con los requisitos o se es muy joven o muy viejo o muy mujer o poco hombre o muy pálido o demasiado prieto o, en fin, todo lo que a la estética, la cultura y la moralidad de la economía política *dominante*, con la debida prudencia liberal, se le antoje o se le ocurra...

Las categorías *colectivas* dejan un margen muy reducido para la mudanza. La identidad fijada, sea al color de la piel o el idioma que se hable, a la música que se escuche y se baile, a las reverencias y lealtades al lugar donde te hicieron nacer o a lo que del cuerpo está entre las piernas, pende en una balanza muy sensitiva. Puede convertirse en detonante de autoridad (sea para interpretar, para administrar o sencillamente para mandar) y en fuerza *legítima* para regular los desplazamientos posibles, juzgar los deslindes y las fisuras, sellar las filtraciones o clausurar las salidas y hasta prohibir el escape. En fin, las diferencias. Sean estas disidencias *amistosas* o simplemente fugas pasajeras o coqueteos identitarios alternos, que bien pueden o ser contradictorios entre sí o no guardar relación alguna con las categorías *propias* de la identidad colectiva.[60] En

---

[59] P.Flores d'Arcais; "El individuo libertario"; *Nueva sociedad*; p.67. (Fotocopia)

[60] Por ejemplo, en el contexto local, el acercamiento posfeminista, coincidente con

194

palabras de Madeline Román:

> "Las categorías identitarias se encuentran vinculadas
> a los regímenes de regulación sean estas activadas
> desde polos del poder o desde las políticas
> emancipatorias. (...) también los discursos de las
> diferencias, la política de las identidades supuso
> también la producción de nuevos regímenes de
> verdad y de otras identidades sólidas."[61]

Estas categorías de identidad engranadas en el proyecto
político *emancipador* de la modernidad, bajo los registros de la
humanidad (como género, clase, raza, etnia, preferencia sexual, entre
otros), tienden a ocluir lo particular y específico de cada cual. Por
ejemplo, el concepto de *sociedad civil*, en palabras de García Canclini,
ha estado destinado a negar el heterogéneo y desintegrado conjunto
de voces que circulan en esos espacios llamados naciones.[62] Otra
categoría arraigada en la discursividad más tradicional de las
resistencias es la categoría de *pueblo* o *popular*.[63] Estas categorías asignan

---

la proposición de Lyotard, evidencia cómo se han ido configurando las prácticas
reguladoras alrededor de la categoría "mujer": "Dentro de este devenir la categoría
mujer ha sido el resultado de múltiples discursos sociales: la psiquiatría, la
sociología, la administración pública, la sicología, y por qué no decirlo (...) el
feminismo (o más bien 'los feminismos'). Este último, en el proceso de lucha
participa activamente estableciendo prácticas políticas específicas, programas de
reivindicación, sexualidades permisibles, estéticas y moralidades, que asignan de
antemano lugares específicos a 'la mujer', y por ende, también se instituye -sin
proponérselo- en otro nuevo discurso de regulación." (N. Correa, H. Figueroa,
M.M. López y M. Román, "Las mujeres son, son, son...Implosión y recomposición
de la categoría", *Más allá de la bella (in)diferencia: revisión post-feminista y otras escrituras
posibles*; op.cit.).

[61]M. Román; "Identidad y desidentificaciones: notas sobre lo político
contemporáneo"; ponencia presentada en el ciclo de conferencias *El estado actual de
la intelectualidad en el contexto Cuba-Puerto Rico*; 13-14 de nov., 1996, Universidad de
Puerto Rico, Recinto de Río Piedras.

[62]N. García Canclini; *Ciudadanos y consumidores: conflictos culturales de la globalización*;
Editorial *Grijalbo*; México, 1995, citado en M. Román; "Identidad y
desidentificaciones: notas sobre lo político contemporáneo"; op.cit.

[63]En el contexto local –por ejemplo- vinculada a ella la noción de *puertorriqueñidad*
aparece como semblante de las retóricas políticas de fin de siglo con relación al

atributos específicos, por lo general más cualidades y virtudes (con sus respectivos deberes y responsabilidades) que *defectos*, a las personas que habitan un territorio cultural y geográfico particular. A partir de este enclave mítico de la modernidad se activa el imaginario democrático local. Sus límites no resultan difíciles de imaginar. Su peligrosidad es la que cabe resaltar.

Ser o no ser puertorriqueño: ¿crisis de identidad?

Como señala Ernesto Laclau, la identidad de los *agentes sociales* fue cuestionada cuando el flujo de las diferencias en las sociedades capitalistas avanzadas indicó que esta identidad y homogeneidad era una ilusión, que todo sujeto es esencialmente descentrado, que su identidad no es nada más allá de la articulación inestable de posicionalidades constantemente cambiantes.[64] Sostiene Laclau:

> "Si la fuerza que me antagoniza niega mi identidad, el mantenimiento de esa identidad depende del resultado de una lucha; y si el resultado de una lucha no está garantizado por ninguna ley *a priori* de la historia, en tal caso *toda* identidad tiene un carácter contingente."[65]

Aún así, en el contexto local, la insistencia moderna (muy política por cierto) de encontrar un referente absoluto donde fijar la identidad, hacerla aparecer como esencia incuestionable del ser, inmutable y arraigada (o perdida) en la historia, permanece *fuerte* y con ganas de saludar al nuevo milenio. A pesar de todas las *diferencias* (tantas veces irreconciliables) un denominador común, alguna esencia más acá (por lo menos geográficamente hablando) de la humanidad *abstracta* o del discurso de la hermandad cristiana debe *distinguirnos* de los *demás* (quienes quiera que sean o de donde sea que hayan nacido). Más allá de toda duda, la unidad y la reconciliación

---

proyecto/ilusión de *consolidación nacional.*

[64]E.Laclau; "La imposibilidad de la sociedad"; op.cit., p.105.

[65]E.Laclau; "La construcción de una nueva izquierda" (Entrevista llevada a cabo por el colectivo editorial de la revista *Strategies* en marzo de 1998); *Nuevas reflexiones sobre la revolución de nuestro tiempo*; op.cit., p.193.

nacional es *posible* si compartimos una sola identidad: la *puertorriqueña*. Las narrativas que gravitan en torno a la puertorriqueñidad son múltiples y hasta contradictorias entre sí. Aún así, en el tránsito de la mutación de época, si bien guarda ciertas reminiscencias de los discursos de la resistencia anticolonial, también ha sido cooptada por el Estado y su frágil subversividad, si no domesticada, puesta en venta al mejor postor. La hebra nacionalista, de (in)cierta manera deambula entre los registros de la dominación.

Pero ¿quiénes *somos* los puertorriqueños? De entrada, tal vez, podemos coincidir en que a pesar de las posibles historias *compartidas* (las de la marginalidad, el discrimen, el racismo el coloniaje, la explotación, el sexismo y la homofobia), los intercambios de valores, significados y prioridades, lejos de empatías y solidaridades, se dan entre tensiones y conflictos, muchas veces irreconciliables. Aún cuando la versión oficial del Estado, diseminada por todo el espectro social, atribuye y a la vez asigna al Estado-Nación, a la sociedad civil, al pueblo, una esencia democrática.[66] Advierte Moreno Plaza: todo imaginario colectivo puede ser una cadena, una prisión o un divertido juguete en manos del *hombre* libre.[67] Sin duda con lo de la cadena y la prisión no es difícil coincidir, pero ¿cuán libre se debe *ser* para divertirse *libremente*? No sabría. Sólo sé que con la identidad colectiva, la *puertorriqueñidad*, que incluye los cuerpos de las gentes,

---

[66]Esta versión hegemónica, por ser consentida, e ideológica, pues se supone creída, pinta la sociedad como una *integralmente* democrática, una esencia que, de extraña manera, se supone virtud inmanente del pueblo puertorriqueño. Su eficacia política reside en la capacidad de regular los *conflictos* sociales; de ecualizar las *diferencias* entre *iguales*. Algunos tendrán algo de más dinero, otros quizá un rango de autoridad *superior* y, sin duda, siempre habrá unos más *fuertes* que otros, pero cabe *recordar* que, a fin de cuentas, en el fondo, "todos somos iguales". Esta narrativa, céntrica en la discursividad de la democracia liberal contemporánea es *compartida* por la gran mayoría de los ciudadanos, del pueblo, de la nación, y hasta casi dada como naturaleza inevitable de la vida social. Es vista con buenos ojos, avalada y hasta dada a ser defendida con la propia vida: el Estado es la voluntad del *pueblo*, y el pueblo el *soberano*; así convoca a la *sociedad civil*, que a su vez se organiza en los partidos políticos y se convierte en el *poder popular*, que compite en relación de *igualdad* y, si logra ocupar los cargos gubernamentales, se hará llamar Estado, y así hablará de la voluntad del pueblo, por el pueblo, para el pueblo. Amplios sectores de la población coinciden en este juego: mediante el *sufragio universal* no sólo *consultan* la voluntad del pueblo sino que la consagran. Se impone la voluntad de la mayoría a la cual la minoría debe suscribirse, someterse...

[67]G.Moreno Plaza; *La liberación del lector en la sociedad postmoderna: ensayos de interpretación abierta*; op.cit., p.249.

hay quienes sin invitarlas a jugar las manosean indistintamente como si se tratara de un juego *libre* o de una *divertida* orgía...

Para Juan Dushesne, y otros tantos intelectuales locales -por ejemplo- los puertorriqueños *somos* los que el bloque dominante norteamericano utilizó como le convino, los dolidos por la ruptura política entre *nosotros* mismos debido a las respuestas ante el colonialismo, los del trauma cultural impuesto por los procesos de transculturación y migración. Pero como no hay mal que por bien no venga, *somos* también los que a pesar de haber sido manoseados históricamente *nos* hemos integrado, de manera *parcial* pero *subjetivamente irreversible,* al marco civil, económico y cultural de Estados Unidos, enmarcado, claro está, en una de las constituciones más *modernas* y *avanzadas* del mundo *desarrollado.* Además de eso, somos los que sabemos que la ciudadanía norteamericana nos permite operar dentro de un marco civil de derecho *excepcionalmente estable* comparado con *el resto* de América Latina. Somos además los que sabemos que nuestro nivel de vida se sostiene en cierto piso de seguridad *gracias* a la integración económica a los Estados Unidos. Pero no sólo eso, somos los que *reconocemos* que nuestros hábitos cotidianos, nuestros estilos de vida y nuestras expectativas sociales y culturales se han compenetrado con el modo de vida de una sociedad (des)arrollada como la norteamericana.

Acorde a esta mirada, ha llegado el momento de cobrar la cuota de *nuestros* sacrificios, de dejar de ser incondicionales o por lo menos de pasar la cuenta por los sufrimientos: *debemos* exigir una *completa integración* al espacio del *desarrollo* estadounidense, en condiciones no sólo *formales* sino *reales* de *igualdad* y *soberanía civil.* Todo el andamiaje discursivo de la modernidad es montado para el escenario de una supuesta propuesta democratizante. Su configuración mítica es activada. Las cartas están sobre la mesa, afirma Duchesne: o se presiona para la estadidad o nos preparamos para la República Asociada. La primera es la de la democracia radical. La segunda la del acto injusto y antidemocrático, la de la segregación racial y la exclusión. Entre ellas se barajan juegos de poder, de nombrar las rutas certeras y los tropiezos inevitables.

La configuración de este régimen de verdad, como cualquiera, presenta una identidad puertorriqueña y una realidad nacional particular y no otra. Es un montaje político, con su carga y su agenda específica. Como táctica retórica, Juan Duchesne, *confiesa* su pasado sombrío, el de militante independentista y socialista desde la adolescencia. Pero la falta parece completarse con el devenir del tiempo y ya nada adolece, porque se ha dado cuenta que son las *vidas concretas* de la gente y no las *identidades ideológicas* las que *realmente* importan. Para él la opción de *independencia* no sólo es *inviable* sino hasta injusta, sobre todo porque es la *voluntad* de las grandes mayorías de puertorriqueños quienes *desean* la estadidad.

Para ser *verdaderamente* democrático Duchesne exige que se respete a los millones de ciudadanos norteamericanos latinos, al sentimiento de pertenencia a la estructura civil norteamericana acunada según él por más del 90% del pueblo puertorriqueño, a la mayoría de connacionales que *han* acogido la llamada unión permanente. Extraña sensación de pequeñez esa de saberme de entre los poquitos, de los que nos movemos con cautela entre las sombras de las multitudes, y debemos bajar la cabeza para no ofender esa voluntad de pueblo que abriga la conciencia de tantos y que de tanta ternura nos asfixia...[68] Desde esta posición la gestión de un Estado Nacional no es requisito para impulsar un programa democrático radical. Sin embargo, ¿por qué insisten en que la independencia sería más un simulacro de democracia mientras que la estadidad sería la condición *real* de su posibilidad? Duchesne convierte la democracia radical en voz terrorista. Los referentes en los que ancla su estrategia pertenecen a las retóricas del pánico, las que habitualmente han caracterizado el discurso estadista en Puerto Rico, las del hambre, el caos, la miseria, la debilidad, la impotencia. Para fundamentarla recicla el mal hábito, compartido por tantas tradiciones políticas y académicas, de reducir y comparar países enteros, como si se tratara de guineos verdes o maduros. De esta manera concluye que la soberanía en el Caribe ha sido una ficción frustrante para la mayoría de la gente. Y algo de cierto hay en ello. Pero, si la soberanía no ha sido más que una ficción frustrante ¿en qué lugar reside la realidad prometedora? ¿En la integración a los Estados Unidos? Pero, ¿qué son los Estados Unidos sino un simulacro de integración? ¿Qué es la

---

[68]No debe ser muy difícil imaginar las maneras en que gentes de la política reaccionarían a su artículo. Algunos, con la democracia espatarrada, apelarían a la política de las diferencias: cada loco con su tema. Otros, los de demasiada seriedad, buscarían las contradicciones para invalidar los argumentos; unos cuantos, quizás, tratarían de identificar lo que de revelador pudiera haber entre las palabras de su escrito; entre ellas otros buscarían la luz que al final del siglo se ha ocluido y consagrarían su alma a la promesa de una nueva verdad que como tal hablaría de todos y por todos: en ella, la independencia sería un simulacro de democracia mientras que la estadidad la condición *real* de su posibilidad.

Constitución sino una ficción de democracia, donde las más frustradas son las propias promesas de participación, de igualdad, de justicia?

La cuestión cultural

Toda identidad rígida, como un cinturón de castidad, es virtud para los trámites efectivos de la dominación. Las tecnologías que la acompañan -como afirma Karen Entrialgo-, han estado montadas sobre el discurso de lo universal.[69] En su entramado, la imaginería política contemporánea se inventa en una relación paradojal. Necesita registrarse en un orden diferencial, usualmente antagónico u oposicional, para cuadrar su cohesión *interna*, su integridad, en fin su identidad. Un ejemplo de ello, en el contexto local, aparece en la versión tradicional de los discursos tanto imperialistas como anticoloniales, donde la noción de *identidad cultural* aparece más como consenso que como dispositivo regulador. En palabras de Stuart Hall:

> "...reflects the common historical experiences and shared cultural codes which provided us, as people, with stable unchanging and continuous frames of reference and meaning."[70]

De un lado, la eficacia política del Estado ha dependido, de cierta manera, de los *atractivos* de la historia nacional. La hegemonía liberal depende del ejercicio efectivo del poder regulador y preservativo del Estado, que reside en la capacidad de interpelar a los diversos sectores de la población. Este ha sido el encargo político asignado a las instituciones disciplinarias que lo constituyen, que por demás han *sabido* (o creído saber) hacer uso de las ideas y símbolos de la representación colectiva: la nación, el pueblo, la identidad, la cultura, la historia. La *memoria colectiva* de las luchas pasadas- apunta

---

[69]K. Entrialgo; *Sujeto, representación, nación: implicaciones metodológicas, epistemológicas y políticas del debate poscolonial para Puerto Rico*; (Tesis doctoral), Facultad de Ciencias Sociales, Departamento de Sicología, Universidad de Puerto Rico, Recinto de Río Piedras, julio, 1996, p.96-100.

[70]S. Hall; "Cultural Identity and Diaspora"; *Colonial Discourse and Post-colonial theory*, op.cit., p.393.

Miliband- y la constante conmemoración de los sacrificios y hazañas heroicas del pasado, independientemente de la ocasión o causa, no tienen por objeto, generalmente, fomentar una concepción crítica del orden social por cuya existencia mucha sangre fue derramada:

> "Hasta los muertos son invocados para que ayuden a legitimar los regímenes por los cuales murieron. Así también las emociones nacionalistas 'funcionales' reciben nuevo acicate por una acumulación de símbolos y por la ejecución de toda una variedad de ceremonias y rituales asociados con las luchas y sacrificios del pasado..."[71]

Todos estos símbolos, ceremonias y rituales poseen un valor indudable en los procesos de normalización social, o de "socialización política" -como lo llama Miliband-, de carácter primordialmente conformista. Contra este conformismo promovido por la razón de Estado, es que se ha activado la lógica dicotómica. Los discursos anticoloniales (la resistencia anti-imperialista) la han puesto en tela de juicio, pues lo que ha sido *atractivo* al Estado local es porque lo ha sido para el poder imperial. Poder no sólo centrado en los dispositivos de gobierno sino esparcido por toda la red social. En el discurso histórico se conjuga la conciencia nacional y la identidad cultural como piezas clave en las estrategias de resistencia a la dominación colonial: la historia aparece suspendida en un trance hipnótico suprimida por la experiencia colonial. De esta manera la versión subversiva de la historia (la otra cara de la moneda), es esa que por más de quinientos años ha permanecido oculta y/o tergiversada por los colonizadores y la ideología dominante. Una historia que espera a ser revelada, que descorra el velo de una identidad nacional *sólida* y libere la *conciencia reprimida*. De esta manera se lamenta la *fragilidad* de la identidad local, pero se celebran los ápices de *integración* que de vez en cuando se asoman. Desde el idioma y la bandera hasta los bacalaítos fritos y el arroz con habichuelas; desde los caballos de paso fino hasta las más hermosas mujeres.

Esta práctica representacional, anclada en una lógica dicotómica, supone dos polos fuertes. De un lado la versión oficial

---

[71]R. Miliband; *El Estado en la sociedad capitalista*; Editorial *Siglo XXI*, México, 1978, p.202.

que exalta los procesos *modernizadores*, los del desarrollo y el progreso, los de la isla del *encanto*, los de "Puerto Rico lo hace mejor", los de una sociedad *integralmente* democrática, encaminada a un porvenir cada vez más prometedor. De otro, la contraparte: la experiencia colonial, desde el genocidio y la esclavitud hasta la condición actual de intervención militar, dependencia económica y subordinación política, que ha mantenido al *pueblo* dormido, confundido, incapacitado para *definir* una identidad cultural *coherente, sólida, uniforme*. La fragmentación, la (in)coherencia, la dispersión y en términos generales las mutaciones culturales (las diferencias), si no caben en el discurso homogenizante o las políticas *unitarias* de la identidad nacional, o están mal, o son modas pasajeras o simplemente no existen.

Pero algo de místico, algo de cuento religioso tiene esta interpretación de la historia. Si se parte de la idea de que la identidad se ha perdido (o descarrilado) a causa de la desgarradora experiencia colonial, no es de extrañar, entonces, que la restauración de un imaginario nacional pleno encuentre su posibilidad en el *rescate* de esa historia oculta. Pero en el contexto actual, la búsqueda de símbolos colectivos, rituales compartidos, himnos y banderas no hace gran diferencia. Por lo menos en lo que respecta a los sitiales de la dominación. Ni la solemnidad nacionalista ni el dramatismo revolucionario conmueven la (in)diferencia epocal frente a los discursos de integración nacional. La nostalgia de un origen perdido parece más significativa para las estrategias publicitarias de inclusión, características del mercado *posmoderno* que, más que excluir o discriminar, integra y abre espacios para lucrarse de y en las *diferencias*.[72]

Mercado de diferencias

Un lineamiento estratégico para enfrentar los modos actuales de la dominación es, según Lyotard, activar las diferencias, proliferar las líneas de resistencia a las formas existentes de dominación más que buscar una alternativa única para su derrocamiento. Pero este enfoque, ¿subvierte de por sí el imaginario político de la modernidad? ¿Cuál es la eficacia táctica de activar los discursos de la

---

[72]La cuestión en torno al orden del discurso histórico y su lugar en las configuraciones del imaginario democrático es trabajado con mayor detenimiento en el capítulo VII (El *fin* de La Historia.)

diferencia? ¿Puede esta relación oposicional entre igualdad/diferencia *convertir* la *resistencia* más en una *inofensiva* opinión estética o moral que en una radical postura política? Como advierte Homi K. Bhabha, esta encrucijada no se resuelve sólo con nuevos tipos de enunciación.[73] Exaltar la proliferación de las diferencias como una manera de resistencia en sí no altera las relaciones de poder. En letra de Martín Hopenhayn:

> "La pluralidad tiene doble cara. La inestabilidad de referentes no es garantía de un mayor pluralismo. La disolución de identidades perdurables y la multiplicación de referentes valóricos no conllevan necesariamente a un desenlace liberador."[74]

La tensión entre las *palabras* y las *cosas*, aunque descarrila el orden de la representación, no asegura alterar las condiciones de la dominación. Las narrativas de la ruptura con el imaginario de la modernidad, promovido por el proyecto *ilustrado* de *liberación humana* a través del control racional del mundo, se da a la par con las mutaciones en los dominios del capital. Es bajo las sombras de su imperio que la política de las diferencias debe ser asumida. Advierte Teresa L. Ebert:

> "...the 'new' and 'different' are easily commodified in patriarchal capitalism as mere variety in a supposedly 'free market place' of choice, thus promoting the illusion of diversity and free will and concealing the oppressive restrictions on people's possibilities."[75]

Los regímenes discursivos vinculados a las altas tecnologías hacen proliferar las diferencias por una ruta incierta. Y, aunque al mercado le suena $impática la cuestión de las diferencias, es a los gobiernos y a las instancias disciplinarias las que les toca el encargo

---

[73]H.K. Bhabha; *The Location of Culture*; Editorial *Routledge*, New York,1994.

[74]M. Hopenhayn; "Cultura, ciudadanía y desarrollo en tiempos de la globalización"; Revista de Ciencias Sociales *Nueva Época*, núm.5, Centro de Investigaciones Sociales, Universidad de Puerto Rico, Río Piedras, junio, 1998; p.46.

[75]T.L. Ebert; "Ludic Feminism, the Body, Performance and Labor: Bringing *Materialism* Back into Feminist Cultural Studies"; op.cit., p11.

de acoplar la proliferación de éstas a la rítmica de su (in)tolerancia. Sobre todo cuando saben que estas fuerzas centrífugas de dispersión, que existen hoy día dentro y entre las sociedades, como apunta Anthony Giddens, pueden resultar demasiado grandes para controlarlas sin explosiones de violencia a gran y pequeña escala.[76] A la par, las mutaciones en las condiciones generales de la producción evidencian ciertos trastoques en la lógica capitalista clásica[77], donde la subjetividad diferenciada, la que tal vez no cabía en la racionalidad fordista (de base estandarizada y homogénea) encuentra en el *posfordismo* no sólo una invitación abierta al mundo del mercado, sino que además éste le provee de las condiciones necesarias para producir diferencias. Una vez el capital reconoce que *la diferencia -* racial, étnica, sexual, nacional-vende,[78] la *sensibilidad* ante las diferencias, la diversidad étnica y lo multicultural, las cuestiones de género, ambientales o ecológicas entre otras, cobran un sentido estratégico en clave de mercado. De esta manera, las fisuras del imaginario moderno, producidas a partir del (des)envolvi-miento de las tecnologías y los regímenes discursivos vinculados al capital transnacional pueden convertirse en instrumentos de normalización. Como advierte Michel Foucault:

> "El poder de normalización atraviesa todos los puntos y controla todos los instantes de las instituciones disciplinarias, obliga a la homogeneidad a la vez que individualiza, permite las desviaciones (...) y hace útiles las diferencias ajustándolas unas a otras."[79]

Desde este ángulo la representación de las diferencias juega un papel significativo en cuanto a las posibilidades de ruptura radical con las formas de regulación, control y dominación en el contexto

---

[76]A. Giddens; *Más allá de la izquierda y la derecha*; op.cit., p.29.

[77]Por ejemplo, apuntan Lazzarato y Negri, que ahora el "general intellect" es asumido como capital fijo subjetivado de la producción y se toma como base *objetiva* la sociedad entera y su orden.

[78]C. Pabón y A. Torrecilla; "El capitalismo después del 'fin de la historia'"; op.cit; p.25.

[79]M.Foucault; *Vigilar y castigar*; op.cit., p.188-89.

actual. Por ejemplo, entre los vectores de la hegemonía liberal, la mítica del pacto social y las retóricas del *laissez faire*, cabe considerar el punto de alerta de J.Weinstein:

> "Radical critics of the new centralized and manipulated system of social control were disarmed and absorbed by the corporate liberals who allowed potential opponents to participate, even if not as equals, in a process of adjustment, concessions, and amelioration that seemed to promise a gradual advance toward the good society for all citizens."[80]

Las tácticas de resistencia alternativa no pueden obviar las alianzas entre corporaciones e industrias transnacionales, los mercados *sin* fronteras que, aunque implican vínculos cada vez más tenues con lo particular de cada sociedad, coinciden cada vez más en explotar el mercado de las diferencias; sobre todo las diferencias huérfanas del poderío paterno del Estado o las que nacen sin padrino que las bautice y privilegie con su cuido preferencial. En este escenario los discursos de resistencia, de una u otra manera, mantienen la cuestión de las políticas integracionistas sobre una mesa donde se negocian y se pactan los términos de la dominación...

Una posible vía alterna

Las categorías de identidad, las de resistencia política, articuladas a partir de una lógica oposicional, requieren un marco relativamente estable para cumplir sus objetivos estratégicos. Y, aunque algo de continuidad las encadena, los trámites de las diferencias, de las rupturas, del azar y la contingencia, suelen mantenerse a raya, entre los bordes de su verdad fundante. Como apunta Immanuel Wallerstein, *todos* los grupos representan *identidades parciales*[81] por lo que la base de la solidaridad entre los grupos no debe tender al mal hábito unitario, como el del *centralismo democrático*,

---

[80]J.Weinstein; "The Corporate Ideal and the Liberal State", 1968, (extracto), en R.C. Edwards, M. Reich y T.E. Weisskopf; *The Capital System: A Radical Analysis of American Society*; Prentice-Hall, Inc., New Jersey, 1972, pp.188-192.

[81]I.Wallerstein; "¿La muerte del socialismo, o el capitalismo en peligro de muerte?: el colapso del liberalismo"; *Después del liberalismo*; op.cit., p.246.

o sea a insistir en darle cohesión y encuadrar los movimientos emancipatorios y democratizantes en un único y exclusivo marco sino, por el contrario, incurrir en prácticas y relaciones más abiertas y flexibles, en fin, no jerárquicas, horizontales y verdaderamente participativas; solidarias y cooperativas y no competitivas.

La noción de representación plena, como acto posible e incluso deseable, también debe ser puesta sobre la mesa de la duda. A fin de cuentas, como sostiene Laclau, la noción de representación como transparencia de la identidad entre representante y representado ha sido siempre *incorrecta*: y lo es más aún cuando se le aplica a las sociedades contemporáneas, donde la inestabilidad de las identidades sociales torna mucho más indefinida la constitución de estas últimas en torno de intereses sólidos y permanentes.[82] En la escena contemporánea tienen cada vez menos cabida las formas tradicionales de organización pues, entre otras cosas, la reformulación constante de las prioridades tácticas conspira incesantemente contra ellas. A lo que Wallerstein advierte:

"El debate sobre las prioridades debilita, desvía y lleva de vuelta al engañoso sendero de los grupos unificados. La batalla por la transformación sólo se puede librar en muchos frentes al mismo tiempo."[83]

De modo coincidente, Homi K. Bhabha sostiene que la representación de las diferencias no debe asumirse como reflejo de una realidad fija y definitiva, sino como procesos de negociación constante, complejos y en ocasiones incomesurables. Acorde a ello traza una perspectiva *intersticial* que posibilita abordar de manera alternativa los espacios de trámite entre los órdenes de las diferencias. Esto supone asumir, no sólo que la articulación social de las diferencias no está dada de antemano, sino que se da también en condiciones de contingencia y contrariedad:

"The borderline engagements of (cultural) difference may as often be consensual as conflictual; they may

---

[82]E.Laclau; *Nuevas reflexiones sobre la revolución de nuestro tiempo*; op.cit., p.246.

[83]I.Wallerstein; "¿La muerte del socialismo, o el capitalismo en peligro de muerte?: el colapso del liberalismo"; *Después del liberalismo*; op.cit., p.248.

confound our definitions of tradition and modernity; realign the customary boundaries between the private and the public, high and low; and challenge normative expectations of development and progress."[84]

El espacio de las interrogantes sobre el acto de representación, aún desde una perspectiva intersticial, se mantiene abierto: qué se dice y sobre qué, quién lo dice y cómo lo dice, quién dice qué de quién, por qué y para qué. Todas estas interrogantes ponen en cuestión la propia idea de representación, descarrilan el curso de su legitimidad, remueven su fachada de neutralidad y sitúan su práctica en un lugar eminentemente político, y como tal violento. Entre estas coordenadas, las tácticas (de)constructivas no tratarían ni de erradicar las categorías identitarias ni de *debilitar* los imaginarios colectivos. Por lo menos, los movimientos en una estrategia reflexiva no deben tratar de sustituirlos por la ilusión de una singularidad pura, despojada de los malos espíritus de la dominación. De todas maneras, sería un juego fútil. Como advierte Gabriel Moreno:

> "No se trata de sustituir los Grandes Espectros, más o menos generalizados, por los pequeños espectros locales o personales (...) Los fantasmas personales, los conceptos-demonios privados son tan tiránicos y destructivos como los fantasmas públicos."[85]

Toda práctica identitaria, singular o colectiva, se da entre tensiones que, más que soldar en una sola pieza todos los fragmentos, operan como fuerzas centrífugas de dispersión. Toda identidad es, desde siempre, fragmentada. Cabe acentuar, entonces, que la política de las diferencias no provoca de por sí efectos significativos en las zonas que son activadas. Como advierte Ebert, hay estructuras más amplias que exceden los límites territoriales y las especificidades. En otras palabras, activar las *diferencias* de por sí no tiene por qué ser más que un simulacro de resistencia, una ilusión reivindicativa. Sobre todo cada vez que le suenan simpáticas al capital que, cuando menos, necesita producir *diferencias* para asegurar

---

[84]H.K. Bhabha; *The Location of Culture*; op.cit.

[85]G. Moreno Plaza; *La liberación del lector en la sociedad postmoderna: ensayos de interpretación abierta*; op.cit., p.270.

su propia reproducción. Además, por más que se trate de eludir, a las propias resistencias que se activan a partir de la política de las diferencias, de las identidades, las recorre un poder normalizador que, de (in)cierta manera, regula sus movimientos, traza sus límites y filtra sus posibilidades.

Entre ellas deambula aún la ilusión de un proyecto emancipador, de una ruta unívoca de libertad y justicia, de un horizonte normativo compartido, construido racionalmente por sujetos *concientes*, sensibles y tolerantes ante las diferencias, fuertes ante los abusos de poder, las corrupciones y las injusticias, así como *reflexivos*, fieles o combativos, ante las instituciones existentes, aún cuando, por más que se trate de evitar, la política de las diferencias desde siempre, y cuando menos, ha tenido su espacio reservado en los rituales de la dominación consentida. La Historia, sin duda, les ha guardado su lugar...

El *fin* de La Historia
y otros relatos de dominación

"¿Quién lee diez siglos en la Historia
y no la cierra
al ver las mismas cosas siempre
con distinta fecha?...
los mismos hombres,
las mismas guerras,
los mismos tiranos,
las mismas cadenas,
los mismos esclavos,
las mismas protestas,
los mismos farsantes,
las mismas sectas,
y los mismos.
Los mismos poetas...

¡Qué pena,
qué pena que sea así todo siempre;
siempre de la misma manera!
León Felipe

Capítulo VII

El *fin* de La Historia
y otros relatos de dominación

> "La tinta con que se escribe la historia
> no es otra cosa que prejuicio líquido."
> *M.Twain*

Desde la imaginería moderna se acostumbra a interpretar las mutaciones políticas que dan lugar a la actual condición de época como efectos de un gran proceso histórico cuya tendencia de fondo sería la de un aumento progresivo de la libertad y de la racionalidad en el orden social y político. Desde incluso posiciones encontradas entre conflictos mortales (como entre los poderíos de gobierno estatal o las clases privilegiadas dominantes y las fuerzas sociales que han resistido sus embates), la Historia ha sido representada -por lo menos desde el siglo XVIII en Occidente- como curso general de esta relación de lucha, siempre en dirección de un horizonte emancipador. Ya fuera asumida como retórica legitimadora de las prácticas e intervenciones de los poderes reinantes o ya como ilusión fundante de los más diversos movimientos *liberadores*. En el siglo XIX, afirmaba Mijaíl Bakunin:

> "...en cada época el hombre debe buscar su libertad, no al principio, sino al fin de la historia, y se puede decir que la emancipación real y completa de cada individuo humano es el verdadero, el gran objeto, el fin supremo de la historia" [1]

Pero desde esta perspectiva *teleológica* de la historia también los regímenes autoritarios o dictatoriales han procurado hacerse espacio. Las brutalidades más atroces cometidas por los más diversos regímenes de gobierno aparecen en el curso de la Historia como *tropiezos*, como paréntesis o crisis de recorrido, como demoras transitorias, en el proceso de *emancipación humana*, encabezado por los movimientos *modernizadores*; los del desarrollo y el progreso. Así mismo son vistas, legitimadas y reproducidas las prácticas generales (ideológicas o represivas) de dominación estatal. La democracia,

---

[1] M. Bakunin; *Dios y el Estado*; Editorial *El Viejo* Topo, España, (sf); p.25.

mirada desde este horizonte político, se ha convertido en el objetivo estratégico que la humanidad debería perseguir, alcanzar y preservar. En otras palabras:

> "...la democracia constituida con la afirmación del orden social burgués no sería entonces una forma histórica particular, sino un modelo universal y necesario."[2]

El discurso histórico aparece, entonces, en relación simbiótica con la imaginería democrática. Su montaje es soporte referencial de las prácticas (re)presentacionales a partir de las cuales configuran su legitimidad tanto los modos de dominación existentes como las fuerzas que los resisten. Este dispositivo es todavía una pieza fundamental de la imaginería política de fin de siglo y, de modos particulares, permanece presente en el orden estratégico de las relaciones de lucha que lo soportan, lo mueven y lo atraviesan.

Ejes del *fin*

Múltiples maneras de (re)presentar los acontecimientos históricos, formas muy particulares de producir la verdad y de legitimar la primacía de una interpretación sobre otra y, con ellas, prácticas específicas de dominación y resistencia, convergen entre las tramas de fin de siglo. En el escenario epocal, los juegos estratégicos de interpretación *histórica* condicionan las maneras como se articulan tanto las relaciones sociales cotidianas como las prácticas de dominación (de subordinación política, dependencia o explotación económica, agresión cultural o intervención y ocupación militar) que ejercen unos *países* sobre otros. Las mutaciones globales de la economía capitalista, imbricadas en el enjambre de las tecnologías de información, confirman no sólo la expansión de sus dominios sino su permanencia a través de la condensación de un sistema *universal* (la democracia liberal) de relaciones políticas. Esta condición de universalidad que se le atribuye a la democracia liberal aparece combinada con un trastoque en las maneras habituales de concebir la historia. Además, acorde a estas mutaciones, se trastocan no sólo las relaciones políticas al interior y entre los países sino los propios

---

[2] R. Scartezzini, L. Germani y R. Gritti; *Los límites de la democracia* (introducción); op.cit., p.9.

entendidos sobre los que se han montado estas relaciones. Entre estas coordenadas la versión liberal de la democracia impone su hegemonía. Es bajo las sombras de su imperio que se mueven las apuestas de resistencia política.

El escenario local

El montaje tradicional del discurso histórico aparece ensamblado por una lógica continuista, donde los trámites conflictivos de la actual condición de época son reducidos a un análisis de las fuerzas económicas del mercado como determinantes en última instancia, o a un conflicto entre fuerzas antagónicas igualmente sobredeterminadas. Los relatos de la historia en Puerto Rico -apunta Álvarez Curvelo- no se apartan de una matriz eminentemente moderna, o sea, que son teleológicos y utópicos, armados desde la centralidad de la sociedad, de la economía política y de sus actantes.[3] Más adelante señala:

"A primera vista los relatos de la historia parecerían corresponder a la actuación de las élites políticas que han administrado el país. Las diversas teleologías -el progreso, la justicia social, el estado nacional, la modernización- que vertebraron los proyectos de conducción y ordenamiento del país, se plantearon como respuestas a una premodernidad entendida como indeterminación, desorden, superstición, ignorancia y colonialismo."[4]

Entre estas coordenadas se sitúan las prácticas sociales más diversas en relación de oposición binaria, sea entre capitalistas y trabajadores, entre oprimidos y opresores, entre dominadores y dominados, colonizadores y colonizados, o bajo su sombra nacionalista, entre patriotas y traidores. Sin embargo, aún cuando la hegemonía clasista de los discursos históricos *oficiales*, el contenido elitista de sus perspectivas y los sesgos racistas y sexistas en las

---

[3]S. Álvarez Curbelo; "La crisis de la modernidad en Puerto Rico y los relatos de la historia"; *Polifonía salvaje: ensayos de cultura y política en la posmodernidad;* Editorial *Postdata*, San Juan, 1995; pp.295-302.

[4]Ídem.

diversas variantes de los regímenes de verdad permanecen intactos y recorriendo las relaciones sociales, la complejidad contextual excede la estructura binaria de la (re)presentación. Establecer una ecuación binaria entre la historia como representación exclusiva del pasado por los grupos dominantes, los aspirantes a privilegiados o la perspectiva acaparante de un poder omnímodo de un lado y las resistencias por el otro es una propuesta demasiado fácil como para ser de fiar. Además, las resistencias que se constituyen por oposición binaria respecto del otro *dominante* suelen montar el imaginario de trasgresión sobre la misma epistemología normalizante de la modernidad (etnocentrista, racista, clasista, universalista, teleológica, nacionalista, etc.). Los efectos de esta práctica (re)presentacional están sobre la mesa en la actual condición de época. Las cartas de resistencia, tiradas como voz unísona de la periferia y la marginalidad, de los oprimidos y explotados, los desposeídos, los subalternos, los excluidos o los colonizados, están dando al traste con sus propias limitaciones; agotando sus posibilidades subversivas o reivindicativas e incluso las de simples pretensiones descriptivas. Sobre todo allí donde las retóricas emancipantes levantaron su voz por los *demás* y los lineamientos normalizantes (coercitivos y disciplinarios) de la modernidad hicieron escante...

Desde la mirada (pos)colonial

Una lectura alternativa del discurso histórico en el escenario local supone, como propone la mirada *poscolonial* (que no significa ni "pos-independencia" ni "después" del colonialismo[5]) situarlo más como relación de lucha incesante (indeterminado radicalmente, móvil, contingente) que como dato objetivo del pasado:

> "...the 'pos-colonial' signals the proliferation of histories and temporalities, the intrusion of difference and specificity into the generalizing Eurocentric post-Englightment grand narratives, the multiplicity of lateral and decentred cultural connections, movements and migrations..."[6]

---

[5]Ver, por ejemplo, a B. Ashcroft, G. Griffths, H. Tiffin, eds., *The Post-colonial Studies Reader*, Routletge, New York, 1995, pp.117-118.

[6]Añade Stuart Hall: "Indeed, one of the principal values of the term 'post-colonial'

El abordaje *poscolonial* propone, pues, un sentido diferente de relacionarse con el pasado. Las prácticas identitarias se construyen en los juegos de la representación, nunca como un hecho acabado ni completable, siempre en proceso dinámico al interior de posicionamientos estratégicos. Las identidades, más que como prácticas sociales estáticas, son representadas como movimientos donde la similitud y la continuidad convergen con la diferencia y la ruptura.

Esta perspectiva –como indica During- propone asumir en un sentido político los problemas de la representación y la configuración de un discurso que posibilite la subversión de las estrategias coloniales contemporáneas.[7] De igual manera descarta la noción cartesiana del individuo y concuerda en la inestabilidad de la significación, el carácter situado del discurso así como en la hibridez móvil de las relaciones de poder -como sostiene Appiah-.[8]

Valgan estas consideraciones, advertencias y proposiciones para que en la tarea de desmantelar el imaginario político moderno y el Discurso Histórico (que pertenece a su orden como matriz mítica reguladora) se mantenga la cautela...

La *Nueva* Era: un eufemismo modal de época

La Historia (en singular y mayúscula), entendida como secuela de hechos, como series de acontecimientos narrados y expuestos bajo la forma de verdad, es una pieza clave del imaginario

---

has been to direct our attention to the many ways in which colonization was never simply external to the societies of the imperial metropolis. It was inscribed deeply within them -as it became indelibly inscribed in the cultures of the colonized. This was a process whose negative effects provided the foundations of anti-colonial political mobilization, and provoked the attempt to recover an alternative set of cultural origins not contaminated by the colonized experience." (S. Hall; "When was the 'post-colonial'?: thinking at the limit" en I. Chambers y L.Curti (eds.) *The post-colonial question: common skies, divided horizons*; Editorial *Routledge*, New York, 1996; p.248.).

[7] S. During, "Postmodernism or Postcolonialism Today" en *The Post-colonial Studies Reader*, op.cit., pp.125-129.

[8] Desde esta perspectiva -por ejemplo- se opera un distanciamiento de las oposiciones binarias como centro / margen o "Self/Other"-K.A. Appiah, "The Postcolonial and the Postmodern" en *The Post-colonial Studies Reader*, op.cit., pp.119-124.

moderno. Esta práctica narrativa hizo posible que a principios de la década de los 90, el tránsito de las (trans)formaciones de muchas relaciones internacionales se acoplara bajo el imperativo de "Nuevo Orden Mundial". Un calificativo que se aventuró a nombrar la caída de una *era* y la emergencia de una *nueva* sociedad "globalizada". Este ensamblaje discursivo, en su versión más caricaturesca, supone entender la Historia como un devenir evolutivo, ascendente y lineal, en el curso de una saga emancipatoria, desde donde el presente aparece como el amontonamiento de eventos pasados y las mutaciones epocales como marcas inevitables de la trayectoria del *progreso* hacia nuevas fases o etapas de *desarrollo* (superiores, trascendentes, avanzadas, etc.), dejando *atrás* formaciones sociales y prácticas políticas primitivas, atrasadas, inferiores.

No es de extrañar entonces que de alguna manera le resulte imperativo para ciertos dominios del saber, entre los que convergen teóricos, políticos, historiadores, sociólogos, economistas, narradores, cuentistas y especuladores, imponer un pronóstico apresurado de la condición cambiante de fin de siglo. En el contexto universitario, por ejemplo, se suele escuchar, cada vez con más frecuencia, una manera muy particular de encuadrar los contingentes de transformaciones bajo nociones totalizantes como la *era de la informática*. Eufemismo sociológico que establece una relación de causalidad entre las tecnologías de información y las mutaciones de época. Desde esta perspectiva la *integración global* encuentra en los juegos del capital, imbricados entre el enjambre de las tecnologías electrónicas y las redes de información, su Razón Histórica.

Desde la perspectiva de los grandes relatos continuistas al proyecto político de la modernidad, en su versión liberal, le ha sido posible consolidarse. Sólo bajo el gran relato de una historia *universal* es posible convertir desde la *caída* del bloque soviético hasta el encrudecimiento del bloqueo económico a Cuba en insignias del advenimiento de una *nueva era* en el tránsito evolutivo de la humanidad. Esta estrategia discursiva, montada en la tríada saber/poder/verdad, se presenta como *realidad* traducida, interpretada y revelada por el historiador, el sociólogo, el economista o cualquier humanista o científico social, como prerrequisito para el *triunfo* del capitalismo, alternado, claro está, entre sus seudónimos modales: democracia, libertad y dignidad, paz y orden, progreso. En este escenario las relaciones entre la gente están supuestas a darse en términos de la *libre* competencia en el *libre* mercado de la vida. Este régimen discursivo escenifica su hegemonía entre las retóricas del fin.

El *fin* de La Historia: relatos de una ilusión bipolar

Advierte Fernando Mires que un proceso histórico en que no haya ganadores ni vencidos es inconcebible en la teoría del final de la historia:

> "La reducción de la historia a la dialéctica de los contrarios supone no sólo un fin, sino además un vencedor. La historia es concebida como un coliseo en donde el público presencia la lucha a muerte entre dos titanes, para terminar ovacionando al vencedor (...) Los momentos de compromiso o distensión no hacen, sino prolongar, a juicio del historiador finalista, el momento final."[9]

Las matrices discursivas que configuran la versión hegemónica de las teorías (o retóricas) del fin de la historia acentúan el triunfo universal de la democracia en su versión liberal y con ella la consolidación de los dominios del capital. En palabras de Rivera Nieves:

> "...para el neoliberalismo el 'fin de la historia' consiste últimamente en la derrota de los adversarios del liberalismo, especialmente del comunismo, y la consecuente victoria total y final del liberalismo y el consumerismo como el mejor de los mundos posibles."[10]

Esta afirmación del fin de la historia supone una doble acepción del concepto de fin. Como señala Serrano, el fin se presenta como objetivo alcanzado, como propósito realizado y, a la vez, como terminación, como conclusión de los conflictos humanos y superación de las contradicciones que fueron el motor de la

---

[9] F. Mires; *El orden del caos: ¿Existe el tercer mundo?*; Editorial *Nueva Sociedad*, Caracas, 1995; p.136.

[10] I. Rivera Nieves; "Nacionalismo y posmodernidad"; *Polifonía Salvaje: ensayos de cultura y política en la postmodernidad*; Editorial *Postdata*; San Juan, 1995; p.152.

historia; como el momento en el que se alcanza la plena realización *racional* de la sociedad.[11] El referente de esta crítica es el escrito de Francis Fukuyama donde a partir de una representación metafísica historicista establece la ecuación "triunfo del capitalismo = muerte de la historia".[12] En letra de Carlos Pabón y Arturo Torrecilla:

> "Este discurso concibe la historia del capitalismo (...) como una línea ascendente, continua y progresista que culmina en un momento absoluto, 'un momento en el cual una forma final, racional de sociedad y Estado triunfan."[13]

En este extremo las corrientes de pensamiento *póstumo*[14] convergen entre el fatalismo, la resignación y la exagerada admiración con lo que esté de moda. Ahí donde las retóricas del fin se regocijan, Jean Baudrillard escribe:

> "But what good is this end of the century for, one may wonder. Well, for the sale of the century. History and the end of history are up for sale. Communism and the end of communism at bargain discount prices. Communism could not have arrived at its historical end now that it will have been sold off, liquidated like layaway stock. Similarly to the Russian army, sold to the four corners of the earth -an event of unparalleled significance sunk to the banality of a market transaction. All the ideologies of

---

[11]A.Serrano Caldera; *El fin de la historia: reaparición del mito*; Editorial "13 *de Marzo*"; Universidad de la Habana, 1991.

[12]F. Fukuyama; "The End of History?"; *The National Interest*, num.16., summer 1989 y "Entering Post-History"; *New Perspectives Quarently*; octubre, 1990; pp.49-52.

[13]C. Pabón y A.Torrecilla; "El capitalismo después del 'fin de la historia'"; op.cit., pp19-27.

[14]Este escrito sugiere un distanciamiento del lineamiento esbozado por el abordaje de muerte. Invita a considerar las limitaciones de éste como una narrativa igualmente totalizante, que en su pretensión de radicalidad contestataria entra al juego en una red de predisposiciones herméticas. De esta manera la versión de "muerte" cancela la propuesta política de ruptura con las narrativas absolutistas toda vez que se constituye punto de vista supremo.

the West are also up for sale; they can be purchased at a low price on all the latitudes of the globe."[15]

Que la historia ha llegado a su *fin*, sin duda, es un producto mercadeable. Tanto como la ruta en donde fue asesinado el Ché en Bolivia, como el rostro en barro de Albizu en el contexto local o la imagen misteriosa de Marcos en México. Por su parte, el montaje político de la muerte de la historia, ideológico por demás, sitúa la categoría *democracia* como matriz del Gran Relato de la Historia Universal. La lógica interna de su narrativa *revela* el desenvolvimiento progresivo de la humanidad hacia un nivel de vida más *avanzado*, redundante en el bienestar global, siempre pendido del mito de autorregulación de la economía de mercado. Esta (re)presentación, compartida sin duda por los gobiernos de cada país y coqueteante siempre con la óptica valorativa del capital, debe imperar bajo los regímenes de su verdad. Verdad que si no seduce y con-vence, mata.[16]

Las sospechas que filtran el desencanto epocal con las promesas de emancipación asocian esta versión de la historia con el carácter destructivo de la modernidad. El fin de la historia, según lo festeja el discurso neoliberal, es una fachada hipócrita tras la cual se reacomodan y consolidan potencias económicas, políticas y militares entre los altos niveles de desarrollo tecnológico, la proliferación masiva de los medios de comunicación y el flujo incontenible de información. Las guerras, (cada vez más sofisticadas) en las múltiples variantes que puede asumir, las amenazas de catástrofes ecológicas, (y otras múltiples formas de autodestrucción humana) hacen insostenibles no sólo esta versión de la historia, sino incluso las grandes promesas de emancipación que la sostienen.

---

[15]J.Baudrillard; *La ilusión del fin: la huelga de los acontecimientos*; Editorial Anagrama, Barcelona, 1993, p.178.

[16]No ha habido guerra en el devenir de la modernidad que no lleve como telón de fondo la óptica valorativa de los grandes intereses económicos en conflicto. La guerra del Golfo Pérsico, por el control de las reservas de petróleo, lo evidencia. En nuestra América, la última década del siglo XX lo evidencia también: la guerrilla zapatista contra el gobierno de México, que celebra su acceso privilegiado al mercado sin fronteras con Estados Unidos mientras mantiene sumidos en la miseria y sin alternativas reales a los sectores indígenas y al campesinado más empobrecido del Estado de Chiapas, es sólo un ejemplo.

La ruptura (pos)moderna

Los trastoques en el imaginario político de la modernidad que se dan a partir de la ruptura con este dispositivo provoca múltiples reacciones. Entre las mutaciones que se dan en los regímenes discursivos vinculados al proyecto moderno de emancipación humana, convergen ambos extremos de la (re)presentación habitual. Los que festejan y los que lamentan. Las izquierdas denuncian que de lo que se trata es de un abordaje intelectual "neo-conservador", de conciliación con el presente. Sánchez Vázquez apunta:

> "La historia es otra de las cabezas que rueda bajo la guillotina posmoderna (...)Ya no se trata de la historia sin sujeto postulada por el estructuralismo francés, ni tampoco de la falta del sentido de la historia, sino que se trata pura y sencillamente de que si ha habido ha llegado a su fin o de que estamos en la poshistoria. Se disuelve la historia como un proceso unitario dotado de cierta coherencia y racionalidad. Y cambia nuestra conciencia del tiempo ya que la tecnología de la información tiende a deshistorizarla al reducir los acontecimientos al plano de la contemporaneidad o simultaneidad."[17]

La Historia, en singular y mayúscula, aparece entre los dispositivos metanarrativos de legitimación que progresivamente, como apunta Lyotard, quedan en desuso. Esta línea de pensamiento se extiende hasta la afirmación de que la modernidad ha concluido. Entre sus portavoces, Mark Poster enarbola la bandera de una nueva era entrelazada a los medios electrónicos de comunicación[18] mientras Gianni Vattimo sostiene que la modernidad ha dejado de existir. La pertinencia política de su puesta entre las retóricas del fin ha sido bien administrado por los estrategas del mercado y los publicistas de la (pos)modernidad. Pero hay también un polo que, aunque entre las coordenadas de las mutaciones tecnológicas, se mantiene fugitivo.

---

[17]A.Sánchez Vázquez, "Posmodernidad, posmodernismo y socialismo"; op.cit., p.139.

[18]M. Poster; *The Mode of Information:Poststructuralism and Social Context*; op.cit.

Según Vattimo, la historia, en el "fin de la modernidad", se ha disgregado en una pluralidad de historias irreductibles a un único hilo conductor.[19] Deja entonces de existir cuando desaparece la posibilidad de seguir hablando de ésta como una entidad unitaria, o sea, la historia entendida como centro alrededor del cuál se reúnen y ordenan los acontecimientos. Dice Vattimo:

> "No existe una historia única, existen imágenes del pasado propuestas desde diversos puntos de vista, y es ilusorio pensar que exista un punto de vista supremo, comprehensivo, capaz de unificar todos los demás..."[20]

Los atractivos y simpatías asignadas a ciertos patrones del orden de la (re)presentación recorren territorios sin fronteras y escapan a la lógica continuista del imaginario moderno. Los signos acaparantes de la modernidad, según cobran otros significados, también pierden el poder interpelativo que habitualmente se le había asignado. Su poder fundante, atribuido a una extraña lógica persuasiva, de relativa autonomía y con una fuerza implícita de atracción o repulsión, se desploma en la condición (pos)moderna. El poder alucinante de los signos fijos de la integración moderna, los que marcan la condición última de la Identidad y la Cultura, del Pueblo, la Nación, la Conciencia, la Historia, se convierten en ilusión agonizante. El encargo asignado a las palabras, de revelar en ellas todo lo correspondiente al orden de lo real se (con)funde cada vez más en la (in)diferencia. Ese orden imperturbable, fiel al imaginario político moderno, que asignaba a estas categorías un poder innato de o pervertir o enseñar, de manipular o concienciar, de engañar o decir la verdad, que acompaña los códigos de la certeza y los registros de la integración, se disuelve cada vez más. El papel legitimador de las categorías regulativas de su discurso (libertad, justicia, democracia, progreso, entre otras) se hace cada vez más difícil de aceptar. Las figuras de la retórica emancipante, Los Grandes Hombres, los Padres de la Patria, los Héroes Nacionales, aparecen como dispositivos de legitimidad de los juegos actuales de dominación. Es esta

---

[19]G. Vattimo; *Creer que se cree*; op.cit., p.27.

[20]G. Vattimo; "Posmodernidad: ¿una sociedad transparente?"; *En torno a la posmodernidad*; op.cit., pp.9-19.

perspectiva, compartida por contrarios en las diversas manifestaciones de las luchas políticas, la que se debilita. Su debilidad, que no es sino su puesta en crisis, como sostiene Vattimo, lleva consigo la crisis de la idea de *progreso*:

> "...si no hay un decurso unitario de las vicisitudes humanas, no se podrá ni siquiera sostener que avanzan hacia un fin, que realizan un plan racional de mejora, de educación, de emancipación."[21]

Es sobre ese sentido lógico-racional de la historia, que le asigna una dirección unívoca y un objetivo teleológico, un decurso unitario, progresivo y ascendente, que se pasa balance y, o se desecha, se recicla, se rehace o se inventa. Nietzsche optó por la primera:

> "Si tuviera el medio de hacerlo, no sólo quemaría todos los libros de historia, sino que arrancaría todas las pinturas famosas de las paredes de los museos, sacaría todos los libros de los anaqueles de las librerías y los archivaría todos en sótanos donde no entrara el aire durante aproximadamente un siglo. De este modo quizá nuestro pequeño mundo tendría un nuevo gran comienzo. Dejaría en su lugar las estatuas. Sin ellas probablemente volveríamos a nuestra posición cuadrúpeda."[22]

Pero sin duda muchos ya han tenido los medios de hacerlo y el deseo de Nietzsche se ha materializado en las políticas censorias y represivas de infinidad de gobiernos...

Se expande el horizonte

Martín Heidegger encabeza uno de los lineamientos que atan el discurso histórico a la racionalidad habitual moderna, que le atribuye un sentido como proceso unitario, dotado de cierta coherencia y racionalidad. Heidegger, haciéndose eco del vértigo

---

[21]Ídem.

[22]F.Nietzsche, *Mi hermana y yo*, Biblioteca Edaf, Madrid, 1984; p.126.

epocal, presagia:

> "Cuando el más apartado rincón del globo haya sido técnicamente conquistado y económicamente explotado; cuando un suceso cualquiera sea rápidamente accesible en un lugar cualquiera y en un tiempo cualquiera (...) cuando el tiempo sólo sea rapidez, instantaneidad y simultaneidad mientras que lo temporal, entendido como acontecer histórico, desaparezca de la existencia de los pueblos... entonces, justo entonces, volverán como fantasmas las preguntas: ¿Para qué? ¿Hacia dónde? ¿Y después qué?"[23]

La historia, entendida como dispositivo metanarrativo de legitimidad, permanece suspendida entre los vaivenes epocales. Este dispositivo, que es matriz del imaginario moderno, puede reinventarse sobre sí mismo sin temor a extinguirse. La analogía de Serrano Caldera lo evidencia:

> "La construcción de la historia es como la acción del caminante que quiere alcanzar la línea del horizonte. Al llegar al sitio imaginario donde se encontraba, se abre de nuevo ante sus ojos el espacio infinito bordado a lo lejos por la línea imaginaria de un nuevo horizonte."[24]

Cierto es que un rasgo característico de la condición (pos)moderna es que está atravesada por infinidad de posturas fatalistas que, frustradas por no encontrar centro fijo al que referir con certeza el destino de la humanidad o inspiración particular que anime la suerte de sus pasadas y genuinas ilusiones (deseos, esperanzas o aspiraciones), se sienten como frente a un enorme vacío de sentido, y entre quejas, cinismos y lamentos (o entretenidos con

---

[23]M. Heidegger citado por N.J. Minaya; "Prolegómenos a un discurso sobre la Magna Patria: una lectura desde la posmodernidad"; *La utopía de América*; Simposio Internacional sobre el quinto centenario, Universidad Autónoma de Santo Domingo, Editora Universitaria, Santo Domingo, 1992; p.45.

[24]A.Serrano Caldera; *El fin de la historia: reaparición del mito*; op.cit., p.22.

los paliativos de venta en los grandes mercados de distracciones modernas), se suman a las (in)diferencias de época y viven para sí mismos, sin mucho más. Pero una estocada a los abusos de la dominación, que festejan, y a los límites del fracaso, que lamentan, aparece entonces entre los que cultivan desde la imaginería política moderna, el ideal de emancipación más que como un trámite inconcluso como uno inconcluible. En letra de Javier Muguerza:

> "...la utopía, no tendrá nunca *lugar* puesto que siempre nos será dado imaginar *un mundo mejor* que el que nos haya tocado en suerte vivir. Y la historia no es que reste *inconclusa* sino que moralmente hemos de concebirla como *inconcluible*, puesto que el *esfuerzo moral*, un esfuerzo incesante, no cuenta con ninguna garantía de alcanzar una meta que sea la *definitiva.*"[25]

De modo similar, Ernesto Laclau y Chantal Mouffe argumentan que la extensión y radicalización de las luchas democráticas no tienen punto final ni llegada en el logro de una sociedad plenamente liberada. Sostienen que siempre habrá antagonismos, luchas y parcial opacidad de lo social, que siempre habrá historia. Pero una historia desprendida de la metafísica tradicional:

> "...al afirmar la radical historicidad del ser y, por lo tanto, el carácter puramente humano de la verdad, ella implica la decisión de mostrar al mundo como lo que realmente es: una construcción puramente social (...) que no está fundada en ninguna 'necesidad' externa a ella misma -ni Dios, ni las 'formas esenciales', ni las 'leyes de la historia'."[26]

Así, el discurso histórico, más que dispositivo metanarrativo de legitimidad es una forma de conocimiento y a la vez -como sostiene Michel Foucault- una forma de poder, un medio para

---

[25] J. Muguerza; "Kant y el sueño de la razón"; *La herencia ética de la Ilustración*, op.cit., p.34.

[26] E. Laclau y C. Mouffe; "Posmarxismo sin pedido de disculpas"; *Nuevas reflexiones sobre la revolución de nuestro tiempo*; op.cit., p.145.

dominar y controlar el pasado bajo la forma de conocerlo. Esta ruptura con las expectativas del discurso de la razón, con las retóricas que subliman la verdad, descalabra los privilegios metafísicos conferidos al discurso histórico sin por eso negar sus potencialidades. Foucault apunta:

> "No hay que engañarse: lo que tanto se llora no es la desaparición de la historia, sino la de esa forma de historia que estaba referida en secreto, pero por entero, a la actividad sintética del sujeto; lo que se llora es ese devenir que debía proporcionar a la soberanía de la conciencia un abrigo más seguro, menos expuesto, que los mitos, los sistemas de parentesco, las lenguas, la sexualidad o el deseo; lo que se llora es la posibilidad de reanimar por el proyecto (...), el trabajo del sentido o el movimiento de la totalización, el juego de las determinaciones materiales, de las reglas de práctica, de los sistemas inconscientes (...) lo que se llora es ese uso ideológico de la historia por el cual se trata de restituir al hombre todo cuanto, desde hace más de un siglo, no ha cesado de escaparle."[27]

Tal vez porque, como apunta Baudrillard, ya no hacemos historia, nos hemos reconciliado con ella, y la protegemos como una obra maestra en peligro. O porque, como afirma, no nos libraremos de lo peor, es decir que *la Historia no tendrá fin*, puesto que los restos, todos los restos -la Iglesia, el comunismo, la democracia, las etnias, los conflictos, las ideologías- son indefinidamente reciclables:

> "Lo fantástico es que nada de lo que se creía superado por la historia ha desaparecido realmente, todo está ahí, dispuesto a resurgir, todas las formas arcaicas, anacrónicas, intactas e intemporales, como los virus en lo más hondo de un cuerpo."[28]

Además, a fin de cuentas, porque podemos encontrar en los

---

[27]M.Foucault, *La arqueología del saber*, Siglo XXI, México, 1988, pp.23-24.

[28]J.Baudrillard; *La ilusión del fin: la huelga de los acontecimientos*, op.cit., p.42-47.

mismos precursores de su asesinato una mirada que esquiva los sesgos fatalistas de su muerte:

> "No podemos liberarnos más de la historia, así como no podemos despojarnos de nuestra animalidad fundamental. Ha llegado a ser tan natural para un hombre recordar a Alejandro, como atravesar el agua. Es tan lógico pensar en Napoleón, como buscar la letrina más próxima después de una comida pesada."[29]

El tránsito epocal de fin de siglo no borra las huellas de la modernidad. En él, como sostiene Fernando Mires, el orden de las cosas no se ha perdido, porque era simplemente imaginario; un simple derivado de creencias, aseguradas por un racionalismo más dogmático que las religiones que pretendió combatir. Lo que no existe no puede perderse.[30] A fin de cuentas, en palabras de Baudrillard, si las cosas existen, es inútil creer en ellas tanto como si no existen es inútil renunciar a ellas.[31] Quizá –parafraseando la advertencia de Imanuelle Wallerstein-, mientras la caída del bloque soviético marque el "fin" de la modernidad y la crisis del Golfo Pérsico marque el inicio de una *nueva era*, el mensaje no pueda ser interpretado de otro modo que no sea que la violencia bélica sigue siendo el arma más efectiva de las fuerzas dominantes.[32] Y sin duda Maquiavelo tenía razón cuando decía que la fuerza bruta no basta a las estructuras políticas para sobrevivir mucho tiempo. Sin embargo, a mi entender, el poder político, en última instancia, no ha dejado de salir de la boca de un fusil...

---

[29] F. Nietzsche, *Mi hermana y yo*; op.cit., p.126.

[30] F. Mires; *El orden del caos*; op.cit., p.161.

[31] J. Baudrillard; *La ilusión del fin: la huelga de los acontecimientos*; op.cit., p.85.

[32] I. Wallerstein; "¿La muerte del socialismo, o el capitalismo en peligro de muerte?: el colapso del liberalismo"; *Después del liberalismo*; op.cit., p.241.

El Estado *democrático* y el capitalismo (pos)moderno

"...y digo que el se presta para peón del veneno
es doble tonto y no quiero ser bailarín de su fiesta."
Silvio Rodríguez

El Estado *democrático* y el capitalismo (pos)moderno

> "...la clase capitalista impera,
> pero no gobierna...
> se contenta con regir el gobierno."[1]
> *K.Kautsky*

Entre las sombras de un imperio

Representando un papel principal en la trama (in)conclusa de la modernidad, el capitalismo permanece tanto como condición de posibilidad, de movimiento y cambio así como de obstáculo a las alternativas en el orden de las prácticas representacionales de lo político en general como de las relaciones de lucha y las fuerzas contingentes de las resistencias. Sea como vértice de las reivindicaciones democráticas del siglo XX o como matriz de los más diversos modos de dominación estatal; como responsable de las mayores miserias para la vida humana o como ilusión de justicia y libertad de los más privilegiados de entre esas mismas vidas humanas o los aspirantes a serlo, el poderío del capital mantiene sus dominios en el gran escenario global del fin del siglo...

El sistema capitalista, aunque en sus estadios iniciales no abarcaba la economía global, ya a lo largo de cinco siglos ha ido incrementando (de manera diversificada) la intensidad de la inclusión de todas las regiones del planeta. El crecimiento de la economía capitalista ha exigido -según Michel Foucault- la modalidad específica de un poder disciplinario[2], cuyas fórmulas generales, los

---

[1]K.Kautsky; *The Social Revolution* (1903) citado por R.Miliband; *El Estado en la sociedad capitalista*; Editorial *Siglo XXI*, México, 1978; op.cit., p.55.

[2]Lo que caracteriza a la modernidad es el advenimiento de la era normativa: la normalización de las disciplinas, el paso de la disciplina bloqueo a la disciplina mecanismo y correlativamente la formación de una sociedad disciplinaria. (F. Ewald, "Un poder sin afuera", *Michel Foucault: filósofo*, Editorial Gedisa, España, 1990, p.169.) El poder de normalización, según Foucault, atraviesa todos los puntos y controla todos los instantes de las instituciones disciplinarias, obliga a la homogeneidad a la vez que individualiza, permite las desviaciones... y hace útiles las diferencias ajustándolas unas a otras. (M. Foucault; *Vigilar y Castigar;* Editorial Siglo XXI, México, 1983, pp.188-89)

procedimientos de sumisión de las fuerzas y de los cuerpos, han sido puestos en acción a través de los regímenes políticos, de los aparatos y de las instituciones más diversas.[3] Poder cuyo encargo político ha sido producir subjetividades mansas y obedientes, o -en términos de Foucault- sujetos útiles y dóciles.[4] Ya en la actual condición de época los dominios del capital se consolidan y se esparcen a lo largo y ancho de la red social, entre la técnica y la cultura, entre la subjetividad y la vida cotidiana. En este escenario, las mutaciones de finales del siglo XX (políticas, éticas, culturales, económicas, sociales, entre otras) aparecen vertidas entre sus dominios y la imaginería política que las sube a escena, las pone en juego y mantiene en circulación y constante movimiento. Imaginario a partir del cual se regula, diferencia e instituyen los registros de la razón y lo real, del saber y el sentido, de sus regímenes de verdad en contraste a las zonas de lo intolerable y prohibido, de lo ficticio, lo malo o lo sin sentido. Su poder normalizador reparte suerte, recorre y se esparce entre los registros de la metamorfosis epocal en abierta complicidad con los modos actuales de dominación. Modos cada vez más sutiles y no menos efectivos, más abstractos y no por ello menos físicos. Dominación que insistentemente escapa a las modos habituales como la racionalidad moderna ha pretendido dar cuenta de ella, sea para acariciarla o para resistirla...

La relación entre el proyecto político moderno y el capitalismo sigue atravesando el imaginario político y constituyendo un horizonte de sentido, retomando y redimensionando prácticas y narrativas que le antecedieron y, simultáneamente, produciendo otras *nuevas* (o más bien diferentes) vinculadas a una voluntad general de dominación, control y regulación de los sujetos y las poblaciones. En el contexto actual asistimos constantes ajustes y (re)adecuaciones en el orden de sus dominios: los mecanismos del poderío normalizador de la modernidad se hibridan, las tecnologías disciplinarias y los dispositivos de regulación atraviesan todo lo que pertenece y a la vez escapa al orden de lo cotidiano, sea entre la moral y lo social, la cultura y el conocimiento, lo político y la economía, el lenguaje y la subjetividad. Entre estas coordenadas se trazan las apuestas políticas que, reivindicativas, contestatarias, alternativas o no, condicionan las posibilidades de ampliar y radicalizar el imaginario democrático

---

[3] Op.cit., p.224.

[4] Op.cit., p.218.

contemporáneo y con él la libertad. Toda transformación del capitalismo -según Ernesto Laclau- abre un conjunto de *posibilidades* que no están determinadas tan sólo por las formas endógenas de la producción capitalista sino por el exterior constitutivo de estas formas, por el conjunto de la situación histórica en que estas formas se realizan.[5] De acuerdo a ello sostiene la tesis de que la posibilidad de una democracia radicalizada está directamente ligada al nivel y extensión de las dislocaciones estructurales operantes en el capitalismo contemporáneo:

> "...cuanto más dislocado sea el terreno en que el capitalismo opera, cuanto menos pueda contar con un marco de relaciones políticas y sociales estables, tanto más central será el momento político de la construcción hegemónica. Pero, por eso mismo, tanto más amplio será el abanico de posibilidades políticas alternativas que se oponen a la hegemonización capitalista."[6]

Los espectros de Marx

La puesta en crisis de las prácticas representacionales de la modernidad, desde las más conservadoras hasta las más críticas, como de la legitimidad del conocimiento en general y los regímenes de verdad reinantes, en cuanto modos de dominación, es un signo de la condición (pos)moderna. Estas mutaciones no se dan en el orden de los juegos del lenguaje exclusivamente, como si estos se trataran de meras abstracciones de una realidad que le es externa, sino en los

---

[5]Según Laclau, en la medida en que el capitalismo tiene siempre un exterior constitutivo, la imposición de su dominio no puede operar nunca a través del mero despliegue de su lógica sino a través de la hegemonización de algo radicalmente exterior a sí mismo. En tal caso -añade- el capitalismo debe ser considerado, en su aspecto más fundamental y constitutivo, como un sistema de poder. (E.Laclau; *Nuevas reflexiones sobre la revolución de nuestro tiempo*; op.cit., p.72).

[6]La dislocación es una paradoja irresoluble, es la situación de una falta, la ausencia de determinación, el fracaso en la constitución última y total de la propia estructura. En este sentido, para Laclau, una sociedad será tanto más libre cuanto mayor sea la indeterminación estructural. (E.Laclau; *Nuevas reflexiones sobre la revolución de nuestro tiempo*; op.cit., pp.59;63)

territorios concretos de las luchas políticas.

Paralelo y entrecruzándose en el progresivo descentramiento de las categorías que han regulado el imaginario de la modernidad suben a escena grandes cambios en las relaciones políticas, económicas y militares. Es vinculado el *fin* de la guerra fría y la caída del bloque soviético con la disolución de múltiples certezas políticas y teóricas establecidas hasta el momento. Las dinámicas que solían acomodarse con facilidad en un sistema de oposición binaria (este/oeste, socialistas/capitalistas, centro/periferia) aparecen en la actual condición de época más como cartas barajadas, (re)configurando nuevos patrones y alianzas. El cuestionamiento radical a los campos de teorización marxista lo evidencia:

> "Deterministic, orthodox Marxism (...) participated in the theoretical construction of 'the world' by using systemic, essentialist, totalizing, and hierarchical conceptual categories. Such a Marxism too often reduced the complex social formations to expressions of articulated modes of production, and subordinated struggles and resistance of all sorts to the economistic primacy of 'class struggle'."[7]

Pero de las críticas más radicales no se espera simplemente dar cuenta de las condiciones de existencia en una época dada. No trata de darse a la tarea sin más que de describir los problemas, advertir de sus males, denunciar sus causantes y sensibilizarse ante los lamentos de quienes sufren sus penas. A partir de la crítica se cuestiona la disposición general a aceptar el estado actual de cosas. Pero también se invita a participar de los intentos de cambio. Sólo que queda irresuelto y bajo el constante asecho de la sospecha, los términos de los posibles cambios...

En el tránsito de fin de siglo, la imaginería política dominante interpreta o significa los cambios en las relaciones políticas internacionales –por ejemplo- (como la caída del bloque soviético) si no como la muerte del comunismo, de seguro como el *triunfo* definitivo del liberalismo; y este como principio rector de los cambios y relaciones económicas y políticas a escala global. Desde

---

[7]A.Callari, S.Cullenberg and C.Biewener; "Marxism in the New World Order: Crises and Possibilities"; *Marxism in the Postmodern Age: Confronting the New World Order*, Guilford Press, New York, 1995.

esta perspectiva la lógica del mercado ocupa un lugar privilegiado en las gestiones de los gobiernos. En el contexto local, por ejemplo, cada vez más se exime al Estado de su encargo asistencial. El embate de las políticas de privatización y sus efectos en detrimento de renglones tales como la educación, la salud y la vivienda, lo evidencian. Cómo se representan las mutaciones de época en el orden de lo político es, pues, fundamental para cualquier estrategia de resistencia y alternativa. En este sentido la elección de conceptos no es irrelevante pues tiene implicaciones políticas de gran alcance. Sobre todo en un contexto donde muchos de los conceptos y definiciones que han conjugado el imaginario político de la modernidad han ido diluyéndose hasta perder su habitual sentido o exceder por completo su significado tradicional. Esta condición, que en el escenario de la política internacional aparece en estrecha relación con las mutaciones globales del capital y las tecnologías electrónicas de información, significa para muchos tanto un porvenir caótico como un pretexto de resignación:

> "El Nuevo Orden Mundial, prometido después de la Guerra del Golfo y de la caída de los regímenes del Este, se presenta como un mundo fragmentado, controvertido, sin un orden coherente y que parece orientarse hacia una desintegración general de la sociedad planetaria a través de la generalización de los conflictos interestatales en todo el mundo."[8]

Después de la *bipolaridad* -apunta Fernando Mires- la tensión entre las "palabras" y las "cosas" es cada vez más grande, de modo que no sólo la política, sino también muchas prácticas societarias experimentan dislocaciones entre sus significantes y significados.[9] En este escenario, según el encargo asignado al orden de lo político, de representar ideas e intereses colectivos se *disloca*, también lo hacen los referentes económicos en general (como distribución, clase social, trabajo, e igualdad). Y sin duda, mientras de una parte se desgasta la primacía economicista de la base de los discursos de resistencia, de otra emergen *fuerzas* centrífugas, *haciendo* lugar a otros modos de

---

[8]M. Rogalski; "El auge de la fractura norte-sur: ¿Es posible un gobierno global?"; Revista *Nueva Sociedad,* Caracas, núm.132, julio-agosto 1994; p.101.

[9]F.Mires; *El orden del caos: ¿existe el tercer mundo?*; op.cit., p.164.

(re)presentar lo político. Según Nancy Fraser:

> "...the most salient social movements are no longer
> economically defined 'classes' who are struggling to
> defend their 'interests', end 'exploitation', and win
> 'redistribution'. Instead, they are culturally defined
> 'groups', or 'communities of value', who are
> struggling to defend their 'identities', end 'cultural
> domination', and win 'recognition'."[10]

Sin embargo, esta ruptura no sólo se refiere al *colapso* del marxismo ortodoxo. A partir del progresivo rechazo de las prácticas teóricas totalizantes, de la idea de una verdad única, objetiva, exclusiva, externa o trascendental, no sólo se *debilitan* los acercamientos *economicistas*, sino además los *determinantes en última instancia* en general. Pero esto no quiere decir que el orden de lo económico pierda primacía entre los trámites de las mutaciones epocales. A fin de cuentas, la economía no existe fuera de la política, porque ésta expresa siempre relaciones de poder. Stuart Hall traza un alerta al respecto:

> "What has resulted from the abandonment of this
> deterministic economism has been, not alternative
> ways of thinking questions about the economic
> relations and their effects, as the 'conditions of
> existence' of other practices, inserting them in a
> 'decentred' or dislocated way into our explanatory
> paradigms, but instead a massive, gigantic and
> eloquent *disavowal*. As if, since the economic, in its
> broadest sense, definitively does *not*, as it once
> supposed to do, 'determine' the real movement of

---

[10]Fraser llama a la diferenciación entre la redistribución y el reconocimiento, que antagoniza entre la idea de igualdad social y diversidad cultural, la condición 'postsocialista'. O sea, la condición de la Izquierda a partir de las transformaciones de 1989. La define de la siguiente manera: "an absence of any credible overarching emancipatory proyect despite the proliferation of fronts of struggle; a general decoupling of the cultural politics of recognition from the social politics of redistribution; and a descentering of claims for equality in the face of aggressive marketization and sharply rising material inequality."(N. Fraser; *Justice Interrupts: Critical Reflections on the 'Postsocialist' Condition*; Editorial *Routledge*, New York, 1997).

history 'in the last instance', it does not exist at all!"[11]

Los reajustes estructurales de la economía capitalista a escala global llevan implícitos arreglos particulares en las relaciones políticas que bordean, atraviesan y soportan el imaginario democrático contemporáneo. De la progresiva disolución de fronteras conceptuales en el orden de la representación corre paralelo un movimiento acelerado de desterritorialización de los límites nacionales a los dominios del capital. En la condición (pos)moderna, el fenómeno transnacional acelera el tránsito del capitalismo como modelo económico a escala global. Y aunque el capitalismo —como sostiene Octavio Ianni- en tanto modo de producción y proceso civilizatorio, crea y recrea el Estado-nación, así como el principio de soberanía que define su esencia[12], también supo abrirse paso a las limitaciones que pudieran entorpecer sus ritmos. En este escenario el poderío estatal, sus condiciones y las posibilidades de ejercerse bajo la forma de un poder soberano, están atravesadas por las exigencias de instituciones, organizaciones y corporaciones multi-laterales, transnacionales o propiamente mundiales, que se sostienen por encima de las naciones.[13] En otras palabras, aunque es obvio -como afirma Ianni- que el capitalismo sigue teniendo bases nacionales, éstas ya no son determinantes:

> "La dinámica del capital, en todas sus formas, rompe o rebasa las fronteras geográficas, los regímenes políticos, las culturas y las civilizaciones. Está en curso una nueva suerte de mundialización del capitalismo como modo de producción, en el que se destacan la dinámica y versatilidad del capital como fuerza productiva..."[14]

---

[11]S. Hall; "When was the 'post-colonial? Thinking at the limit; *The post-colonial question: common skies, divided horizons*; op.cit., p.258.

[12]O. Ianni; *Teorías de la globalización*; Editorial *Siglo XXI*; México, 1997, p.22.

[13]Op.cit., p.34.

[14]El capital, según Octavio Ianni, es un signo del capitalismo, el emblema de los grupos y de las clases dominantes en las escalas nacional, regional y mundial. El capital -añade- es una categoría social compleja, basada en la producción de mercancías y lucro, o plusvalía, lo cual supone todo el tiempo la compra de fuerza

Ernesto Laclau, de otra parte, sin negar la importancia de tomar en consideración lo económico, sostiene que el mito de una "instancia económica" separada y definible debe ser abandonado. Señala que lo que existe no es una entidad esencialmente homogénea -el *sistema* capitalista- que admitiría tan solo variaciones empíricas y accidentales en los distintos contextos históricos y geográficos:

> "Lo que se dan son configuraciones globales (...) en los que elementos 'ideológicos', 'económicos', 'políticos', (...) están inextricablemente mezclados y sólo pueden ser separados para efectos analíticos. No hay por lo tanto 'capitalismo', sino relaciones capitalistas de distinto tipo integradas a complejos estructurales muy diversos."[15]

Desde esta perspectiva se quiebra la visión del capitalismo como una fuerza que genera sus transformaciones a partir de su propia lógica interna.[16] Richard Rorty, siguiendo este lineamiento, esboza una ruptura más drástica, no sólo socavando las retóricas dualistas tradicionales sino eliminando el telón de fondo de las fuerzas políticas que históricamente se han articulado en relación de oposición al capitalismo:

> "No podemos seguir utilizando el término 'capitalismo' ya sea como sinónimo de una 'economía de mercado', ya sea como equivalente de 'la fuente de todas las injusticias contemporáneas', ni tolerar la ambigüedad del 'capitalismo' como término para indicar ya sea un modo de financiar la producción industrial y tecnológica ya sea 'el Gran

---

de trabajo, y siempre involucrando instituciones, patrones socioculturales de varios tipos, en especial jurídico-políticos, que constituyen las relaciones de producción. (O. Ianni; *Teorías de la globalización*; op.cit., p.33)

[15]Lo que no quiere decir que una región de lo social no pueda establecer una identidad separada, sino que es preciso considerar el carácter contextual de las identidades, o sea, como apunta Ernesto Laclau, que esta separación tiene condiciones de existencia específicas que establecen al mismo tiempo sus límites. (E.Laclau; *Nuevas reflexiones sobre la revolución de nuestro tiempo*; op.cit., p.42).

[16]Op.cit., p.72.

Mal responsable de la mayor parte de la miseria humana." [17]

Este despojo, lejos de tratarse de una oda a la resignación o de una postura sumisa a las prácticas de la dominación, alude más bien a que no solamente no se cuenta con una "base teórica" (omnicomprensiva y políticamente útil a la vez) para la acción política sino que –como afirma Rorty- probablemente ni siquiera la necesitamos.

> "Espero que en los tiempos que hoy corremos podamos, finalmente, desembarazarnos de la convicción (...) de que para encontrar cómo acabar con la injusticia existen anchos caminos teóricos, opuestos a los pequeños caminos experimentales. Espero que seamos capaces de salir adelante sin la convicción de que existe una realidad profunda –por ejemplo: el alma humana o la voluntad de Dios, o el curso de la historia- que ofrece el punto de partida para una teoría omnicomprensiva y políticamente útil." [18]

No obstante existen unas regularidades internas en el orden de la dominación que posibilitan el ejercicio hegemónico de ciertos poderes. Entre ellos, el del capital. Y, teniendo en cuenta las consideraciones anteriores, es pertinente subrayar, pues, que el desenvolvimiento del capitalismo (parte integral del proyecto político moderno) -según los trabajos de Michel Foucault- ha sido posible a través de la inserción controlada de los cuerpos en el aparato de producción y mediante un ajuste de los fenómenos de población a los procesos económicos. Procesos que desde sus estadios iniciales asomaban una tendencia a expandirse a escala planetaria.[19] De

---

[17]R. Rorty; ¿Cantaremos nuevas canciones?; *Izquierda punto* cero; op.cit., p.67.

[18]Op.cit., p.61.

[19]Por ejemplo, Octavio Ianni sostiene que desde que el capitalismo se desarrolló en Europa, siempre presentó connotaciones internacionales, multinacionales, transnacionales, mundiales, desarrolladas en el interior de la acumulación originaria, del mercantilismo, el colonialismo, el imperialismo, la independencia, la interdependencia. (O. Ianni; *Teorías de la globalización*; Editorial *Siglo XXI*; México,

acuerdo al objetivo estratégico que persigue la utilidad y docilidad de los sujetos, la economía capitalista ha requerido métodos de poder capaces de aumentar las fuerzas, las aptitudes y la vida en general, sin por ello tornarlas más difíciles de dominar. Es decir, que ha requerido de mecanismos para asegurar la reproducción incesante de las condiciones de producción y de los modos de vida que circulan en torno a ella –según el lenguaje marxista-. Y tal vez ya no es posible hablar de una integración exhaustiva y total a las tecnologías de dominación, pero sin duda es posible evidenciar reajustes significativos en la economía política de las mismas. El siglo XX ha asistido –siguiendo los trabajos de Michel Foucault- una reingeniería entre la acumulación de los sujetos y la del capital, la articulación entre el crecimiento poblacional y la expansión de las fuerzas productivas y la repartición diferencial de la ganancia. Reingeniería que ha sido posible, en gran medida, por las múltiples formas y procedimientos de las técnicas de poder de las disciplinas y los controles reguladores entre los cuales el poderío estatal juega un papel crucial...

El Estado: ¿simulacro de poder?

Las mutaciones en los dispositivos de normalización en las sociedades actuales han llevado implícitas las exigencias de un poder cuyo encargo, acorde a su razón de ser y la lógica estratégica que lo mueve, es administrar la vida a través de controles precisos y regulaciones generales. En las sociedades llamadas *democráticas* no existe una representación exclusiva de la verdad, por lo que suponer la omnipotencia de un poder central (sea del Estado o de una clase dirigente), se hace insostenible. El poder político del Estado reside mas bien, no en el ejercicio de un poder absoluto sino, en la capacidad de administrar los cuerpos, mediante las vertientes institucionales de las disciplinas (escuela, ejército, policía, familia, etc.) y, simultáneamente, a través de múltiples y diversas intervenciones y controles reguladores de la población. Según Foucault:

"...si el desarrollo de los grandes aparatos de Estado, como *instituciones* de poder, aseguraron el mantenimiento de las relaciones de producción (...) las técnicas de poder -disciplinas y controles reguladores- (...) actuaron en el terreno de los procesos económicos, de su desarrollo, de las fuerzas involucradas en ellos y que lo sostienen; operaron también como factores de segregación y jerarquización social, incidiendo en las fuerzas respectivas de unos y otros, garantizando relaciones de dominación y efectos de hegemonía..." [20]

Aún así, es posible que el Estado no sea más que una realidad compuesta -como advierte Foucault-, una abstracción mitificada, cuya funcionalidad es mucho menos rigurosa de lo que aparenta y su importancia más limitada de lo que se puede creer. Sin embargo, aún cuando el capital ha sabido ingeniárselas para prescindir –de estimarlo necesario o conveniente- de las formas jurídicas que asuma cada territorio, ha sido en el gran escenario de sus dominios donde las apuestas de las luchas políticas han encontrado sus pertinencias. Al Estado se le culpa de las complicidades con los poderes de los privilegiados y a la vez se le exige sensibilidad ante los marginados, explotados, excluidos y olvidados; el Estado aparece al interior del imaginario político moderno como lugar determinado que ocupar y, de vez, como blanco móvil y disperso que atacar...

El Estado moderno contemporáneo no es una estructura estable e invariante. Sin embargo, aún cuando su administración inmediata pueda alterarse, sea de forma sutil (como los procesos eleccionarios y las reformas políticas e institucionales) o dramática (como un golpe de Estado o una revolución política), todavía se suele representar como un poder omnipresente, inmutable. Los límites de sus dominios se manifiestan marcadamente a partir de sus propias imposibilidades y estas se perfilan, a su vez, en sus incapacidades de gobierno. Es simplemente una ilusión moderna pensar que el poder de Estado puede "tomarse" por el acto de ocupar posiciones de gobierno. El gobierno no es el Estado. Como advierte Ralph Miliband, si se cree que el gobierno es, en efecto, el Estado, también se puede creer que el asumir el poder gubernamental equivale a adquirir el poder estatal. Esta creencia -

---

[20]Cabe añadir además que (M.Foucault; *Historia de la Sexualidad: la voluntad de saber*, op.cit., p.171).

añade- expone tanto a riesgos políticos como a desencantos:

> "Sin embargo, nada tiene de extraño que a menudo el gobierno y el Estado nos parezcan sinónimos. Pues el gobierno es el que habla a nombre del Estado. Sin embargo, que el gobierno hable a nombre del Estado y esté formalmente *investido* de poder estatal no significa que controle efectivamente este poder."[21]

De acuerdo a Miliband, el Estado no es una cosa, no existe como tal. El término 'Estado' -añade- designa cierto número de instituciones particulares, que en su conjunto, constituyen su realidad y ejercen influencia una en otras en calidad de partes de aquello que podemos llamar sistema de Estado.[22] Pero más aún, como afirma Guillermo O'Donell, es un error asociar el Estado con el aparato estatal, o la suma de las burocracias públicas, que indudablemente son partes del Estado, pero no constituyen el todo.[23] El Estado es también un conjunto de relaciones sociales que establece cierto orden en un territorio determinado, y finalmente lo respalda con una garantía coercitiva centralizada.[24] Además, -añade O'Donell- no se trata de un orden igualitario, socialmente imparcial; tanto bajo el capitalismo como bajo el socialismo burocrático, ese orden respalda y ayuda a reproducir relaciones de poder que son sistemáticamente asimétricas. El Estado, entonces, no es ni el depositario instrumental (objeto) de un poder-esencia que posea la clase dominante, como señala Poulantzas, ni el sujeto poseyente de tanto poder como arrebate a las otras clases, en un enfrentamiento cara a cara; es un lugar y un centro del ejercicio del poder, pero sin poseer poder

---

[21]R. Miliband; *El Estado en la sociedad capitalista*; op.cit., p.51.

[22]Ídem.

[23]G. O'donell; "Estado, democratización y ciudadanía"; *Gobernabilidad, ¿sueño de la democracia?*; op.cit., p.65.

[24]Muchas de estas relaciones -apunta O'Donell- se formalizan mediante un sistema legal provisto y respaldado por el Estado. Por ejemplo, el sistema legal es una dimensión constitutiva del Estado y del orden que este establece y garantiza en el territorio dado.

propio. El Estado es, entonces, lugar de organización estratégica de la dominación, pero también escenario de duelo, donde además del sometimiento, consentido o no, se imbrican fuerzas de resistencia. En palabras de Poulantzas:

> "...las luchas populares se inscriben en la materialidad institucional del Estado, aunque no se agoten ahí, materialidad que lleva la marca de esas luchas sordas y multiformes. Las luchas políticas que conciernen al Estado, como (...) cualquier lucha frente a los aparatos de poder, no están en posición de exterioridad con respecto al Estado sino que forman parte de su configuración estratégica: el Estado, como sucede con todo dispositivo de poder, es la condensación material de una *relación*."[25]

Son las tácticas de gobierno, pensadas, reflexionadas y calculadas en función de su objeto político, el efecto de conjunto de estas relaciones, las que permiten definir qué es lo que compete al Estado y qué no. En otra palabra, la *gobernabilidad*.[26] En este escenario el Estado aparece entramado en juegos diferenciados de poder, contingentes pero a la vez regulados, imprecisos pero delimitados a la vez...

La verdad y lo real en el discurso legitimador del pode estatal

La eficacia política del poderío estatal depende de la capacidad de legitimar su presencia y sus intervenciones. Para

---

[25]N.Poulantzas; *Estado, poder y socialismo*; Editorial Siglo XXI, México, 1980, p.175-78.

[26]Este concepto, esgrimido por Michel Foucault, y traducido además como 'gubernamentalidad', debe ser entendido fundamentalmente como el conjunto de instituciones, procedimientos, análisis y reflexiones, cálculos y tácticas que han permitido ejercer una forma específica y compleja de poder que tiene por blanco la población, por forma principal de saber la economía política, y por instrumentos técnicos esenciales los dispositivos de seguridad; y como la preeminencia de un tipo de poder que se puede llamar gobierno sobre los otros: soberanía, disciplina, etc., y que ha implicado el desarrollo de aparatos específicos de gobierno y a la vez, de múltiples saberes. (M.Foucault; "La gubernamentalidad"; *Espacios de poder*, Ediciones *La Piqueta*; op.cit., p.25).

cumplir este objetivo, el discurso estatal debe arreglárselas constantemente para lograr apelar e interpelar[27] de manera efectiva tanto a la población en general como a los sujetos en particular. Es decir, de producir efectos de verdad, modos particulares de (re)presentar la realidad –como advierte Madeline Román-.[28] Realidad que, según la teoría marxista de la ideología, tal y como es dada al sujeto, está socialmente constituida, es el efecto de una variedad de prácticas sociales.[29] Esta condición requiere la integración estratégica de un lenguaje particular, que posibilite registrar sus dominios bajo la forma de una *verdad*. Lo que no quiere decir que el Estado sea un centro fijo productor de significados. La hegemonía del discurso estatal depende de la capacidad de producir un cierto *sentido común*, de articular la verdad de las cosas, qué corresponde legítimamente al orden de lo real, de lo posible, o a fin de cuentas, de lo permitido por ley, por los límites de su moralidad y de su (in)tolerancia.

El *pacto* social: un mito legitimador

Sabido es que para lograr una mayor eficacia política en su ejercicio, el poderío estatal requiere de una armadura que legitime sus prácticas particulares y su existencia general. Necesita instaurarse en un régimen de verdad, lo suficientemente moldeable que permita *superar* las constantes entradas a periodos de crisis de credibilidad y desconfianza. Lo mínimo requerido es el dominio sobre lo real; ser poder que autorice sus sentidos y regule las oposiciones a los

---

[27]La noción de *interpelar* supone asumir la categoría *sujeto* como una cualidad del ser, como lugar de sujeción viable a través de los discursos. En el sentido de Foucault los discursos *producen* sujetos. Esto incluye los diversos modos como se provocan reacciones; el (re)conocimiento de un "yo" frente a un discurso, de autoconvocatoria, de conformidad e inclusión. Se trata de la práctica ininterrumpida de los rituales de sujeción, como la condición *eterna* del *inconsciente* de Freud o de la *ideología* de Althusser; de eso que activa el *yo* como referente, alude a lo implicado socialmente en la categoría *sujeto* y que tiene como efecto invariable el reclutamiento de las personas particulares a la participación activa (conciente o no) en un discurso dado.

[28]M. Román; *Estado y criminalidad en Puerto Rico: un abordaje criminológico alternativo*; Publicaciones puertorriqueñas; San Juan, 1993; p.ix.

[29]A. Callinicos; "¿Postmodernidad, post-estructuralismo, post-marxismo?"; *Theory, Culture & Society*, vol. 2, núm. 3, 1985, en J. Picó; *Modernidad y posmodernidad*; p.267.

mismos. Y así lo hace, por lo menos dentro del espectro de sus ordenamientos jurídicos, bajo el nombre de la ley. El calificativo democrático se lo arroga como parte del discurso liberal moderno. Este se monta sobre un vértice dicotómico que, a partir de la *secularización* del Estado, hace referencia a un contrato o pacto imaginario que, según supone la existencia diferenciada entre una "sociedad civil" y el Estado, está supuesto a mediar las relaciones entre ambas partes. La discursividad jurídica local, marco referencial desde el cual se cuaja gran parte de la imaginería política moderna y el discurso democrático, monta su legitimidad sobre un mito ideológico: la soberanía del pueblo:

> "El poder público emana del pueblo y se establece con arreglo a la voluntad general a través del proceso político. Y en consonancia con esta voluntad del pueblo, se forma éticamente el Estado para orientar la convivencia humana en la consecución del bienestar general."[30]

Según la ideología liberal el Estado no es sino la agrupación política de que dispone el *pueblo*, cuyo *fin* es el de *realizar* la vida humana dentro de su comunidad a través del derecho, dado por *el pueblo*, para el cumplimiento de *sus* fines ético-políticos, o sea del *bien común*. La denominada "voluntad" del Estado no es, desde esta perspectiva, sino la expresada en su sistema formal de derecho, conferido por la facultad *originaria* del pueblo, o sea por su *soberanía*, bajo la forma jurídica de la ley. En palabras de Aurora Arnaiz:

> "...ni el Estado es la autoridad, ni el derecho es la coacción, ni la comunidad organizada es el poder, sino el pueblo. Y el pueblo organizado es el Estado."[31]

La noción de *pueblo* aparece en el orden del discurso de lo democrático como vector mítico; como soporte ideológico del sistema capitalista y sus adversarios; como razón de ser de los

---

[30]J.B.Fuster; *Los derechos civiles reconocidos en el sistema de vida puertorriqueño*; Comisión de Derechos Civiles, Estado Libre Asociado de Puerto Rico, San Juan, 1974, p.37.

[31]A. Arnaiz Amigo; *Ética y Estado*; op.cit., p.151.

regímenes de gobierno y de las ilusiones democráticas que los atraviesan. En esta categoría de *identidad colectiva* se condensa la idea de *voluntad humana*, referente ontológico a partir del cual se *constituye* el Estado bajo la forma de una *soberanía*. Esta soberanía -según Arnaiz- no reside en el Estado, sino en el pueblo. Es decir, que la fuente de todo poder, como de todo derecho, viene del pueblo.[32] Entre estas coordenadas, acorde a la *voluntad* de los *hombres* en el Estado, que se supone *libre*, las facultades del Estado son delegadas y *su* poder, atribución concedida, vigilada y limitada por *la voluntad del pueblo*. En este sentido, según Arnaiz, el pueblo nunca obedece al Estado, porque sería tanto como pretender que se obedezca a sí mismo. En otras palabras, si bien el gobernante tiene poder en el Estado, pero nunca posee el poder del Estado[33], -sostiene- tan sólo el *individuo* (de voluntad libre) *obedece* a su pueblo a través de su *acatamiento* al orden estatal. Desde esta perspectiva el Estado no tiene ningún poder en sí, como no sea el de la autoridad, el del derecho, el de su organización jurídica y política. Así se mantiene la ficción de que el gobernante no tiene imperio sobre las personas, sino facultad sobre determinados actos. Pero, como sostiene Arnaiz, el propio derecho (que, no *es* un fin, sino un medio para la convivencia humana), garantiza la limitada intromisión de la autoridad en aquellos actos. Añade, además:

> "...no existe ficción mayor, en la teoría de Estado, que la doctrina del poder político como una fuerza exclusivamente sancionadora, disciplinaria, dominadora, irresistible, a la que hay que aplacar, procurando no entrar en la órbita de su dominio."[34]

Si bien, entonces, el Estado no debe identificarse ni con la autoridad ni con la coacción del derecho -añade Arnaiz- tampoco deberá confundirse la ley, como norma elaborada, con el representante político, ni con la fuente formal de la soberanía.[35]

---

[32]Op.cit., p.217.

[33]Op.cit., p.194.

[34]Op.cit., p.211.

[35]Op.cit., p.213.

Según Arnaiz, el *origen* del Estado, como el de la nación y el del derecho, se encuentra en el pueblo, en la acción ético-política de éste[36]:

> "El Estado, en su institución y organización es (...) resultante de los móviles del hombre político, de las doctrinas y ciencias que se ocupan de la vida común. En sí mismo el Estado no expresa nada. Es resultado de la expresión, cual sucede con cualquier tipo de sociedad jurídica y asociación humana. El Estado despliega una actividad representativa, formada por las asociaciones políticas de las gentes que viven jurídicamente en un territorio y que han de resolver situaciones y motivaciones, tanto para el interior como para el exterior del Estado."[37]

El entramado de estas relaciones supone entonces un arreglo de *la voluntad general*, (que se supone sea la consecución del bien común), que en la modernidad, entre los seudónimos de la dominación, lleva el de *pacto social*. Esta condición mítica de la democracia liberal, que no es sino el consentimiento de una organización jerárquica y coactiva de lo social, supone coagularse en la progresiva cesión (in)voluntaria de poderes. En el orden de este discurso se organiza la estructura del poderío estatal; se asignan autoridades y las consecuencias penales de la insumisión o la desobediencia; se ocupan jerarquías y sus respectivas posiciones de subordinación; se distribuyen deberes y responsabilidades; se reparten privilegios y con ellos infinidad de exclusiones y sometimientos. Dando al traste con las *teorías* políticas tradicionales, Ángel J. Capelletti narra que por causas diferentes, y no siempre claramente comprendidas, el poder de los individuos y de los grupos comienza a reunirse y a concentrarse en unas pocas manos. El fenómeno básico que da *origen* a tal concentración de poderes – añade- puede describirse como una *delegación* (que pronto se convierte en cesión definitiva) de los poderes de los individuos y de los grupos, hasta hacer *nacer* (junto a las clases sociales y la propiedad

---

[36]Op.cit., p.188.

[37]Op.cit., p.281.

privada) el Estado, que *es* síntesis, cifra y garantía de todo poder y de todo privilegio.[38]

Aunque el énfasis del cómo y del por qué nace el poder estatal varía desde múltiples perspectivas y posiciones, y aunque los modos como incide en las personas son relativos y limitados, no quiere decir que las mayorías (el pueblo) -a las que se refiere en *última instancia* la fuente legítima de su poderío- estén *concientes* de que desde el momento en que a cada uno lo hacen nacer, un *pacto* (in)voluntario condiciona, regula y determina gran parte de nuestras existencias...

La hegemonía liberal

La teoría liberal moderna interpreta al Estado como una institución establecida en los intereses de la sociedad como un todo, y cuyo propósito no es otro sino el de mediar y reconciliar los antagonismos que *inevitablemente* tienen lugar a partir de la propia existencia de la sociedad, que de cierta manera aparece como devenir natural, inmutable y autoregenerable. Por voluntad de conveniencia o tal vez por falta de otra ocurrencia, este contrato *tácito* se convierte en condición fundante de los arreglos sociales, en punto de partida, en preservativo ideológico y dispositivo legitimador. Sobre él se monta una suerte de teología política. Miguel Bakunin la describe:

> "...¿Qué es el Estado? Es la cosa pública, nos responden los metafísicos y los doctores en derecho; los intereses, el bien colectivo y el derecho de todos, opuesto a la acción disolvente de los intereses y pasiones egoístas de cada cual. Es la justicia y la

[38]Según Capelletti, "...los hombres (individuos o grupos) ceden a determinados individuos el *derecho* de defenderse y de usar su energía física, a cambio de ser eximidos del *deber* de hacerlo. Nace así el poder militar. Ceden también el derecho de pensar, de usar su capacidad intelectual de forjar su concepción de la realidad y su escala de valores, a cambio de ser relevados de la pesada *obligación* y el duro *deber* de hacerlo. Nacen entonces el poder intelectual y sacerdotal..."Cappelletti, siguiendo la línea de pensamiento de Kropotkin y de Bakunin, continúa su narrativa: "Guerreros y sacerdotes exigen al mismo tiempo una partición de los bienes económicos y, ante todo de la tierra. Y para hacer respetar los *derechos* que se les han cedido y las propiedades que *ipso facto* han adquirido, instituyen el *Estado* y la *Ley*, y eligen de su propio seno al *gobernante* o los *gobernantes* (...) Nace así, junto con las *clases sociales* y la *propiedad privada*, el *Estado*, que es síntesis, cifra y garantía de todo poder y de todo privilegio." (A.J. Cappelletti; *La ideología anarquista*; Editorial *Reconstruir*, Buenos Aires, 1992, p.25)

realización de la moral y de la virtud sobre la tierra. En consecuencia, no hay acto más sublime ni mayor deber para los individuos que el entregarse, el sacrificarse y morir si es preciso, por el triunfo, por la potencia del Estado."[39]

Desde esta perspectiva, sin duda, el Estado no sería otra cosa sino -en palabras de Capelletti- síntesis, cifra y garantía de todo poder y de todo privilegio. Sin embargo, dar por sentado que el Estado posee una suerte de poder trascendental supondría que, de cierta manera, en su ausencia, *la* sociedad no tendría ni coherencia ni posibilidad de permanencia. Esta ausencia de un poder regulador central (el Estado), según Claude Lefort, demandaría obediencia incondicional y subordinación de los intereses privados a la necesidad imperativa de su preservación.[40] Cabe considerar, entonces, que las luchas políticas y el carácter conflictivo de lo social, reconocido por la discursividad jurídica y puesto en movimiento por los procesos *contestatarios* del orden democrático-liberal (a partir del marco de los derechos civiles, por ejemplo) marcan más la condición indeterminada del poder estatal que un poder intocable y definitivo. Apunta Lefort:

> "Reason of state threatens to become an absolute, but it is powerless to assert itself because it remains subject to the effects of the aspiration of the individuals and groups in civil society and, therefore, to the effects of such demands as can be inscribed within public space."[41]

Lo que no quiere decir que las aspiraciones *civiles* (individuales o colectivas) estén libres de limitaciones, trabas y presiones políticas, económicas o culturales. Los teóricos de inspiración marxista, por ejemplo, afirman que la *estructura de clase* de la sociedad no pertenece a ningún orden natural sino que es

---

[39]M. Bakunin; "Estado y libertad"; *La libertad*; Editorial *Grijalbo*, México, 1972, p.51.

[40]C.Lefort; *Democracy and Political Theory*; University of Minnesota Press, Minneapolis, 1988, p.231.

[41]Op.cit., p.231.

producto del propio desenvolvimiento social. Paul Sweezy, por ejemplo, interroga cómo una estructura de clase particular adviene y por qué medios la continuidad de su existencia es garantizada.[42] Una respuesta posible sería que, en los Estados capitalistas modernos, el mantenimiento y preservación de las instituciones básicas de las que depende la estructura de clase y el privilegio, es de gran importancia para la *clase* capitalista.[43] Prueba de ello la encontraríamos en el momento en que estas instituciones convienen y afinan el poder, la riqueza y el prestigio -como advierten Richard C.Edwards y Arthur MacEwan- no necesitando al Estado para incrementar su posición, sólo para asegurarla.[44] La intervención estatal en contextos huelgarios durante todo el siglo XX lo evidencia. En letra de Ralph Miliband:

"En ocasiones innumerables, y en todos los países capitalistas, los gobiernos han desempeñado un papel decisivo en la tarea de hacer fracasar las huelgas, frecuentemente mediante la invocación del poder coercitivo del Estado y el uso de la franca violencia; y el que lo hayan realizado en nombre del

---

[42]P.M.Sweezy; "The Theory of Capitalist Development" (extracto), Revista *Monthly Review Press*, Chapter XIII, New York, 1942, en R.C. Eduards; M. Reich y T.E. Weisskopf; *The Capitalist System: A Radical Analysis of American Society*; op.cit., p.133.

[43]El término "clase dominante", según Edwards y MacEwan, puede evocar la imagen de un grupo pequeño, conspiratorio, que calcula fríamente la opresión de los empobrecidos para su beneficio propio. Este entendido, señalan los autores, no resulta adecuado. Apuntan que una clase puede montar a través de varios mecanismos, sea que comparten objetivos comunes, intereses, sistemas de valores, ideología, etc. Por ejemplo, cuando el sentido de *identidad* se da a partir de tener conciencia de su separación del resto de la sociedad (escuelas de elite, barriadas segregadas, clubes sociales, etc.). Sin embargo, refiriéndose a la clase dominante, de un lado: "Obviously, if aware of their own position and if working toward a common goal, the members of the ruling class need not 'conspire' to assure behavior in their common interest." De otro, "...the very strong capitalist ideology (...) tends to make class consciousness per se less important. A set of values that justify the position of the capitalist class, the basic institutions of capitalism, and the *status quo* in general, provides a guide to action."(R.C. Edwards y A. MacEwan; "A Radical Approach to Economics: Basis for a New Curriculum"; *American Economic Review*, (extracto) en R.C. Eduards; M. Reich y T.E. Weisskopf; *The Capitalist System: A Radical Analysis of American Society*; op.cit., p.135-40).

[44] Ídem.

248

interés nacional, de la ley y el orden, del gobierno constitucional, de la protección debida al 'público en general' etc., y no simplemente en apoyo de los patronos, su intervención no ha restado un ápice de utilidad para estos últimos."[45]

Sin embargo, no todas las acciones del Estado se reducen a la dominación política, aunque, como apunta Nicos Poulantzas, todas están constitutivamente marcadas por esa dominación. Por ejemplo, la intervención estatal en la vida económica tiene, por lo menos en gran parte, el objetivo de auxiliar a la empresa capitalista. Por demás es sabido que a los gobiernos les concierne, por el *bienestar general*, el mejor funcionamiento de la *economía*. Y tal vez sea en este escenario donde más se afina la noción de "estado benefactor". Sólo que en esta ocasión quien más se *beneficia* es una suerte de economía y no otra. Como apunta Ralph Miliband, esto determina que, independientemente de quién salga ganando o perdiendo, los que menos tienen probabilidades de perder son los intereses capitalistas. Entre los arreglos de este juego, fundado en la retórica mítica de un pacto tácito, y consagrado en la constitución y en el ordenamiento jurídico en general, las mutaciones en las *prioridades* del Estado, vinculadas al programa *liberal*, aparecen respaldadas y supervisadas por los sectores del capital que disfrutan de la hegemonía ideológica y política. James Weinstein apunta:

> "This position is not based upon a conspiratory theory of history, but it does posit a conscious and successful effort to guide and control the economic and social policies of federal, state, and municipal governments by various business groupings in their own long-range interests as they perceived it."[46]

Entre estas coordenadas, el Estado liberal y constitucional, basado en la discursividad mítica del *pacto social*, ha pasado a desempeñar un papel cada vez más importante en el proceso de

---

[45]R.Miliband; *El Estado en la sociedad capitalista*; op.cit.,79.

[46]J. Weinstein; *The Corporate Ideal and the Liberal State*, 1968 (extracto) en R.C. Eduards; M. Reich y T.E. Weisskopf; *The Capitalist System: A Radical Analysis of American Society;* Op.cit., p.189-193.

"socialización política" y como tal ahora interviene masivamente tanto en la economía como en la competencia ideológica, de tales maneras -como apunta Ralph Miliband- que se ha convertido en uno de los principales "arquitectos de consenso conservador". Su encargo político, de preservar y regular así como de elaborar, inculcar y reproducir, es filtrado por una *ideología dominante*. Y es que el poder de Estado -sostiene Poulantzas- no puede consagrar y reproducir la dominación política exclusivamente por medio de la represión, de la fuerza o de la violencia "desnuda". Ha de recurrir a la ideología, que legitima la violencia y contribuye a organizar un consenso de ciertas clases y fracciones dominadas respecto al poder político. La ideología -añade- no consiste solamente, o simplemente, en un sistema de ideas o representaciones: concierne también a una serie de prácticas materiales, que se extienden a los hábitos, las costumbres, el modo de vida de los agentes, y se moldea así, como materia vinculante, en el conjunto de las prácticas sociales, incluidas las prácticas políticas y económicas. [47] Bajo su imperio se tiran las cartas del consentimiento, barajadas e intercambiadas en abierta complicidad con el capital, sea con sus jugadores privilegiados o con los que compiten, aspiran y apuestan a *serlo*. Entre estas coordenadas se montan los juegos de la hegemonía política e ideológica.[48] En otras palabras, de la dominación consentida. Como parte de este andamiaje ideológico, la retórica mítica del pacto social consagra su primacía. Escribió Robert Lynd hace más de cincuenta años:

> "La democracia liberal nunca se ha atrevido a encarar que el capitalismo industrial es una forma intensamente coercitiva de organización de la sociedad, que acumulativamente obliga a los hombres y a todas sus instituciones a hacer la voluntad de la minoría que detenta y esgrime el

---

[47]N. Poulantzas; *Estado, poder y socialismo*; op.cit., p.27.

[48]Gwynn Williams define el concepto de hegemonía como 'un orden en el cual es dominante un determinado modo de vida y de pensamiento, en el cual un concepto de la realidad está difundido a través de la sociedad en todas sus manifestaciones constitucionales y privadas informando con su espíritu todos los gustos, la moral, las costumbres, los principios religiosos y políticos y todas las relaciones sociales, particularmente en sus connotaciones intelectuales y morales. (G.A. Williams; "Gramsci's Concept of *Egemonia, Journal of the History of Ideas*, vol.21, num.4, 1960, p.587; en R.Miliband; *El Estado en la sociedad capitalista*; op.cit., p.174)

poder económico; y que este incesante torcimiento de las vidas de los hombres y de las formas de asociación es, cada vez menos, resultado de las decisiones voluntarias de hombres "malos" o de hombres 'buenos' y, cada vez más, una red impersonal de coerciones dictadas por la necesidad de mantener en funcionamiento el sistema."[49]

De acuerdo a esta descripción, sostiene Ralph Miliband:

"Las diversas agencias de persuasión política, por más independientes, diversas e incluso discordantes que sean esas voces, hablan el idioma de la adaptación a la sociedad capitalista, y sobre todo cuando hablan de reforma que, por lo común, se conciben como parte de esa adaptación. Por eso, no obstante la diversidad de formas y modismos que su lenguaje pueda cobrar, ha de entenderse que, junto con el Estado, están dedicadas a una empresa combinada y formidable de adoctrina-miento conservador."[50]

Aún así, cabe acentuar un alerta. Un equívoco persistente, ligado a la representación del Estado al binomio represión-ideología apunta Poulantzas- es confundir la reproducción de la ideología dominante con la simple ocultación o disimulación de los propósitos y objetivos del Estado, el cual no produciría más que un discurso unificador y permanentemente mistificador, y no avanzaría así más que envuelto en el secreto y siempre enmascarado.[51] Desde las tragedias de la antigua Grecia, representadas, por ejemplo, en el teatro de Esquilo, subía a escena el carácter desnudo y sin reserva alguna de las tecnologías de dominación. Hermes -mensajero imperial-, le recuerda a Prometeo que de no rendirse a *sus* razones no espere el fin del suplicio, que la boca de Zeus no sabe decir mentira,

---

[49]R. Lynd; "Prólogo a R.A. Brady; *Business as a System of Power*, 1943, p.xii, según citado en R. Miliband; *El Estado en la sociedad capitalista;* op.cit., p.73.

[50]R. Miliband; *El Estado en la sociedad capitalista*; op.cit., p.210.

[51]N. Poulantzas; *Estado, poder y socialismo*; op.cit., p.32.

y todas sus palabras se cumplen.[52] Quien tiene el poder sobre la vida no tiene por qué mentir: la verdad del soberano -se trate de sus más oscuros deseos o sus más claras convicciones, si cuenta con el poder para imponerse, ¿para qué mentir? El siglo XX, que sin duda ha desarrollado el arte de fingir al extremo de hacerlo una de sus características más ilustrativas, no ha dejado de *creer*, con toda sinceridad, en las mentiras que, para bien o para mal, él mismo ha inventado. A fin de cuentas, después de todo -recuerda Miliband- casi no hay día en que los dirigentes políticos encargados de los asuntos del país no hagan llegar al público, indistintamente, sus ideas y creencias:

> "Los regímenes capitalistas han sido gobernados, principalmente, por hombres que, o bien han creído con toda sinceridad en las virtudes del capitalismo, o independientemente de los reparos que hayan podido poner a algunos de sus aspectos, lo han aceptado por considerarlo muy superior a cualquier otra posibilidad sustituta del sistema económico y social, y, por consiguiente, han hecho de su defensa el cometido principal de su acción."

Y más adelante advierte:

> "No hay duda de que la mayoría de los dirigentes políticos que detentan el poder se hacen esta imagen de su cargo, y de sí mismos, con toda sinceridad y convicción. En verdad, dudar de sus afirmaciones de estar exentos de prejuicios clasistas, por considerarla como pura hipocresía, da lugar a una peligrosa subestimación de su dedicación y determinación con que se lanzan a la ejecución de una tarea de cuya nobleza están profundamente persuadidos. Hombres de tales convicciones no se apartan fácilmente del propósito perseguido porque se apele a la razón, al sentimiento o a la evidencia..."[53]

---

[52]Esquilo; "Prometeo encadenado"; *Teatro Griego*; op.cit., p.112.

[53]R. Miliband; *El Estado en la sociedad capitalista*; op.cit., pp.68, 70 y 73.

Para el ejercicio efectivo de una dominación no es requisito indispensable mentir, pero tampoco rechazar los beneficios que deja el buen dominio de este arte. Las estrategias políticas de los gobiernos, así lo han sabido utilizar pues, en ocasiones, de refinadas mentiras ha dependido su propia conservación. Sin embargo, el peligro mayor reside en la convicción y certeza de tener la razón y, sobre todo, la fuerza para imponerla...

El orden *interior*

Pero, aún suponiendo que, además de la mentira y la hipocresía, la sinceridad y la convicción son soportes fundamentales de las tecnologías de la dominación, me parece que ambos polos están entrecruzados por condiciones que exceden la retórica subjetivista. Por ejemplo, (in)dependientemente de la *voluntad* de los gobernantes, el *desarrollo* económico y social ha estado determinado de manera masiva por las estrategias de un capital financiero e industrial interconectado a escala planetaria. Como sostiene Octavio Ianni:

> "...el aparato estatal, por todas sus agencias, siempre simultáneamente políticas y económicas, además de administrativas, es llevado a reorganizarse o 'modernizarse' según las exigencias del funcionamiento mundial de los mercados, de los flujos de los factores de la producción, de las alianzas estratégicas de corporaciones."[54]

Entre estas coordenadas, para los Estados nacionales, según André Gorz, ha resultado cada vez más difícil gobernar el *desarrollo* mediante medidas sociales y de política económica, pues éstas deben pasar por los filtros de ciertos elementos políticamente incontrolables, indispensables para la competitividad, resultado de las leyes propias de la economía de mercado.[55] Como consecuencia de

---

[54]De ahí -añade Ianni- la internacionalización de las directrices relativas a la desestatización, desregulación, privatización, apertura de fronteras, etc. (O. Ianni; *Teorías de la globalización*; Editorial *Siglo XXI*; México, 1997, p.34).

[55]Entre ellos, por ejemplo, André Gorz menciona: el desmantelamiento del Estado social, el recrudecimiento de la pobreza y de las desigualdades sociales, la rápida

ello, señala Gorz:

> "La política se ha convertido en el arte de gobernar
> los imperativos del sistema, contrarios a los intereses
> vitales de la población, dentro de espacios cada vez
> más reducidos."[56]

Aparte de las tensiones y ambigüedades que inevitablemente
aparecen cuando suben a escena interrogantes como qué podría ser
el *interés vital de la población*, cuál población o qué interés, o cuán vital
respecto de qué, para quién o para quiénes, ¿acaso podría existir una
política estatal totalmente contraria a los intereses de la población?
Me parece que no. Los reajustes estructurales del Estado y las *nuevas*
tácticas de gobierno, enmarañados implícitamente en los juegos del
capital posmoderno,[57] obedecen, de cierta manera, no solamente a
los juegos del lenguaje, a las pugnas de significaciones que asisten la
trama epocal sino, además, a un *orden interior* inmanente al Estado,
con especificidades particulares y diferenciado, no sólo respecto a
regímenes precedentes, sino en cuanto a estrategias de adecuación.[58]
Este orden interior requiere de un sistema de información que no
tenga como objetivo fundamental la vigilancia de cada sujeto, sino la
posibilidad de intervenir en cualquier momento, allí donde aparezca
algo demasiado arriesgado o peligroso, algo intolerable para el

---

contracción de la clase obrera industrial, los salarios en ocasiones rebajados y sobre
todo, con el rápido crecimiento de la productividad, la disminución de la masa
salarial pagada por las empresas, etc. (A. Gorz; "Adiós, conflicto central"; *Izquierda:*
punto cero; op.cit., p.110).

[56] Ídem.

[57] Si el fordismo, en cuanto racionalidad práctica y política, logró estabilizar el
capitalismo en un periodo histórico particular, ya en la década de los setenta
tropezó con sus propios límites, técnicos y sociales, que dieron lugar a la activación
de nuevas estrategias, a procesos de reestructuración y transición hacia otras
formas de acumulación y de regulación. Según lo utilizan C. Pabón y A. Torrecilla,
el concepto de posfordismo o capitalismo posmoderno, es una metáfora que
sugiere no sólo importantes transformaciones en la estructura y organización de la
producción sino también significativos desplazamientos culturales y políticos. (C.
Pabón y A. Torrecilla; "El capitalismo después del 'fin de la historia'"; op.cit, p.20).

[58] M.Foucault; "Nuevo orden interior y control social"; *Saber y verdad*, Ediciones de
la Piqueta, Madrid, 1991; pp.163-166.

Estado. Requiere además, de un repliegue del poder regulador a través de la movilización permanente de los conocimientos del Estado sobre la población y los sujetos[59] y de la constitución de un consenso general que posibilite su eficacia y funcionalidad. En palabras de Michel Foucault:

> "...para que este nuevo orden interior funcione (requiere) la constitución de un consenso que pasa (...) por toda esa serie de controles, coerciones e incitaciones que se realizan a través de los *mass media* y que, en cierta forma, y sin que el poder tenga que intervenir por sí mismo, sin que tenga que pagar el costo muy elevado a veces de un ejercicio del poder, va a significar una cierta regulación espontánea que va a hacer que el orden social se autoengendre, se perpetúe, se autocontrole a través de sus propios agentes de forma tal que el poder, ante una situación regularizada por sí misma, tendrá la posibilidad de intervenir lo menos posible y de la forma más discreta, incumbiendo a los propios interlocutores económicos y sociales el resolver los conflictos y las contradicciones, las hostilidades y las luchas que la situación económica provoque, bajo el control de un Estado que aparecerá, a la vez, desentendido y condescendiente."[60]

Las (trans)formaciones actuales en el orden interior del Estado, entendidas como reacciones a una progresiva incapacidad de funcionar de la manera habitual, aunque le obligan a una relativa

---

[59]La idea de un gobierno de la población, indica Foucault, hace más aguda la necesidad de desarrollar las disciplinas. Es en este sentido que, por ejemplo, la estadística aparece como una técnica de intervención del gobierno, en cuanto permite cuantificar los fenómenos propios de la población. En sus dominios descubre y muestra que la población tiene su regularidad propia, de sucesos, efectos específicos e irreductibles. Las disciplinas hacen aparecer a la población, como apunta Foucault, como fin del gobierno... como sujeto de necesidades, de aspiraciones, pero también como objeto de la intervención del gobierno; consciente frente al gobierno de lo que quiere e inconsciente de quién le hace quererlo. (M.Foucault; "La gubernamentalidad"; *Espacios de poder*; op.cit., p.23).

[60]M.Foucault; "Nuevo orden interior y control social"; *Saber y Verdad*; op.cit., p.166.

economía de su propio ejercicio del poder, siempre aparecen al relieve en su *voluntad* preservativa y reguladora, conservadora y normalizadora. Sin embargo, las mutaciones de las tácticas de gobierno, insisten en invocar los espectros de la crisis. Pero, ¿existe una crisis de representatividad social, de legitimidad política, en fin, de gobernabilidad? ¿Puede *evidenciarse*, en la creciente incapacidad del Estado de resolver problemas fundamentales de las poblaciones, un problema generalizado de gobernabilidad, o sea, una progresiva dificultad del Estado para ejercer *control* sobre los *gobernados*? ¿Acaso se distancia cada vez más la *sociedad civil* del Estado?

Estado vs. Sociedad (in)civil: ¿crisis de gobernabilidad?

Entre 1789 y 1848 –afirma Immanuel Wallerstein- las posiciones eran firmemente anti-estatales en la antinomia Estado-sociedad, de tal manera que la "extinción del Estado" parecía un ideal que había que anhelar con devoción.[61] Posterior a esta fecha se invierten las estrategias políticas y aún entre variables antagónicas, las movidas tácticas coinciden en apertrecharse del otro lado, buscando fortalecer las estructuras del Estado. En palabras de Wallerstein:

> "Los conservadores llegaron a ver al Estado como un mecanismo sustituto para contener lo que para ellos era la desintegración moral, en vista de que las instituciones tradicionales ya no eran capaces de hacerlo sin la ayuda de las instituciones policiales del Estado. Los liberales llegaron a ver el Estado como el único mecanismo eficiente y racional por medio del cual se podía mantener la marcha de la reforma estable y orientada en la dirección correcta. Y después de 1848 los socialistas llegaron a sentir que jamás lograrían superar los obstáculos a su

---

[61]Los conservadores denunciaban la Revolución francesa en un intento de utilizar el Estado para minar y negar las instituciones consideradas básicas para la sociedad -la familia, la iglesia, la comunidad, la monarquía, los órdenes feudales. Pero los liberales también denunciaban al Estado como la estructura que impedía a cada individuo (...) perseguir sus propios intereses como le pareciera conveniente (...) Y los socialistas también denunciaban al Estado afirmando que representaba la voluntad de los privilegiados antes que la voluntad general del pueblo. (I.Wallerstein; "¿La muerte del socialismo, o el capitalismo en peligro de muerte?: el colapso del liberalismo"; *Después del liberalismo*; op.cit., p.234)

transformación fundamental de la sociedad sin tomar el poder del Estado."[62]

En el escenario de fin de siglo se perfila un desplazamiento progresivo del papel del Estado, tanto por su incapacidad estructural para cumplir sus grandes promesas como por las fuerzas económicas y políticas del capital, que desterritorializan sus dominios y lo empujan hacia zonas más específicas. Afirmar que el Estado por ello atraviesa una crisis es suponer ésta -en palabras de Poulantzas- como momento disfuncional misterioso que rompe bruscamente los equilibrios naturales de un sistema político llamado a *funcionar* de modo armonioso y por autorregulación interna.[63] Advierte, además, que la *crisis política* no se reduce nunca a la crisis económica, ni la crisis del Estado a la crisis de la política, porque el Estado capitalista está hecho de manera que pueda reabsorber las crisis políticas sin que desemboquen en verdaderas crisis de Estado. El concepto de crisis política y crisis de Estado –añade- debe asignársele al campo de una coyuntura particular de condensación de contradicciones, que se traduce en caracteres propios de las instituciones estatales.[64] Hacer alusión, pues, a un Estado en estado de crisis puede convertirse en una trampa. De una parte, la crisis sería más que un juego de seducción una manipulación de los intereses del capital, que evocan una situación de crisis como dispositivo de legitimidad respecto a la orientación de sus propias mutaciones. De otra, un pretexto del mismo poder estatal para ampliar su poder interventor. En palabras de Gladys Román:

> "La crisis estatal ha sido el pretexto para el poder intervenir de manera cada vez más represiva y transparente con las poblaciones y, en particular, con los sectores más distanciados de los discursos oficiales que sustentan el imaginario democrático."[65]

---

[62] Ídem.

[63] N.Poulantzas; *Estado, poder y socialismo*; Op.cit., p.249.

[64] Op.cit., p.251.

[65] Román se refiere a la crisis en tanto crisis política, o sea, al cuestionamiento de los entendidos políticos que legitimaron la presencia e intervención del Estado capitalista sobre las poblaciones y a las dificultades de compatibilizar al presente el

Por ello no es de extrañar que la crisis de gobernabilidad suba a escena directamente relacionada con la cuestión democrática.[66] Sobre todo cuando para cada vez más sectores de la población las condiciones de vida no sólo están cada vez más distantes de las representaciones jurídico-políticas de la igualdad sino que se hace cada vez más aleatoria su participación en las instituciones *democráticas* existentes. Y, aunque podemos coincidir en que los movimientos invocados desde la *sociedad civil*[67] no intentan renovar la creencia en la capacidad del Estado para transformar el mundo, aún así -como apunta Immanuel Wallerstein- los Estados pueden aumentar o reducir el sufrimiento mediante la asignación de recursos, el grado en que protegen los derechos y su intervención en las relaciones sociales entre grupos diferentes. Hasta ahí las ilusiones. Sin embargo, el llamado a construir, expandir, y reconstruir la "sociedad civil", en este contexto, sería vano pues -como advierte Wallerstein- con la declinación de los Estados, necesariamente la sociedad civil se está desintegrando.[68] Lo que no quiere decir que los requerimientos del capital han cesado de exigir la sujeción de los cuerpos y el control de las poblaciones. Mucho menos afirmar que se viene dando un progresivo desplazamiento de la *sociedad civil*, (in)conciente o a través de las luchas políticas, tendiente a reubicar lo civil en posición de exterioridad respecto al campo estratégico del

---

desenvolvimiento de este sistema con el ideal político de la democracia. Sostiene que, la precariedad, vulnerabilidad e incapacidad de convocatoria del Estado es lo que caracteriza la crisis estatal. (G. Román; "Crisis de gobernabilidad: el poder estatal como simulacro"; Revista *Bordes*, num.3; op.cit).

[66]H. Schmidt; *Gobernabilidad, ¿sueño de la democracia?* (Intro.), Revista *Nueva Sociedad*, num.128, Caracas, 1993.

[67]El desarrollo de la sociedad civil, desde el siglo XIX, -apunta Immanuel Wallerstein- fue un instrumento esencial en la erección de los estados liberales, pilares del orden interno y del sistema mundial. Esta, añade, fue utilizada como símbolo aglutinante para la instalación de estructuras estatales liberales donde aún no existían y, además, fue un modo de limitar la violencia potencialmente destructiva de y por el Estado. (I.Wallerstein; *Después del liberalismo*; op.cit.)

[68]Sostiene Wallerstein que la "sociedad civil" sólo puede existir en la medida en que los estados existan y tengan la fuerza suficiente para sostener algo llamado la "sociedad civil", que esencialmente quiere decir la organización de los ciudadanos dentro del marco del Estado con el objeto de realizar actividades legitimadas por el Estado y para hacer política indirecta (no partidista) frente al Estado. (Ídem)

poder del Estado.[69]

Dar por sentada esta separación que refiere las mutaciones en las tácticas de gobierno a un binomio antagonista entre la sociedad civil y el Estado puede convertir entrampar las apuestas contestatarias. Sobre todo cuando de un lado se *responsabiliza* al Estado de los males sociales y, de otro, se victimiza o se idealiza a la sociedad civil. La representación de un poder estatal de un lado y una fuerza fija que puede oponérsele bajo la forma de sociedad civil tiene, entre sus consecuencias, además de posibilitar colar ciertas reivindicaciones de derecho o, inclusive, rescatar ciertas libertades, por lo general, en nombre de ese mismo esfuerzo, de una parte la afinación y consolidación de los modos de dominación estatal y, de otra parte, la adecuación y absorción de los cambios según los intereses del capital. Foucault advierte que, de hecho, la idea de una oposición entre sociedad civil y Estado ha sido formulada en un contexto determinado respondiendo a una intención concreta:

> "...los economistas liberales han propuesto dicha oposición a finales del siglo XVIII con el fin de limitar la esfera de acción del Estado, concibiendo a la sociedad civil como el lugar de un proceso económico autónomo. Se trataba de un concepto casi polémico enfrentado a las oposiciones administrativas de los Estados de la época para hacer triunfar un determinado liberalismo."[70]

Esta oposición entre sociedad civil y Estado transita las actuales mutaciones de época. Entre ellas, como apunta Alain Touraine, el viento de la libre empresa sopla con fuerza; en todas partes se habla de mercado, de iniciativa y la política trata de desprenderse de las reivindicaciones sociales para limitarse a ser un

---

[69]Ejemplo de ello lo articula Miriam Muñiz Varela cuando sostiene que la separación entre Estado y Sociedad es parte de la contemporaneidad y que en Puerto Rico se vive una disolución de la sociedad civil como producto de la negación del Estado neoliberal a negociar y reconocer las nuevas capacidades sociales productivas del trabajo, cuyo efecto político es una sociedad incivil. (M. Muñiz Varela; "La sociedad incivil y la democracia"; Periódico *Diálogo*, Río Piedras, mayo, 1997)

[70]M.Foucault; "Seguridad social: un sistema finito frente a una demanda infinita; *Saber y verdad*; op.cit., p.218.

sistema de defensa del individuo contra el Estado.[71] Una lectura cautelosa advierte que el enigma de la *crisis* puede ser más bien una trampa, *la astucia de cierta razón* que *sabe* porque *calcula* muy bien cómo hacer productivas sus deficiencias y dificultades más íntimas.[72]

Aún así -como afirma Carlos Franco- existen estrechos vínculos entre las formas habituales de pensar la democracia y las continuas crisis de los regímenes políticos que la encarnan.[73] Sin embargo, muy difícilmente tendría cabida afirmar que esta relación surte el mismo efecto en todas las regiones del planeta. Sobre todo cuando - como apunta Muñiz Varela- la cartografía del poder actual del capital no se colorea por zonas de progreso o desarrollo, sino que se da por desplazamientos, deslocalización y desterritorialización.[74] Muy difícil sería, por ejemplo, afirmar que en el contexto local se atraviesa por una crisis de la política, por lo menos en los términos que la describe Fernando Mires. Según él, la crisis de la política expresa una relación de no adecuación entre lo que se imaginan los representados que debe ser la política y la política que se imaginan que tienen que realizar los representantes. La crisis de la política aparecería en relación con una *crisis de representación* y, en consecuencia, de *gobernabilidad*.[75] Esto supondría que -a diferencia de la crisis política, que sólo discute acerca de los términos de un contrato, pero no sobre la necesidad de un contrato- la crisis se da cuando no se sabe realmente en qué consiste el contrato, o todavía peor, cuando no se sabe si existe un contrato.[76] Que los *gobernados* no sigan al pie de la letra la voluntad de los *gobernantes* no se ha traducido nunca en que el Estado atraviese una situación de crisis. Eso, además de tratarse de una expectativa exagerada, es una ilusión ingenua. Por

---

[71] A.Touraine; *El retorno del actor*, Buenos Aires, EUDEBA, 1987, pp.11-13 en M. López Gil; *Filosofía, Modernidad y Posmodernidad*, op.cit., pp.78-79.

[72] V. Colón; "Hegel contra 'destrezas' gnoseológicas: el método es la cosa misma"; Revista *Bordes*, op.cit., p.77.

[73] C. Franco; "Visión de la democracia y crisis del régimen"; *Gobernabilidad, ¿sueño de la democracia?*; Revista *Nueva Sociedad*, num.128, Caracas, 1993, p.60.

[74] M. Muñiz; "De Levittown a la Encantada: 'más acá de las 939'"; Revista *Bordes*, núm 3; op.cit., p.46.

[75] F. Mires; *El orden del caos: ¿existe el tercer mundo?*; op.cit., p.164.

[76] F. Mires; *La revolución que nadie soñó, o la otra posmodernidad*; op.cit., p.147.

lo menos si acaso alguien creyera en ella genuinamente. La conflictualidad inherente al orden de la ley, por ejemplo, lo evidencia. La gobernabilidad no se debilita en la imposibilidad de llegar a un acuerdo uniforme sobre una u otra cosa, ni tampoco se limita en las incontables violaciones cotidianas a la ley, pues ha sido a sabiendas de la condición de violabilidad de las mismas que el poderío estatal ha resuelto afirmarse a través de su derecho a castigar. La gobernabilidad es un efecto de conjunto. Los *gobernados* violan la ley, si, pero se someten sin más a ser juzgados por el sistema y a soportar sin resistir los costos y las penas establecidas bajo el régimen de poder estatal. El sistema estatal funciona adecuadamente, no sólo por quienes siguen al pie de la letra sus mandamientos sino por quienes, aún de no hacerlo e inclusive transgredirlo, son absorbidos por su razón normativa y utilizados como pretexto para reafirmar su poderío. A fin de cuentas, sin desviados que encarrilar, sin delincuentes que perseguir, ¿qué sería del sistema penal y de todo lo referido a la ley y al derecho?...

Las tácticas de gobierno no son efectos de simulacros de poder. Aún cuando podamos coincidir en que el poder estatal se ejerce, en ciertas instancias, como simulacro y que la política se convierte, en dimensiones particulares, en espectáculo, su organización estratégica no se teje simplemente para mantener el imaginario político que le dio vida y lo mantiene en juego, sino para incidir efectiva y eficazmente, a través de dispositivos de control y regulación disciplinaria, en la producción y reproducción de subjetividades acoplables a las rítmicas modales de sus dominios. Afirma Poulantzas que nos encontramos cada vez más encuadrados en las prácticas de un Estado que, en sus menores detalles, manifiesta su relación con intereses particulares y muy precisos. Las mutaciones actuales en el orden interior del Estado siguen apuntando hacia el mismo objetivo normalizador. El mismo objetivo que permanece imbricado en relaciones de mutua complacencia entre los reajustes estructurales de la economía capitalista y los dispositivos estatales de regulación, preservación y orden.

El mito del *laissez faire*

El gran mito del liberalismo clásico es que las relaciones económicas que sirven de soporte a la gran estructura social se posibilitan y regulan a sí mismas por la lógica interna que le es propia al juego entre la producción capitalista y las necesidades y deseos de la ciudadanía. Desde esta perspectiva el poder del Estado no debe intervenir como obstáculo al libre flujo del mercado sino regular, si acaso, los términos de las competencias entre las empresas, con el fin de asegurar la producción, entendida ésta como eco de la voluntad general y del deseo de la mayoría en su perpetua búsqueda por satisfacer sus necesidades (sociales o individuales). Es esta la función social encargada por la racionalidad capitalista al Estado democrático moderno: ser intermediario en la resolución de *diferencias* entre los ciudadanos y la ley, mediador de los siempre posibles conflictos sociales y, sobre todo, asegurador de la producción capitalista, del libre mercado y su ideología consumerista. Y así este mito, con sus respectivas modulaciones epocales y sus adaptaciones tácticas a condiciones circunstanciales particulares, se ha mantenido como telón de fondo de todas las mutaciones en el orden estratégico de los gobiernos modernos, incidiendo en los modos generales de la dominación estatal. Y así se han mantenido durante los últimos doscientos años, si no desentendidos de la miseria sufrida por la mayor parte de la humanidad, que sin mayores opciones se refugia bajo sus dominios, privilegios y beneficios, en complicidad con los poderes que hacen imposible erradicar las condiciones de tantas miserias...

Después de la Segunda Guerra Mundial y tras la repartición del mundo entre los países victoriosos de la guerra, entre los ricos y poderosos económica y militarmente, se fueron cuajando ciertos trastoques en el orden interior del poderío estatal. James Weinstein – por ejemplo- traza un rasgo de esta mutación, requerido para mantener fluyendo al sistema capitalista, cónsono con el objetivo regulador y preservativo del poderío estatal y, por ende, necesario para asegurar la hegemonía de la clase corporativa.[77] A diferencia del concepto fundante del *laissez faire,* vértice mítico del *pacto social* - apunta Weinstein- después del fin de la Segunda Guerra Mundial, las grandes corporaciones *necesitan* de un gobierno que intervenga en los asuntos económicos, ya sea para protegerlas de prácticas de negocio *irresponsables* o para asegurar la estabilidad necesaria en el mercado y las relaciones financieras. Acorde a ello, se *sustituye* esta idea (basada, desde el siglo XIX, en la concepción individualista donde sólo el más

---

[77]J.Weinstein; *The Corporate Ideal and the Liberal State,* 1968, (extracto), en R.C. Edwards, M. Reich y T.E. Weisskopf; *The Capital System: A Radical Analysis of American Society*; op.cit., pp.188-192.

apto sobrevive) por un orden de *responsabilidad social* (control social), donde en las sociedad capitalista del siglo XX, todas las clases deberían tener la misma oportunidad de ser reconocidas y compartir los beneficios de una economía en crecimiento y sin límites. La palabra clave sería entonces *responsabilidad*. El encargo social (a todos por igual) sería el de mantener e incrementar la eficiencia del orden social existente. La hegemonía liberal se consolida situando el énfasis, ya no sobre la competencia cruda y descarnada sino en los eufemismos de la responsabilidad social y las relaciones cooperativas. La retórica del *laissez faire,* montada por oposición a los privilegios *artificiales*, basados en creencias, rituales o hábitos, permanece intacta. En palabras de Weinstein:

> "Their laissez faire rhetoric in opposition to 'unnatural' or artificial privilege was that of the common man, but their achievements -general incorporation and free banking laws, the spread of public education and popular suffrage- created the conditions for unfettered competition and rapid industrial growth (...) Thereafter, liberalism became the movement for state intervention to supervise corporate activity, rather than a movement for the removal of state control over private corporate."[78]

Recuerda Karl Kautsky: la clase capitalista impera, pero no gobierna... se contenta con regir el gobierno.[79] La hegemonía liberal que encarna las posiciones de mando del poderío estatal -como apunta Ralph Miliband- han provenido en gran parte, y en muchos casos, en mayoría abrumadora, de los círculos de los negocios y de los propietarios, o de las clases medias profesionales, mientras la gran mayoría de la población ha estado expuesta a los caprichos del sufragio universal y a la fortuna de la política de la competencia:

> "En una época en que tanto se habla de la democracia, de la igualdad, de la movilidad social (...) en los países capitalistas avanzados ha seguido

---

[78] Ídem.

[79] K.Kautsky; *The Social Revolution* (1903) citado por R.Miliband; *El Estado en la sociedad capitalista;* op.cit., p.55.

siendo un hecho fundamental el que la gran mayoría de hombres y mujeres de estos países ha sido gobernada, representada, administrada, juzgada y mandada en la guerra por personas procedentes de otras clases económicas y socialmente superiores y relativamente distantes."[80]

El Estado moderno -señala Weinstein- debe entonces no sólo preservar las instituciones básicas que sostienen el modo de producción capitalista o proteger y reforzar la propiedad privada, sino intervenir directamente en la variedad creciente de las diversas funciones de la economía para evitar que la hegemonía del capital privado, así como los privilegios que le acompañan, se erosione. El control sobre los aparatos del Estado no ha perdido su atractivo para las gestiones del capital, tanto como tampoco la ética capitalista del trabajo ha perdido su lugar central en los trámites de su dominación.

No obstante la *clase trabajadora* (de la cual gran parte es desempleada) se ha apropiado de las retóricas del discurso democrático y ha empujado sus ilusiones a su favor. Y, sin duda, a través de incontables luchas y sacrificios han logrado, poco a poco, ampliar las posibilidades de mejorar sus condiciones de existencia y de convertirse en partícipes integrales de los beneficios del aparato productivo. Sin embargo es muy poco probable que por estos medios los privilegios o autoridades de las *clases dominantes* (élites empresariales, corporaciones multinacionales, banqueros internacionales y propietarios monopólicos de los escasos recursos, etc.) se eliminen radicalmente o, cuando poco, se reduzcan significativamente. Las clases dominantes (o privilegiadas) no están realmente amenazadas por las reivindicaciones de derecho de los trabajadores. Sabido es que, por las buenas o las malas, ideológica o represivamente, el poderío estatal ha sabido regular (civilizar) las aspiraciones de las mayorías trabajadoras y neutralizar los ímpetus de cambio político radical o revolucionario en el orden de estas relaciones. De lo contrario -como sostiene Di Tella- hace rato las clases dominantes estarían pateando el tablero democrático.[81] Sin embargo, aunque el trabajo sigue siendo un eje *central* de las

---

[80]R.Miliband; *El Estado en la sociedad capitalista*; op.cit., p.67.

[81]T.S. Di Tella; "La democracia: ¿será posible?; *Los límites de la democracia*; op.cit., p.196-97.

tecnologías de dominación moderna –advierte Muñiz Varela- es otra la forma que asume su producción social:

> "...la explotación no sólo no ha desaparecido sino que se ha incrementado, pero son muchas las relaciones que escapan a ese destino y las luchas de clase y sociales se amplían con la emergencia de nuevos antagonismos y nuevas subjetividades que ya no obedecen a la lógica del valor impuesta por el capital."[82]

Puntos de fuga

Sin duda, (aunque sin mucho que *celebrar*), entre los reajustes estructurales de la economía capitalista a nivel global, se ha colado uno que otro trastoque en las relaciones de poder. Según Aronowitz y DiFazio, la división entre el trabajo *intelectual* y el trabajo *manual*, se hace cada vez más conflictiva.[83] División que sin duda ha sido soporte fundamental tanto de la economía capitalista como de la ética que la abriga, de la política que la mueve como de la cultura que la sostiene. El trabajo intelectual de todo tipo se ha convertido de cierta manera en una condición omnipresente tanto en los centros de trabajo como en todo el escenario social. Lazzarato y Negri coinciden al decir que el ciclo del trabajo *inmaterial* (intelectual) ha tomado un rol estratégico en la organización global de la producción.[84] Se puede afirmar entonces que cada vez más los límites de la transformación técnica están menos fijados por el cuerpo y las destrezas del obrero sino más bien dominados por la lógica interna del propio cambio tecnológico. En palabras de Ernesto Laclau:

> "...con la gran industria los límites dejan de estar biológicamente determinados y la organización del

---

[82]M. Muñiz Varela; "El Estado y la sociedad incivil"; Periódico *Diálogo*, Río piedras, abril, 1997.

[83]S. Aronowitz y W.DiFazio; *The Jobless Future: Sci-Tech and the Dogma of Work*; Op.cit.

[84]M. Lazzarato y A .Negri; "Trabajo inmaterial y subjetividad"; op.cit., pp.114-15.

proceso productivo se emancipa así de toda dependencia respecto del productor directo."[85]

En este sentido, las (trans)formaciones al interior de los juegos del capital permiten esbozar, si no una *progresiva* independencia de la fuerza de trabajo[86], por lo menos una mayor dificultad de control definitivo por los intereses capitalistas.[87] Simultáneamente, según se perfila un relativo descentramiento de los dominios del capital, emergen formas de resistencia (alternativas o no) que se desplazan *fuera* de los procesos de producción.[88] Apunta Arturo Torrecilla que las ecuaciones equilibradas de la modernidad entre, por un lado, fábrica-mercancía-producción-trabajo-valor y, por el otro, sociedad civil-vida cotidiana-reproducción, ambas, se van integrando transversalmente en el período actual de la mutación.[89] En este contexto -según Aronowitz- los nuevos artefactos tecnológicos, así como las nuevas formas de ser social- subvierten las tradicionales categorías de tiempo, espacio y movimiento, y rompen las antiguas polaridades adentro-fuera, social-natural, colectivo-individual. En letra de Torrecilla:

"Si durante la estabilización y consolidación de la modernidad la trasgresión a la ética del rendimiento

---

[85]E. Laclau; *Nuevas reflexiones sobre la revolución de nuestro tiempo*; op.cit., p.71.

[86]Según Paolo Virno (citado por A. Torrecilla, *El espectro posmoderno*, Op.cit, p.156) los modelos del saber social no pueden ser asimilados a las distintas actividades del trabajo, sino que se presentan, ellos mismos, como fuerza productiva inmediata. En este sentido, la "intelectualidad de masa" se constituye independiente, como proceso de subjetivación autónoma respecto al capital; no tiene necesidad de pasar a través de la organización del trabajo asalariado a fin de imponer su fuerza. (M. Lazzarato y A. Negri, "Trabajo inmaterial y subjetividad"; op.cit., p.107).

[87]D. Harvey; *The Condition of Postmodernity* (1990); en H .Figueroa y M.M. López; "La imagen lábil de la resistencia"; Coloquio Internacional sobre el Imaginario Social Contemporáneo; op.cit., p. 99.

[88]Es de este modo que el entendido del marxismo como marco totalizador que abarca toda la historia en un solo esquema evolutivo y pone a todos los niveles de la sociedad bajo el modo de producción se hace, (en la actual condición mutante de época), imposible de sostener. (M. Poster, *Foucault, el marxismo y la historia: modo de producción versus modo de información*, op.cit., pp 103-132).

[89]A. Torrecilla, *El espectro posmoderno: ecología, neoproletario, intelligentsia*; op.cit., p.157.

que subyace al culto al trabajo era lo propio de las poblaciones marginales, tales como proletarios sublimes, bohemias decadentes, intelectuales diletantes, hippies alucinantes, hoy, en cambio, ésta se extiende a todo el tejido social."[90]

Sin embargo, aunque estos puntos de fuga posibilitan el progresivo debilitamiento del dogma del trabajo, no necesariamente implican (de por sí) un trámite de libertad. Las tecnologías de dominación que atraviesan el imaginario democrático en el escenario de fin de siglo no pasan por desapercibidas las transgresiones a la ética -capitalista moderna- del trabajo. Desde siempre el discurso civilizatorio del poderío estatal ha utilizado estas *desviaciones* para legitimar sus intervenciones, como pretexto de asegurar el *bienestar general* y la seguridad de la sociedad. Tan es así que, sabida la incapacidad (o la imposibilidad) estructural de integrar plenamente a toda la fuerza laboral disponible en el ámbito de la producción capitalista -según regulada por la ley del Estado: del trabajo asalariado legal- el discurso estatal ha mantenido un registro amplísimo de *transgresiones* (legales o morales) como condición imprescindible para su propia existencia. Los registros de las transgresiones pueden ser innumerables; pero también los dispositivos estatales para mantenerlas a raya, donde la relativa (in)subordinación (desde la codificación estatal) resulte inofensiva y, por demás, productiva para su poder normalizador.[91] Sin duda, por más que insistan, nadie parece estar convencido de que la divina providencia (aunque sea en el cuerpo estatal), en momentos de necesidad, proveerá...

El Estado asistencial y la *crisis* providencial

El fenómeno del Estado benefactor o asistencial no es efecto de la buena voluntad o de la gentileza de los señores del capitalismo

---

[90]Op.cit., p.160.

[91]La alta tasa de confinados en las cárceles del país (vinculados al narcotráfico, por ejemplo) no se da por que esta gente haya consumido su tiempo libre de manera alternativa sino por trabajar, aunque sin un afuera respecto de los circuitos y la lógica del capital (asalariada, competitiva y con miras lucrativas), bajo otras restricciones o regulaciones no controladas por el poderío estatal.

ni tampoco eco de una sensibilidad humanista que recorre la época moderna. El capitalismo necesita de la pobreza concreta para darle sentido a las virtudes y privilegios de la riqueza material, a la tenencia de propiedades, al mercado de deseos y al consumo de ilusiones. La igualdad es, para todos los efectos, un mito moderno que ha fracasado, una imposibilidad económica para el capitalismo y una fantasía hipócrita de los Estados modernos, sus ordenamientos jurídicos; de sus promesas formales de derecho. Y así, con sus respectivas y particulares variaciones ocurre en todos los Estados modernos.

Por lo menos desde el último cuarto del siglo XX, la *teoría* de un *capitalismo organizado*[92] comienza a debilitarse. Esta alternativa de organización tuvo como telón de fondo el reconocimiento de que la autorregulación por parte del mercado era insuficiente para asegurar las condiciones de la reproducción capitalista y que ésta debía ser suplementada por la regulación *consciente* entre el capital privado y el poderío estatal. Esta intervención consciente es -según Ernesto Laclau- la que permite regular la realidad crecientemente dislocada del mercado. Sin embargo, que la planificación se oriente en una dirección u otra es una decisión eminentemente política que depende de las relaciones de poder existentes.[93] El progresivo desmantelamiento del Estado asistencial es efecto, pues, de estas relaciones de poder, más que de una crisis por incapacidad

---

[92]Los rasgos del capitalismo organizado son: la rápida concentración y centralización del capital industrial, comercial y bancario; la creciente dependencia de las industrias respecto del crédito bancario; la creciente separación entre propiedad y control de las empresas y la consiguiente expansión de las burocracias directivas; la expansión imperialista; la creciente interrelación entre el Estado y los monopolios capitalistas; la corporatización del poder económico y social sobre la base de un acuerdo tripartito entre el Estado, unas pocas empresas monopolistas y las organizaciones sindicales constituidas a escala nacional; la concentración de las industrias en unas pocas ciudades y en regiones del mundo bien determinadas; el crecimiento del número de empleados en las grandes empresas y el crecimiento paralelo de las grandes ciudades, etc. (E.Laclau; *Nuevas reflexiones sobre la revolución de nuestro tiempo*; op.cit., 73.)

[93]Laclau sostiene que si el elemento de la intervención consciente se autonomiza respecto de los mecanismos ciegos del mercado, no hay lógica de estos últimos que se imponga de modo necesario. En tal sentido -añade- la intervención consciente puede orientarse en direcciones diversas, con lo que se expande el sistema de posibilidades alternativas... (E.Laclau; *Nuevas reflexiones sobre la revolución de nuestro tiempo* op.cit., p.73).

estructural o ineficiencia administrativa del Estado. Los poderes que llevan actualmente la voz cantante en la toma de decisiones sobre las extensiones de la intervención estatal en el escenario del mercado empujan con fuerza hacia el modelo liberal en clave posmoderna. El fin de siglo asiste un progresivo declinar del poder de Estado como centro de regulación de la vida económica[94], dando paso a lo que Laclau y otros autores califican de *capitalismo desorganizado*.[95]

Entre estas coordenadas, el desmantelamiento del modo asistencial de intervención estatal corre paralelo a una progresiva erosión de las capacidades de los Estados para legitimar sus intervenciones. Si el Estado no puede asumir el encargo social de procurar el bienestar ¿cómo justificar sus intervenciones, sus reclamos de obediencia a la Ley? Desde las grandes filas del desempleo, los altos niveles de pobreza y marginación y sus acelerados crecimientos, las salidas punitivas a las alternativas de sobrevivencia, entre otras condiciones, ponen en crisis la legitimidad del régimen político (democracia-liberal) actualmente existente. Sin embargo esta declinación -como sostiene Laclau- no se trata de un colapso por el que un poder que una vez fue absoluto hubiera sido súbitamente transferido a las corporaciones multinacionales. Acorde a ello insiste en que es necesario romper con la visión simplista de una instancia última e inapelable del poder:

"El mito del capitalismo liberal fue el de un mercado absolutamente autorregulado, del que la intervención estatal estaba enteramente ausente. El mito del

---

[94]E.Laclau; *Nuevas reflexiones sobre la revolución de nuestro tiempo*; op.cit., p.75.

[95]Entre los rasgos principales que caracterizan el *capitalismo desorganizado* están: la internacionalización del capital que hace que los mercados nacionales estén menos controlados por empresas que tienen una base nacional; una de-concentración de capital y una declinación general de los carteles; una creciente separación entre el capital bancario y el industrial; una disminución absoluta y relativa de los trabajadores manuales en las industrias...; un cambio del taylorismo a formas de organización de la fuerza de trabajo que no supone la concentración de trabajadores en grandes plantas y que son más flexibles; una declinación de las negociaciones colectivas a nivel nacional en las relaciones industriales y, a la vez, una creciente independencia de los monopolios respecto del Estado que ha resultado en una disminución de la importancia de los acuerdos corporativos, etc. (S. Lasch y J. Urri; *The End of Organized Capitalism*, Cambridge, 1987; C. Offe; *Disorganized Capitalism*; Cambridge-Mass; 1985 citado por E.Laclau; *Nuevas reflexiones sobre la revolución de nuestro tiempo*; op.cit., p.74).

capita-lismo organizado fue el de una instancia regulatoria cuyo poder se exageraba desmesuradamente y conducía a todo tipo de expectativas fantásticas. Ahora corremos el peligro de estar elaborando un nuevo mito: el de la capacidad decisoria ilimitada de las corporaciones monopólicas."[96]

La crítica de Laclau es a la hipótesis metafísica de la *última instancia*, que en este caso es la atribución de leyes inmanentes a la economía, a la instancia estatal y al poder monopólico, como si ninguna tuviera *condiciones de existencia*, o sea, un *exterior constitutivo*. [97] Sin embargo, en el contexto local, aunque los principios sobre los cuales se basó la industrialización de la economía y se originó la fe en la modernización social, en el progreso y el desarrollo ilimitado, son mirados cada vez con mayor reserva y desconfianza, ni el poder de intervención estatal se ha debilitado ni las ganancias del capital privado han disminuido. Aunque se ha evidenciado desde múltiples ángulos la incapacidad de ese modelo para absorber la creciente población y más aún para poder lidiar efectivamente con la progresiva condición de pobreza que sufren miles de familias puertorriqueñas[98], pienso que sería apresurado suponer que el modelo de desarrollo económico industrial simplemente se desgasta.[99] Otros modelos, más nuevos tal vez, coexisten imbricados

---

[96] Ídem.

[97] La economía local -por ejemplo- depende casi exclusivamente del petróleo importado para cubrir sus necesidades energéticas por lo que cualquier crisis en ese sentido, como la que atravesó a raíz del conflicto entre los países "productores", quienes limitan su acceso y encarecen los costos, multiplica las consecuencias y agrava las tensiones sociales. La crisis del petróleo pone en tela de juicio la capacidad del modelo de industrialización y perfila los límites de su dependencia mientras a la vez pone de manifiesto la viabilidad de maneras alternas para lidiar con la crisis dada la condición colonial.

[98] F. Scarano; *Puerto Rico: cinco siglos de historia;* Mc Graw Hill, México, 1993.

[99] Puerto Rico, de cierto modo, ha 'perdido' el atractivo que por un tiempo hizo viable las inversiones extranjeras, imponiéndose un cambio en la ruta habitual de las estrategias de desarrollo económico. La ética productivista promovida por el Estado contrasta con la incapacidad estructural del sistema. La dependencia extrema en los fondos federales, el desempleo estructural, la baja tasa de

el uno en el otro, mientras se instaura progresivamente un capitalismo desorganizado –como llama Laclau- o un régimen de *capital posmoderno* -como califican Pabón y Torrecilla-[100], donde el Estado vuelca su (in)capacidad (premeditada o inmanente) sobre la población, enarbolando -como advierte Muñiz Varela- el principio de la indiferencia y la exclusión y fortaleciendo los mecanismos punitivos y policíacos.[101] Ante este cuadro Ernesto Laclau propone:

> "La respuesta a la declinación de la capacidad regulatoria del Estado nacional no puede, por lo tanto, consistir en el abandono de la lucha política con un sentimiento de impotencia, o en levantar el mito de una autarquía imposible, sino en abrir nuevos espacios de luchas populares en el verdadero terreno en el que la regulación económica habrá de tener lugar en una era de capitalismo desorganizado..."[102]

La violencia legítima: poder y represión

En los albores de un nuevo milenio, bajo la hegemonía capitalista, dispersa entre los aparatos de Estado y encarnada por los gobiernos y sus representantes políticos, el régimen democrático-liberal permanece como condición inmanente e imprescindible del

---

participación de la fuerza laboral, la marginalidad del sector 'informal' y el modelo económico dependiente de la voluntad del capital norteamericano son algunos de los aspectos que sobresalen como referentes de la crisis. Un referente inmediato pueden haber sido las reacciones en torno a la eliminación de la sección 936 del código de rentas internas que atraía inversiones extranjeras eximiéndolas del pago de impuestos federales.

[100]C. Pabón y A. Torrecilla sostienen que, en lo que respecta al modo de regulación en el posfordismo, el Estado benefactor es rediseñado selectivamente de acuerdo a criterios neoliberales de mercado, desde la privatización de servicios sociales hasta una progresiva reducción numérica de asalariados y un progresivo desplazamiento del trabajador que no cualifica de acuerdo a los códigos de producción "abstracta". (C. Pabón y A. Torrecilla; "El capitalismo después del 'fin de la historia'"; op.cit).

[101]M. Muñiz Varela; "El Estado y la sociedad incivil" y "La sociedad incivil y la democracia", Periódico *Diálogo*; Río Piedras, abril y mayo, 1997.

[102]E.Laclau; *Nuevas reflexiones sobre la revolución de nuestro tiempo*; op.cit., p.75.

progreso humano. Aún así, el entramado de la mutación epocal perturba las prácticas representacionales que suponen la omnipotencia de un poder central, sea del Estado, de la clase *dirigente* e incluso del capital.

Sin embargo, la categoría *poder*, en su acepción habitual, mantiene, en ciertos aspectos, su pertinencia contextual. Si bien el poder se difumina e hibrida por todo el cuerpo de lo social, y cubre desde las inclinaciones omnímodas del *soberano* hasta lo más ínfimo de las resistencias, también aparece como categoría central del imaginario político (pos)moderno. Del lado del poder un Estado. En él las prácticas de la autoridad, de la fuerza, del dominio, del imperio, de la jurisdicción, de la potestad, de la posibilidad. De otro, lo frágil, lo débil, lo necesitado, lo desposeído, lo subordinado. Esta relación no se subvierte por un simple juego de tropos. Sobre todo cuando las estrategias enmarcadas predominantemente en enfoques punitivos, prohibiciones, censuras y políticas de encierro no han disminuido ni un ápice a lo largo de este siglo.

La representación del poder en términos de oposición binaria, con referencias a esquemas totalizantes sigue presente. En el contexto local todavía aparece del lado de las resistencias más tradicionales la versión de un Estado entendido como instrumento de los sectores dominantes. Estado que, con sus mecanismos de represión y coerción, define de acuerdo a los intereses *dominantes* lo que es y lo que no es legal y por ende legítimo, moral, permisible y tolerable. Esta perspectiva, por ejemplo, vincula las condiciones de pobreza con la criminalidad. Y la criminalidad es, para todos los efectos, un objeto principal de la intervención estatal, eje del gran mercado de miedos sociales y del consumo de las alternativas estatales para lidiar con ellos.

Es a partir de las funciones reguladoras del poderío estatal, de sus intervenciones precisas en el ejercicio del control de las poblaciones, que la presencia de un poder normalizador central se manifiesta con mayor intensidad. El crecimiento acelerado de las penas de cárcel como de la fuerza policial, la generalización de la represión contra las comunidades pobres y las limitaciones y violaciones a los derechos civiles como parte de una estrategia *contra* el espectro criminal manifiesta con claridad las inclinaciones punitivas del poder estatal. En este escenario los sectores más empobrecidos nunca han dejado de pertenecer a las zonas más vulnerables. Pero la condición económica no es el límite final aún cuando sea horizonte de sentido para las estrategias de intervención estatal; desde los trabajadores sociales hasta la guardia nacional, los historiadores y los religiosos, los políticos y los santeros convergen en los vectores de la normalización.

Así, la cuestión de la *gobernabilidad*, o sea, de los asuntos sobre cómo administrar y manejar efectiva y eficazmente a las poblaciones, permanece en escena como condición inmanente al poder de Estado. Pero el Estado *liberal-democrático* es convocado a descartar la fuerza bruta y represiva de la violencia como primera opción. La eficacia política de sus objetivos estratégicos debe ser compatible con los requerimientos del capital; debe demostrar poder ser capaz de ecualizar los niveles de control y regulación de las poblaciones. La productividad táctica del poderío estatal y su eficacia política depende más de sus cautelas que de sus crudezas; de hacer creer y convencer antes que vencer. Sin embargo, aunque El Estado no es un centro fijo, absoluto e inmutable de dominación, guarda para sí el poder legítimo de la fuerza bruta, de la represión...

En el contexto de fin de siglo los dominios del capital se consolidan bajo las formas del *liberalismo democrático*. En este escenario, la hibridación de los dispositivos disciplinarios, de las tecnologías del poder normalizador, marcan la ruta encaminada. Las mutaciones actuales en el orden interior del Estado obedecen a un objetivo normalizador, cuyo encargo político, sigue siendo el de preservar y regular. Evidencia de ello aparece en las políticas dirigidas a suprimir los grupos que de alguna manera *amenazan* al sistema, ya sea amortiguando los conflictos mediante su absorción[103] o mediante el uso *legítimo* de la violencia.[104] Los modos de represión,

---

[103]Por ejemplo, evidencia de las mutaciones en las tácticas de gobierno que aparecen al margen de los registros de la violencia, es la convocatoria a la *autogestión*, a devolver "el poder al pueblo" (escuelas de la comunidad, vigilancia civil, consejos vecinales, políticas de austeridad, etc.).

[104]Esta legitimidad, por lo menos en lo que respecta al carácter de exclusividad, o sea al monopolio de la "fuerza legítima" por parte del Estado, en un escenario donde los registros de la violencia aparecen cada vez más difusos y regados por todo el espectro social, se debilita e incluso, se imposibilita. Paralelo a ello, como sostiene J.M. Guéhenno, se organizan otras estructuras, fuerzas de policías encargadas de hacer respetar unas normas más bien que ser la expresión de una soberanía. (J.M. Guéhenno; "La violencia imperial"; *El fin de la democracia: la crisis política y las nuevas reglas del juego*; Op.cit., p.125). En otras palabras, el progresivo debilitamiento del poder centralizador del Estado corre paralelo a un fortalecimiento del poder de los actores privados. O sea, que los cuerpos policiales, los estamentos militares, en fin, lo relativo a la violencia institucional, se inclina

como parte de las variantes del poder, al igual que las prohibiciones y los abusos, son múltiples y contingentes. Sus efectos específicos en el orden de lo social, según pueden prescindir de la violencia instituida, aparecen también dispersos en el entramado social. Efectos que, una vez se fusionan entre la rítmica acelerada de las tecnologías electrónicas y los medios de *comunicación* (montajes de espectáculos políticos y demostraciones de fuerza como las invasiones o "rescates" militares de los caseríos, por ejemplo[105]) asientan los modos de dominación en formas más *abstractas*, aunque no por ello menos físicas. Entre estas coordenadas, atravesando por mutaciones particulares, la cuestión de *lo nacional* ocupa un lugar relevante en el orden de la dominación estatal...

La cuestión nacional: Estado y militarismo

En el trecho de fin de siglo lo democrático se va apertrechando, con la debida prudencia liberal, del lado de ese poder más abstracto, aunque no menos físico, que *es* el Estado. Pero los trámites de su configuración histórica han necesitado trazar unas *fronteras* más precisas, demarcar un territorio más o menos *firme* y *estable* en el que criarlo: la Nación. Según Germani, la Nación y su lealtad a ésta (como parte de la progresiva expansión de los movimientos modernizadores seculares) llegaron a ser el nuevo núcleo prescriptivo sobre el cual se construyeron la mayoría de las normas y los valores integrativos.[106] Se piensa, entonces, que la democracia supone, como condición, una *conciencia* de pertenencia a la sociedad política (sentirse ciudadano), que -según Alain Touraine- depende a su vez de la integración política del país (conciencia

---

hacia la privatización.

[105]El espectáculo político es un desfile parcialmente ilusorio de amenazas y seguridades tranquilizadoras, la mayoría de las cuales gravitan poco en los sucesos y pruebas que la gente afronta en su vida cotidiana, y algunas de ellas crean problemas que de otra manera no se producirían. El espectáculo político no promueve expectativas o una comprensión precisa, sino más bien evoca un drama que objetiva esperanzas y temores. (M.Edelman; *La construcción del espectáculo político;* op.cit., p.112.)

[106]G. Germani; "Democracia y autoritarismo en la sociedad moderna"; *Los límites de la democracia*; op.cit., p.35.

nacional).[107] Pero, si de un lado se afirma la Nación, ¿qué se niega del otro? La Nación es una categoría regulativa del imaginario político moderno y es, sin lugar a dudas, territorio de confrontaciones incesantes.

En el contexto local, por ejemplo, la consolidación de la idea de Nación (auspiciada cada vez más por la lógica cultural del capital posmoderno) se ha convertido en una prioridad tanto para los gobiernos como para sus opositores habituales. Desde las resistencias culturales a los estribillos comerciales, lo nacional mantiene un valor significativo que, aunque sea como mito fundante, catapulta aún diversas apuestas políticas.[108] De ellas se nutre, se pone a dieta o se envenena la imaginería democrática...

En Puerto Rico, el concepto de Nación durante este siglo ha ido acompañado habitualmente de un discurso independentista, anticolonial. Nacido de las resistencias al dominio imperial español y acentuado a partir de la invasión militar norteamericana, la idea de *identidad* (nacional) *propia* se desenvuelve como un imperativo epocal, como estrategia política contra el imperialismo y, si acaso, como signo del deseo de soberanía y autodeterminación de un sector de la población local. Sin embargo, su significado último se ha desbordado de sus cauces "originarios" y, al asomo de un nuevo milenio, ya no pertenece con exclusividad a ningún sector en particular. Ni política ni jurídicamente se ha llegado a un acuerdo sobre la significación última de este concepto. Con él se alude a una condición política respecto del poder imperial norteamericano, a un sentimiento patrio, a una identidad de pueblo, a un estado superior de organización política inconcluso, deseado por unos rechazado por otros; al poder de soberanía, de negociación entre otros estados nacionales, etc. La Nación es sin duda algo muy distinto para los artesanos que para los políticos de profesión, para los atletas o para los artistas de las letras o la canción. También lo es para los estrategas del mercado, publicistas de identidades locales, de diferencias culturales "nacionales". La Nación es una categoría alrededor de la cual

---

[107] A.Touraine, ¿Qué es la democracia?; *Crítica de la modernidad*; op.cit., p.420.

[108] Por ejemplo, según Jean-Marie Guéhenno, la nación es una idea moderna y la reivindicación nacional ha sido el motor de los procesos de descolonización que, a lo largo del siglo XX y a nivel global, han condensado la afirmación nacional y la reivindicación democrática de independencia en la ecuación *independencia = libertad*. (J.M. Guéhenno; "El final de las naciones"; *El fin de la democracia: la crisis política y las nuevas reglas del juego*; op.cit., p.17).

gravitan múltiples posiciones interpretativas, coincidencias, contradicciones, ambigüedades, ilusiones y antagonismos. Es, a la vez, el escenario real para muchos a partir del cual actúan o dan sentido a sus luchas políticas.

Pero la categoría Nación, soporte fundamental del imaginario político local, ya no cuadra entre los límites tradicionales que ciertos saberes y verdades han querido trazar. Las viejas consignas nacionalistas "puertorriqueñistas" se desgastan y con ellas los símbolos patrióticos de sus resistencias políticas. No por estar equivocados, ni mucho menos por haber resuelto la conflictividad a partir de la cual se articularon, sino porque, o han excedido su *capacidad* de retención o sus *entendidos*, basados en pretensiones universalizantes, se han pulverizado. Quizá como resistencia a los abusos de quienes han querido ser sus representantes legítimos y autoridades exclusivas para a hablar de ella, por ella y para ella; de querer significarla como un todo dado, como una esencia aprensible, construida históricamente de manera inequívoca y ya dada en definitiva como característica absoluta y definitoria de una esencia política; como semblante de una cultura singular y de una identidad determinada, de un modo de vida o, nuevamente, como un rasgo esencial del *ser* "puertorriqueño".

Sin duda, por ejemplo, la discursividad nacionalista *fuerte* de mediados del siglo XX, recogida tal vez en las palabras de Albizu Campos: "la patria es valor y sacrificio", parece disociarse de la rigidez encargada. No sólo por el impacto de la política integrista del mercado y el capital (pos)moderno sino desde ciertos trastoques en las prácticas representacionales del propio imaginario nacionalista. Vector desde el cual, de manera simultánea, se reconfigura incesantemente. De un lado se erosionan los cimientos de la Nación pero a la vez *renace* de sus propias ruinas. El proyecto *inconcluso* de construcción y *liberación* nacional atraviesa el imaginario político contemporáneo, relativamente trastocado pero, conjugando las *mismas* ilusiones y expectativas promovidas desde el proyecto *emancipador* de la modernidad. Sin embargo, ya a finales de siglo, aún en suspenso la condición colonial, aludir a La Nación como semblante identitario o como dispositivo unificador da, cuando menos, lugar para la sospecha.

Aunque el significado puede variar de boca en boca, infiel a cualquier tradición seca, estéril, reacia o aburrida, más de un sentido peligroso la recorre. A fin de cuentas, como sostiene Sergio Pesutic, el nacionalismo también puede ser una peligrosa superstición, donde se supone que alguien es *mejor* que otro en virtud de los colores de la bandera o el pasaporte.[109] En palabras de Touraine:

> "La exaltación de la sociedad nacional lleva en sí más peligros que apoyos para la democracia. Produce el rechazo del otro, justifica la conquista, excluye a las minorías o aquellos que se apartan del 'nosotros' o lo critican."[110]

Pero sin duda, en el contexto local, las tensiones que gravitan en torno al discurso político de lo nacional son bastante más complejas que eso. De un lado, si la Nación se activa como resistencia al dominio colonial, no debe extrañar. A fin de cuentas, la condición colonial, o sea las instancias y tecnologías de control, regulación y dominación del gobierno norteamericano, desde los complejos militares hasta las intervenciones federales, en fin, las relaciones de subordinación política y dependencia económica, permanecen intactas. Pero esta categoría no es exclusiva de las resistencias anticoloniales. La Nación y el Estado son dos caras de una misma moneda. Cada año los gobiernos locales revuelcan las tumbas de los mártires de la independencia norteamericana, las gestas heroicas de los patriotas caídos, los que con sus cuerpos enarbolaron la bandera de la Gran Causa y encarnaron en sangre propia la pasión más sagrada: la *libertad* de la patria. La Nación es también las tumbas de los que hoy son libros de texto, historia olvidada o convertida en boletos de entrada para grandes festejos y fuegos artificiales; como artificiales son las mañas para reclutar carne joven, soldados, héroes desechables.[111]

---

[109]S. Pesutic; *¿Fuerzas armadas? No, gracias*; Editorial *Gak@a*, Santiago de Chile, 1992.

[110]A.Touraine; ¿Qué es la democracia?; *Crítica de la modernidad*; op.cit., p.420.

[111]Por ejemplo, los textos de historia *asignados* por el sistema de educación presentan la formación de Estados Nacionales mediante conflictos bélicos donde el modelo heroico, el ciudadano responsable, el patriota, se integran como discurso político en la figura del militar. Desde los textos de historia elemental hasta las plataformas partidistas esta forma de narrativa histórica, ya a fines del siglo XX, cumple una función política legitimadora de los aparatos e instituciones militares. Donde entre himnos y banderas entra a este juego seductor la palabra patria, clave

Al interior del concepto de Nación que se presenta como indisoluble la relación entre el Estado y el Ejército. Si bien el imaginario de *fortaleza* que pretende el Estado depende, en gran parte, de la integración efectiva de ciertos principios vinculados con la idea de nacionalidad, las lealtades que emanan en su nombre, sea importado o producido localmente, siempre coinciden en que para mantener un Estado Nacional es imprescindible mantener un Ejército que *lo* defienda. No es de extrañar, entonces, que una salida lógica a la condición de *crisis* sea incrementar los poderes coercitivos, entre los que se destaca la fuerza militar. Este es un pequeño detalle que suele quedar omitido por las versiones independentistas y exaltado por las variantes anexionistas. Sobre esta suposición se sostiene el estamento militar...

Entre el capitalismo (pos)moderno y el poderío estatal

Quizá no existe posibilidad inmediata absoluta de salirse fuera de los dominios del capitalismo (pos)moderno y del poderío estatal, como no es posible una posición de exterioridad respecto de la cultura o del lenguaje, de la ideología o del poder. Toda posibilidad de resistencia política está condicionada a esta realidad. Sin embargo sí es posible articular modos de existencia alternativa entre estos límites, como es posible invertirlos, trastocarlos, modularlos, transgredirlos y subvertirlos. Lo que no es posible es ignorarlos, o pretender que no existen como fuerzas condicionantes y determinantes por el mero hecho de poder ignorarlos. Las representaciones de estas condiciones de existencia por parte del poderío hegemónico estatal no interesan que se ignoren sino que se asuman como realidades inmutables, como pertenecientes al orden de la naturaleza de la vida social moderna, como efecto inevitable del devenir civilizatorio de la humanidad; como esencia de la vida política misma. La alusión constantemente repetida y reformulada del mito del pacto social, por ejemplo, es una práctica discursiva que

---

en que se entona un trance hipnótico, la lealtad de los subordinados, el respeto a los superiores. Para mantener bien alimentada esa superstición, por ejemplo, *el* Estado (independiente o colonial) mantiene los ejércitos y promueve una perspectiva particular de la historia, que se convierte en lectura obligatoria en las escuelas, en la cual siempre los vencedores son los mejores. Casi medio millón de dólares gastó el gobierno estadista en la celebración del 4 de julio del año pasado para exaltar los símbolos patrióticos de la independencia norteamericana y darle un sentido de pertinencia local.

posibilita la reproducción incesante y, al parecer, efectiva, de estas condiciones...

Entre las retóricas del *empowerment*, las del *devolver* el "poder al pueblo" y las dirigidas a *fortalecer* la ficción de libre voluntad y *autonomía* de cada cual (distintivo de las políticas neoliberales), los gobiernos consagran la *fe* del *pueblo* en el poder del Estado. En el contexto local, por ejemplo, el ex gobernador Pedro Rosselló, en su mensaje sobre la "situación del país", en enero de 1998, insistía en que existe un "nuevo contrato social". Y sin duda este nuevo contrato social seguiría renovándose cada año eleccionario, como promesa de campaña, como compromiso de cambio. Esta relación retórica, como es harto sabido, es parte integral del imaginario democrático moderno y condición de reproducción de sus propios términos. La alusión sigue siendo a "nosotros" el pueblo, vértice del discurso democrático moderno. Pero las condiciones últimas de este contrato no han dejado de estar en las mismas manos de siempre. Las ilusiones fundantes de estas condiciones siguen siendo estas:

1. Tenemos una misión colectiva que cumplir, luego delego esa misión al Estado;

2. Tenemos un enemigo que vencer; luego delego esa tarea al Estado;

3. Existe una voluntad general que no es la de cada uno, luego delego esa voluntad al Estado.[112]

Pero -pregunta Fernando Mires- ¿qué pasa en cambio cuando no hay ninguna misión que cumplir, cuando no hay ningún enemigo que vencer y cuando ninguna voluntad general es posible?[113] Tal vez -como afirma Holderin- lo que siempre ha convertido al Estado en un infierno en la tierra es justamente el intento del *hombre* de transformarlo en su paraíso. Aún cuando las luchas por los derechos sociales y por la conquista de un Estado de *bienestar* han *impuesto* ciertos límites al dominio de los complejos industriales y a los poderes relativamente autónomos del mercado y el capital; aún cuando, en ciertas regiones *privilegiadas* del planeta,

---

[112]F. Mires; *La revolución que nadie soñó, o la otra posmodernidad*; op.cit., p.147.

[113] Ídem.

bajo los registros del Derecho, se han impuesto frenos significativos y regulaciones de ley a la explotación capitalista y a la devastación ecológica, por ejemplo. En palabras de André Gorz:

> "El capitalismo ha sido 'domesticado', pero no eliminado ni superado: el Estado social de derecho ha obligado al capital a observar (...) reglas garantizadas jurídicamente (...) De esta manera el dominio del capital ha quedado sometido al dominio del aparato jurídico del Estado."[114]

Pero, simultáneamente, suben a escena consecuencias paralelas sobre las condiciones de existencia que urgen, más que una celebración ingenua, un estado de alerta. Advierte Gorz:

> "La defensa contra la concurrencia desenfrenada y la maximización ilimitada de los beneficios ha significado para los ciudadanos tutela estatal y formalización jurídica de las condiciones de vida, es decir, un control creciente sobre la vida de los ciudadanos por parte de los aparatos de poder del capital y del Estado, empeñados en una lucha cuerpo a cuerpo entre sí."[115]

El poderío estatal aumenta sus intervenciones en cada vez más renglones de la vida cotidiana, invadiendo espacios de intimidad respecto de los cuales antes se daba por desentendido y, consecuentemente, entrometiéndose de modos crecientes y diferenciados para regular la vida y la libertad de cada cual. En este escenario -advierte Jean-Marie Guéhenno- las leyes se han convertido en recetas, el derecho en un método y los Estados-naciones en espacios jurídicos:

> "...la sociedad (...) se ha hecho demasiado vasta para formar un cuerpo político. En ella los ciudadanos forman cada vez menos un conjunto capaz de expresar una soberanía colectiva; sólo son sujetos

---

[114] A. Gorz; "Adiós, conflicto central"; *Izquierda: punto cero*; op.cit., p.110.

[115] Ídem.

jurídicos, titulares de derechos y sometidos a obligaciones, en un espacio abstracto con unas fronteras territoriales cada vez más indecisas."[116]

Entre estas coordenadas, la contienda entre el capital y el Estado se hace cada vez más sospechosa (si es que acaso en algún momento ha dejado de serlo). Aún cuando, tal vez -como concluye Guéhenno- los Estados modernos hayan *perdido* su soberbia y se vean *obligados*, como cualquier empresa, a intentar convencernos de su *utilidad*, así sea a *fuerza* de grandes campañas de publicidad.[117] En el simulacro de esta contienda el Estado aparece en función de la voluntad, de los intereses y las necesidades del pueblo, atento a los *descuidos* o *errores* del capital y *combativo* frente a sus embates. Pero, ¿quién decide los términos de esta contienda? ¿Cuándo alertar sobre los descuidos? ¿Cómo prevenir esos errores? ¿Cómo evitarlos? Por lo menos, ¿cómo amortiguar sus embates? Sin duda, como en una novela romántica, el uno no puede vivir sin el otro. O acaso ¿puede pensarse alguno independiente del otro? Y, aunque sin duda ha habido ciertas fricciones, es innegable que el montaje de esta separación, que de ninguna manera cancela la relación simbiótica, de mutua complacencia entre el capital y el Estado, ha resultado y resulta clave en el orden de la reproducción del imaginario político (pos)moderno. Así mismo para las posibilidades de reconfiguración del discurso democrático y sus ilusiones emancipadoras...

---

[116]J.M. Guéhenno; *El fin de la democracia: la crisis política y las nuevas reglas del juego*; op.cit., p.31.

[117] Ídem.

CAPÍTULO IX

El Imaginario Democrático
¿Simulacro de resistencia o apuesta de libertad?

"Voy con las riendas tensas
y refrenando el vuelo,
porque no es lo que importa llegar solo
ni pronto
sino llegar con todos
y a tiempo."
León Felipe

Capítulo IX

El imaginario democrático
¿Simulacro de resistencia o apuesta de libertad?

> "...es más importante suprimir el trono
> que hacer sentarse en él a un nuevo Príncipe,
> pueblo en lugar de rey,
> cuyo poder amenaza con ser más absoluto todavía."
> *C.Lefort*

La palabra democracia es vértice de las retóricas políticas de fin de siglo. Su virtud seductora no reside en ella misma o por si sola, sino en las promesas que deja en suspenso, las de libertad y seguridad, de justicia e igualdad. Promesas embriagantes tanto para el más ingenuo como para el más atento. Su sentido, lejos de haberse perdido se ha multiplicado infinitamente. Su cuerpo, su verdad última, como el de la *libertad*, habita territorios sin fronteras. Demasiadas bocas gustan de ella, la manosean, la admiran pero también la violan, la hostigan, la traicionan. Y, aunque tal vez haya quien la ignore, nadie se atreve a rechazarla. La democracia se ha convertido en semblante de época, en objetivo irrenunciable, en derecho, en sentimiento, en proyecto político, en reivindicación moral, en esencia, obligación y virtud de la sociedad. Aún así, su trama, articulada junto a los vectores de la emancipación, deambula entre las rutas del desencanto y la duda; de la desilusión y la sospecha...

¿Quién habla en su nombre, de ella y por ella? La democracia, en el escenario político actual aparece como eco de las mutaciones globales del capital, entre las cuales el enjambre de las tecnologías electrónicas de información intensifica sus movimientos. Las tensiones en el orden de la representación, sus puestas en *crisis* si se quiere, no sólo ponen en tela de juicio las bases fundamentales de sus discursos, sino que desterritorializan sus referentes habituales. Lo democrático pierde cada vez más la posibilidad de un significado específico, o por lo menos de una definición absoluta. Se convierte más en referente de una condición de radical indeterminación, en significante de relaciones contingentes de lucha y, como tal, móvil, inestable e impredecible en definitiva y de modo absoluto. Pero, según la democracia, dispersa entre las redes de poder en el espectro social, es portadora de grandes ilusiones utópicas como de apuestas de justicia y libertad, también lo es de los más diversos modos de dominación, de los que en seguidas ocasiones se convierte en condición de posibilidad y con los que a lo largo de sus historias no ha dejado de coquetear. La palabra democracia, más que nada, es peligrosa.

La última década del siglo XX asistió un desplazamiento significativo de los ejes regulativos que han regido el imaginario político moderno. El desencanto y la falta de credibilidad en los grandes relatos (teóricos, míticos, políticos o ideológicos) que le han servido de fundamento de legitimidad, como la idea de que exista una visión progresista unívoca, creíble o confiable, como alternativa absoluta al orden presente, caracterizan la escena epocal. Cada vez resulta más difícil hacer encuadrar las posibilidades en categorías cerradas. Las ambigüedades, las contradicciones e incongruencias en el orden de la representación política, de las relaciones de poder, de lucha y resistencia, lo evidencian. Esta condición se presenta no sólo en las combinaciones de arreglos estructurales sino también en los ideales principales que, durante poco más de dos siglos, han inspirado sus múltiples y diversas manifestaciones. Los trastoques en el imaginario político de la modernidad inciden, pues, en los modos como la democracia ha sido concebida. Las apuestas políticas se piensan y se articulan cada vez más como reivindicaciones específicas y contextuales que como trozos de un gran proyecto emancipador; como fuerzas de resistencia sin un poder matriz regulador o un centro fijo de atracción; más como fuerzas aisladas y dispersas, sin un objetivo universal o una gran causa común, que como piezas de un rompecabezas al que están ineludiblemente convocadas a montar.

En el contexto local, gran parte de las fuerzas políticas que se han articulado como resistencia, sea frente a los poderes excesivos del Estado, a los embates del capital o en fin, a los conflictos cotidianos (sea en el orden de lo académico, de lo étnico o lo cultural, de la sexualidad o lo político en general), aunque en ocasiones han podido volcarla contra el sistema que pretendía controlarla y filtrar con sutilezas las prácticas de la dominación, paradójicamente, se han convertido en fichas clave para las estrategias reguladoras del mismo sistema. La democracia, según se convierte en dispositivo de resistencia, también puede convertirse en un gran poder domesticante, disciplinario, normalizador. Es entre estas coordenadas que estimo pertinente levantar mis sospechas y trazar algunas reflexiones críticas sobre la versión *hegemónica* que, en clave liberal, atraviesa, condiciona y regula la imaginería democrática contemporánea. Entre estas líneas pienso colar posibilidades de pensar y actuar lo democrático de modo alternativo...

El orden del discurso

Todo concepto es –según Gabriel Moreno- un instrumento de sugestión, de fascinación, un potencial artificio estimulante de obsesiones.[1] No es de extrañar, pues, que haya gente que tramite su existencia, incluyendo sus fascinaciones y sus obsesiones, enclaustrada entre los límites que habitualmente demarcan ciertos conceptos. Como afirma Moreno, hay gente que vive toda su vida sólo en función de ciertos conceptos establecidos, de determinados estereotipos, de un conjunto de hábitos institucionalizados, de una serie de ideas fijas. A este sujetamiento constrictivo -añade- contribuye la presión de las reglas, de los rituales y de los sistemas convencionales y "lógicos". Este, según Moreno, es un estilo de vida que parte de la ilusión de que en este mundo pueden construirse algunos oasis de seguridad invulnerable: la familia, la propiedad privada, las creencias y los dogmas, el partido, el Estado, etc.:

> "A cambio de esa sensación de protección y seguridad, se niegan a concebir que haya algo realmente valioso más allá de estos conceptos establecidos y supuestamente validados por la experiencia centenaria y la práctica cotidiana."[2]

Si esto es así, no es de extrañar entonces que las retóricas políticas de la dominación se empeñen tanto en sacralizar y glorificar ciertos conceptos, así como en rechazar otros. No es casualidad tampoco que, en el tránsito de fin de siglo, la matriz de estas retóricas sea el concepto *democracia*. En él la modernidad capitalista ha conjurado al infinito todas sus arbitrariedades. Y la retórica no ha sido nunca otra cosa que el arte de elegir en cada caso los medios

---

[1] G.Moreno Plaza; *La liberación del lector en la sociedad postmoderna: ensayos de interpretación abierta*; op.cit., pp.270-71.

[2] Ídem.

adecuados para persuadir; el arte de convencer con la palabra en lugar de vencer por la fuerza física, entretejiendo las palabras precisas y afinando sus poderes seductores. La retórica política es, como siempre ha sido, una tecnología de los juegos de poder, una condición eficaz para el ejercicio de la dominación; preámbulo de sus efectos, paliativo de sus consecuencias; legitimidad de sus modos de existencia. A través de la retórica -advierte Moreno- no se trata de decir la verdad sino de hablar de aquello que la gente cree más verosímil, aunque sea falso o imposible.[3]

Sin embargo, el lenguaje —recuerda Castoriadis- siempre ha expresado relaciones alteradas de cosas que apenas se dejan designar en toda su intensidad y de palabras que se vacían de sus contenidos originarios en el transcurso de sus propias historias.[4] Es a partir de esta condición, incierta e indeterminada, que la palabra democracia, matriz mítica de las apuestas políticas de *nuestra* época, anima tanto como desespera y angustia; asusta, confunde o engaña tanto como abriga y estimula esperanzas. La democracia es hoy una palabra que circula entre una enorme multiplicidad de sentidos. Al calor de los intensos debates que giran en torno a ella sigue significando cosas diferentes para diferentes personas. Aunque no hay quien no reclame hacer lo que hace por ella y para ella. Pero habría que preguntarse si acaso no se trata de algo más que de simples discusiones en torno al sentido o la significación de las palabras. Sin duda -apunta Ulrich Menzel- se trata de mucho más que una contienda de paradigmas, pues sus efectos tocan profundas regiones en la forma como los contendientes se comprenden a sí mismos políticamente.[5] Los debates, las pugnas de significados en general, obligan a definir el marco de acción y delimitan las posibilidades. En fin, fuerzan a asumir posición.

El significado que pueda imponerse sobre la democracia no sólo asigna la existencia de una relación de poder sino que, al hacerlo, asigna lugares precisos que ocupar y, entre ellos, rangos de autoridad, ordenes de legitimidad, estatutos, códigos, reglas, leyes, regímenes de verdad. A la vez, restringe los posibles movimientos a

---

[3]Op.cit., p.19.

[4]C.Castoriadis en F.Mires; *El Orden del Caos:¿Existe el Tercer Mundo?*; op.cit., p.13.

[5]U.Menzel; "Tras el fracaso de las grandes teorías: ¿Qué será del tercer mundo?"; Revista *Nueva Sociedad*, Caracas, num. 132, julio-agosto 1994, p.66.

otros espacios; diferencia, distingue y marca su distancia de lo que no tiene cabida en ella, lo que le resulta extraño, amenazante o simplemente inoperante; margina, excluye, elimina. Su montaje, según puede hibridar la libertad, puede hacerlo también con la dominación. Sin embargo –advierte Ernest Gellner- si bien los conceptos, el abanico de ideas existentes, todo lo que un lenguaje determinado sugiere y todo lo que es inexpresable en él, forman parte de los mecanismos de control social, la presión conceptual no es el *único* mecanismo operativo, pues la coerción política y económica garantiza e impone significados.[6] Considerando estas advertencias, ¿qué relaciones de poder dan lugar a qué orden de significados? ¿Cuáles gozan actualmente de un sitial privilegiado en el orden del imaginario político? ¿Cómo abordarlos, enfrentarlos, hacerlos cambiar o, de ser preciso, erradicarlos?

La versión hegemónica de la democracia, tanto desde la óptica *estatal* como a escala *popular*, es un gobierno de las mayorías. Del griego *demos*, "pueblo" y *cratos*, "poder", 'autoridad'. Según el diccionario de la Real Academia Española, es el predominio del pueblo en el gobierno político de un Estado. Ezequiel Ander-Egg nos dice que, aplicado a la política, el término alude al régimen político o forma de gobierno en la cual el pueblo participa, de manera activa y efectiva, en la organización del poder público y en su ejercicio. La síntesis más común, tal vez, es la definición de Lincoln que cita "gobierno del pueblo, por el pueblo, para el pueblo". Aún cuando la idea y el concepto de democracia presentan una particular dificultad para ser definidos en términos cerrados y absolutos, es éste el semblante generalmente asumido por casi todos los regímenes políticos y tarjeta de presentación de casi todos los gobernantes de la tierra:

"Casi todas las formas políticas, con diferentes adjetivaciones, reciben el nombre de democracias. Todo el mundo se dice demócrata, ni siquiera los

---

[6]Gellner levanta un alerta frente a la pretensión de la tradición "interpretativa" de querer trascender los entrampamientos del propio lenguaje y subraya que cualquier objeto, literalmente cualquier cosa, tiene que ser identificada y caracterizada antes de que pueda incluso ser pensada, pues atribuir características a algo es desplegar los propios "significados". El significado -añade- se encuentra en el propio punto de arranque, dispuesto a desconcertarnos y a subrayar la circularidad de cualquier procedimiento que adoptemos. (E.Gellner; *Posmodernismo, razón y religión*; op.cit., p.87)

enemigos de la democracia se atreven a hablar contra ella."[7]

Este vector mítico opera en el ensamblaje del imaginario político moderno como condición que preservar, horizonte a seguir y meta a alcanzar:

"La democracia es una realidad en movimiento en cuanto búsqueda y realización de una presencia real del pueblo en la toma de decisiones y en el ejercicio del poder."[8]

Y, aunque el semblante de indeterminación amplía el espectro de posibilidades, ha sido esta premisa, que presenta la democracia como proyecto inconcluso y horizonte a seguir, la hendija por la que se han filtrado en los propios enclaves de las resistencias las prácticas más diversas de la dominación.

De la Revolución democrática

La cuestión de la democracia, sus rituales, sus juegos, sus ilusiones y malas mañas, sus promesas y mentiras, sus aciertos, encierros y vacíos, todo lo que perfila el montaje de sus dominios, es pieza clave de la imaginería política (pos)moderna. Entre estas coordenadas el fin del siglo XX se ha presentado desde múltiples perspectivas como el escenario epocal de una revolución democrática. En el plano de las relaciones internacionales, más que el triunfo de la economía capitalista a escala global y la exaltación de los modos de vida y gobierno que la posibilitan, ha sido la progresiva caída de los regímenes de gobierno *formalmente* autoritarios lo que ha dado base a esta celebración. Ha sido este, sin duda, el modo predominante en los medios de información y en los discursos de los políticos de profesión. Pero dos detalles resaltan a esta mirada superficial: en primer lugar, que han sido los privilegiados del mundo capitalista, de sus favores y bondades, quienes han celebrado con mayor gozo la caída de estos regímenes, en su mayoría "comunistas". En segundo lugar, ¿quiere decir esto que estos países serán admitidos

---

[7]E.Ander-Egg; *Diccionario del trabajo social*; Editorial *Humanitas*, Buenos Aires, 1987.

[8]Ídem.

ahora, de la noche a la mañana, a la gran familia democrática, de los países "libres"? ¿Será acaso que los países que se hacen llamar a sí mismos democráticos han sido o son menos autoritarios que los que ellos mismos dicen que no lo han sido? La revolución democrática, significada en estos términos, es un mito político recién naciente pero de rápido crecimiento y desarrollo; más que una ilusión de moda epocal, una tecnología ideológica de los modos habituales de dominación.

Aún así, es también la base de incontables esperanzas e ilusiones emancipadoras. Según Fernando Mires, la Revolución democrática consiste en convertir a los individuos en portadores del sentido político de la sociedad; en la transformación radical de los sujetos en protagonistas de acciones significativas en lugar de meros repetidores de tradiciones de fundamento metahumano ni encarnaciones episódicas de un orden inmutable que no puede ser cuestionado.[9] Este *nuevo* "sujeto revolucionario" tiene unas características particulares, enraizadas en las ilusiones míticas del discurso democrático moderno:

> "El individuo-sujeto que protagoniza la democracia
> (...) no es uno entre muchos, predestinado por lo
> especial de su ser, sino *cada cual* y *todos*, de acuerdo
> con la común condición que comparten." [10]

Pero, como la democracia no resulta del cumplimiento de un paradigma ideal preestablecido e indiscutible, sino de la búsqueda polémica de lo colectivamente más conveniente –como advierte Savater- vivir en una democracia –añade- consiste en saber que uno puede estar ruidosamente descontento del régimen político en que vive, insatisfecho, molesto y disconforme. Reconociendo el carácter irremediablemente conflictivo de las relaciones sociales, Savater sostiene que:

> "El primer requisito, la mayor excelencia y el peor
> peligro de la democracia es acostumbrarse a *convivir*
> *en disconformidad.*" [11]

---

[9] F.Mires; *Diccionario filosófico*; Editorial *Booket*; Barcelona, 1997; pp.76-99.

[10] Ídem.

La disposición de cada cual a tolerar las diferencias, aún cuando resulten antagónicas o insoportables, supone, pues, ser requisito indispensable para la vida democrática. La apuesta política va a que es posible dilucidar las *diferencias* mediante el diálogo, mediante el ofrecimiento de razones entre pares:

> "La democracia (...) se basa en sujetos (a la vez instaurados por ella misma) que no se dedican a profetizar, dar órdenes o guardar silencio sino que *discuten* y, lo que es aún más importante, discuten de *igual a igual.*" [12]

Pero, me pregunto, ¿igual a quién? La igualdad es, si no una utopía irrealizable, una imposibilidad en el reino de este mundo, tal y cual existe y promete seguir existiendo, un deseo demasiado cuestionable. Siguen siendo las mayorías silentes la legitimidad mayor de las autoridades de todos los gobiernos y no ha habido gobierno que no se dedique a profetizar el porvenir con ilusiones y retóricas que, tras tener el poder en ley de hacerlo, se convierten en órdenes a las que todos nos vemos forzados a acatar o a pagar el precio por no hacerlo...

Steven Best y Douglas Kellner plantean que resulta irónico que en una era donde se libran luchas democratizantes a escala mundial los intelectuales *posmodernos* estén tratando de disolver los conceptos claves de la *revolución democrática.*[13] Que se libran luchas democratizantes mundialmente no hay duda, pero afirmar que estamos en medio de una revolución democrática es demasiado optimista como para ser cierto. Más aún, podría ser hasta tan peligroso y dañino como celebrar el "triunfo" global de la democracia. Que se estén disolviendo, debilitando o inflexionando, los conceptos claves del imaginario democrático, por agotamiento o por exceso, tal vez. Pero resulta demasiado fácil subjetivar los embates que en el orden de la representación política dan lugar a la mutación de época. Y más aún situar en una frecuencia conspirativa

---

[11]Ídem.

[12]Ídem.

[13]S. Best y D.Kellner; *Postmodern Theory: Critical Interrogations;* op.cit., p.297.

y *acusar* de *responsable* por su trama incierta e indeterminada. Y tal vez se haga muy extraño suponer que los principios y las ideas deambulan *fuera* e independientes de las personas que los inventan, los sostienen y los mueven. Pero, ¿quién es *responsable* de tal o cual cosa? ¿Quién encarna la culpa? Parafraseando a Poulantzas, ¿es acaso Stalin culpa de Marx, o Bonaparte de Rousseau, o Franco de Jesús, Hitler de Nietzsche o Mussolini de Sorel, aún cuando sus pensamientos han sido empleados -de cierta manera- para esos regímenes totalitarios?[14] No me parece.

Lo que no quiere decir que el carácter abierto y conflictivo de la condición de época se bata sólo bajo registros de relaciones contingentes, azarosas o imprevisibles. Sin duda el significado habitual de la democracia, por lo menos el que la convierte en semblante de los regímenes políticos actuales, muta. Por ejemplo, Carlos Franco afirma que esa definición que presenta la democracia como una forma de gobierno que, a través de sus propias reglas, actores e instituciones, regula las relaciones de la sociedad civil y el Estado, y la reduce a un "sistema unilateral de reglas" que modula los intercambios entre ambas partes, se agota.[15] Pero a la vez hay quienes rezan su hegemonía global y la consagran. Entre estas coordenadas, Nancy Frasser traza algunas interrogantes a considerar para un modelo alternativo de democracia:

> "Should we take it to mean free-market capitalism plus multiparty elections, as many former Cold Warriors now insist? Or should we understand democracy in the stronger sense of self- rule? And if so, does that mean that every distinct nationality should have its own sovereign state in an 'ethnically cleansed' territory? Or does it rather mean a process of communication across differences, where citizens participate together in discussions and decisions making to determine collectively the conditions of their lives? And in that case, finally, what is required to ensure that *all* can participate *as peers*? Does democracy requires social equality? The recognition

---

[14]N.Poulantzas; *Estado, poder y socialismo*; op.cit., p.20.

[15]C. Franco; "Visión de la democracia y crisis del régimen"; *Gobernabilidad: ¿sueño de la democracia?*; op.cit., p.54.

of difference? The absence of systemic dominance and subordination?"[16]

Del *reconocimiento* en el discurso jurídico

Es entre los dominios del discurso jurídico que la palabra democracia generalmente encuentra sus límites más precisos. Y es, en gran parte, por la fuerza de la ley que el péndulo normalizador de la modernidad mantiene en balance su ritmo y el imaginario político que lo mueve y lo sostiene impone persistentemente sus mayores caprichos, arbitrariedades y demás terquedades. La libertad y la igualdad, vectores míticos fundamentales del discurso democrático, regulan sus movimientos...

Es esto lo que dice el discurso jurídico que regula el orden del imaginario democrático moderno: que los poderes centrados en los gobiernos de los Estados (es decir, de los que representan la voluntad general y cuyos encargos esenciales son los de procurar el bienestar y la seguridad del pueblo) no deben intervenir en la vida privada más que para proteger los principios de "esencial igualdad humana"[17] y garantizar las libertades que de esta condición se desprenden. Pero, ¿qué puede ser es eso que nos hace iguales y, a fin de cuentas, por qué se privilegia lo que nos iguala y no lo que nos diferencia? Según Savater, el principio unificador de la "igualdad humana", desde una perspectiva democrática, es la afirmación de que:

> " ...(los seres humanos) son seres dotados por igual de razón, capaces de lenguaje y por tanto de comprender lo común de sus intereses aún sin minimizar su importante diversidad. Seres que se van haciendo a sí mismos pero *junto* a los otros, en la contrapuntística armonía de una pluralidad de incertidumbres."[18]

---

[16]N. Frasser; "Multiculturalism, Antiessentialism, and Radical Democracy"; *Justice Interrupts: Critical Reflections on the 'Post socialist' Condition*; op.cit., p.173.

[17]Sección 1 de la Carta de Derechos de Puerto Rico (1952) en J.B.Fuster; *Los derechos civiles reconocidos en el sistema de vida puertorriqueño*; Estado Libre Asociado de Puerto Rico, Comisión de Derechos Civiles, San Juan, 1974; p.211.

[18]F. Savater; *Diccionario filosófico*; op.cit., p.86.

Desde esta premisa, sostiene Savater que:

"...lo verdaderamente revolucionario de la democracia es subsumir todas las desigualdades efectivas (de rango, posesiones, educación, aptitudes, raza, familia, sexo, credo, etc.) bajo una superior igualdad legal y política."[19]

Para tales efectos, en nombre de este principio de Unidad, el Estado democrático debe actuar -como sostiene Alain Touraine- en nombre de la tolerancia y de la diversidad, y no de la integración y de la homogeneidad social.[20] En palabras de Touraine:

"Para ser democrático, un sistema político debe reconocer la existencia de valores insuperables, y por tanto no aceptar ningún principio central de organización de las sociedades, ni la racionalidad ni la especificidad cultural."[21]

Pero el poder de Estado no puede menos que reconocer lo que nos *diferencia* para hacerlo de vez con lo que nos *iguala*. De no hacerlo, ¿cómo limitar sus intervenciones? Debe definir, clasificar, asignar lugares a ocupar, rangos específicos y jerarquías de valores, hasta incluso autorizar existencias o no. En fin, debe *diferenciar* con relativa *claridad* (con prudencia liberal y pertinencia política) *eso* que esta supuesto a proteger con todo brío, incluso de sí mismo. A este acto le llama *reconocer*. Bajo el modo de un *reconocimiento* general se autoriza a sí mismo y legitima sus intervenciones más precisas.

Paradójicamente, mientras el discurso jurídico moderno consagra el principio de "esencial igualdad humana" como vértice de su pertinencia y el valor insuperable de la "dignidad" como fundamento racional de su existencia, el primer *reconocimiento* que se desprende de este supuesto es que, en verdad, no somos iguales fuera del discurso formal de la ley. La Carta de Derechos de la Constitución de Puerto Rico, en su Sección 1, dice: "Todos los

---

[19]Ídem.

[20]A.Touraine; "¿Qué es la democracia?"; *Crítica de la modernidad*; op.cit., p.417.

[21]A.Touraine; *¿Qué es la democracia?*; op.cit., p.258.

hombres son iguales ante la ley", precisamente porque *reconoce* que en alguna otra parte no lo son. Y lo confirma cuando sostiene que "no podrá establecerse discrimen alguno por motivo de raza, color, sexo, nacimiento, origen o condición social, ni ideas políticas o religiosas", precisamente porque *reconoce* que es de naturaleza muy común en el orden de lo social *diferenciar* por estos *motivos*, es decir, discriminar.

Para el discurso democrático dominante el Estado es la condensación del poder político del pueblo y el pueblo el soberano cuya voluntad general es su propio bienestar. El soberano, desde esta perspectiva, se expresa bajo la forma del poderío estatal y manifiesta su voluntad más concreta, tal vez, en su ordenamiento jurídico, en los dominios imperiales del derecho y de la ley. Es bajo el registro del lenguaje jurídico y sus prácticas generales que se define la libertad que el Estado lleva por encargo proteger y garantizar. El discurso del derecho estatal como manifestación democrática de la voluntad soberana del pueblo y de la ley como expresión representativa de la misma, supone el *reconocimiento* del valor insuperable e inviolable de la *dignidad humana* y la libertad como su condición irreducible. Bajo la forma de este *reconocimiento* el poderío Estatal identifica, clasifica, legitima y autoriza, en fin, registra, regula y ordena lo que pertenece al orden de la libertad y lo que, para protegerla *en sí misma*, no.

Pero eso que aparece bajo la forma de un "reconocimiento de la libertad" en el orden del discurso jurídico democrático es la apropiación por parte del poderío estatal del significante libertad y la significación política del mismo como efecto de una voluntad general de control y dominación. La libertad se integra como esencia *reconocida* de la vida que el Estado lleva a cargo proteger; como condición de su propia existencia y como soporte de legitimidad de todas sus intervenciones. La integración estratégica de la libertad al orden del discurso jurídico estatal supone, pues, la apropiación de ésta y la arrogación del derecho a interpretar tal o cual acto como relativo a la misma. Para tales efectos la libertad se convierte en objeto de la intervención estatal, de su autoridad para *interpretar* y de su poder para imponer *significados*. La representación de la libertad, la delimitación de sus sentidos e interpretaciones, de las extensiones de sus posibles significados, la regulación de sus campos de acción, de los espacios que pudiera ocupar su contingencia y, más que la predicción absoluta de sus movimientos, la proscripción de gran parte de ellos, es, en los Estados democráticos modernos, encargada principalmente al orden del discurso de la Ley. Así —como es sabido-

296

el poder coercitivo estatal (el derecho del Estado a intervenir y a castigar) tiene como principio fundacional la libertad, según definida a partir de las relaciones de poder que lo constituyen. Sin embargo este poder de significación no es absoluto. El propio discurso del derecho democrático exige al poder interventor del Estado *limitarse*. Y lo hace exigiéndose a sí mismo el sometimiento incondicional a las regulaciones de la Ley. Se da entonces una suerte de autorregulación del poder interventor del Estado sobre las *libertades* reconocidas por el discurso jurídico (bajo la forma de derechos civiles), estableciendo en ley los límites de su poder coercitivo. La reivindicación de la libertad como principio rector de los regímenes de gobierno democráticos, en los Estados de derecho, supone de una parte el *reconocimiento* del valor insuperable e inviolable de la dignidad humana; de otra, basándose en el principio de esencial igualdad humana, el *reconocimiento* de la *diversidad* como condición esencial de la libertad:

> "...en toda actuación gubernamental éste ha de respetar y proteger el ejercicio eficaz de esos derechos de la ciudadanía (...) De ahí que el Estado tenga la obligación de proteger *la libertad de la diversidad* en el sentir, pensar y actuar. El sojuzgar para la uniformidad del pensamiento y de la acción es tiranía."[22]

Pero sin duda no existe régimen democrático de gobierno alguno que no haya nacido de algún modo de tiranía. Tampoco existe ninguno que se sostenga actualmente sin una dosis precisa de tiranía. Y es que no puede haber poder coercitivo que, aunque legítimo, no sea tiránico; y el poder del Estado es, en esencia, coercitivo, aunque lo sea en nombre de la libertad, la justicia social o la igualdad. Esta es una paradoja propia del discurso democrático, de todo poder político. Dentro del ordenamiento jurídico y del poderío estatal en general no hay ley posible que no sojuzgue según los criterios de uniformidad que la constituyen; que no procure someter el pensamiento y la acción a su voluntad y que no fuerce a la libertad de cada cual a obedecerla. El orden de la ley es un orden tiránico aunque, matizado por la retórica política democrática, aparezca

---

[22] J.B.Fuster; *Los derechos de expresión y el uso de las vías públicas en Puerto Rico*; op.cit., p.3.

como un poder consentido, legítimo y autorizado, como un derecho, una obligación, una necesidad esencial para la vida en sociedad; en fin, como voluntad democrática.

No obstante, la hegemonía liberal monta su legitimidad sobre esta *obligación* ética y política del Estado, de proteger la libertad y, al hacerlo, *reconocer* la *diversidad* en el sentir, el pensar y el actuar. Y, aunque es éste un principio fundamental del discurso democrático, paradójicamente se basa en un poder uniformador: la Ley; y en un dispositivo mítico condensador: la categoría *igualdad.*

Del mito de la igualdad humana

Todos los hombres son iguales ante la ley, según las constituciones modernas. Y es que la igualdad sigue siendo un vector mítico del imaginario político moderno. Más que como una esencia constitutiva del ser, una cualidad de su naturaleza humana, como un derecho a reivindicar incesantemente. Se lucha por defender la igualdad adquirida; se lucha por alcanzarla. Según el discurso formal de la ley constitucional cada cual tiene el mismo derecho a intentarlo; aunque unos pocos estén siempre en mejores condiciones que otros para disfrutarla...

La igualdad humana es una cualidad del ser que el discurso democrático moderno ha impuesto y consagrado. A partir de ella, aunque ha ocupado un lugar central en las apuestas de las luchas políticas contestatarias, las tecnologías de control y regulación social encuentran aliento y seguridad. En su nombre, los trámites de la dominación aparecen organizados por dispositivos generales y *universales* (normas, reglamentos, leyes, etc.) que inventarían los registros de las diferencias, dejando a la *legítima* interpretación de los *jueces* de la moralidad, quién, si fuera el caso, es culpable o no de tal o cual acto y cuán inofensivo o peligroso es o puede ser, entre otras cosas, disociando así a los leales de los infieles...

Sin embargo, la palabra *igualdad,* aún conjugada en un discurso *totalizador,* no implica en sí misma o por sí sola que su aplicación concreta sea absoluta, ni tan siquiera que se aproxime a ello. Ningún poder normalizador logra cuajarse de manera definitiva, aunque en esa intención resida la voluntad que lo produce y mantiene activo. La promesa emancipadora implícita en su andamiaje discursivo, según puede conferir un cierto poder, el de la legitimidad moral para juzgar y el de la racionalidad política para intervenir, no convierte a la categoría, o al discurso que la abriga, por sí misma, en dispositivo de dominación, ni tan siquiera en mecanismo regulador. Su pretensión no es de por sí ni buena ni mala. Sólo que, aunque sin duda puede escapar al control de la voluntad reguladora que la recorre, si en algo podemos coincidir es que para bien o para mal, la *igualdad*, como la *democracia* y la *libertad*, es *esencialmente* peligrosa. Sobre todo cuando los juegos de interpretación, las luchas de significados que las acompañan, según pueden convertirse en recursos de libertad, también pueden hacerlo, y no menos, en prácticas de dominación.

Como señala Javier Muguerza, si bien un imperativo moral (o categórico) puede incluir máximas de conducta, indicar de manera terminante lo que se debe o no se debe hacer, no debe confundirse, pues éstas son social e históricamente condicionadas y pueden ser hasta contradictorias entre sí. En otras palabras, según un código puede prohibir matar a un semejante, también puede autorizar exterminar seres de una raza distinta, o a los herejes o a los enemigos de la patria.[23] Para el pensamiento liberal, donde todos somos *esencialmente* iguales. Desde este vector mítico se consagra, en el ordenamiento jurídico democrático-liberal, la ética política emancipatoria de la modernidad: los *derechos humanos*. Estos se suponen *inherentes* a la propia condición de *humanos*, a su *naturaleza* El concepto de igualdad es soporte fundamental del imaginario democrático contemporáneo. Los derechos humanos nacen de sus retóricas y desde ellas regulan los movimientos de sus prácticas. Pero, ¿quién decide cuáles son, dónde empiezan y dónde terminan? Y si, como suele pasar, esos derechos chocaran entre sí, ¿cuales irían por encima de los otros? ¿Quién lo decide? ¿Qué criterios se privilegian? ¿Cuales se excluyen, cuáles se omiten y cuáles se rechazan? Del mismo modo, ¿quiénes se privilegian; quiénes se excluyen, se omiten o se rechazan? No existe una línea *evidente* que posibilite tales distinciones, que de por sí no son deducibles del *derecho natural*, por lo que, como afirma Immanuel Wallerstein, la determinación de a quiénes se aplican los derechos humanos es una cuestión política inevitablemente recurrente y siempre actual.[24] Las interrogantes de quién decide qué, por quién y para qué, permanecen

---

[23] J. Muguerza; "Kant y el sueño de la razón"; *La herencia ética de la ilustración*; op.cit.

[24] I.Wallerstein; "Las insuperables contradicciones del liberalismo"; *Después del liberalismo*; op.cit., p.153.

sobre el tapete...

Sin duda, por más que la teoría democrática liberal insista, fuera de una retórica esencialista la igualdad humana no tiene cabida. Las condiciones de existencia de la mayor parte de la humanidad viviente bastan para dar al traste con esta ilusión jurídica, consigna política de la ideología liberal dominante. Además, la representación del sujeto de derecho como uno esencialmente igual a todos, indiferenciado de los demás (como hace el discurso de la ley), da lugar para la intervención indiscriminada del poderío estatal más que para salvaguardar espacios de libertad. Para dar fuerza de legitimidad a esta relación paradojal del discurso democrático, a las tensiones y contradicciones entre la libertad y la igualdad, el poderío estatal mantiene como principio fundamental el conteo masivo e indiscriminado de votos: el sufragio universal.

El sufragio universal y el *problema* de la representación

La crítica deconstruccionista de las prácticas representa-cionales que han constituido y condicionado el imaginario político moderno en general y el discurso democrático en particular no sólo pone de manifiesto el carácter eminentemente ideológico de éstas sino que advierte la imposibilidad de representar de modo absoluto y definitivo cosa tal como "la voluntad del pueblo". Más aún, el desmantelamiento crítico de esta noción ideológica lleva irremediablemente a la conclusión de que en realidad, *fuera* del discurso al que le sirve, no existe. Sin embargo, esta ilusión aparece como condición de posibilidad para el discurso democrático, como garantía constitucional del ordenamiento jurídico y protegida incondicional de la fuerza de la ley estatal. Promete la Carta de Derechos de la Constitución de Puerto Rico:

"Las leyes garantizarán la expresión de la voluntad del pueblo mediante el sufragio universal, igual, directo y secreto, y protegerán al ciudadano contra toda coacción en el ejercicio de la prerrogativa electoral"[25]

Tremenda responsabilidad ésta que se han echado encima las

---

[25]Sección 2 de la Carta de Derechos de Puerto Rico (1952) en J.B.Fuster; *Los derechos civiles reconocidos en el sistema de vida puertorriqueño*; op.cit., p.211.

leyes, de garantizar algo que ni siquiera existe. ¿Es posible representar "la voluntad del pueblo" o acaso algo que se le asemeje? Decididamente sólo mediante los grandes malabarismos de las retóricas ideológicas que atraviesan el imaginario político moderno semejante representación es posible. La fuerza de la ley podrá, sin duda, garantizar muchas cosas, pero de seguro no puede hacerlo con la expresión de "la voluntad del pueblo". Podrá establecer las reglas y términos de la participación electoral, podrá regular sus procesos e inclusive hasta garantizar la mayor parte de sus arreglos formales, como los términos de las discusiones entre partidos políticos u organizaciones, los límites de las campañas publicitarias, propagandísticas o educativas o de los gastos e inversiones de dinero, en fin, podrá establecer las condiciones generales del juego democrático del sufragio universal. Asimismo la ley podrá prohibir toda coacción en el ejercicio de la prerrogativa electoral pero no podrá proteger plenamente al ciudadano de ella. Mucho menos "garantizar la expresión de la voluntad del pueblo." Decir que puede hacerlo es, cuando poco, una ingenuidad, una mentira suavizadora, una ilusión.

El orden ideológico del discurso democrático supone un arreglo estratégico de la noción de "voluntad popular" en función de su intención política de regulación, control y dominación. Reconoce formalmente las *diferencias* en el discurso de la ley pero en la práctica de su imposición las ignora, las obvia, las omite o procura deshacerse de ellas por la fuerza. Su lenguaje retórico hace aparecer como verdad lo que es una ilusión jurídica o como realidad lo que no es más que una ficción política.

Pudiera pensarse que la imposibilidad de representar algo así como "la voluntad del pueblo" presenta un problema al discurso democrático moderno. Sin embargo, irrespectivo a esta condición, una parte cuantiosa del pueblo participa en estos procesos, aún sin creer en esta gran ilusión representacional, en esta ideología política del discurso democrático. Si la creencia en la posibilidad de la representación total y plena, que es semblante de la imaginería política moderna, es una imposibilidad, ¿cómo afirmar el "triunfo" global de la democracia si ésta está basada en un sistema de representación? ¿Acaso pierde *credibilidad* el discurso democrático oficial, el del Estado, el de los partidos políticos y los gobiernos? Creo que no. En el escenario epocal, aunque aparecen cada vez más debilitadas las legitimidades tradicionales de los juegos representacionales del discurso estatal, la participación general en los rituales democráticos sigue siendo un gran atractivo para amplios sectores poblacionales, aunque la mayor parte de ellos poco o nada pueda decidir algo al respecto. Como afirma Sartre, la vuelta periódica a la consulta electoral protege al ciudadano contra la incertidumbre y la precipitación[26], aún cuando –advierte Mires- es sabido que los programas de cada partido no son el resultado de discusiones, sino de informes de técnicos especialistas que, de acuerdo con las encuestas, deciden cuáles son los temas más cotizados en el mercado electoral.[27] Según Sartre:

> "La pluralidad de los partidos obliga a cada uno de ellos a explicar incansablemente su programa. En resumen, el elector da su opinión en las formas aprobadas, tiene sus puntos de referencia, sus costumbres, la novedad no le desorienta, siempre que se manifieste en el cuadro de la tradición política."[28]

Esta forma ritualista de concebir y practicar lo democrático sigue siendo característica hegemónica de esta época. El sufragio universal es el modo formal y legal del poderío estatal opacar el carácter irreconciliable de las diferencias en el orden de lo social. La teoría democrático pluralista, por ejemplo –según Miliband- insiste en que los principales "intereses" organizados de estas sociedades compiten en términos más o menos *iguales* y, por consiguiente, ninguno de ellos es capaz de alcanzar una ventaja decisiva y permanente en la competencia. Pero sabemos que toda generalización teórica es un reduccionismo ideológico, una elucubración filosófica mezquina, un fantaseo intencionado de poder, una ingenuidad política si es creída como realidad; una relación de complicidad o de consentimiento a la dominación del poderío estatal; un sometimiento si es creída como verdad sólo porque así dispone el discurso jurídico, sólo porque así lo impone la ley. Aún así, crear la ilusión de *igualdad* (a partir de la pluralidad de

---

[26]J.P.Sartre; "La constitución del desprecio"; *Colonialismo y neocolonialismo*; Editorial Losada, Buenos Aires, 1965, p.74.

[27]F.Mires; *La revolución que nadie soñó, o la otra posmodernidad*; op.cit., p.125.

[28]J.P.Sartre; "La constitución del desprecio"; op.cit., p.74.

partidos políticos o de las organizaciones civiles dispuestas a participar en los procesos electorales, por ejemplo) sigue siendo encargo fundamental e ineludible del poderío estatal. Sólo así el Estado podría aparecer como árbitro neutral del juego político; sólo así haría sentido la pretensión de la ley estatal de garantizar la voluntad del pueblo. Y es que sólo entre *iguales* sería posible hablar de un Estado democrático y sólo entre *iguales* tendría legitimidad y pertinencia este modo ritualista de asumir lo político.

De la política inclusiva del Estado moderno

La inclusión de otros sectores antes excluidos formalmente del juego electoral fue una movida táctica del poderío estatal, en función y acomodo de los intereses de los sectores dominantes y privilegiados. A estos beneficiados principales del orden social y jurídico reinante les resultaba conveniente, tal y como en su momento reconocían los gobiernos y las aristocracias de la Grecia de Platón y de la Roma de Cicerón, incluir a los sectores que pudieran resultarles de algún modo amenazantes. El reconocimiento por parte de las autoridades de gobierno a estos sectores cumpliría una función legitimadora de las relaciones marginales de existencia y a la vez serviría de freno a los ánimos rebeldes que pudieran traer consecuencias políticas antagónicas peligrosas o resistencias más radicales como sediciones o insurgencias. Decía el censor romano Cicerón:

"...cuando los senadores concedieron esta potestad a la plebe, las armas cayeron de las manos y la sedición se extinguió. Hallose un temperamento por el cual los humildes creyeron obtener la igualdad con los ciudadanos más eminentes, y este fue el único modo de salvar al Estado."[29]

Y más adelante admitía:

"Hacía falta dar a la plebe una libertad verdadera y no ficticia; y, sin embargo, se dio la libertad en tal forma que gracias a una serie de instituciones

---

[29]M.T. Cicerón; *Las Leyes*, Libro III; Editorial *Universitaria*; Universidad de Puerto Rico, 1968; p.149.

excelentes fue llevada a conformarse a la autoridad de los primeros (o mejores) ciudadanos (...) y en las votaciones a conformarse con el parecer delos aristócratas."[30]

Así, al proyecto político de la modernidad le urgía, pues, ser inclusivo, por lo menos de esos sectores que estaban convocados a darle cuerpo y alma a sus cimientos. Según Immanuel Wallerstein:

> "La gran 'reforma' que hacía falta, si el sistema mundial capitalista había de mantener su estabilidad política, era la integración de las clases trabajadoras al sistema político, a fin de transformar un sistema político basado únicamente en el poder y la riqueza en un dominio por consentimiento"[31]

Y, sin duda, la *concesión* (o reivindicación) del sufragio universal fue uno de esos dispositivos que posibilitaron la puesta en escena de la "gran reforma" *modernidad*. Sin embargo, el Estado liberal moderno -como advierte Mires- concebido como una entidad *neutral* con relación a los derechos políticos del ciudadano, se convirtió en neutral en relación con las actividades económicas, favoreciendo a los sectores más poderosos.[32] Como telón de fondo tendría el desfase entre la *igualdad jurídica formal* y la *desigualdad económica real*. La apuesta política por un régimen de gobierno democrático -según Seymour M. Lipset- (partiendo de la premisa de que la estabilidad política del sistema no puede depender exclusivamente de la fuerza sino de la *legitimidad*, o sea de un reconocido y sistematizado "derecho a gobernar") es que, según el electorado puede oponerse tenazmente al agente de la autoridad y cambiarlo según *su* voluntad, la esencia de las reglas, el símbolo de la autoridad, sería respetado y no desafiado.[33] En otras palabras, que los

---

[30]Op.cit., p.167.

[31]I. Wallerstein; "¿La muerte del socialismo, o el capitalismo en peligro de muerte?: el colapso del liberalismo"; *Después del liberalismo*; op.cit., p.235

[32]F.Mires; *La revolución que nadie soñó, o la otra posmodernidad*; op.cit., p.135-36.

[33]S.M. Lipset; "Repensando los requisitos sociales de la democracia"; *La democratización y sus límites: Después de la Tercera Ola*; op.cit., pp.62-66.

ciudadanos obedecerían las leyes y las reglas, aún cuando disientan con aquellos que las imponen. Esta condición ha posibilitado la reproducción de prácticas de dominación política (subordinación, marginalidad, discrimen y exclusión) bajo el eufemismo jurídico de la igualdad y del derecho democrático de participación ciudadana en clave liberal. Aún así, la fe *moderna* (incluso desde las resistencias) insiste en mover montañas:

"La democracia representativa que se basa en el sistema electoral, la separación de poderes y el Estado de Derecho, si bien es necesaria y garantiza, si funciona bien, los aspectos jurídicos y formales, deja intactos los problemas económicos y sociales, de cuya solución justa depende la realización de una democracia efectiva."[34]

Tal vez. Pues, ¿acaso la empresa privada no disfruta de una posición privilegiada en sus tratos con los gobiernos, por razón del relativo *control* de los recursos económicos? Como advierte Giovanna Zincone, es de sobra conocido que votar todos no significa que todos dispongan del mismo poder:

"Tras la organización y financiación de las campañas electorales se esconden importantes y poderosos grupos de presión. Los parlamentarios y los gobiernos están bajo la influencia de asociaciones de empresarios capaces de ofrecer informaciones y proyectos pensados en sus bien equipados centros de estudio. Grupos o miembros de las clases acaudaladas intervienen en las decisiones públicas, influyendo en la opinión de los políticos y de los ciudadanos a través de los medios de comunicación de masas que poseen..."[35]

Y, aunque no necesariamente estos *grupos de presión* andan de escondidas, la cuestión electoral suele estar acompañada de otras

---

[34]A. Serrano Caldera; "Socialismo, democracia y libertad"; *El fin de la historia: reaparición del mito*; op.cit., p.69.

[35]G.Zincone; "El motor de los derechos"; *Izquierda: punto cero*; op.cit., p.117.

condiciones que también deterioran las expectativas de arrebatarle el poder que sobre lo democrático aún guarda el capital.[36] A fin de cuentas -como sostiene Zincone-, aunque desde el punto de vista teórico, el sufragio universal, al implicar a todos los ciudadanos en las decisiones públicas, debería rebajar el riesgo de que éstas (usualmente tomadas en los despachos y a puertas cerradas) sean rechazadas posteriormente en la calle, el voto, por demás, se cambia y se vende. Aun así, la retórica liberal sitúa en posición *neutral* los circuitos del capital, como si los grupos que los constituyen fueran unos simples más de entre la gran *diversidad* de grupos de intereses que abarcan el espectro social. Lo que no quiere decir que los gobiernos estén totalmente desvalidos ante el poderío del capital y sus mejores jugadores. Aún cuando éstos, por más grandes que sean las empresas a su cargo -como señala Miliband- puedan desafiar abiertamente las órdenes del Estado, hacer caso omiso de sus disposiciones y hasta burlarse de la ley.

Del derecho al voto: ¿reivindicación política o dispositivo normalizador?

La primera, sin duda, para diversos sectores de la población que, por condiciones históricas específicas, fueron diferenciados y excluidos de los privilegios de la *igualdad* y omitidos de su presumida *universalidad*. Sectores que, haya sido por cuestión de género o por el color de la piel, por la edad o la procedencia étnica o de clase, por locura, delincuencia o demasiada disidencia, carecían *legítimamente* del derecho al voto. Pero el sufragio universal es parte imprescindible del funcionamiento efectivo del "pacto social" democrático moderno. Es para la hegemonía liberal, y con ella la versión de la democracia que se le ajusta, condición fundante. El voto promete ser no sólo un instrumento *efectivo* para escoger y hasta para ejercer presión sobre los *representantes* del pueblo, sino que es la manera *legítima* de la expresión de su *voluntad general*. Hoy la diferenciación se

---

[36]Siguiendo los lineamientos de Charles Lindblom, apunta Zincone: "...junto a este poder de influencia (...) los propietarios de capital disponen de otra arma aún más poderosa: la amenaza de invertir en otro lugar, con el consiguiente empobrecimiento de la región o del país donde se salvaguardan los derechos. Los fabricantes pueden desplazarse a los lugares donde se les garantizan reglas menos rígidas sobre la contaminación, donde los derechos sindicales protegen menos a los trabajadores, etc." (G.Zinconne; "El motor de los derechos"; *Izquierda: punto cero*; op.cit., p.117)

hace bajo otros términos, menos evidentes tal vez, pues el concepto de ciudadanía sin duda se ha expandido enormemente. Pero su montaje como semblante de armonía y unidad, de tolerancia y neutralidad frente a las diferencias, sigue siendo una ficción ideológica. O acaso, ¿por qué el voto debe ser secreto si no es porque las presiones de los "superiores" son por demás más *fuertes* que la de los "iguales"? La promesa jurídica estatal garantizar el derecho al voto supone lo siguiente: que el sujeto de derecho (ciudadano) es libre, independiente y autónomo, que este puede divorciarse de las presiones *externas* a su persona y ejercer su voluntad y preferencias políticas conciente y sin temor. Aunque sea de manera fugaz, en la casilla electoral, tras las cortinas de plástico y las paredes de cartón, el poderío estatal encarga a cada cual, al participar, a consagrar la ilusión democrática de igualdad...

Para que los rituales electorales y las ilusiones de representación democrática permanezcan en escena con relativa fluidez y sin mayores cuestionamientos, ha sido preciso montar lo político con la prudencia estratégica de la tradición liberal. La eficacia política de estos rituales ha requerido intensas dosis de publicidad y propaganda que exalten los valores del discurso de la democracia representativa y la participación electoral en sus términos como valores esenciales a la vida en sociedad. La importancia otorgada a votaciones y elecciones, sin embargo, -como advierte Edelman- es una señal de la impotencia de los *espectadores políticos*, puesto que las elecciones son implícitamente un mensaje sobre los límites del poder:

> "Toda persona que crece en nuestra sociedad se ve obligada a percatarse (...) de que un voto individual está más cerca de ser una forma de autoexpresión y legitimación que de influencia, y que el vínculo entre elecciones y asignación de valores es tenue."[37]

Incontables son las consignas que convocan a la participación electoral: para resolver el problema del status, para

---

[37]Añade además que, la reiteración de la oratoria patriótica y de las lecciones cívicas de la escuela primaria acerca de que el pueblo controla al gobierno se llega a reconocer como un modo de asegurar respaldo a las acciones gubernamentales que disgustan a la gente y sobre las cuales ésta no ejerce ningún control efectivo.(M.Edelman; *La construcción del espectáculo político*; op.cit., p.113).

encaminar el país a un futuro de progreso, desarrollo y bienestar, para reafirmar los valores de la cultura, la identidad nacional, para darse a respetar, para asegurar el cambio por revancha, desquite o simplemente para dar oportunidad a nuevas caras e ideas *nuevas*, etc. Cada partido tiene sus razones, cada ciudadano las suyas personales. Todos (si cumplen los requisitos de ley) están invitados a participar, es verdad. Pero esta versión de la democracia, representativa y ritualista, es signo de los límites de sus dominios, aunque se venda a sí misma como la única alternativa democrática legítima y deseable por la voluntad de la mayoría; como condición esencial para mantener la libertad, la justicia y la democracia.

De lo político y la fachada de neutralidad

Las prácticas ritualistas del discurso democrático reducen lo político a la participación electoral y reservan a quienes ocupan posiciones relacionadas al gobierno el derecho, la legitimidad y la autoridad a hablar y decidir en torno a ello. Fuera de las contiendas electorales lo político parece quedar relegado a un plano sin mayor sentido para las mayorías, delegado a unos pocos y, si acaso, expuesto en encuestas esporádicas en los medios de información. En gran parte de las escuelas no se haba de política, tampoco en los hogares ni en las iglesias. Una división imaginaria (de apariencia inofensiva pero con gran poder) separa lo político de la vida cotidiana de la gente común. No hay autoridades que no afirmen su poderío como algo no político y lo político como algo exterior o ajeno a las mismas. Sea en el plano de las relaciones laborales, familiares o en cualquier ámbito de la vida social cotidiana. ¿Qué burócrata no dice ser neutral y objetivo, que sólo sigue instrucciones, que se rige por las normas y los reglamentos o por el debido proceso de ley? ¿Qué instancia gubernamental o religiosa, qué agencia pública o privada, no se alía del lado de la rutina para *afirmar*, si no su lealtad a la *neutralidad* política, su entrega *objetiva* al encargo formal de su posición?¿Cuántos ciudadanos niegan tener algo que ver con la política? Y en ocasiones no hay duda de la sinceridad y la convicción de neutralidad en sus negaciones. Sólo que es ahí, sin duda, donde residen con título de propiedad y permanencia las fuerzas preservativas y reguladoras del sistema y sus autoridades. Sea como sea, cultivo liberal o resignación de época, genuina convicción, ingenuidad o hipocresía, la gente que no se *interesa* por la política, de una u otra manera, seguirá siendo *gobernada* por gente que sí le interesa...

El embate de la mayoría: ...porque no todos somos iguales

Sabido es que –como afirma Savater- las decisiones democráticas son mayoritarias, pero no toda decisión mayoritaria es democrática. Pero, aunque se suele confundir lo uno con lo otro, el andamiaje del imaginario democrático *moderno* no se *debilita* ni por sus contradicciones ni por sus imposibilidades. Desde sus estadios iniciales, las tensiones que inevitablemente lo acompañan han sido, y son, piezas claves tanto de su cuerpo como de su alma. Sostiene Torcuato S. Di Tella que la democracia, en los países donde existe, empezó en gran medida como defensa de privilegios más que como ataque a ellos, y en buena medida continúa desempeñando este papel.[38] Fue una defensa de privilegios de élites contra el rey y su séquito y contra presiones eruptivas de la multitud. Razón por la cual -añade Di Tella- la teoría democrática liberal se preocupa tanto por establecer un sistema de *coexistencia* de intereses, lo que implica un respeto básico por los sectores privilegiados, entre otros. De aquí que para esta corriente de pensamiento resulte clave la regla de que la democracia se basa tanto en el respeto a las minorías como en el gobierno por las mayorías. Sólo que las minorías que tenían que ser respetadas no eran principalmente mujeres, pobres, negros, homosexuales, herejes, entre tantas otras, sino las minorías ricas, los sectores propietarios y sus privilegiados.

Y ha sido a partir del concepto *igualdad* que las resistencias políticas han engranado sus oposiciones a las *arbitrariedades* de las autoridades gobernantes, identificadas éstas como *minorías* que imponían su voluntad a las *mayorías*. El discurso democrático moderno, a partir de esta representación dualista, aparece como contraparte de la voluntad despótica o egoísta de cualquier minoría que pretenda imponerse sobre las mayorías, es decir, sobre el pueblo. El pueblo, antes del advenimiento de los regímenes de gobierno democráticos aparece, desde esta mirada, como una mayoría *desprotegida*, atrapada irremediablemente entre las redes de su dominación y víctima de sus abusos, de sus caprichos y deseos. Esta (re)presentación polarizada de las relaciones de poder ha sido un

---

[38]T.S. Di Tella; "La democracia: ¿será posible?"; *Los límites de la democracia*; op.cit., p.195.

signo constitutivo de la imaginería política de la modernidad y permea actualmente el discurso democrático. La brecha trazada desde la teoría liberal entre sociedad civil y Estado lo evidencian. Desde esta perspectiva, la categoría *pueblo* ha permanecido desde su emergencia como semblante de resistencia al despotismo de las minorías gobernantes. Sin embargo, según en ocasiones este arreglo discursivo puede aparecer como genuina voluntad emancipatoria, puede trocarse a la vez en pretexto y trámite de dominación. Sabido es, por ejemplo, que ni las condiciones de existencia de las mayorías ni las relaciones de poder entre las mismas, en gran parte del mundo, aún con regímenes democráticos formalmente instituidos, han variado cualitativamente. Si bien la modernidad ha asistido a reajustes estructurales en el orden de sus prácticas de gobierno y ha operado ciertos arreglos en los modos tradicionales del ejercicio de sus autoridades, no ha habido una mutación cualitativa en cuanto a las relaciones generales de dominación. En el plano económico y jurídico las minorías acomodadas no han dejado de gobernar ni mucho menos de beneficiarse de los arreglos democráticos. Las minorías marginales, que constituyen en conjunto el grueso de la población social, permanecen a la expectativa de sus favores o concesiones. En el plano cultural y político en general la relación es similar. No obstante ha habido un vuelco en el modo de representar lo político que, aunque no ha significado una transformación radical de las relaciones de poder sí ha jugado un papel decisivo como fuerza legitimadora de las mismas. Aún así se han filtrado obstáculos formales a ciertos modos del ejercicio habitual de la dominación. Razón para que los estrategas y simpatizantes de los favores de la democracia liberal, aunque los reconocen y los lamentan, así mismo se resignen a ellos y los prefieran:

> "Es preferible la obediencia a la mayoría equivocada, quien inconscientemente defiende un punto de vista erróneo, que la sumisión ciega al gobernante." [39]

La mayoría, confeccionada bajo los seudónimos de sociedad civil, ciudadanía o pueblo, como toda *identidad colectiva*, se monta en oposición, negación o exclusión de lo particular, heterogéneo y fragmentado del propio espacio que pretenden absolutizar. Sin

---

[39] A.Arnaiz Amigo; *Ética y Estado*; op.cit., p.51.

remedio posible, como todo acto de significación se monta a partir de una diferenciación, toda identidad –como afirma Ernesto Laclau– se constituye sobre la base de la exclusión de aquello que la niega.[40] Esta negación, constitutiva del imaginario democrático moderno, aparece siempre en relación de exterioridad respecto a un poder central, el Estado, pensando como minoría gobernante (o respecto a los sectores *privilegiados*, que sin duda son minoría influyente y en demasiadas ocasiones *gobernante*). En esta ecuación el despotismo y la opresión no se erradican, sólo se invierten. Ahora el discurso de las *mayorías* estaría del lado de la legitimidad y de la autoridad y la minoría del lado de la arbitrariedad y el capricho. Es ésta una paradoja irresolvible sobre la cual la modernidad capitalista se desenvuelve y de la que el discurso democrático dominante no ha podido (o querido) escapar.

Todo imaginario colectivo, reconociendo la condición resbaladiza que los atraviesa, requiere ensamblar dispositivos estabilizadores. La democracia, como tal, necesita de una cultura que la sustente, que le de fuerza de legitimidad, organice y estabilice (distinga, ordene y clasifique) sus movimientos. Una forma de hacerlo es mediante la producción de consensos. Consensos que por demás implican un alto costo para la relativa singularidad y autonomía de todo sujeto y por igual un obstáculo irremediable a la libertad prometida por la propia democracia liberal. De hecho, el sujeto particular, aun cuando nunca se entere, no sólo consiente su marginación sino que al participar, en los términos de la democracia *realmente existente*, legitima su propia exclusión...

¿Participar = consentir?

Ser parte de o no serlo, esa es la pregunta. Ser (a)parte, esa es la respuesta. Y es que, contrario a la insistencia del discurso democrático liberal (ensamblado en el mito ideológico del pacto social), la participación en sí no es sinónimo de consentimiento. Según Malem Seña, el reconocimiento de una autoridad no se desprende necesariamente de que se haya recibido el consentimiento previo de quienes están sometidos a ella.[41] La participación en un proceso *democrático*, por ejemplo, puede estar dirigida a expresar más

---

[40] E. Laclau; *Nuevas reflexiones sobre la revolución de nuestra época*; op.cit., pp.49-50.

[41] J.F.Malem Seña; *Concepto y justificación de la desobediencia civil*; op.cit., p.27.

la disconformidad con el propio procedimiento de participación, o manifestar el rechazo a los candidatos postulados o, inclusive, al sistema *democrático* en su conjunto. De tal modo -como sostiene Malem Seña- difícilmente se podría afirmar que mediante la participación en sí se está prestando un consentimiento a las autoridades emergentes de la votación, ni tampoco una *autorización* a gobernar.[42] Sin embargo, la participación es, para la óptica de la democracia liberal, un acto fundante en que los *ciudadanos* están sujetos a la ley y obligados a acatarla por el acto de participar *libre* y *voluntariamente*. El principio básico del juego es: unos ganan y otros pierden, lo importante es jugar. De esta manera se instauran las obligaciones legales (y morales) y a la vez se constituye en soporte de legitimidad del gobierno, que desde ya ha sido *consentido* por los gobernados. En síntesis, esto es lo que dice el mito ideológico del pacto social, vector medular del discurso democrático liberal:

> "...el hombre que ha nacido libre permanece libre en un Estado que él mismo ha contribuido a forjar mediante actos voluntarios, y que sólo por medio de ese tipo de actos una persona puede enajenar parte de sus derechos en favor del Estado; institución ésta que rige en beneficio de todos y que constituye la mayor y mejor garantía para el mantenimiento y desarrollo de las potencialidades de sus ciudadanos..."[43]

A partir del pacto social, mito regulador de la democracia liberal moderna, el *consentimiento* (*tácito* de la mayoría) aparece como fundamento de la obligación política y moral a la obediencia civil a la ley y las normas estatales. Este se monta, entonces, en un supuesto procedimiento *democrático*, que presupone que los actos decisorios son voluntarios y conscientes. Tácito no sólo porque se asume que el que calla otorga, sino porque los gobiernos obligan a obedecer sus

---

[42]De igual manera -sostiene Malem Seña-:"...tampoco cabría decir que del reconocimiento por parte del alumnado de la autoridad del profesor, del acatamiento a sus órdenes o de la sumisión a sus reglas y consejos, se pueda inferir lógicamente que hayan 'consentido' a su elección o a la realización de sus tareas habituales." (Ídem).

[43]Op.cit., p.28.

leyes desde el mero hecho de haber nacido y/o habitar en cierta jurisdicción territorial. De mayoría por un hecho práctico (según la sensatez liberal): no se puede complacer a todo el mundo.

Sabido es, pues, que no existe relación de causalidad entre el acto de participar y el de legitimar o autorizar. La correlación entre ambos actos se da sólo a partir del poder que los relaciona y no por la naturaleza misma de la participación. Además, el acto de participar no garantiza que las personas incurran en una obligación sin tener en cuenta su contenido, los valores por ella promovidos o las consecuencias de su ejecución.[44] Tanto en el ámbito de la participación electoral como en el acto de obedecer la ley, poco importa el consentimiento voluntario y consciente de los participantes particulares. En los estados democráticos modernos quien no quiera participar del proceso electoral no es forzado a hacerlo. Con lo relacionado a la obediencia de la ley, poco importa lo que tenga que opinar cada sujeto particular, la ley lo forzará a obedecerla o lo castigará por no hacerlo. Esta aparente contradicción permanece irresuelta, sin por ello debilitar (ni cuestionar) el modo dominante de la democracia.

En el contexto local es común asumir que una minoría disidente, por ejemplo, tenga la obligación moral de aceptar y respetar las decisiones de la mayoría. Mayoría que no es otra cosa que mayor número de votos. No se trata sólo de cuestionar cómo es posible que una decisión tomada por una persona (o cuantas sean) pueda *obligar* a otra a actuar en contra de su voluntad, sino peor aún, que la fuerza que la arrastra a hacerlo sea meramente una cuestión de números. Pero es esto y no otro lo que habitualmente el liberalismo reconoce como proceso democrático en la toma de decisiones, donde la participación misma, por ejemplo en unas elecciones, implica una promesa de acatar las decisiones de la mayoría. Sobre esta relación de "participación democrática" (prácticas, por demás, ritualistas) se cimientan las pretensiones universalizantes de los proyectos y programas políticos, no sólo de los partidos y los gobiernos contemporáneos, sino de las organizaciones políticas y *civiles* en general. En estos rituales de participación democrática, basados en la regla de "la mayoría manda", siempre está en riesgo la singularidad de cada cual así como la de grupos *minoritarios*. Por lo menos la de los menos privilegiados...

---

[44] Ídem.

No es de extrañar, entonces, que las apuestas políticas de las luchas *democratizantes* (por lo menos tal y como se configuran habitualmente y de acuerdo a la timidez de sus expectativas) suelan aparecer como secuelas del triunfo del liberalismo. Aún cuando las minorías privilegiadas no se aproximan ni un ápice a dejar de serlo. Sin embargo, las mutaciones en el orden de la representación política hacen de esta distinción entre mayoría y minoría una retórica que no dice nada, ni seduce ni conmueve. ¿Quién manda? ¿Aquél que tiene más dinero? ¿El de más alto rango? ¿El más fuerte? ¿El más listo? Definitivamente quien tenga alguien que obedezca y se someta. Que lo haga en nombre de la mayoría, de la voluntad general, de la nación o del pueblo, del partido o la iglesia, de la organización o la empresa, de la familia o la pareja, depende del grado de obediencia, de sumisión o conveniencia, de lealtad o preferencia, de consentimiento o de resignación, hábito, costumbre o temor singular o colectivo. A fin de cuentas, dentro del poder ritualista del discurso democrático moderno, si surgiera alguna dificultad que pudiera entorpecer su ritmo, la regla homogeneizadora, fría y dura, saldría al paso y se impondría sobre las posibles diferencias y los frágiles principios que intentaran reivindicarlas...

De la regla democrática: para un orden sin *principios*

La imaginería moderna inventó un sujeto que, por virtud de la palabra y la razón, tendría el poder de revelar la verdad y, en ella, condensar las ambiciones particulares, reconocer el interés general y representar la voluntad del mismo. A este sujeto le asignó un lugar geográfico y jurídicamente delimitado al que debería jurar lealtad: la nación; y situó en la idea de un Estado el lugar privilegiado donde tomar las grandes decisiones, condensar esa voluntad general y regular efectivamente las diferencias y antagonismos entre *sus* ciudadanos. De la verdad se desprendería la legitimidad moral de sus actos. La justicia sería su efecto; la libertad, el horizonte a seguir; la democracia, condición de existencia. Pero -como sostiene Guéhenno- en la actualidad, en lugar de un espacio político, lugar de solidaridad colectiva, no hay sino percepciones dominantes, tan efímeras como los intereses que las manipulan.[45] En la actual condición de época la ilusión de un horizonte político compartido se

---

[45]J.M.Guéhenno; "El final de la política"; *El fin de la democracia: la crisis política y las nuevas reglas del juego*; op.cit., p.46.

disipa y la posibilidad de reclamar principios universales que regulen para toda la humanidad viviente no es más que retórica mítica e ideológica desgastada y mal vista. Aún así, los principios guarecidos en las palabras democracia y libertad, justicia e igualdad, cimientan aún las prácticas representacionales de las resistencias políticas.

Sin embargo, la radical indeterminación y contingencia que condiciona los significantes de libertad, democracia, justicia e igualdad, por ejemplo, sea por su flotabilidad, por los excedentes en los registros de la significación o el agotamiento progresivo de sus sentidos, los troca en signos de sus propias imposibilidades. Las identidades que aún pretenden encontrar en ellas soporte fijo para sus estructuras y dirección unívoca para sus movimientos tropiezan, sin duda, con demasiadas piedras, se atascan con demasiada frecuencia en las enredaderas de la relatividad y la contingencia, si es que no son absorbidas, antes o mientras, por los enormes vacíos referenciales que inevitablemente (de)forman sus caminos. Las estructuras caen por su propio peso y se han borrado de los mapas demasiadas direcciones. Cuando más, quedan ciertos rituales identitarios, estructuras organizativas, expectativas personales y necesidades compartidas, burocracias y jerarquías, respetos, miedos y obediencias, disciplina y pasiones pasajeras, cadenas de mando, libros sagrados y temas prohibidos, símbolos convertidos en parches, himnos, cuentos y banderas y, quizás, deseos fugaces de abrigar algún sentido de pertenencia, al que algunos le llaman conciencia. Fuera de esto, nada. El ánimo de satisfacción individual parece resultar más simpático y atractivo que los sacrificios que supone la solidaridad. El espíritu de competencia sin miramientos ni reservas, enraizado en las más diversas prácticas y relaciones en las sociedades occidentales capitalistas modernas, irrespectivo de sus diferencias, hace rato que lleva la delantera. La cooperación y la solidaridad no han encontrado aún consigna pegajosa para su mercadeo global. En este escenario de época -como sostiene Jean-Marie Guéhenno-:

> "...las leyes se han convertido en recetas, el derecho en un método, los Estados-naciones en espacios jurídicos y la sociedad se ha hecho demasiado vasta para formar un cuerpo político. En ella los ciudadanos forman cada vez menos un conjunto capaz de expresar una soberanía colectiva; sólo son sujetos jurídicos, titulares de derechos y sometidos a

obligaciones, en un espacio abstracto con unas fronteras territoriales cada vez más indecisas.[46]

Es en este escenario donde las cuestiones de principios son sustituidas por la mecánica rígida y fría de la regla. Mientras los principios autorizan a cada cual a desprenderse de su individualismo (mas no de su individualidad) para dar parte de sí a una idea que, incluyendo y sin poder prescindir de la persona particular, lo trasciende, las reglas, de otra parte, son calculadas para minimizar o restringir las contingencias de la contienda. En el registro de lo imaginario lo personal se desentiende de lo político, lo doblega y lo somete. La regla, tras una fachada de neutralidad política, como principio, se impone sobre los principios que dan fuerza de legitimidad y autoridad moral a las diferencias. Advierte Guéhenno:

> "...el debate sobre un problema se transforma en debate sobre la integridad personal, sobre su respeto a las normas institucionales, último criterio de juicio en un mundo en el que el juego político no tiene otro objeto que la preservación de la regla de juego, único estándar de funcionamiento aceptado de una sociedad sin objeto."[47]

El valor de las reglas (leyes o normas), como de los *debidos* procedimientos que las acompañan, ha encontrado pertinencia, justificación y legitimidad al convertirse en un freno poderoso ante las arbitrariedades, es verdad. Sin embargo, las reglas proliferan tanto más cuanto más se *debilitan* los principios (o se desplazan, se marginan, se reprimen o se suprimen.) Al extremo de que -como sostiene Guéhenno- ya no se piden cuentas de una política sino la seguridad de que se han respetado los procedimientos.[48] La organización ritualista de lo democrático aparece en conformidad a esta condición. La rigidez en los procesos parlamentarios o

---

[46]J.M.Guéhenno; "El final de las naciones"; *El fin de la democracia: la crisis política y las nuevas reglas del juego*; op.cit., p.31.

[47]J.M.Guéhenno; "Cadenas invisibles"; *El fin de la democracia: la crisis política y las nuevas reglas del juego*; op.cit., p.82.

[48]Ídem.

deliberativos, el culto y sometimiento a la autoridad de los reglamentos y a los rituales que los acompañan, la fe ciega en el "debido proceso" o los "requerimientos formales" y la aplicación (o imposición) indiscriminada, mecánica e insensible ante las diferencias, lo evidencian. Esta práctica se manifiesta entre los más diversos registros de la vida social cotidiana: desde la aplicación de la ley a todos por igual hasta la evaluación de los estudiantes con una misma vara; desde las exigencias religiosas o morales sobre la sexualidad a la invitación del capital a resignarse ante sus explotaciones; desde la exigencia ideológica de uniformidad cultural hasta la oclusión de la personalidad por la disciplina militar.

Sea por la condición flotante de los significantes (efecto tanto de las redes tecnológicas de información, de los reajustes estructurales del capital, como de las mutaciones culturales), por la desterritorialización de los referentes *fuertes* (en los que los principios encontraban refugio seguro, soporte y estabilidad para sus movimientos), por la falta de credibilidad o la crisis de legitimidad que los obliga a una vida nomádica, por los lamentos moralistas o las fuerzas de la relatividad y la contingencia (que mantienen las contiendas en una relación incierta), la voluntad preservativa de los sistemas de reglas tiene más peso en la balanza que los principios espectrales de la justicia y la libertad. En fin –como concluye Guéhenno- el formalismo de la regla revela toda su fragilidad si aparece una cuestión fundamental o una cuestión de principio.[49] Pero, paradójicamente, son las mismas fuerzas que pudieran desatar la imaginería democrática las que limitan, amarran y controlan sus movimientos. Alain Touraine sostiene, por ejemplo, que:

> "...el fin de las reglas de procedimiento, en un escenario donde la vida económica y social seguirá dominada por las oligarquías es, además de responder a las demandas de la mayoría y asegurar la mayor participación del mayor número en la vida pública, impedir la arbitrariedad y el secreto."[50]

Pero la arbitrariedad y el secreto son, dentro del imaginario político moderno, piezas fundamentales en el tablero de lo

---

[49]Op.cit., p.87.

[50]A.Touraine; *¿Qué es la democracia?*; op.cit., p.25-26.

democrático. Sabido es, por ejemplo, que a los registros de la dominación pertenece la economía política de la verdad, y la verdad, por demás, se monta e impone tanto por lo que se dice como por lo que se calla; por lo que se anuncia como por lo que se mantiene en silencio, en secreto. Además, como advertía Michel Foucault: la instancia de la dominación no está en quien habla, sino en quien escucha.

Las inclinaciones de época hacia una hegemonía de la regla sobre el principio son parte del consentimiento general a la dominación que promueve la ideología democrática reinante. Tras una fachada de evolución civilizadora, la subordinación de las diferencias al poder reglamentado deja como saldo general la minimización de las resistencias, en fin, la domesticación de lo político. Pero ese poder normalizador que atraviesa todos los renglones de la vida social moderna, y que condiciona los movimientos de toda ruptura posible, de las transgresiones, de las relaciones de lucha, sus prácticas y sus apuestas políticas, no se impone de modo absoluto y uniforme. Por lo menos en el ámbito teórico, puede decirse que los disloques en el orden de la representación de lo político posibilitan descentrar los dominios relativos a este poder normalizador hegemónico.

La desmedida reglamentación de las relaciones sociales y, sobre todo, de las contiendas políticas, que es signo del tránsito de época, si bien puede ser leída como una progresiva cooptación de ese poder normalizador que caracteriza a la modernidad, también puede significarse como una fuerza de resistencia formal o instituida, precisamente por reconocer las contradicciones abismales del discurso democrático, el carácter antagónico e irreconciliable de infinidad de diferencias políticas sociales. En lugar de identificar el imperio de la regla (o de la ley) y sus rituales con una gran victoria democrática, puede mirarse a la inversa, como desconfianza o rechazo de tal victoria, como afirmación de que, en fin, el modo imperial de actuar lo democrático local o globalmente, por más que insistan, no es democrático. Quizá -como denuncia Wallerstein- porque el bienestar económico no es compartido por todos por igual o porque el poder político no es realmente compartido por *todos* por igual.[51]

---

[51]I.Wallerstein; *Después del liberalismo*; op.cit., p.109.

"...como parte del proceso de desencanto con el reformismo por la vía de las acciones dirigidas, fomentadas o patrocinadas por el Estado, ha habido un impulso de 'democratización', es decir de reclamos de igualdad política que van mucho más allá del derecho a votar. (Esta demanda) no se plantea sólo en los Estados autoritarios sino también en los estados liberales, porque en realidad el concepto de Estado liberal no fue inventado para impulsar la democratización sino para impedirla."[52]

El desplazamiento de fin de siglo: la ida por la vuelta

El conjunto de prácticas representacionales que constituyen el imaginario político moderno y el discurso democrático, aunque ha mantenido un curso normalizador relativamente estable (por lo menos en lo referente a los modos de dominación), ha variado históricamente. La representación de la democracia, para el siglo XVII, por ejemplo, se definía –según Touraine- por la soberanía popular y la destrucción de un Antiguo Régimen basado en la herencia, el derecho divino y el privilegio. Sus principales pensadores -añade- hicieron de ella una definición central de la libertad de los modernos. En palabras de Jean-Marie Guéhenno:

"...para una colectividad humana, ha sido el derecho de hacerse cargo de su destino y, por tanto, de dotarse de un gobierno que exprese la voluntad colectiva; también es el derecho, para cada hombre, de protegerse frente a los abusos del poder, la garantía de que la mayoría no aplastará a la minoría."[53]

El semblante emancipador del discurso democrático, de los principios universalistas de libertad, justicia e igualdad –por ejemplo- sirvió de base para hacer subir a escena las voces tradicionalmente marginadas de los privilegios de clase protegidos por el poderío

---

[52]Op.cit., p.171.

[53]J.M. Guéhenno; *El fin de la democracia: la crisis política y las nuevas reglas del juego*; op.cit., p.81.

estatal. La política democrática –según Touraine- asoció mucho tiempo en el tema central del *progreso* la idea de modernidad, e incluso de racionalización, con esa defensa de intereses de clase. Se representa ahora, bajo el reclamo de inviolabilidad de la dignidad humana y bajo la forma del derecho, el respeto a los trabajadores aplastados por la dominación capitalista, se denuncia el discrimen por raza, género, condición económica, procedencia étnica, creencia religiosa, política o ideológica. El derecho a la igualdad aparece como reclamo popular democrático al poder de Estado. Ya finalizado el siglo XX el orden del discurso democrático ha sido cooptado casi por entero por el discurso formal del derecho, es decir de la Ley, del poderío estatal y el orden de lo jurídico. Es común encontrar entre las representaciones actuales, por ejemplo, las que sostienen que los conceptos o ideas vinculadas a los derechos *humanos* y los derechos *civiles*[54] se han ido elaborando y definiendo *mejor* a medida que la *inteligencia humana* se *desarrolla* y *progresa*.[55] Pero –como es sabido- la representación de una historia *evolutiva* de la democracia, donde el estado de derecho vendría a ser efecto de la acumulación gradual pero progresiva de la civilización moderna y el pensamiento emancipador humano es, si no un ingenuo coqueteo ideológico, una apología en complicidad con el régimen de dominación imperante.

Ya en el final del siglo XX -apunta Touraine- el péndulo de la historia se desplaza de la izquierda hacia la derecha: después del colectivismo, el individualismo; después de la revolución, el derecho; después de la planificación, el mercado.[56] En las regiones del planeta que durante este siglo han estado dominadas por regímenes que, en nombre del pueblo, han suprimido las libertades para alcanzar o salvaguardar la independencia y el poder económico de la nación, el pensamiento liberal ha impuesto su hegemonía. Mientras, en las regiones que durante casi cinco siglos ha sido soporte fundamental, la consagra. Pero, cabe acentuar, no se trata de la globalización de un modo de dominación económica dado en definitiva (neoliberalismo) combinado en lo político con la democracia liberal, formal y ritualista. Lo político no está subordinado de modo absoluto a la

---

[54]A los primeros, la modernidad ha encargado el lado *humano* del derecho, mientras que a los segundos, lo mismo, pero con fuerza de ley.

[55]J.B.Fuster; *Los derechos civiles reconocidos en el sistema de vida puertorriqueño*; op.cit.

[56]A.Touraine; "Qué es la democracia?; *Crítica de la modernidad*; op.cit., p.452.

320

economía global de mercado. El cuerpo doctrinario del liberalismo es mucho más complejo que un simple signo de la economía de mercado. La configuración histórica de su hegemonía en el orden del discurso democrático en particular y del imaginario político moderno en general así lo confirma. Inclusive, aunque desde cualquier perspectiva crítica aparece situado del lado del poder normalizador de la modernidad, de sus dispositivos disciplinarios y sus tecnologías de dominación, en la dimensión de la contienda política aparece siempre como vector de resistencia, como relación de lucha oposicional. Señala Fernando Mires que el liberalismo aparece siempre como oposición a un contrario: frente al régimen absolutista desarrolló la idea de la libertad individual; frente al contrato social basado en la divinidad, formuló la teoría del pueblo soberano y, frente al igualitarismo, defendió como derecho la propiedad privada.

La propiedad privada aparece, pues, como reivindicación democrática de derecho, según el discurso liberal moderno. Ascendido al rango de derecho lo que por lo general ha sido el privilegio exclusivo de unos pocos, la propiedad privada gozaría de los favores del poderío estatal y de la fuerza represiva de su ley. Al extremo que, en ocasiones, el saldo de la contienda por las diferencias irreconciliables entre este derecho y otros de similar rango en el discurso de la ley, ha sido a su favor. Incontables evidencias pueden registrarse en los ámbitos de los "servicios sociales" encargados tradicionalmente al Estado, como vivienda, salud, educación y seguridad pública. En el plano laboral, por ejemplo, la mediación del poderío estatal ante los conflictos de intereses entre los propietarios y los trabajadores afectados ha sido, por lo general, a favor de los primeros. Las demandas de los trabajadores ante los despidos masivos, ante las negativas de los patronos a negociar las condiciones de trabajo o ante las amenazas de recortar beneficios laborales ya obtenidos, han sido legitimadas y justificadas, sino ignoradas, por el poder estatal. Las manifestaciones de protesta, como los paros o las huelgas, han sido, por lo general, reprimidas por el poder policial del Estado.

La imposición del derecho de los propietarios sobre el derecho de los no propietarios ha estado, con sus respectivos matices puntuales e históricos, a la orden del día en las sociedades capitalistas democráticas durante todo el siglo XX. El trabajo, paradójicamente, sigue siendo una exigencia moral mas no un derecho para la ley estatal. Si así lo fuera, me pregunto, ¿seguiría existiendo el capitalismo? Y el Estado, ¿qué sería de él si los desempleados decretaran un gran paro? ¿Qué sería del derecho de propiedad (que es la legítima y legal autoridad de los propietarios) si un buen día los trabajadores todos se unieran en una huelga de brazos caídos por imponer sus derechos? ¿Y si así mismo la salud fuera reclamada también como un derecho por los enfermos y lo saludables que no la pueden comprar? ¿Y si a ellos se le sumaran quienes no tienen vivienda y exigieran como derecho el privilegio de los demás? Y si además los estudiantes, y quienes quisieran gozar de la dicha de serlo, decidieran no pagar por la educación porque la reclaman como un derecho y la rechazan como un privilegio? ¿Y si los consumidores ese buen día decidieran no volver a comprar nada que no tuviera un precio razonable y justo? De la democracia que hoy conocemos -me pregunto- ¿qué se diría?

De la crítica al capitalismo y a la democracia liberal

La imaginería democrática, que incluye el liberalismo, el pluralismo, la extensión progresiva de los derechos humanos (políticos, civiles y sociales), el individualismo y el igualitarismo, aparece en relación simbiótica con el *desarrollo* económico y social asociado y sostenido por el proyecto político de la modernidad. Una condición esencial para el mantenimiento de las *libertades políticas* y de la *autonomía* de la sociedad civil, desde las corrientes de pensamiento liberales, es la lógica del mercado como mecanismo de regulación del sistema económico. Desde esta perspectiva la *libertad política* depende de la *libertad económica* y ésta, a su vez, de la limitación de la intervención coactiva del poderío estatal. El gobierno es, desde esta óptica, un *contrato*, y la democracia un *método* para hacerle cumplir su *encargo social* (la preservación de la vida, de la libertad y de la propiedad, por ejemplo). En otras palabras, pues, que el capitalismo es la condición indispensable de la democracia.

La oposición tradicional a este enfoque se ha montado a partir de la denuncia del carácter ilusorio de sus promesas, donde los derechos aparecen como máscaras para el privilegio y la justicia y la libertad como eufemismos de sus tecnologías de dominación. En esta cruzada, con sus respectivas codificaciones morales, se ha conjugado el imaginario democrático moderno. Esta gran oposición, de un lado de la barra, se arroga el individualismo, la libertad, los derechos, el sector privado, el intercambio voluntario, el mercado y los intereses privados. Del otro, el colectivismo, la planificación, la justicia social, el sector público, la coacción estatal, la sociedad racional y el bien público.[57] Para ambos polos, irrespectivo de las diferencias que los constituyen, dos eslabones clave los asemejan. El primero, el determinismo económico. El segundo, que ambos apelan a la autoridad que irradia el signo de la democracia pues es, quizás, el principio político más *atractivo* de la época. La carrera por imponer un orden económico 'libre' o 'regulado' tiene a la *democracia* como principio y final. Sin embargo, es la propia circulación política del signo la que parece eximirla de la pesada carga de esta lógica oposicional.

En síntesis, el liberalismo democrático ha aparecido como *reconocimiento* de los derechos de expresión y el derecho a poseer propiedades. Su imbricación con la discursividad democrática se da en tanto ésta supone ser un régimen político que permita (a los ciudadanos) votar y constituir asociaciones políticas. Se considera entonces que un Estado *es* democrático si concede a *su* pueblo el derecho a escoger su propio gobierno a través de elecciones periódicas, multipartidistas y de voto secreto, basadas en el sufragio universal e igual de los adultos. Entre estas coordenadas -como sostiene Anthony Giddens-, la democracia liberal y el capitalismo están unidos entre sí porque el desarrollo económico favorece las condiciones de la *autonomía* individual.[58] La punta extrema de la retórica liberal (re)conocería y *concedería*, entonces, los *derechos fundamentales* sin excepciones:

> "Visionarios y chiflados, maníacos y santos, monjes y libertinos, capitalistas, comunistas y demócratas participativos, proponentes de falansterios (Fourier), palacios del trabajo (Flora Tristán), aldeas de unidad y cooperación (Owen), comunidades mutualistas (Proudhon), todos deben tener su oportunidad para construir su visión y ofrecer un ejemplo atractivo."[59]

---

[57]B.R.Barber; "Contra la economía: capitalismo o socialismo, pero ¿qué le pasa a la democracia? en F.E.Baumann (comp.); *¿Qué es el capitalismo democrático?*; Editorial *Gedisa*; Barcelona, 1988; pp.33-35.

[58]A.Giddens; *Más allá de la izquierda y la derecha: el futuro de las políticas radicales*; op.cit.

[59]R. Nozick; *Anarchy, State and Utopia*; Basic Books, Nueva York, 1974, p.312, en A. Wellmer; "Modelos de libertad en el mundo moderno"; *La herencia ética de la*

La teoría democrática moderna, en su versión liberal, sostiene que el fin de la maquinaria compulsoria del Estado (que incluye los dominios de la ley hasta la reserva exclusiva del derecho a la coerción) es *salvaguardar* y *armonizar* una vida *común*, inspirada en actividades *voluntarias*. El propósito de todo el andamiaje democrático es, desde esta perspectiva, posibilitar la expresión y hacer efectiva la representación de *diferencias*.[60] En palabras de Ralph Miliband:

> "...la teoría democrática pluralista no habría alcanzado el prestigio de que disfruta en las sociedades capitalistas avanzadas si no hubiese estado basada en que *permiten* y alientan a que una multitud de grupos y de asociaciones se organicen manifiesta y *libremente* y compitan entre sí en la realización de los fines que sus miembros *deseen* proponerse."[61]

Desde esta perspectiva el Estado aparece *obligado a respetar la dignidad humana*, mediante la protección de ciertos *derechos fundamentales*,[62] cuyo encargo sería asegurar la vida, la libertad y el disfrute de la propiedad al igual que propiciar la "libre participación" del individuo en la sociedad.[63] En síntesis, se puede decir que la versión liberal de la democracia supone un sistema de representación, interpretado con relación al pluralismo y a la expresión de intereses diversos. En palabras de Anthony Giddens:

---

ilustración, op.cit., p.120.

[60]A.D.Lindsay; *Los fundamentos de la democracia*; Traducción de M.M. de Hernández; Cuadernos de la Facultad de Estudios Generales; Departamento de Ciencias Sociales, Serie C, Num.7; Oficina de Publicaciones de Estudios Generales, Universidad de Puerto Rico, Recinto de Río Piedras, 1961.

[61]R.Miliband; *El Estado en la sociedad capitalista*; op.cit., p.141.

[62]La Sección 1 del Artículo II de la Carta de Derechos de la Constitución del Estado Libre Asociado de Puerto Rico erige como principio cardinal la inviolabilidad de la dignidad del ser humano y su esencial igualdad frente a la ley.

[63]Tomado de 'Los Derechos de Expresión y el uso de las vías públicas en Puerto Rico'; Comisión de Derechos Civiles del Estado Libre Asociado de Puerto Rico, San Juan, 1974.

"...la democracia liberal es una forma de gobierno caracterizada por elecciones periódicas, sufragio universal, libertad de opinión y el derecho universal a presentarse como candidatos a cargos o formar asociaciones políticas."[64]

Son éstos los requisitos mínimos que exigen las potencias *democráticas* (políticas, militares y económicas) a los países que, de una forma u otra, aún no han logrado *consolidar* o institucionalizar un *legítimo* sistema de gobierno democrático. Pues -como sostiene Seymour M.Lipset- en los sistemas democráticos, la estabilidad política no puede depender de la fuerza, y la alternativa a la fuerza es la legitimidad, es decir, un reconocido y sistemático *derecho a gobernar.*[65] La democracia, añade:

"...requiere una cultura que la sustente, es decir, la aceptación de los ciudadanos y de las élites políticas de ciertos principios plasmados en la libertad de expresión, de información, de cultos, en los derechos de los partidos de oposición, en el imperio de la ley y los derechos humanos entre otros."[66]

Lipset, después de trazar la trayectoria *democratizante* (en oposición a los sistemas *autoritarios*) recorrida durante este siglo a escala planetaria, sostiene:

"El camino hacia la democracia no es simple. Los países que han tenido regímenes autoritarios encuentran difícil establecer un sistema democrático legítimo, dado que sus creencias y tradiciones pueden ser incompatibles con las que requiere el funcionamiento de las democracias."[67]

---

[64]A. Giddens; *Más allá de la izquierda y la derecha: el futuro de las políticas radicales*; op.cit., p.118.

[65]S.M.Lipset; "Repensando los requisitos sociales de la democracia"; *La democratización y sus límites: Después de la Tercera Ola*; op.cit., pp.62-63.

[66]Op.cit., p.55.

[67]Op.cit., p.51.

Pero, ¿qué criterios establecen esta línea divisoria entre las democracias *realmente existentes* y las que aspiran (aunque sea a empujones) a serlo.[68] Como advierte Guillermo O'Donell, esta línea divisoria es arbitraria y depende, en gran medida, de las preguntas que queramos hacer.[69] Pero la perspectiva liberal ya tiene su respuesta: la progresiva expansión global del capitalismo constituye una fuerza que acelera el tránsito hacia una democracia globalizada. Lo que de la apuesta política no queda en manos de los estrategas militares queda en manos de la industria cultural, la propaganda política y el mercado. La letra de Lipset evidencia ese *anhelo*:

> "Sin embargo, los sistemas de creencias cambian; el desarrollo del capitalismo, de una amplia clase media, de una clase trabajadora organizada, el incremento de la riqueza y la educación están asociados al secularismo y a las instituciones de la sociedad civil, las cuales ayudan a crear la autonomía del Estado y promueven otras precondiciones para la democracia."[70]

Eso, desde la retórica ideológica del desarrollo y del progreso en clave moderna, podría resultar en un aliento de fe para los países en vías de *democratizarse*. Pero, sin duda también, en entrampamiento. Si bien puede ser un grito de combate libertario, a la vez puede actuar como pretexto y justificación de las ejecutorias de cada gobierno en sus trámites de reorganización interior del aparato de poder estatal y como soporte de legitimidad de los *nuevos* arreglos en

---

[68]La democracia -como sostiene Lipset- es una causa internacional. Por ejemplo, no sólo innumerables partidos y gobiernos democráticos, así como las organizaciones no gubernamentales, dedicadas a los derechos humanos, trabajan y proveen fondos para crear y sostener a las fuerzas democráticas sino que las agencias y organismos internacionales, como la Comunidad Europea, la OTAN, el Banco Mundial y el Fondo Monetario Internacional (FMI), exigen sistemas democráticos como condición para la afiliación o para el envío de ayuda. (S.M.Lipset; "Repensando los requisitos sociales de la democracia"; *La democratización y sus límites: Después de la Tercera Ola*; op.cit., p.77)

[69]G.O'Donell; "Otra institucionalización"; *La democratización y sus límites: Después de la Tercera Ola*; Revista *La Política*; op.cit., pp. 5.

[70]S.M.Lipset; "Repensando los requisitos sociales de la democracia"; *La democratización y sus límites: Después de la Tercera Ola*; op.cit., pp.60-61.

las relaciones entre el Estado y el capital privado. Como sostiene Alain Touraine, la *libertad* de cada cual no queda asegurada porque "el pueblo esté en el poder" ni tampoco en el hecho de que cada cual pueda elegir "libremente" lo que le ofrece el mercado, porque éste no garantiza ni la igualdad de oportunidades de todos, ni la orientación de los recursos hacia la satisfacción de las necesidades sentidas con mayor fuerza, ni la lucha contra la exclusión.[71] Tampoco se puede afirmar que porque un régimen de gobierno no goce de credibilidad *popular*, su frágil legitimidad sea augurio certero de su caída. Recuerda Lipset:

> "...la autoridad represiva de la policía, un ejército poderoso y la voluntad política de los gobernantes de utilizar la fuerza bruta, pueden mantener el poder del régimen casi indefinidamente."[72]

No es de extrañar, pues, que si ya que no hay divinidad que nos guíe por buen camino, nos proteja y nos ampare, las apuestas políticas de los movimientos democráticos, independientemente de las variables que los diferencien, desde las voces oficiales proyectadas desde los gobiernos y el Estado hasta las manifestaciones más efímeras y fugaces en la vida social cotidiana, prefieran (aunque sin dejar de tirar piedras y esconder las manos) mantener a flote la ilusión de que, al fin y al cabo, hablando se resuelven las cosas...

Democracia, comunicación y diálogo: hablando ¿se resuelven las cosas?

El imaginario religioso, como es sabido, ha sido un factor clave en la configuración del discurso democrático moderno.[73]

---

[71]A. Touraine; ¿Qué es la democracia?; *Crítica de la modernidad*; op.cit., p.416.

[72]S. M.Lipset; op.cit., p.64.

[73]Históricamente, la democracia -según Seymour M. Lipset- estuvo relacionada de forma positiva con el protestantismo; no ha sucedido lo mismo con el catolicismo, el cristianismo ortodoxo, el islamismo y el confucianismo. Estas diferencias se explican -según Lipset- tanto por el mayor énfasis del protestantismo en el individualismo como por los vínculos, tradicionalmente sofocantes, entre la religión y el Estado en las otras cuatro religiones. (S.M.Lipset; "Repensando los requisitos sociales de la democracia"; *La democratización y sus límites: Después de la*

Alexander D. Lindsay, tratando el tema de los fundamentos de la democracia en 1929, señala que las discusiones que dieron base a la teoría democrática moderna (desde la Inglaterra del siglo XVII), gravitaron no en doctrinas científicas ni en el sentido común, sino en un principio moral y religioso: la igualdad humana. Lindsay sostiene que el *verdadero sentido* del principio de igualdad, tanto para puritanos como para demócratas, se resume en estas palabras de Cromwell: "...tanto el más pobre, como el más rico, tienen una vida que vivir." De acuerdo a ello:

> "El más pobre tiene su vida que vivir, no para ser manejada, disciplinada o usada por otros. Su vida le pertenece y tiene que vivirla. Nadie puede privarle de esta responsabilidad. No importa cuán diferentes puedan ser (...) en riqueza o habilidad o conocimiento, sean listos o estúpidos, buenos o malos, vivir su vida es su propia incumbencia y responsabilidad."[74]

Sin embargo, mientras la iglesia de esos tiempos mantenía su complicidad con los estados emergentes y las formas de gobierno que los acompañaban, esta fe en la igualdad humana parecía ser la gran ausente. Las mayorías empobrecidas, según los proponentes de este principio, no estaban comprometidas de ningún modo con un gobierno al que no habían expresado nunca su voluntad de obedecer; nada tenían que ver con aquellos que hacían las leyes bajo las cuales estaban supuestos a tener que vivir (e incluso a morir). Faltaba un enganche efectivo entre ese principio universal, el de la igualdad humana, y las poblaciones que estaban convocadas a regir sus vidas en torno a él. A partir de este principio ideológico, activado desde la racionalidad religiosa humanista, tiene lugar a la máxima de que un gobierno democrático lo es sólo cuando las personas se someten a él bajo su libre consentimiento. En otras palabras, que nadie tiene derecho a ser gobernado si no lo consiente e, igualmente, que a nada queda obligado si no es un acto consentido, libre y voluntario. Pero, en el contexto de su materialización, esta aparente posición política libertaria fue domesticada y sometida a la razón normalizadora del

---

Tercera Ola; op.cit., p.58)

[74]A.D.Lindsay; *Los fundamentos de la democracia*; op.cit., p.6.

poderío estatal. La pregunta sería, más que cómo incluir a las mayorías marginales en los procesos de reproducción del poder estatal y sus gobiernos, cómo hacer que éstas legitimaran ese poder, se sintieran representadas por sus gobiernos y consintieran su dominación.

La reacción inmediata, consciente del poder seductor y normalizador del discurso democrático, advertiría que cualquier respuesta posible debería partir de la premisa de que, aunque se hable a nombre de todos, todos no tendrían cabida directa en los espacios deliberativos del sistema. Desde las posiciones del *pragmatismo* liberal, expresado por voz de los parlamentarios religiosos y militares de la época, la noción de igualdad democrática fue tildada, cuando no de ingenuidad idealista, de vulgar anarquía, pues, por consecuencia lógica, se haría imposible no sólo la gestión efectiva del gobierno sino el gobierno en sí.[75] Finalizado el siglo XX, aunque se mantiene a flote el convencimiento mítico ideológico de la igualdad humana, de igual modo impera la convicción *pragmática* de que, aunque "todos somos iguales", también es cierto que, al momento de decidir, no hay cabida para tanta gente. En otras palabras, quieran los *idealistas* entrar en sus cabales o no, esté la gente *común* de acuerdo o no, los gobiernos están decididos a gobernar. O por lo menos a seguir intentándolo. Nace, pues, de la imposibilidad de un gobierno basado en una democracia participativa (o del pánico moderno a la libertad), la noción de democracia representativa. Bajo esta forma unos pocos seguirán rigiendo los gobiernos, no ya por virtud de sus relaciones con Dios o por herencias privilegiadas sino porque la mayoría así lo ha decidido; no para procurar la satisfacción de sus deseos o caprichos personales sino para salvaguardar los derechos de los demás. Se instaura el ritual eleccionario como soporte de legitimidad política y moral de los gobiernos. Mediante este dispositivo el poderío estatal crea la ilusión de que, en verdad, existe un derecho de participación universal. Tras esta ilusión de expresión universal, a través del ritual del voto, se neutralizan las fuerzas opositoras, disidentes o adversarias; se callan, en fin, las voces particulares.

Pero coser las bocas *idealistas* no está tan de moda en estos tiempos de las "revoluciones democráticas" (por lo menos literalmente). Hasta las constituciones modernas amparan (formal-

---

[75] Ídem.

mente) a todo aquel que no quiere dejarse acallar. Para la ideología liberal la maquinaria democrática, cuyo fin es *representar* diferencias, requiere como condición fundamental instaurar espacios de expresión (comunicación, diálogo, exposición, discusión, etc.). La preocupación que la alienta no es tanto resolver la imposibilidad de que sea el pueblo quien gobierne. Los teóricos liberales saben por demás que, a fin de cuentas, frases como "voluntad del pueblo" o "la voz del pueblo", son meros recursos retóricos. Ya han dado por sentado que un gobierno efectivo es sólo posible por unos pocos. Evidencia de ello la identifican en el éxito de las corporaciones privadas y el creciente fortalecimiento organizativo y lucrativo de las industrias del mercado a escala planetaria. La preocupación sigue siendo más bien de orden pragmático: cómo asegurar que los sujetos y las poblaciones asuman como propio el gobierno y que *sientan* que sus actos no son impuestos de modo arbitrario sino consentido. Dejar hablar es, sin duda, una responsabilidad que el gobierno democrático gustosamente promueve y un derecho que, a toda costa, defiende.

> "Y la transigencia más fácil y común es dejar que el idealista siga hablando o que se le deje expresarse en declaraciones de principios buenos y altisonantes y arreglárselas en la práctica para que tales declaraciones no causen daño y sean nulificadas satisfactoriamente por lo que de hecho se hace."[76]

Convertir en derecho que cada cual pueda decir lo que quiera decir, como lo quiera decir y cuando lo quiera decir no es, de por sí, una reivindicación democrática. Es sólo una técnica para mantener en juego los trámites habituales de las relaciones de poder. Además, para la teoría democrática liberal -como sostiene Lindsay- lo importante no es que el pueblo gobierne, sino que tenga la impresión de que gobierna. De modo similar, que cada cual crea que, porque le es permitido hablar, está siendo escuchado y tomado en cuenta. Aún así, hay quienes insisten todavía en que hablando, o más bien *dialogando*, si no se resuelven todos los males, por lo menos se mantienen a raya sus embates.

La apuesta política va a que —como asegura Lindsay- donde

---

[76]Ídem.

prevalece la discusión franca y abierta la democracia no es una falsedad, ni un compromiso, ni un medio de conseguir silenciar al *pueblo* produciendo una falsa unanimidad, ni un proceso de contar cabezas para ahorrarse el trabajo de domarlas, sino la forma ideal de gobierno.[77] El fundamento ético es el supuesto de que las personas pueden ponerse de acuerdo en una acción común que a la vez reconozca las diferencias y las tolere. Desde esta perspectiva, la democracia representativa no tiene como fin el consentimiento unánime sino la discusión. De esta manera el gobierno *representativo* debe hacer que se expresen puntos de vista diferentes y no de consenso. En otras palabras, que la *igualdad democrática* no es una de identidad sino de diferencias.[78] El marco de acción de esta alternativa *deliberativa* precisa de ciertas condiciones. Entre ellas –según Touraine-:

> "...es necesario que la democracia combine la integración, es decir la ciudadanía, que supone en primer lugar la libertad de las elecciones políticas, con el respeto de las identidades, las necesidades y los derechos."[79]

Y añade:

> "No hay democracia sin combinación de una sociedad abierta y del respeto a los actores sociales, sin la asociación de procedimientos fríos y el calor de las convicciones y las pertenencias."[80]

Para que pueda entrar en vigor y cumplir la función política encargada, de manera *adecuada*, esta representación y expresión de intereses diversos, así como la proliferación de derechos, necesita de unos principios constitutivos que ordenen, regulen y condicionen sus movimientos. Esto supone -según Touraine- que la democracia

---

[77] A.D. Lindsay; *Los fundamentos de la democracia*; op.cit., p.32.

[78] Ídem.

[79] A. Touraine; "¿Qué es la democracia?"; *Crítica de la modernidad*; op.cit., p.486.

[80] Ídem.

debería ser el régimen político que permita a los *actores sociales* "formarse y obrar libremente". Para ello, cada cual tiene (o podría tener) y es (o debería ser) *capaz* de combinar una *conciencia* de derechos personales y colectivos, de reconocer la pluralidad de intereses, ideas y conflictos, y de asumir la responsabilidad particular respecto a orientaciones culturales comunes. Traducido al orden de las instituciones políticas, Touraine marca tres principios constitutivos:

1. El reconocimiento de los *derechos fundamentales*, que el Estado debe respetar;

2. La *representatividad* social de los dirigentes y de su política;

3. La conciencia de *ciudadanía*, de pertenencia a una colectividad fundada en el derecho.[81]

Sin embargo, el objetivo político global de la democracia no se establece, entonces, meramente basándose en razones morales sino -como advierte Seymour M.Lipset- porque *fortalece* la estabilidad sistémica.[82] La retórica liberal hace aparecer al electorado, por ejemplo, no sólo como parte de la estructura de legitimación del sistema sino que, más que el gobierno, él como recipiente de la autoridad última. De este modo, aún cuando se marquen tajantemente las diferencias entre opositores, y la "regla de la mayoría" invariablemente excluya a las minorías, no se pone en cuestión la legitimidad del sistema. Para mantener en juego esta relación, sin duda, precisan las condiciones que establece Touraine. Entre ellas, el principio de votación, como dispositivo legitimador democrático, es posible siempre y cuando el votante ordinario pueda *confiar* en dichos procesos. De lo contrario -como sostiene Alexander Lindsay- sería sólo una cuestión de contar cabezas para ahorrarse el trabajo de tener que romperlas.[83]

Estos principios reguladores, aunque tal vez, como pretende

---

[81]Ídem.

[82]S.M.Lipset; "Repensando los requisitos sociales de la democracia"; *La democratización y sus límites: Después de la Tercera Ola*; op.cit., p.67.

[83]A.D. Lindsay; *Los fundamentos de la democracia*; op.cit., p.44.

Touraine, definen un modo de acción política más amplio que el de las reglas institucionales, no han dejado de ser, si no el fundamento ideológico de la hegemonía liberal, cuando menos, reciclaje de las retóricas *idealistas* que la sostienen. La distribución diferenciada de autoridad (profesionales, expertos, etc.) impone límites específicos a los poderes decisionales de cada cual. Los ordenamientos jerárquicos, por ejemplo, desde el gobierno, las empresas o las universidades, hasta las relaciones familiares, lo evidencian. La teoría de la democracia *deliberativa*, como resolución final de los conflictos sociales, de los antagonismos irreconciliables, aún sin querer menospreciar sus intenciones emancipadoras, no es más que una ingenuidad política. No tanto por la reserva habitual sostenida por los *pragmáticos* liberales, la basada en la tesis de que "mientras menos perros, menos pulgas" sino, más bien, porque las discusiones y los conflictos, condicionados por la radical indeterminación y contingencias que le son propias a la palabra, el habla y el lenguaje, no se resuelven simplemente hablando. Las diferencias por el lugar particular que ocupan las personas respecto a la distribución formal (tradicional o institucional) de autoridad condicionan las posibilidades de resolver satisfactoriamente los problemas en cuestión, así como determinan cuán *abierta* y *franca* puede ser esa discusión y cuán posible es llegar a un acuerdo *justo* entre las partes.

Aunque el acto de la palabra es condición de posibilidad del trámite democrático, por sí misma no significa nada. El mero hecho de hablar no garantiza el ser escuchado, ni ser escuchado se traduce necesariamente en ser tomado en cuenta. Más aún, ser tomado en cuenta no quiere decir de por sí que algo se mueva o se detenga. La democracia deliberativa, con relación a los gobiernos, es preferible a la ejercida a puerta cerrada por los "representantes del pueblo", es verdad. Pero esto no quiere decir que lo político pueda reducirse al plano deliberativo ni que las *diferencias*, por el sólo hecho de ser dichas, puedan resolverse. Puede ser (como ha sido) más un simulacro de apertura, un montaje de voluntad y disposición democrática al diálogo, tan de moda en estos tiempos (pos)modernos, en los discursos liberales de reinvención del gobierno y las retóricas de reingeniería empresarial. De hecho, el sistema *democrático* actual *provee* formalmente (en sus discursos) "espacios deliberativos" como procesos de consulta, vistas públicas, asambleas, etc. Y muy difícilmente se le puede reprochar a las agencias reguladoras del gobierno, por ejemplo, que no hayan cumplido con estos procesos. El problema es, si acaso, de falta de participación, de interés ciudadano por la cosa pública, por la política, dirán los apologistas del sistema y del gobierno que lo administra. Pero si eso es así, ¿cuán representativas son las decisiones tomadas, si la gente no participa de ellas? El sistema liberal-democrático no lo requiere y el gobierno que lo administra no necesita poner a prueba la legitimidad moral de sus acciones pues la confianza y la autoridad de actuar en nombre del pueblo y para el pueblo le fue otorgada el día de las elecciones generales. De este modo, no es de extrañar que si los opositores a una u otra medida ejercen mecanismos de presión que no son 'deliberativos' (como el piquete, el paro, la huelga o la desobediencia civil), sean etiquetados por los gobiernos como intolerantes y hasta antidemocráticos: No respetan la voluntad de la mayoría, representada por el gobierno, dirán. La paradoja democrática está en que estas manifestaciones de oposición son reconocidas también, por lo menos en el orden abstracto de los principios, como derechos democráticos, como representaciones de la conciencia singular de ciudadanía, de la pertenencia a una colectividad fundada en el derecho. A fin de cuentas, estas acciones de oposición han sido absorbidas por el poder normalizador moderno y apenas, si acaso, perturban la normalidad exigida bajo el imperio de la ley. Así, en los estados de derecho democráticos, las expresiones de oposición o las resistencias políticas (como la desobediencia civil a la ley, por ejemplo), pueden cumplir una función más legitimadora del sistema que una crítica radical al mismo, subversiva o revolucionaria.

Subversión del imaginario *democrático*

Ningún imaginario colectivo -sostiene Ernesto Laclau- aparece esencialmente ligado a un contenido literal, pues los significantes imaginarios que constituyen el horizonte de una comunidad son tendencialmente vacíos y esencialmente ambiguos.[84] El reconocimiento de la irrepresentabilidad de lo social, de la limitación histórica y la contingencia de los actores (o extras) *sociales*, de la construcción precaria y pragmática de la *universalidad de los valores*, en fin, de su *radical indeterminación* —según Laclau- es la

---

[84]E.Laclau; *Nuevas reflexiones sobre la revolución de nuestra época*, op.cit., p.81.

condición misma de una sociedad democrática.[85] Una vuelco alternativo del imaginario político moderno supone, a partir de esta perspectiva, asumir que los discursos igualitarios y los discursos sobre los derechos juegan un papel singular en las variables de identidad que lo atraviesan. Sin embargo, ha sido a raíz de las representaciones políticas basadas en categorías de *identidad colectiva* (pueblo, nación, ciudadanía, cultura, entre otras), que se ha cuajado la hegemonía liberal y se han delineado los bordes que limitan el discurso democrático dominante. Su poder hegemónico sobre las representaciones políticas incide y condiciona sus más diversas manifestaciones, regulando, por ejemplo, las resistencias y restringiendo sus movimientos y alternativas. Ante esta encerrona, Gabriel Moreno propone un posible punto de fuga:

> "La vida social exige un grado mínimo de consenso y de unidad de sentido, pero eso no quiere decir que siempre se tenga que sacrificar radicalmente la variedad a la manía unitaria, a la monomanía, en nombre de unas entidades o verdades imaginarias como el Estado, la nación, el progreso económico, los dogmas culturales establecidos, el bien común, la humanidad en abstracto, los ídolos vigentes, la lógica del sentido común, la verdad absoluta..."[86]

Y tal vez desde esta perspectiva se hagan tambalear un poco los ídolos de la mítica colectivista y centralizadora de la modernidad. A fin de cuentas, el significante *democracia* es esencialmente ambiguo y se presta para ello. Quizás -como sostiene Ernesto Laclau- por razón de su circulación política.[87] Su carácter, más que polisémico, contingente e incompletable, se deriva de la propia condición de relativa ambigüedad que le es común a cualquier proyecto hegemónico, aún cuando, en términos generales, la idea pretenciosa de una transparencia pura siga *dominando* como *idea* regulativa. Aún desde los propios intentos de radicalizarla. Según Alain Touraine:

---

[85]Op.cit; pp.97-98.

[86]G.Moreno Plaza; *La liberación del lector en la sociedad postmoderna: ensayos de interpretación abierta*; op.cit., p.331.

[87]E. Laclau; *Nuevas reflexiones sobre la revolución de nuestra época*; op.cit., p.45.

"No hay democracia sólida si, tanto frente al Estado como frente al orden establecido, no existe una voluntad de libertad personal que se apoya a su vez en la defensa de una tradición cultural, porque el individuo separado de toda tradición no es más que un consumidor de bienes materiales y simbólicos, incapaz de resistir a las presiones y a las seducciones manipuladas por los detentadores del poder."[88]

La insistencia en restaurar una gran ética que regule los trámites de las relaciones entre la gente permanece en escena. Sólo que ahora invertida. La democracia supone entonces una sociedad civil fuertemente estructurada, asociada a una sociedad política integrada, independiente lo más posible del Estado y *guiada* por una regulación normativa general. O sea, por una moral que regiría esa *tradición cultural*, ya no enseñando la conformidad con un orden sino -como propone Touraine- invitando a cada uno a tomar la responsabilidad de su vida, a defender una libertad que está muy alejada de un individualismo abierto a todos los determinismos sociales, pero que gestiona las relaciones difíciles entre los fragmentos estallados de la modernidad racionalista, la sexualidad, el consumo, la nación y la empresa.[89] En otras palabras:

"La democracia no se refuerza por la debilidad de la sociedad política y su sumisión a los intereses económicos o a las demandas de las minorías. La ciudadanía supone la preocupación por la cosa pública y la continuidad mayor posible entre las demandas sociales y las decisiones de largo alcance del Estado."[90]

La ciudadanía subsiste entonces -como sostiene Flores d'Arcais- donde se asume como condición común.[91] De igual modo,

---

[88]A. Touraine; "¿Qué es la democracia?"; *Crítica de la modernidad*; op.cit., p.444.

[89]Op.cit., p.453.

[90]Op.cit., p.423.

[91]P. Flores d'Arcais; "El desencantamiento traicionado"; *Modernidad y política: izquierda, individuo y democracia*; op.cit., p.49.

según la teoría democrática liberal, para generar un sistema de gobierno *estable,* más importante que las reglas electorales es la existencia de una sociedad civil *fuerte,* capaz de oponerse al Estado y de contrarrestar su poder. Desde esta perspectiva, la pluralidad de partidos políticos (que supone fomentar la oposición y la institucionalización de los conflictos) es una condición esencial para la democracia *moderna.*[92] De igual modo, el discurso democrático potencia la multiplicación de organizaciones civiles pues éstas -según Lipset- reducen la posibilidad de resistencia hacia los cambios inesperados porque previenen el aislamiento de las instituciones políticas del Estado y pueden moderar, o al menos reconocer, las diferencias de intereses.[93] El énfasis en la identidad colectiva (asumida como fuerza regulativa unitaria) permanece ocupando un lugar central en el orden del discurso democrático. Sin embargo, la potencia descentralizadora que caracteriza la condición (pos)moderna, enmarañada en la hiedra liberal, dispersa la responsabilidad última en las prácticas sociales individuales. Pero ha sido sobre esta atomización del sujeto que la modernidad capitalista ha configurado los enclaves de la dominación. La producción política del sujeto del pacto social supone una voluntad *libre* y *autónoma* que, en virtud del uso de razón, es conciente de las consecuencias de sus actos y *responsable* último de los mismos. Es el sujeto que se ha visto obligado a pagar el alto precio de transgredir o desviarse de la normalidad hegemónica, sea de la ley o la moral, del Estado o la cultura, de la ciudadanía o la Nación.

Mientras desde un polo de la modernidad se insiste en que el Estado debe ser el eje regulador de las prácticas sociales e individuales, de otro, sin descartar la inminencia de un poder regulador central (la ética o la moral), esta *libertad* es asumida más que como una cualidad natural del ser, como una apuesta política, inconclusa desde siempre e irremediablemente inconcluible. La apuesta va a que es posible conjugar estratégicamente la *libertad*

---

[92]Los partidos políticos, con una indiscutible base popular -según Seymour M.Lipset- son una condición necesaria para una democracia estable. Estos deben ser vistos como instituciones esenciales para mediar entre la ciudadanía y el Estado. La democracia -añade- requiere de partidos fuertes que puedan criticarse mutuamente y estén, al mismo tiempo, en condiciones de ofrecer políticas alternativas. (S.M.Lipset; "Repensando los requisitos sociales de la democracia"; *La democratización y sus límites: Después de la Tercera Ola*; op.cit., pp.70-73).

[93]Ídem.

individual a partir de las limitaciones e (im)posibilidades propias a la vida en comunidad. Tomando en cuenta estas consideraciones, Savater sostiene que, contra las intransigentes alucinaciones colectivas, la democracia es más relevante por lo que evita que por lo que proporciona.[94] Cónsone a ello, cita la versión de Octavio Paz que lee:

> "Ante todo debe aceptarse que la democracia no es un absoluto ni un proyecto sobre el futuro: es un método de convivencia civilizada. No se propone cambiarnos ni llevarnos a ninguna parte; pide que cada uno sea capaz de convivir con su vecino, que la minoría acepte la voluntad de la mayoría, que la mayoría respete a la minoría y que todos respeten y defiendan los derechos de los individuos."[95]

Pero, nuevamente, aunque esta mirada fuerza a debilitar las pretensiones uniformadoras del discurso democrático estatal, el Estado de derecho democrático sigue siendo un gran poder coercitivo uniformador. Ante este escenario, Alain Touraine propone definir la democracia como régimen político, no por el poder del pueblo, sino por la ausencia de un poder central. Como advierte Claude Lefort:

> "...porque es más importante suprimir el trono que hacer sentarse en él a un nuevo Príncipe, pueblo en lugar de rey, cuyo poder amenaza con ser más absoluto todavía."[96]

En otras palabras, es más importante limitar el poder que dar un poder absoluto a una soberanía popular que nunca adopta únicamente la forma de un contrato social y de una libre deliberación pues, como sostiene Touraine, es también administración y ejército, poder y garantías jurídicas de ese poder. Sería entonces, tal vez, más

---

[94]F. Savater; *Diccionario filosófico*; op.cit., p.94.

[95]O. Paz según citado en F. Savater; *Diccionario filosófico*; op.cit., p.94.

[96]C. Lefort según citado en A.Touraine; "¿Qué es la democracia?"; *Crítica de la modernidad;* op.cit., p. 417.

pertinente hablar de *libertades* plurales que confiar en su cuerpo singular. La invitación, reclamo o exigencia de flexibilidad y tolerancia a la democracia puede llegar al extremo de afirmar –como dice Savater– que:

> "...la democracia que no consciente el vicio o la estupidez humana, su *perdición* voluntaria (aunque trate de prevenirla por la educación o las leyes, aunque castigue sus crímenes), no merece tal nombre..." [97]

Y, aunque sin duda esta posición de *reconocimiento* al derecho a la "perdición" (que es a todas cuentas el reconocimiento a la individualidad y respeto a la autonomía por encima de las pretensiones integradoras de las moralidades y políticas universalistas) tiene una pertinencia y relevancia significativa en este contexto de época donde el poderío estatal incide cada vez más en la vida íntima de cada cual, también da lugar a otras consideraciones. Sabido es –por ejemplo– que *descentrar* las "responsabilidades" ha sido también una navaja de doble filo. Si bien reduce el poder estatal, el de sus instancias reguladoras, el de intervenir *demasiado* en la vida íntima, colectiva o de cada cual, también invita a dejar a la suerte del azar los movimientos de las relaciones entre la gente, que de por sí no aseguran ser muy inteligentes ni restringen en lo absoluto la posibilidad de resoluciones mortales. Aún así, me inclino a votar a favor de este riesgo, el de asumir la radical incertidumbre que caracteriza la vida social y de apostar a la posibilidad de, sobre la marcha, tener las capacidades personales y colectivas de bregar con las calamidades que, por lo general, no son la regla sino la excepción.

El discurso liberal del *empowerment* (como el del cristianismo democrático humanista) por ejemplo, que alude al derecho de cada cual a decidir, de una parte invita a que cada uno tome las riendas de su propio destino y, de otra, exime al Estado de su encargo asistencial. Pero es sabido que el destino de cada cual no es tan propio como quisiéramos y que ese derecho a decidir pasa siempre por el filtro de una moralidad que no es negociable y que usualmente, si no está atravesada por la intolerancia cultural, está caprichosamente convertida en ley (como la prohibición y

---

[97] F. Savater; *Diccionario filosófico*; op.cit., p.95.

consecuente criminalización del consumo de ciertas drogas o, en el escenario local, la ordenanza municipal que prohíbe consumir alcohol en las calles del Viejo San Juan). Entre estas "diferencias de criterios", como las llamaría un teórico (o retórico) liberal, están en juego los derechos reproductivos de las mujeres, los de los usuarios de drogas ilegales sobre sus cuerpos, los de los estudiantes a participar de manera proporcional en la toma de decisiones institucionales, por ejemplo. Las opciones fuera del contexto electoral (que no son muchas de por sí) son muy limitadas para el ciudadano común. Cuando más, existen cajitas de sugerencias en las alcaldías, universidades, hospitales, trabajos y escuelas de cada pueblo o tablones de expresión pública en una que otra calle de la ciudad. Mientras tanto, uno que otro piquete no está de más, dirán los más radicales de entre los liberales. Pero eso no basta. Ampliar el imaginario político de la modernidad y, así, radicalizar el discurso democrático, supone pensar y actuar lo político y lo democrático de otro modo, más como un devenir incesante de posibilidades que se dan a partir de luchas multiformes, pragmáticas o idealistas, sin punto de llegada final y absoluto donde sentarse tranquilamente a descansar y a contemplar sin mayores preocupaciones lo alcanzado. Según Aranguren:

> "La democracia no es un status en el que pueda un pueblo cómodamente instalarse. Es una conquista ético-política de cada día, que sólo a través de una *autocrítica* siempre vigilante puede mantenerse. Es más una *aspiración* que una *posesión* (...) una *tarea infinita* en la que, si no se progresa, se retrocede, pues incluso lo ya ganado ha de re-conquistarse día tras día."[98]

El espacio de la democracia -como sostiene Touraine- no es tranquilo y razonable; está atravesado por tensiones y conflictos, por movilizaciones y luchas internas, porque está constantemente amenazado por uno u otro de los poderes que están por encima de él.[99] La democracia, desde esta perspectiva, no es sólo un conjunto

---

[98] Aranguren, citado en J. Muguerza; "Kant y el sueño de la razón"; *La herencia ética de la ilustración*; p.36.

[99] A. Touraine; *¿Qué es la democracia?*; op.cit., p.264.

de instituciones o un posicionamiento particular, sino semblante de relaciones de lucha contra las diversas manifestaciones de la dominación (ya sea contra el gobierno, las instituciones religiosas o la hiedra estatal, contra el embate del capital o el militarismo, contra el sexismo o la cultura dominante, contra la homofobia o la historia contada desde la óptica de los siempre vencedores, contra el discrimen racial o las ortodoxias de los partidos, contra el despotismo de las disciplinas académicas, contra la mediocridad de ciertos intelectuales o contra el embrutecimiento). En este sentido, las *libertades democráticas* -aún donde estén más consolidadas- no deben ser asumidas como fortalezas inexpugnables pues pueden ser perdidas en cualquier momento, por lo que deben ser tuteladas y reconquistadas permanentemente.[100] Para ello es preciso -según Touraine- que los *actores* sociales se sientan responsables de su propia libertad, reconozcan el valor y los derechos de la persona humana y no definan a los otros y así mismos sólo por la colectividad en que han nacido, o por sus intereses.[101] Además -añade Touraine- es compromiso en estas luchas, al mismo tiempo que liberación de un Sujeto que se niega a ser reducido al ciudadano o al trabajador, y que no se satisface con esa nube ideológica que es la idea de *humanidad*.[102] Desde esta perspectiva, la democracia no es sólo un estado del sistema político sino, más aún, un quehacer y un combate permanente.

Esta acepción da un margen más amplio para reconfigurar el horizonte normativo de la democracia liberal. Por lo menos en cuanto posibilita acentuar el carácter esencialmente provisorio de las decisiones tomadas *democráticamente* y, a la vez, rechazar que las mismas puedan hacerse extensivas de manera definitiva y absoluta a cualquier norma o procedimiento. Pero subvertir el imaginario democrático requiere algo más que meras consideraciones de flexibilidad técnica. Eso implica asumir mayores riesgos con menor temor o timidez. Por ejemplo, situar el énfasis en la *defensa* de las minorías contra la mayoría, como sugiere Touraine, al extremo de, como sostiene Flores d'Arcais, asumir al *disidente* como el hijo

---

[100]R. Scartezzini, L. Germani y R. Gritti; *Los límites de la democracia* (introducción); op.cit., p.10.

[101]A.Touraine; "¿Qué es la democracia?; *Crítica de la modernidad*; op.cit., pp. 418-19.

[102]Op.cit., p.445.

predilecto de las democracia (lo que no quiere decir que se piense que todo el mundo participa de buena fe o que entre las disidencias no se cuelen "agendas escondidas" y se infiltren agentes encubiertos, chismosos o chotas, buscones, provocadores y agitadores, o simplemente gente estúpida). En otras palabras, y a pesar de sus riesgos, es preferible promover la democracia como la soberanía de la diferencia:

> "La democracia, en suma, no coincide con el principio de mayoría, que constituye sólo la primera e insustituible técnica de su funcionamiento. Más bien y ante todo, se funda en el respeto a las minorías, en la intransigente protección de quien piensa de manera distinta."[103]

Pero la gente que piensa de manera distinta también suele actuar de manera distinta. De eso están llenas las cárceles y los manicomios y, de cierto modo, algunos partidos políticos, algunas iglesias y universidades. La mayoría silente, los inconformes, los enajenados, los solitarios, los concientemente desentendidos, todos estos suponen, a sus particulares modos, pensamientos de la diferencia. La locura, la soledad o la in(diferencia) son, sin duda, refugios provisionales para pensar de manera distinta. Por lo menos mientras se cuaja la utopía de una intransigente protección a quienes piensan de manera distinta pues, las personas que así lo han hecho siempre han corrido el riesgo de ser extinguidas. En el ámbito de los derechos, por ejemplo, no se trataría, entonces, de exigir justicia porque somos todos iguales, sino más bien porque somos diferentes.

Pero invertir el orden de la representación política no basta. De todos modos, el andamiaje de la democracia liberal se ha montado sobre este principio, *garantizado* por demás en las constituciones democráticas. Como sostiene Malem Seña, quizás el rasgo de mayor envergadura que caracteriza la vida democrática de una comunidad sea el derecho que poseen todos los ciudadanos de expresar su disidencia política de forma pacífica y ordenada, mediante la utilización de los canales que el Estado determina a tal fin. De modo tal que, como sostiene Malem Seña:

---

[103]P. Flores d'Arcais; "El desencantamiento traicionado"; *Modernidad y política: izquierda, individuo y democracia*; op.cit., pp.40; 47.

"Los ciudadanos, de forma individual o colectiva, pueden hacer 'oír su voz' en defensa de sus propios intereses políticos, económicos, sociales o culturales, pudiendo manifestar su abierta discrepancia con las decisiones gubernamentales."[104]

Situar el énfasis más en lo que nos diferencia que en lo que nos iguala (o está supuesto a igualar) no significa un culto hedonista a la singularidad del sujeto. La democracia, aún puesta al revés, no puede dejar de exigir que el *interés público* vaya, en *última instancia*, por encima del interés propio. Es el fundamento ético de la libertad en comunidad y la base más firme para subvertir el orden de la competencia y promover relaciones colectivas e individuales de empatía y solidaridad. De lo contrario, parafraseando a Martín-Baró, si se piensa que a la base de toda relación humana hay una búsqueda de la satisfacción *individual*, resultaría imposible entender la solidaridad con los oprimidos[105] (tanto como cualquier resistencia a la dominación). De todos modos, por más que se insista, tal parece ser que no hay salida posible. A fin de cuentas -como sostiene Ernesto Laclau- no hay valores ni ética que no estén *comunitariamente* constituidos.[106] Y en todo caso -como apunta Moreno Plaza-:

"...la existencia de una comunidad implica la existencia de un consenso, por lo tanto el montaje y operación de unos modos y mecanismos unificadores, de unos ritmos, de unas circularidades y de unos imaginarios colectivos."[107]

Consensos que no sólo regulan la relativa autonomía de cada cual sino que dejan un margen ínfimo a los desplazamientos singulares y a las diferencias en general. Pero que entorpezca o moleste no quiere decir que impida o imposibilite de modo absoluto. El contenido de los consensos no es impuesto por una fuerza

---

[104]J.F. Malem Seña; *Concepto y justificación de la desobediencia civil;* op.cit., p.51.

[105]I. Martín-Baró; *Acción e ideología: sicología social desde Centroamérica;* op.cit.

[106]E.Laclau; *Nuevas reflexiones sobre la revolución de nuestra época;* op.cit., p254.

[107]G. Moreno Plaza; *La liberación del lector en la sociedad postmoderna: ensayos de interpretación abierta;* op.cit., p.321.

irresistible ni terminante. O por lo menos puede no serlo. Depende de relaciones de lucha, de negociaciones particulares y sobre todo de la disposición de cada cual a darle forma y contenido desde *adentro*, a consentirlos, someterse a ellos, ignorarlos, rechazarlos o resistirlos...

El eterno retorno

Quizá -como concluye Alain Touraine- el equilibrio entre lo universal y lo particular, entre la razón y el pueblo, (si acaso lo ha habido) se ha roto, y *nuestra* imagen de la democracia se revela más defensiva, pues *hablamos* más de los derechos *humanos*, de la defensa de las minorías, de los límites que hay que poner al Estado y a los centros de poder económico. Sin embargo, permanece con gran empeño y terquedad la idea de que no puede haber libertad política si el poder no está limitado por un principio superior a él, que se opone a que se vuelva absoluto. Este vacío (por demás relativo y sin posibilidad -o deseo- de llenar por siempre jamás) mantiene en escena la trama entre lo universal y lo particular. Y quizás en el tránsito del milenio recién entrante el sujeto se niegue cada vez más a subsumirse en esa nube *ideológica* que es la idea de humanidad. Sin embargo, en la actual condición de época, lo *universal* no desaparece sino, cuando más -como sostiene Laclau- ha perdido la transparencia propia de un orden positivo (objetivo) y cerrado, pues la *comunidad* universaliza sus valores a través de la circulación de símbolos que se despojan de todo contenido específico en la medida misma en que esa circulación abarca un número creciente de reivindicaciones sociales (muchas veces imprevisibles). En este sentido -añade Laclau- la esencial asimetría entre la particularidad de las demandas y la universalidad de los valores no da lugar nunca a una reconciliación en la que toda particularidad sería finalmente reabsorbida en un orden universal y transparente, que a fin de cuentas no tienen una existencia ni un sentido fijo. En letra de Laclau:

> "No se trata ya de que una universalidad 'busque' la fuerza histórica que pueda encarnarla sino, al contrario, de que, puesto que toda universalidad se construye a través de la sobredeterminación de una serie indefinida y abierta de demandas concretas, la fuerza que deberá de encarnar estas 'universalidades

relativas' es indeterminada y será sólo el resultado de una lucha hegemónica (política)."[108]

Aún así, esta reconfiguración no está exenta de coincidencias con la discursividad liberal dominante pues, a fin de cuentas, la legitimidad de las estructuras de poder político no ha dejado de exigir la elección de objetivos *globales*, no parciales ni particulares. Como sostiene Arnaiz –por ejemplo- no de segmentos de intereses sino de interés nacional.[109] Y la nacionalidad -como apunta Lindsay- no importa cómo se haya producido, envuelve una disposición por parte de la población de un Estado a subordinar sus diferencias a éste.[110] Entonces, aún cuando es posible trastocar el orden habitual del discurso democrático y pensar la *humanidad*, quizás, menos como fundamento y más como proyecto político emancipador, en las prácticas de resistencia enraizadas en identidades colectivas, como las inevitablemente esgrimidas desde los discursos *humanistas*, siempre asecha la posibilidad de subvencionar la normalidad requerida por la modernidad capitalista y, al hacerlo, afincar así sus modos habituales de dominación.

La democracia no es un signo de transparencia, por más que insista la tradición liberal más comprometida con el proyecto político de la modernidad o las variantes libertarias que amortiguan sus embates. Lo que no quiere decir que, por el contrario, se trate de una ocultación sobre la cual puede revelarse, si se pone gran empeño, su verdadera esencia. La democracia no se trata de una ficción ideológica encubridora a la que alguna verdad concreta pudiera oponérsele. Sabido es que esta lógica oposicional cerrada, entre la verdadera y la falsa democracia, limita enormemente las posibilidades de ampliar el horizonte político de lo democrático. Pero eso no es, tal vez, lo más relevante. Asumir lo democrático más como horizonte de posibilidades que como semblante fijo de la sociedad supone que, además de los arreglos estructurales, los rituales institucionales, las convicciones y las certezas que los mueven y que los aguantan, también inciden relaciones de inercia, temores y confusiones que, por demás, incluyen desde las faltas de sentido

---

[108]Op.cit., pp.95-96.

[109]A. Arnaiz Amigo; *Ética y Estado*; op.cit., p.387.

[110]A.D.Lindsay; *Los fundamentos de la democracia*; op.cit., p.42.

hasta los excesos de significaciones, los anhelos, los deseos y las aspiraciones más vociferadas, pero también las inhibiciones, los tropiezos y los estancamientos.

La democracia es un dispositivo de simulación, un pretexto para actuar de ciertos modos sobre las cosas que tienen que ver con la vida social en este mundo. Su carácter ficcional no quiere decir tampoco que ésta se de en un vacío referencial. La flotabilidad incesante del significante democracia no ha impedido que funcione efectivamente como vector matriz de las prácticas representacionales de lo político en la modernidad. Es ahí donde, sin duda, (tanto para los gobiernos y los simpatizantes del sistema como para las fuerzas que se les contraponen), residen sus atractivos más *fuertes* y seductores. Por ejemplo, para proyectar la ilusión de transparencia (según los criterios formales y sus rituales), la democracia es referida, casi indiscutidamente, a sus arreglos estructurales más comunes: al orden de la ley, a los procesos eleccionarios, a los partidos políticos, al sujeto de derecho, etc. La imaginería política insiste aún en conjugar, clasificar, juzgar y referir la amalgama de relaciones de luchas bajo el signo exclusivo de la democracia, como fuerzas que la fortalecen o que la debilitan, que están con ella o contra ella. Esto no lo ha impedido ni la idea de que ni la voluntad de Dios, ni el alma humana, ni el curso de la historia pueden ofrecer un punto de partida para una teoría omnicomprensiva y políticamente útil, ni la insistencia en que no existe una verdad objetiva, única, exclusiva o trascendental. Aún cuando la condición de época marque el carácter contingente e indeterminado de las relaciones políticas, se multipliquen los espectros de la relatividad ética y las corrientes mutantes de la cultura empujen, progresiva e irremediablemente, hacia una suerte de escepticismo político. Creo que, incluso si se llegara a erradicar por completo los vínculos de dominación característicos a las tesis esencialistas, y si estos tiempos se despojaran al fin de las convicciones de que existe en algún lugar una realidad profunda que develar, una Gran Ética y un Gran Proyecto Redentor que dirija el curso de todas las reivindicaciones de la humanidad, el signo democrático permanecería como semblante de época, como horizonte a seguir, como utopía por realizar. Y es que la democracia se ha convertido ya en la consigna de un gran régimen moral, en identidad de los pueblos *modernos, progresistas* y *libres* y de sus gobiernos y, a la vez, en semblante de las luchas reivindicativas y emancipadoras (*modernizadoras, progresistas* y *liberales*), que se libran en ellos.

Pero las luchas emancipadoras, consagradas al culto de lo democrático, corren siempre el riesgo de ser *normalizadas* bajo el signo de sus propias gestiones *liberadoras*. Sobre todo cuando no son puestas en cuestión las múltiples prácticas, tradiciones y relaciones de autoridad y privilegio que se atrincheran en la imaginería política heredada de la modernidad, en sus creencias, sus principios y su cultura. Desde ellas, las luchas y resistencias emancipadoras, regidas bajo la autoridad mítica e ideológica de la democracia liberal, son cooptadas, domesticadas y convertidas en simulacros de libertad. Entre ellos, las apuestas libertarias que las mueven permanecen suspendidas (si no enclaustradas) entre los rituales de una dominación consentida. Aún así, pienso que valen la pena todos los esfuerzos, y consecuentes riesgos, por subvertirla y radicalizarla para la libertad y sus anhelos...

Epílogo

Utopía Democrática

"Yo he preferido hablar de cosas imposibles,
porque de lo posible se sabe demasiado…"

Silvio .Rodríguez

Epílogo[1]

Utopía Democrática

Entre los sortilegios de la libertad, la mística seductora de la melodía democrática ha sido vértice y móvil de intrigas y sospechas. Inagotables reflexiones teóricas, éticas y políticas, lo evidencian. Mi tesis, sin duda, es testimonio de ello pero, más aún, cómplice irremediable. Y es esta parte la que hoy, brevemente, voy a relatar. (Y confieso que no será más que síntesis y parafraseo de lo ya prologado que, de hecho, no es sino síntesis y parafraseo de tres años de trabajo).

De la democracia, sin duda, se puede decir cualquier cosa... Demás es sabido que ésta, de manera indiscreta y torpe en ocasiones o cautelosa y hábilmente en otras, ha tenido la cualidad de trocarse en enclave de legitimidad moral para las más diversas manifestaciones de la dominación. Entre sus historias, narradas desde el cuento y la poesía, desde el manifiesto político, el texto científico, la novela o la filosofía, este detalle ocupa un lugar singular. Es, pues, para cualquier autoridad (habitual, consentida o impuesta), su virtud más atractiva. No ha habido gobierno, por ejemplo, que en algún momento no haya salido al paso a enfrentar en su nombre los *altercados* que ponen en *riesgo* el orden y la *normalidad* cotidiana. Hasta el punto de, una vez *agotados* los remedios sutiles para (re)establecerla (para devolver todo a la calma, a lo común, a lo de todos los días), considere prudente (justo y necesario), recurrir a la fuerza bruta y a toda la *creatividad* punitiva que la moldea.

Aún así, esta categoría, provocativa y belicosa, es, por demás, principio regulador de toda resistencia política. La democracia, aún desde la relativa ambigüedad que la recorre, y más aún, desde la propia imposibilidad que la constituye, sigue siendo condición fundante de las luchas políticas de fin de siglo. Y, aunque de por sí no puede garantizar nada a nadie, pues nadie puede demarcar en definitiva, de una vez y por todas, los límites de sus dominios, las apuestas reivindicativas insisten en, cuando menos, celarla y

---

[1]Este epílogo es la ponencia presentada para mi defensa de tesis de maestría en Sociología, el 13 de mayo de 1998 en el anfiteatro núm.123 de la Facultad de Ciencias Sociales de la Universidad de Puerto Rico, Recinto de Río Piedras.

protegerla de quienes quiera que sean sus hostigadores. Así sea a costa de mantenerla en su lugar *asignado*, cumpliendo su encargo político habitual, el de promover los rituales domesticantes, aceitar el péndulo disciplinario y normalizador de *nuestra* cultura, rendir culto al imperio de la ley y bailar la rítmica mutante de la economía capitalista y los modos de vida que la sostienen...

El signo democracia es, entonces, semblante de las retóricas y las prácticas políticas de fin de siglo. Pero su virtud seductora no reside sólo en sus atractivos retóricos sino en las promesas que deja en suspenso, las de libertad y seguridad, de justicia, progreso e igualdad. Promesas embriagantes tanto para el más ingenuo como para el más atento. La democracia se ha convertido en semblante de época, en objetivo irrenunciable, en derecho, en sentimiento, en proyecto político, en reivindicación moral, en esencia, obligación y virtud de la sociedad. Aún así, su trama, articulada junto a los vectores de la emancipación, deambula entre las rutas del desencanto.

¿Quién habla en su nombre, de ella y por ella? La democracia, en el escenario político actual, aparece también como eco de las mutaciones globales del capital, entre las cuales el enjambre de las tecnologías electrónicas de información intensifica sus movimientos. Las tensiones en el orden de la representación, su puesta en *crisis* si se quiere, no sólo ponen en tela de juicio las bases fundamentales de sus discursos, sino que desterritorializan sus referentes habituales. Lo democrático pierde cada vez más la posibilidad de un significado específico, o por lo menos de una definición absoluta. Se convierte más en referente de una condición, en significante de prácticas de lucha, y como tal, contingente y móvil, inestable e impredecible en su totalidad. Pero según ésta se dispersa cada vez más entre las redes de lo social, donde en ocasiones se intensifica como se diluye, también lo hacen los modos de dominación, con los que no ha dejado de coquetear. La democracia, más que nada, es peligrosa.

La imaginería política de fin de siglo, desde los más diversos registros de la dominación hasta las entonaciones más ruidosas de las fuerzas que resisten, se mantiene afinada aún acorde a la rítmica normalizadora del péndulo de la modernidad. Las piezas clásicas del reparto emancipatorio, los temas de la justicia, de la igualdad y la libertad, siguen tocadas en clave democrática. Podríamos decir que, bien instrumentadas y acompañadas por las líricas precisas y buenos cantores, pudieran entretener a cualquiera. Sin embargo, el fin del siglo XX marca un progresivo desplazamiento de los ejes regulativos que han regido el imaginario político de la modernidad. El desencanto y la falta de credibilidad en sus grandes relatos, como en la idea de que exista una visión progresista unívoca, creíble o confiable, como alternativa al orden presente, caracterizan la trama epocal. Cada vez se hace más difícil, si no innecesario, hacer encajar las opciones en una categoría fija. Las mutaciones en el orden de lo político, o sea en las maneras de representar las relaciones de poder, de lucha y resistencia, lo evidencian. Su entramado se da no sólo en las combinaciones de arreglos estructurales sino tanto así en los ideales principales que, durante poco más de dos siglos, han inspirado sus diversas manifestaciones. Los trastoques en el imaginario político de la modernidad afectan entonces las maneras habituales como la *democracia* ha sido concebida. Las apuestas políticas se piensan y articulan cada vez más como reivindicaciones de derecho que como trozos de un gran proyecto emancipador; más como fuerzas de resistencia dispersas que como piezas de un rompecabezas al que se está ineludiblemente convocado a montar.

En el contexto local, las fuerzas políticas que se han articulado como resistencia, sea frente a los poderes excesivos y arbitrarios del Estado, a los embates del capital o en fin, a los conflictos cotidianos (sea en el orden de lo académico, de lo étnico o lo cultural, de la sexualidad o lo político en general), aunque en ocasiones han podido volcarla contra el sistema que ha pretendido controlarla y filtrar con sutilezas las prácticas de la dominación, paradójicamente, se han convertido en fichas clave para las estrategias reguladoras del mismo sistema. La democracia, según se convierte en dispositivo de resistencia, también puede asumir la forma de péndulo normalizador. Entre estas coordenadas es que he estimado pertinente trazar algunos lineamientos reflexivos sobre la versión *hegemónica* que, en clave liberal, atraviesa, condiciona y regula la imaginería democrática de fin de siglo.

Como en un juego de ajedrez, la reina no es definida por su cuerpo *material* (de lo que está hecha, de madera, de plástico o de metal), ni por su forma *superficial* (pues cualquier objeto puede sustituirla y ocupar su lugar), sino por su posición diferenciada respecto a las demás piezas, arreglada para ejecutar unos movimientos determinados y no otros, entre los límites de un tablero, unas reglas y un objetivo dado y sujeta a la vez al valor estratégico que asigne cada jugador frente a su adversario. No es alfil, ni rey, ni peón, es reina. Lo mismo podemos decir de la democracia. Esta es, sin duda, una pieza clave en el tablero epocal de la modernidad y permanece aún, a fin de siglo, ocupando un lugar privilegiado en el imaginario político que la soporta y que la mueve, tanto desde las múltiples estrategias de resistencia como desde las más diversas tecnologías de dominación.

Y aún acentuando la arbitrariedad del signo, insistiendo en que no existe una conexión natural ni lógica entre el significante y el significado, que la relación entre las palabras y sus posibles sentidos es convencional, arreglada y no dada por su naturaleza o por razón de alguna esencia o por alguna virtud que le fuera inmanente, el signo democracia es siempre relativo a la posición particular y diferenciada que ocupa en relación a un juego estratégico determinado. Bajo este signo aparecen arreglos estructurales, unas prácticas organizativas particulares, una administración y una distribución específica del poder. En otras palabras, una economía política de la democracia. Pues, así como el poder no puede saltar sobre su propia sombra, la configuración de un discurso está sujeta a las reglas de su propio juego, a una coherencia y regularidad interna que posibilite sus movimientos (aunque sea para circular sobre sí mismo o hasta para mantenerse estático). La democracia, desde esta perspectiva, aparece como semblante fijo de la sociedad, como sistema de gobierno, con valores establecidos, reglas y objetivos, con una función social que cumplir (la de regular los trámites de las diferencias entre los sujetos particulares y las poblaciones en general) y un encargo político que ejecutar: preservar la hegemonía cultural, la tradición política que la hace circular, dar fuerza de legitimidad a los regímenes de verdad que la soportan y mantener a raya, vigilada y encausada en lo posible y sitiada y controlada si se asoman visos de desviarse de su encargo estabilizador.

Sin embargo, en la trama epocal de fin de siglo, esta metáfora pierde su fuerza de atracción. Muy difícilmente se pueden marcar coordenadas fijas, invariables, para un juego estratégico, pues ya no hay un objetivo final, ni tan siquiera un solo ejército al que enfrentar. El tablero de la guerra, sin otra opción que la lucha abierta y frontal, es ahora, tal vez, juego de guerrillas, sin un poder central que las rija, sin un estratega que manipule sus movimientos, sin una reina que proteger ni un rey que matar: "el rompecabezas de la guerrilla ha sustituido al tablero de la guerra". A fin de cuentas, nunca ha habido un código moral unívoco que respetar, ni una cultura omnímoda que cultivar, ni principios de autoridad absoluta, ni leyes inmanentes de la Historia, ni requisitos de la Razón, ni ecos universales de la voluntad humana, ni Dios ni Ciencia, ni Verdad en singular que venerar. Sin embargo, entre las tradiciones políticas y las mutaciones culturales, entre los ajustes estructurales de la economía capitalista y la progresiva desterritorialización de sus dominios, entre la voluntad de control de acceso y monitoreo diferenciado de las redes electrónicas de información y los enjambres de resistencias que carcomen indistintamente las posibilidades de realizarse en definitiva, permanecen los rituales normalizadores como enclaves de tecnologías de dominación.

Pero, ¿quién puede conjurar en un solo verso todos sus males e instigar a la par todas sus virtudes? Realmente, no es esto de lo que se trata. Pienso que la democracia, los rituales de legitimidad que la acompañan, las prácticas que la moldean y consagran sus formas habituales, así como las retóricas que la manosean, las que la levantan y la dejan caer, las que amortiguan sus caídas o hacen mortales sus heridas, como a la libertad, hay que cuestionarla sin mucho reparo y poco miramiento, sin timidez al tocar su cuerpo y sin temor a que al resbalar de entre *nuestras* manos se vuelva a caer y siga rota en pedazos y regada y sin remedio...

Además, si bien es cierto que tanto en la Universidad como fuera de sus predios, regadas por todo el espectro social (sea en el escenario académico o en cualquier lugar, entre relaciones familiares o de pareja, en el trabajo o entre amistades), ciertas formas de conjugar, de pensar y de actuar lo democrático, permanecen vigiladas y monitoreadas de un lado y censuradas, desautorizadas y hasta prohibidas de otro, ¿cuánto de su configuración actual no se debe, más que al poder de la Razón de Estado o sus aparatos reguladores y represivos, o a los administradores de turno, a la inhibición de la propia inventiva de la gente? ¿Qué perspectivas se imponen, qué relaciones se consienten, qué prácticas se autorizan o se privilegian mientras otras se cancelan, se omiten o se excluyen, se rechazan o se niegan?

Desde esta perspectiva le he asignado una pertinencia particular a cómo los trastoques en el imaginario de la modernidad inciden en las prácticas representacionales de las resistencias políticas y de qué maneras éstas se convierten en dispositivos reguladores de las mismas fuerzas que pretenden combatir. En este sentido, la estrategia metodológica de la tesis, ha sido trazada en torno a los temas relativos a los discursos de la democracia liberal pues, es bajo sus dominios, que, no sólo se han registrado y referido como enclave último las diversas manifestaciones de las luchas de resistencia y alternativa política de fin del siglo XX, sino que se han convertido en dispositivos de legitimidad de las propias prácticas que pretenden combatir, hasta domesticar la imaginación, y por ende la acción, de las propias fuerzas que resisten.

A pesar de estos entrampamientos, los discursos de resistencia siguen articulándose y moviéndose a partir de y entre ellos. Demás es sabido, por ejemplo, que en nombre de la libertad humana en abstracto se encarcela a la gente de carne y hueso, se invaden y ocupan militarmente países enteros y por lo mismo hasta se mata. De igual manera por la justicia y la democracia, por el derecho y la patria, por la humanidad y por Dios. Aún así estos conceptos, ambiguos por demás, siguen pretendiendo ejercer ese encargo político emancipador que los soporta y los mueve. Pero ese mismo encargo político, consagrado en esas palabras, según ha sido vértice de las más terribles atrocidades que ha sufrido la humanidad, a la vez, ha movido las reivindicaciones más significativas de la misma.

A lo largo de este proyecto he procurado drenar los ápices de complicidad con la versión hegemónica de la democracia que habitan entre *nuestros* propios discursos de resistencia política y alternativas. Y, con una dosis necesaria de desconfianza y cautela, he esbozado los límites y *relativizado* los valores ético-políticos de la modernidad con el fin de trazar rutas alternas respecto a cualquier intento por definir la democracia como semblante fijo de *nuestra* sociedad. Entre ellos, toco las matrices míticas que bordean la imaginería democrática, como la justicia, la igualdad, el progreso y libertad, que han regulado los trámites de las luchas políticas hasta nuestros días, a partir de las cuales, sin duda, hay quienes han hecho residencia fija de la intolerancia, de la ortodoxia, de la obediencia y la sumisión, de la mediocridad y del cuento aburrido, de la retórica hueca, hostil e inerte, enclaves todos de las más diversas prácticas de dominación. Para estos efectos, en términos generales, he recorrido los regímenes discursivos que han servido de soporte fundamental y legitimidad al imaginario político de la modernidad, acentuando su abierta complicidad con los procesos actuales de (re)estructuración y consolidación del capital y su estrecha imbricación con las redes de información y las tecnologías electrónicas. Entre estas coordenadas, he trazado algunos límites, encerronas y posibilidades de resistencia política alternativa. Esta ha sido la intención principal y el objetivo que ha movido este escrito.

En síntesis, y cabe reiterar, la democracia no es un atributo natural de nuestra sociedad. La versión prevaleciente, sus límites y posibilidades, son un efecto de conjunto. Debilitarla, preservarla tal cual *es* o radicalizarla depende de las relaciones de lucha que estemos dispuestos (o no) a librar. Relaciones que no son solamente impuestas sino, además de consentidas, pactadas y negociadas, también olvidadas, ignoradas y desconocidas. Si esto es así, *tenemos* y tendremos tanta democracia como cada uno y entre todos queramos o cedamos...

La apuesta política que ha servido de soporte a esta reflexión teórica ha ido, como va, a que es posible pensar y actuar la democracia de alguna otra manera, jugarla más en serio o relajarla, tal vez, *radicalizarla* o, de precisarlo, erradicarla. Que no sea más que una herejía libertaria, quizás. Que sea una causa perdida, no importa. A fin de cuentas, de causas *ganadoras* se sostiene la mayor parte de lo peor en *nuestra* sociedad...

Referencias

"I have managed to put everything into place
by being silent about it..."
L.Wittgeinstein

Referencias

Affichard, Joelle y de Foucauld, Jean-Baptiste; *Pluralismo y equidad: la justicia social en las democracias*; Editorial *Nueva Visión*, Buenos Aires, 1995.

Agarrad, Walter R.; *GAT Democracy Meant to the Greeks*; Editorial *The University of Wisconsin Press*, Wisconsin, 1965.

Aguirre, M., Ramonet, I.; *Rebeldes, dioses y excluidos: Para comprender el fin del milenio*; Editorial *Icaria*, Barcelona, 1998.

Alberoni, Francesco; "Movimientos y revoluciones"; *Los límites de la democracia*; Editorial *CLACSO*; Buenos Aires, 1985.

Alcántara, Manuel; "Los retos políticos de la gobernabilidad democrática en América Latina";*Cuadernos Americanos: Nueva época*; año XI, vol.6, Universidad Nacional Autónoma de México, México, 1997.

_____; "Democracia y valores democráticos en la clase política" en *Democracia para una nueva sociedad (Modelo para armar)*; Editorial *Nueva Sociedad*, Venezuela, 1997.

Allen, Carleton K.; *Democracy and the Individual*; Oxford *University Press*; London, 1943.

Althusser, Louis; "Freud y Lacan"; *Posiciones;* Editorial *Grijalbo*, México, 1977.

_____; "Ideología y aparatos ideológicos del Estado"; *Posiciones;* Editorial *Grijalbo*, México, 1977.

Álvarez Curvelo, S.; "La crisis de la modernidad en Puerto Rico y los relatos de la historia";*Polifonía Salvaje: ensayos de cultura y política en la posmodernidad*; Editorial *Postdata*, San Juan,1995.

Álvarez Silva, Héctor; *Documentos Básicos de la Historia de los Estados Unidos*; H.Álvarez y Cía. Inc.; Río Piedras, Puerto Rico, 1967.

Appiah, Kwame Anthony; "The Postcolonial and the Postmodern"; *The Postcolonial Studies Reader*; Editorial *Routledge*, New York, 1995.

Arblaster, Anthony; *Democracy*; Editorial *Univerity of Minnesota Press*, Great Britain, 1987.

Ardigó, Achille; "A propósito de 'el alzamiento contra la modernidad'¿Un retorno despotenciado?" *Los límites de la democracia*; Editorial *CLACSO*; Buenos Aires, 1985.

Arditi, Benjamín; "La mutación de la política: un mapa del escenario post-liberal de la política."; Revista *Nueva Sociedad*, num.150, Caracas, julio-agosto 1997.

Arend, Hannah; *Entre el pasado y el futuro: ocho ejercicios sobre la reflexión política*; Editorial *Península*, Barcelona, 1996.

Arnaiz Amigo, Aurora; *Ética y Estado*; Editorial *Miguel Ángel Porrúa S.A.*, México,1986.

Aronowitz, Stanley; "Postmodernism and Politics"; *Universal Abandon? The*

Politics of Postmodernism; Andrew Ross (Ed.), University of Minnesota Press, Minneapolis, 1988.

Aronowitz, Stanley y DiFazio, W.; *The Jobless Future: Sci-Tech and the Dogma of Work*; University of Minnesota Press, Minneapolis, 1995.

Aronowitz, Stanley y Goroux, Henry A.; *Postmodern Education: Politics, Culture and Social Criticism*; University of Minnesota Press, Minneapolis, 1991.

Ashcroft,Bill; Griffiths,Gareth; Tiffin,Helen (eds.); *The Postcolonial Studies Reader*; Editorial *Routledge*, New York, 1995.

Bakunin, Mijaíl; *La libertad*; Editorial *Grijalbo*, México, 1972.

_____; *Dios y el Estado*; Editorial *El viejo topo*, España (sin fecha).

_____; *Escritos de filosofía política*; Editorial *Alianza*, Madrid, 1978.

Baudrillard, Jean; *Las estrategias fatales*; Editorial *Anagrama*, Barcelona,1994.

_____; *La ilusión del fin: la huelga de los acontecimientos*; Editorial *Anagrama*, Barcelona, 1993.

_____; *Olvidar a Foucault*; Editorial *Pre-Textos*, Valencia, 1977.

Baumann, Fred E.(comp.); *¿Qué es el capitalismo democrático?*; Editorial *Gedisa*, Barcelona, 1988.

Berger, P.L., Luckmann T.; *Modernidad, pluralismo y crisis de sentido: la orientación del hombre moderno*; Editorial *Piados*, Barcelona, 1997.

Bernabe, Rafael; "Acuerdos y diferencias sobre la globalización"; Periódico *Claridad*, San Juan, marzo, 1997.

Best, Steven y Kellner, Douglas; *Postmodern Theory: Critical Interrogations;* The Guilford Press, New York, 1991.

_____; "La política posmoderna y la batalla por el futuro"; Revista de Ciencias Sociales *Nueva Época*, Centro de Investigaciones Sociales, Universidad de Puerto Rico, recinto de Río Piedras, núm.5, junio,1998.

Bey, Hakim; *Inmediatism*; Editorial *AK Press*; New York, 1994.

Bhabha, Homi K.; "The postcolonial and the postmodern: The question of agency"; *The Location of Culture;* Editorial *Routledge*, New York, 1994.

Bilbao Kepa, Ariztimuño; *La modernidad en la encrucijada: La crisis del pensamiento utópico en el siglo XX: El marxismo de Marx*; Editorial *Gak@a*, España, 1997.

Bilbeny, N.; *La revolución en la ética: hábitos y creencias en la sociedad digital*; Editorial *Anagrama*, Barcelona, 1997.

Bivero, Carlos; "La integración latinoamericana: ¿Es posible una identidad latinoamericana?" en *La integración y la democracia del futuro en América Latina*; Editorial *Nueva Sociedad*, Venezuela, 1997.

Blissett, Luther; *Guy Debord is Really Dead*; Editorial *Sabotaje*, London, 1995.

Bobbio, Norberto; "La izquierda y sus dudas"; *Izquierda: punto cero*; Editorial

Paidós Estado y Sociedad; Barcelona, 1996.

_____; "¿Podrá sobrevivir la democracia?"; *Los límites de la democracia*; Editorial *CLACSO*; Buenos Aires, 1985.

Bonfil Batalla, Guillermo; *Identidad y pluralismo en América Latina*; Editorial de la Universidad de Puerto Rico, San Juan, 1992.

Bosetti, Giancarlo; "La crisis en el cielo y en la tierra"; *Izquierda: punto cero*; Editorial *Paidós Estado y Sociedad*; Barcelona, 1996.

Bosque, Ramón y Colón Morera, José Javier; *Las carpetas; persecución política y derechos civiles en Puerto Rico*; Centro para la Investigación y Promoción de los Derechos Civiles (CIPDC), Río Piedras, 1997.

Bourdieu, Pierre; *Contrafuegos: reflexiones para servir a la resistencia contra la invasión neoliberal*; Editorial *Anagrama*, Barcelona, 1999.

Braunstein, Néstor; *Psicología: Ideología y Ciencia;* Editorial *Siglo XXI*, México, 1986.

Burdeau, Georges; *La democracia: ensayo sintético*; Ediciones *Ariel*; Caracas, 1959.

Butler, Judith; "Contingent Foundations: Feminism and the Question of Postmodernism"; *Feminists Theorize the Political*; Editorial *Routledge*, New York, 1992.

Caballero, Manuel; "La descentralización en la perspectiva de la democracia del futuro" en *La integración y la democracia del futuro en América Latina*; Editorial *Nueva Sociedad*, Venezuela, 1997.

Callari, A., Cullenberg, S y Biewenr, C.; "Marxism in the New World Order: Crises and possibilities"; *Marxism in the Postmodern Age: Confronting the New World Order*; Guilford Press, New York, 1995.

Callinicos, Alex; "Modernism and Capitalism"; *Against Postmodernism: A Marxist Critique*; St.Martin's Press, New York, 1991.

_____; "¿Postmodernidad, post-estructuralismo, post-marxismo?"; *Theory, Culture & Society*, vol 2, num. 3, 1985, en Picó, Josep; *Modernidad y posmodernidad*; Editorial *Alianza*, Madrid, 1992.

_____; *Marx: sus ideas revolucionarias*; Publicaciones *La Sierra*, Puerto Rico, 2000.

Campillo, Antonio; *Adiós al progreso: Una meditación sobre la Historia*; Editorial *Anagrama*, Barcelona, 1995.

Camps, V., "Por la solidaridad hacia la justicia"; *La herencia ética de la ilustración*; Editorial *Crítica*, Barcelona, 1991.

Canales, Nemesio; "Policías y macanas"; *Literatura puertorriqueña*; Editorial *Edil*, Río Piedras, 1983.

Cansino, César; "Democracia y medios de comunicación social" en *La integración y la democracia del futuro en América Latina*; Editorial *Nueva Sociedad*, Venezuela, 1997.

Cappelletti, A.J.; *La ideología anarquista*; Editorial *Reconstruir*, Buenos Aires, 1992.

Caputo, John D.; "Justice, If Such a Thing Exists"; *Deconstruction in a Nutshell: A Conversation with Jacques Derrida*; Fordham University Press; New York, 1997.

Cardoso, Fernando H.; "¿Transición política en América Latina?"; *Los límites de la democracia*; Editorial *CLACSO*; Buenos Aires, 1985.

Cátala Oliveras, Francisco A.; "Apunte en torno al neoliberalismo y la desigualdad"; *Debates contemporáneos: globalización y neoliberalismo*; Periódico *Diálogo*, Río Piedras, diciembre, 1996.

Carlyle, A.J.; *La Libertad Política*; Editorial *Fondo de Cultura Económica*, México, 1942.

Carrión, Juan Manuel; "Del posmodernismo antinacionalista al posmodernismo estadista"; Periódico *Diálogo*, Río Piedras, marzo, 1997.

Cerroni, Umberto; *Marx y el derecho moderno*; Editorial Grijalbo; México, 1975.

Chomsky, Noam; *El miedo a la democracia*; Editorial *Grijalbo mondadori*; Barcelona, 1992.

_____; *Necessary Illusions: Thought Control in Democratic Societies*, Editorial *Sout End Press*, Boston, 1989.

Cicerchia, R., "O inventamos o erramos. América Latina: ¿la política de la crisis o la crisis de la política?; *Gobernabilidad, ¿sueño de la democracia?*; Revista *Nueva Sociedad*, num.128, Caracas, 1993.

Cleary, T.; *Sun Tzu: el arte de la guerra*; Editorial *Arca de Sabiduría*, Madrid, 1993.

Colón, V.; "Hegel contra 'destrezas' gnoseológicas: el método es la cosa misma"; Revista *Bordes*, Grupo de Estudios Alternos, Río Piedras, 1996.

Combellas, Ricardo; "Democracia, Estado y sistema representativo" en *La integración y la democracia del futuro en América Latina*; Editorial *Nueva Sociedad*, Venezuela, 1997.

Comité Unitario Contra la Represión (CUCRE); *Los medios de represión utilizados por el gobierno de los Estados Unidos en contra del pueblo de Puerto Rico y sus organismos de liberación nacional y los intentos de criminalizar la lucha puertorriqueña por la independencia*; Ofensiva '92, Río Piedras, 1992.

Correa, N., Figueroa, H., López, M. y Román, M.; "Las mujeres son, son, son... implosión y recomposición de la categoría"; *Más allá de la bella (in)diferencia: revisión postfeminista otras escrituras posibles*; Publicaciones Puertorriqueñas, San Juan, 1993.

_____; Introducción a la recopilación de ponencias del Coloquio

Internacional sobre el Imaginario Social Contemporáneo; Universidad de Puerto Rico, 13-15 de febrero, 1991.

Cuza Malé, B.; "El reino de la imagen"; Periódico el *Nuevo Día*, San Juan, 8 de diciembre, 1996.

Dahrendorf, Ralph; "Si se imponen los particularismos"; *Izquierda: punto cero*; Editorial *Paidós Estado y Sociedad*; Barcelona, 1996.

Dean Burnham, Walter; *Democracy in the Making: American Government and Politics*; Editorial *Prentince-Hall*; New Jersey, 1986.

Debord, Guy; *La sociedad del espectáculo*; Editorial *La Marca*, Buenos Aires, 1995.

_____; *Comentarios sobre la sociedad del espectáculo*; Editorial *Anagrama*; Barcelona, 1990.

Deleuze, Gilles; *Foucault* Editorial *Paidós Studio*, Barcelona,1987.

_____; "¿Qué es un dispositivo?" en *Michel Foucault, filósofo*, Balbier, Deleuze, Dreyfuss y otros (Eds.); Editorial *Gedisa*, Barcelona,1990.

Delich, Francisco; "Pacto corporativo, democracia y clase obrera"; *Los límites de la democracia*; Editorial *CLACSO*; Buenos Aires, 1985.

De Romanones, Conde; *Las responsabilidades políticasdel Antiguo Régimen (de 1825 a 1923)*; Editorial *Renacimiento*, Madrid, (sf).

De Ruggiero, Guido; *Política y democracia*; Editorial *Paidós*; Buenos Aires, 1960.

Del Río, Eugenio; *Modernidad, posmodernidad (cuaderno de trabajo)*; Editorial *Talasa*, Madrid, 1997.

Derrida, Jaques; *Espectros de Marx: El Estado de la deuda, El trabajo del duelo y la nueva internacional*; Editorial *Trotta*, Madrid, 1995.

De Toqueville, Alexis; *La democracia en América;* Editorial *Fondo de Cultura Económica*, México, 1957.

Di Tella, Torcuato S.; "La democracia: ¿será posible?"; *Los límites de la democracia*; Editorial *CLACSO*; Buenos Aires, 1985.

Donolo, Carlo; "Algo más sobre el autoritarismo político y social"; *Los límites de la democracia*; Editorial *CLACSO*; Buenos Aires, 1985.

Duchesne, J; "La estadidad desde una perspectiva democrática radical"; Periódico *Diálogo*, Río Piedras, febrero, 1997.

During, Simon; "Postmodernism or Postcolonialism Today"; *The Postcolonial Studies Reader*; Editorial *Routledge*, New York, 1995.

Ebert, Teresa L; "Ludic Feminism, the Body, Performance, and Labor: Bringing *Materialism* Back into Feminism Cultural Studies" (fotocopia)

Edelman, B.; *La práctica ideológica del derecho: elementos para una teoría marxista del derecho*; Editorial *Tecnos*, Madrid, 1980.

Edelman, M.; *La construcción del espectáculo político*; Editorial *Manantial*; Argentina, 1991.

Edwards, R.C., Reich, M. y Weisskopf, T.E.; *The Capitalsit System: A Radical Analysis of American Society*; Editorial *Prentice Hall*, Massachussetts, 1972.

Eisenstadt, S.N.; "Los resultados de las revoluciones: una reflexión sobre las sociedades autocráticas y democráticas post-revolucionarias"; *Los límites de la democracia*; Editorial *CLACSO*; Buenos Aires, 1985.

_____; *Modernization: Protest and Change*; Editorial *The Hebrew University*, Jerusalem, 1966.

Entrialgo, Karen; *Sujeto, representación, nación: implicaciones metodológicas, epistemológicas y políticas del debate poscolonial para Puerto Rico*; (Tesis doctoral), Depto. de Psicología de la Universidad de Puerto Rico, Río Piedras, julio, 1996.

Ewald, Francois; "Un poder sin un afuera"; *Michel Foucault, filósofo*; Balbier, Deleuze, Dreyfuss y otros (Eds.); Barcelona, Editorial *Gedisa*, 1990.

Fages, Jean-Baptiste; *Para comprender a Lacan*; Buenos Aires, *Amorrotu* Editores, 1987.

Falk, Richard; "Las armas nucleares y el fin de la democracia"; *Los límites de la democracia*;   Editorial *CLACSO*; Buenos Aires, 1985.

Felipe, León; *Obra poética escogida*; Selecciones Austral, Madrid, 1985.

Fisher, H.R., Retzer A., Schweizer J. (comp.); *El final de los grandes proyectos*; Editorial *Gedisa*; Barcelona, 1996.

Flores d'Arcais, Paolo; "El desencantamiento traicionado"; *Modernidad, política, izquierda, individuo y democracia;* Editorial *Nueva Sociedad*, Caracas, 1995.

_____; "El individuo libertario"; Editorial *Nueva Sociedad*, (fotocopia).

Fortuño Candelas, C.; *El auge de la criminalidad en Puerto Rico*; Ediciones Bandera Roja, Río Piedras, 1993.

Foucault, Michel; *Historia de la sexualidad: la voluntad del saber*; Editorial *Siglo XXI*,   México,1977.

_____; "Governmentality"; *The Foucault Effect: Studies in Governmentality*, Graham, Gordon y Miller (Eds.); Harvester Wheatsheaf; London, 1991.

_____; *La arqueología del saber;* Editorial *Siglo XXI*, México, 1988.

_____; *La verdad y las formas jurídicas*; Editorial *Gedisa*, México, 1995.

_____; *Las palabras y las cosas: una arqueología de las ciencias humanas*; Editorial *Siglo XXI*, México,1995.

_____; *Tecnologías del yo y otros textos afines*; Ediciones *Paidós*, Barcelona, 1995.

_____; *Microfísica del poder;* Ediciones *La Piqueta*, Madrid, 1992.

_____; *Saber y verdad*; Ediciones *La Piqueta*, Madrid, 1991.

_____; *Espacios de poder*; Ediciones *La Piqueta*, Madrid, 1991.

_____; *Un diálogo sobre el poder*; Editorial *Alianza*, Madrid, 1994.

_____; *Vigilar y Castigar: nacimiento de la prisión;* Editorial *Siglo XXI,* México, 1976.

Foucault, Michel y Deleuze, Gilles; "Los intelectuales y el poder"; *Microfísica del poder,* Ediciones *La Piqueta,* Madrid, 1992.

Font, D.; "El poder de la imagen" en López Gil, *Filosofía, modernidad y posmodernidad;* Editorial *Biblos,* Buenos Aires, 1993.

Franco, C.; "Visión de la democracia y crisis de régimen"; *Gobernabilidad: ¿sueño de la democracia?;* Revista *Nueva Sociedad,* num.128, Caracas, 1993.

Francois de Sade, Donatien A.; *Elogio de la insurrección;* Editorial *El viejo topo,* España, 1988.

Frasser, Nancy; *Justice Interrupts: Critical Reflections on the 'Postsocialist' Condition;* Editorial *Routledge,* New York, 1997.

Freud, Sigmund; *El malestar en la cultura;* Editorial *Alianza;* Madrid, 1996.

Fried Schnitman, Dora, ed.; *Nuevos Paradigmas, Cultura y Subjetividad;* Editoria *Paidós,* Buenos Aires, 1994,

Fried Schnitman, Dora y Fuks S.I.; "Reflexiones de cierre: diálogos, certezas e interrogantes"; *Nuevos Paradigmas, Cultura y Subjetividad;* Editoria *Paidós,* Buenos Aires, 1994.

Fukuyama, Francis; *El fin de la historia y el último hombre;* Editorial *Planeta,* Barcelona, 1992.

Fuster, Jaime; *Los derechos civiles reconocidos en el sistema de vida puertorriqueño;* Comisión de Derechos Civiles, Estado Libre Asociado de Puerto Rico, San Juan, 1974.

García Canclini, Néstor; *Imaginarios Urbanos;* Editorial *Universitaria de Buenos Aires* ; Buenos Aires, 1997.

_____; *Consumidores y ciudadanos: conflictos culturales de la globalización;* Editorial *Grijalbo;* México, 1995.

_____; *Culturas híbridas: estrategias para entrar y salir de la modernidad* Editorial *Grijalbo,* México, 1990.

_____; *Las culturas populares en el capitalismo;* Ediciones *Casa de las Américas;* La Habana, 1981.

García Márquez, Gabriel; "Botella al mar para el dios de las palabras"; Periódico *Diálogo;* Sección *Escritor Invitado;* febrero, 1998.

Garretón, Manuel A.; "Necesidades, posibilidades y expectativas de democracia del futuro"; *La integración y la democracia del futuro en América Latina;* Editorial *Nueva Sociedad,* Caracas, 1997.

Gellner, Ernest; *Posmodernismo, razón y religión;* Ediciones *Paidós,* Barcelona, 1994.

Germani, Gino; "Democracia y autoritarismo en la sociedad moderna"; *Los límites de la democracia;* Editorial *CLACSO;* Buenos Aires, 1985.

Giddens, Anthony; *Más allá de la Izquierda y la Derecha: El futuro de las políticas radicales*; Ediciones *Cátedra*, Madrid, 1996.

Giroux, Henrry A.; "Postmodernism and Educational Criticism"; *Postmodern Education: Politics, Culture and Social Criticism*; University of Minessota Press, Minneapolis, 1993.

Glotz, Peter; "Más allá del 89"; *Izquierda: punto cero*; Editorial *Paidós Estado y Sociedad*; Barcelona, 1996.

González, H./Schidt, H. (organizadores); *Democracia para una nueva sociedad (Modelo para armar)*; Editorial *Nueva Sociedad*, Venezuela, 1997.

González Vicén, Felipe; *Estudios de filosofía del derecho*; Universidad de La Laguna, 1979.

Gorz, André; "Adiós, conflicto central"; *Izquierda: punto cero*; Editorial *Paidós Estado y Sociedad*; Barcelona, 1996.

Graciarena, Jorge; "La democracia en la sociedad y en la política. Apuntes sobre un caso concreto."; *Los límites de la democracia*; Editorial *CLACSO*; Buenos Aires, 1985.

Guattari, Félix; *Soft Subversions*; Semiotext(e), New York, 1996.

Guéhenno, Jean-Marie; *El fin de la democracia: la crisis política y las nuevas reglas del juego*; Editorial *Paidós*; Barcelona, 1995.

Habermas, J.; "Modernidad vs. posmodernidad"; en Picó, J.; *Modernidad y postmodernidad*; Editorial *Alianza*, Madrid, 1992.

_____; *Legitimation Crisis*; Bacon Press, Boston, 1973.

Hall, Stuart; "Cultural Identity and diaspora"; *Colonial Discourse and Post-colonial theory*, en P.Williams and L.Chrisman, eds., Columbia University Press, New York, 1994.

_____; "When was the 'post-colonial'?: thinking at the limit"; en Chambers, I. y Curtis, L.; *The postcolonial question: common skies, divided horizons*, Editorial *Routledge*, New York, 1996.

Harding, Sandra; "After the Science Question in Feminism"; *Feminist Frontiers III*, Editorial *McGraw-Hill*, New York, 1993.

Heard, Alexander; *The Costs of Democracy*; Editorial *Chape Hill*, North Carolina State University, 1960.

Heler, Mario; "La posmodernidad o una interpretación falaz", VV.AA. *¿Posmodernidad?* en López Gil, Marta; *Filosofía, modernidad y posmodernidad* ; Editorial *Biblos*, Buenos Aires, 1993.

Hopenhayn, Martín; "Cultura, ciudadanía y desarrollo en tiempos de globalización"; Revista de Ciencias Sociales *Nueva Época*, Centro de Investigaciones Sociales, Universidad de Puerto Rico, recinto de Río Piedras, núm.5, junio, 1998.

Ianni, Octavio; *Teorías de la globalización*; Editorial *Siglo XXI*; México, 1997.

Isa Conde, Narciso; *América Latina y el Caribe ante la crisis de fin de siglo: ¿Cuál globalización? ¿Cuál alternativa al neoliberalismo?*; Taller Internacional: *El socialismo hacia el siglo XXI* (En homenaje al Che Guevara), La

Habana, 1997.

Irizarri Mora, E., "La dimensión escondida de la globalización"; Periódico *Diálogo*, Río Piedras, diciembre, 1996.

Izaguirre, Maritza; *"Democracia, mercado y desarrollo social"* en *La integración y la democracia del futuro en América Latina*; Editorial *Nueva Sociedad*, Venezuela, 1997.

Jalfen, L., "El compromiso de la libertad" en López Gil, Marta; *Filosofía, modernidad y posmodernidad*; Editorial *Biblos*, Buenos Aires, 1993.

Jameson, Fredric; *El posmodernismo o la lógica cultural del capitalismo avanzado*, Editorial *Paidós*, Barcelona, 1991.

Kaufman, Arnold S.; *The Radical Liberal, The New Politics: Theory and Practice*; Editorial *A Clarion Book*; New York, 1970.

Kristol, Irving; *On the Democratic Idea in America*; Editorial *Harper & Row*, New York, 1972.

Kroker, Arthur y Weinstein, Michael; "The Theory of the Virtual Class"; *Data Trash: The Theory of the Virtual Class*; St.Martin's Press, New York, 1994.

Lacayo, Richard; "Nowhere to Hide"; Revista *TIME*, New York, nov., 1991.

Laclau, E. y Mouffe, C.; *Hegemony and Socialist Strategy: Towards a Radical Democratic Politics*; Editorial *Verso*, Londos, 1985.

Laclau, Ernesto; *Emancipation(s)*; Editorial *Verso*; New York, 1996.

_____; *Nuevas reflexiones sobre las revoluciones de nuestro tiempo*; Ediciones *Nueva Visión*, Buenos Aires, 1990.

Lander, Edgardo; "Las ciencias sociales en el atolladero: América Latina en tiempos posmodernos."; Revista *Nueva Sociedad*; num.150; Caracas, julio-agosto 1997.

Laski, Harold J.; *Democracy in Crisis*; Editorial *The University of North Carolina Press*; Great Britain, 1935.

Latour, Bruno; *We Have Never Been Modern*; Editorial *Harvard University Press*, Massachussets, 1997.

Lazzarato, M. y Negri, A.; "Trabajo inmaterial y subjetividad"; Revista *Bordes*, número 2, Río Piedras, 1995.

Lefort, Claude; *Democracy and Political Theory*; University of Minnesota Press, Minneapolis, 1988.

_____; *Las formas de la historia: ensayos de antropología polí1tica*; Editorial *Fondo de Cultura Económica*, México, 1988.

Lindsay, Alexander D.; *Los fundamentos de la democracia;* Traducción de M.M.de Hernández; Cuadernos de la Facultad de Estudios Generales; Departamento de Ciencias Sociales, Serie C, Número 7; Universidad de Puerto Rico, Recinto de Río Piedras, 1961.

Linz, J.J y Stepan, A; "Hacia la consolidación democrática"; *La democracia y sus límites: Después de la Tercera Ola*; Revista *La Política*, num.2, Barcelona, 1996.

Lipset, Seymour M.; "Repensando los requisitos sociales de la democracia"; *La democracia y sus límites: Después de la Tercera Ola*; Revista *La Política*, num.2, Barcelona, 1996.

_____; "El alzamiento contra la modernidad"; *Los límites de la democracia*; Editorial *CLACSO*; Buenos Aires, 1985.

Lira Kornfeld, E.; "Guerra psicológica: intervención política de la subjetividad colectiva"; *Psicología social de la guerra: trauma y terapia*; UCA editores, San Salvador, 1990.

Llorens Torres, Luis; *Obras Completas*; Tomo I, Instituto de Cultura Puertorriqueña, San Juan, 1994.

López Gil, Marta; *Filosofía, modernidad y posmodernidad*; Editorial *Biblos*, Buenos Aires, 1993.

Lukes, Steven; "¿Qué queda de la izquierda?; *Izquierda: punto cero*; Editorial *Paidós Estado y Sociedad*; Barcelona, 1996.

Lyon, David; *Postmodernidad*, Editorial *Alianza*, Madrid, 1994.

_____; *The Information Society: Issues and Illusions*; Editorial *Polity Press*, Grat Britain, 1998.

Lyotard, Jean-Francois; *La condición postmoderna: Informe sobre el saber*; Ediciones *Cátedra*, Madrid, 1994.

_____; *La posmodernidad (Explicada a los niños)*; Editorial *Gedisa*, Barcelona, 1992.

_____; "Rules and Paradoxes and the Svelte Paradox"; *Cultural Critique*; vol.5; en Best, Steven y Kellner, Douglas; "The Reconstruction of Critical Theory"; *Postmodern Theory: Critical Interrogations;* The Guilford Press, New York, 1991.

Lyttelton, Adrian; "Fascismo y antimodernismo"; *Los límites de la democracia*; Editorial *CLACSO*; Buenos Aires, 1985.

Malem Seña, Jorge F.; *Concepto y justificación de la desobediencia civil*; Editorial *Ariel Derecho*, Barcelona, 1990.

Mandel, Ernest; "The Relevance of Marxist Theory for Understanding the Present World   Crises"; *Marxism in the Postmodern Age : Confronting the New World Order*; Editorial *Guilford Press*, New York, 1995.

Mannheim, Karl; *Freedom, Power and Democratic Planning*; Editorial *Routledge & Kegan Paul*; London, 1951.

Mansilla Triviño, Antonio; "En torno a la nación en la orilla: reflexión filosófica sobre el posmodernismo"; Revista *Exégesis*; Colegio Universitario de Humacao, UPR, año 10, num.30, 1997.

Mardones, J.M.; "El neoconservadurismo de los posmodernos"; *En torno a la posmodernidad*; Editorial Anthropos, Barcelona, 1991.

Marqués, J.V.; *No es natural: para una sociología de la vida cotidiana*; Editorial

Anagrama, Barcelona, 1981.

Martín-Baró, Ignacio; *Psicología social de la guerra: trauma y terapia*; UCA editores, San Salvador, 1990.

_____; *Acción e ideología: psicología social desde Centroamérica*; UCA editores, San Salvador, 1988.

Martínez, Eduardo; "Ciencia, tecnología y Estado en América Latina: El fin del siglo XX" en *Democracia para una nueva sociedad (Modelo para armar)*; Editorial *Nueva Sociedad*, Venezuela, 1997.

McLuhan M., Fiore, Q.; *The Medium is the Massage*; Editorial *Hardwired*, San Francisco, 1967.

Méndez Tovar, C.; *¿Democracia en Cuba?*; Editorial *José Martí*, Cuba, 1995.

Menzel, Ulrich; "Tras el fracaso de las grandes teorías: ¿qué será del tercer mundo?; Revista *Nueva Sociedad*; num.132, Caracas, 1994.

Miliband, R.; *El Estado en la sociedad capitalista*; Editorial *Siglo XXI*, México, 1978.

Mill, John Stuart; *Utilitarism, Liberty and Representative Government* (E.Rhys, Ed.), Editorial *Everyman's Library*, Great Britain, 1925.

Minaya, N.J.; "Prolegomenos a un discurso sobre la Magna Patria: una lectura desde la posmodernidad"; *La utopía de América*, Editora *Universitaria*, Santo Domingo, 1992.

Minda, Gary; *Postmodern Legal Movements: Law and Jurisprudence at Century's End*; New York University Press; New York, 1995.

Ministerio para el Enlace entre el Ejecutivo Nacional y el Congreso de la República Congreso Nacional de la República de Venezuela; *La integración y la democracia del futuro en América Latina*; Editorial *Nueva Sociedad*, Caracas, 1997.

Mires, Fernando; *El orden del caos: ¿existe el Tercer Mundo?*; Editorial *Nueva Sociedad*, Venezuela, 1995.

_____; *La revolución que nadie soñó, o la otra posmodernidad*; Editorial *Nueva Sociedad*, Venezuela, 1996.

_____; "El comienzo de la historia" en *Democracia para una nueva sociedad (Modelo para armar)*; Editorial *Nueva Sociedad*, Venezuela, 1997.

Moore, Barrington; *Social Origins of Dictatorship and Democracy*; Editorial *Beacon Press*, Boston, 1966.

Moore, Stanley; *Crítica de la democracia capitalista*; Editorial *Siglo XXI*; México, 1979.

Moreno Plaza, Gabriel; *La liberación del lector en la sociedad postmoderna: ensayos de interpretación abierta*; Editorial de la Universidad de Puerto Rico, Río Piedras, 1998.

Mouffe, Chantal; *The Democratic Paradox*; Editorial *Verso*, New York, 2000.

Muguerza, Javier; "Kant y el sueño de la razón"; *La herencia ética de la ilustración*, Editorial *Crítica*, Barcelona, 1991.

Muñiz Varela, Miriam; "El Estado y la sociedad incivil"; Periódico *Diálogo*, Río Piedras, abril, 1997.

_____; "La sociedad incivil y la democracia"; Periódico *Diálogo*, Río Piedras, mayo, 1997.

_____; "De Levittown a la Encantada: más acá de las 936", Revista *Bordes*, num.3, Grupo de Estudios Alternos, Río Piedras, 1996.

Muñoz Vázquez, M y Miranda, D.; "Reflexiones en torno al conocimiento como constructor de sistemas deshumanizantes: abandonando una tradición"; *Brutalidad, violencia y psicología: el caso de Alejandrina Torres*; Ediciones de Marya Muñoz Vázquez, Depto. de Psicología, Río Piedras, 1989.

Negri, Toni – Guattari Félix; *Las verdades nómadas: por nuevos espacios de libertad*; Editorial *Gak@a*; España, 1996.

Nietzsche, Friedrich; *La genealogía de la moral*; Editorial *Alianza*, Madrid, 1994.

_____; *Crepúsculo de los ídolos*; Editorial *Alianza*, Madrid, 1973.

_____; *La voluntad de poderío*; Editorial *Biblioteca Edaf*, Madrid, 1981.

_____; *Mi hermana y yo*; Editorial *Biblioteca Edaf*, Madrid, 1984.

Norris, Christopher; *The Truth About Postmodernism;* Editorial *Blackwell Publishers*, Oxford,1994.

Nuñez Miranda, A.; "Globalización y neoliberalismo: dos palabrotas de la política contemporánea"; Periódico *Diálogo*, Río Piedras, noviembre, 1996.

O'Connor, J.; "The Fiscal Crisis of the State"; *Socialist Revolution 1* en Edwards, R.C., Reich, M. y

Weisskopf, T.E.; *The Capitalsit System: A Radical Analysis of American Society*; Editorial *Prentice Hall*, Massachussetts, 1972.

O'Donell,G.; "Estado, democratización y ciudadanía"; *Gobernabilidad, ¿sueño de la democracia?*; Revista *Nueva Sociedad*, num.128, Caracas, 1993.

_____; "Otra institucionalización"; *La democratización y sus límites: Después de la Tercera Ola*; Revista *La Política*, num.2, Barcelona, 1996.

_____; "Notas para el estudio de procesos de democratización política a partir del Estado burocrático-autoritario"; *Los límites de la democracia*; Editorial *CLACSO*; Buenos Aires, 1985.

Ortega y Gasset, José.; *Ensayos Escogidos*; Editorial *Aguilar*; Madrid, 1960.

_____; *La rebelión de las masas*; Editorial *El Arquero*, Madrid, 1929.

Otero, Carlos P.; *La revolución de Chomsky: ciencia y sociedad*; Editorial *Tecnos*, Madrid, 1984.

Otero, R. y Torrecilla, A.; Entrevista a Stanley Aronowitz, "El socialismo ya no es un imaginario político"; Revista *Bordes*, número 2, Grupo de Estudios Alternativos, Río Piedras, 1995.

Pabón, Carlos; "De Albizu a Madonna: para armar y desarmar la nacionalidad"; Revista *Bordes*, número 1, Grupo de Estudios Alternativos, Río Piedras, 1995.

_____; "De posmodernismos antinacionalistas y otros pretextos satánicos"; Periódico *Claridad*, San Juan, abril, 1997.

Pabón, Carlos y Torrecilla, Arturo; "Ecologismo, ambientalismo y política", Revista *Piso   13*, Río Piedras, 199(2).

_____; "El capitalismo después del fin de la historia"; Revista *Bordes*, Grupo de Estudios Alternos, num.3, Río Piedras, 1996.

Palmer, R.R., *The Age of the Democratic Revolution: The Chalenge*; Editorial Princeton, New Jersey, 1969.

Patterson, Thomas C.; *Inventing Western Civilization*; Editorial *Monthly Review Press*, New York, 1997.

Paz, Octavio; *Corriente alterna*; Editorial *Siglo XXI*; Madrid, 1967.

Pellicani, Luciano; "La paradoja de la revolución"; *Los límites de la democracia*; Editorial *CLACSO*; Buenos Aires, 1985.

Pesutic, Sergio; *¿Fuerzas armadas? No, gracias*; Editorial *Tercera Prensa*, Santiago de Chile, 1992.

Pérez, Luis Alberto; "De los portones del cielo al paraíso perdido: la agonía y el éxtasis del intelectual finisecular"; *Revista Bordes* num. 2, Grupo de Estudios Alternativos, Río Piedras, 1995.

Pérez Petit, Víctor (comp.); *Los modernistas*; Editorial *Montevideo*, Montevideo, 1943.

Petras, James; "La izquierda contraataca"; Revista *Nueva Sociedad*; num.151, Caracas, sept.-oct., 1997.

Picó, Josep, ed.; *Modernidad y posmodernidad;* Editorial *Alianza*, Madrid,1992.

Picó, Fernando; "La constitución del narrador en los textos historiográficos puertorriqueños: algunos ejemplos"; Vega, Ana Lydia, Picó, Fernando, Gelpí, Juan G; *Historia y literatura;* Editorial *Postdata*, San Juan, 1995.

Pizzorno, Alessandro; "Sobre la racionalidad de la opción democrática"; *Los límites de la   democracia*; Editorial *CLACSO*; Buenos Aires, 1985.

Platón; *El político*; Instituto de Estudios Plíticos, Madrid, 1960.

Poblet, Fernando; *Contra la modernidad*; Ediciones *Libertarias*, Madrid, 1985.

Poster, Mark; "Foucault, el presente y la historia"; *Michel Foucault, filósofo*, Balbier, Deleuze, Dreyfuss y otros (Eds.) Editorial *Gedisa*, Barcelona,1990.

_____; *Foucault, el marxismo y la historia: Modo de producción versus Modo de información;* Editorial *Paidós*, Buenos Aires, 1987.

_____; *The Mode of Information: Postructuralism and Social Context*; Editorial *Chicago Press*, Chicago, 1990.

Poulantzas, Nicos; *Poder político y clases sociales en el Estado capitalista*; Editorial

Siglo XXI, México, 1974.

_____; *Estado, poder, socialismo*; Editorial *Siglo XXI*, México, 1979.

_____; *Para un análisis marxista del Estado;* Editorial *Pre-Textos*; Valencia, 1978.

Quijano, Aníbal; "Estado-nación, ciudadanía y democracia: cuestiones abiertas" en *Democracia para una nueva sociedad (Modelo para armar)*; Editorial *Nueva Sociedad*, Venezuela, 1997.

Radice, Giles; *Socialismo Democrático*; Editorial *Trillas*, México, 1966.

Ramos, Francisco José; "La crisis de la crítica"; Revista de Ciencias Sociales *Nueva Época*, Centro de Investigaciones Sociales, Universidad de Puerto Rico, recinto de Río Piedras, núm.5, junio, 1998.

Remotti, Francesco; *Estructura e Historia: La antropología de Lévi-Strauss;* Editorial *Redondo*, Barcelona, 1972.

Reyes Dávila; "La generación del sesenta: embarcos y derroteros: la estadidad radical"; Revista *Exégesis*; Colegio Universitario de Humacao, UPR, año 10, núm.30, 1997.

Reyes Mate, Manuel; "Ética y política" en *La integración y la democracia del futuro en América Latina*; Editorial *Nueva Sociedad*, Venezuela, 1997.

Ribas, José; "Del individualismo egoísta al hombre solidario: romanticismo libertario"; Revista *Ajoblanco*, octubre, 1992.

Rivera Nieves, Irma; "La posmodernidad, un chance de libertad"; *Polifonía salvaje: ensayos de cultura y política en la posmodernidad*; Editorial *Postdata*, San Juan, 1995.

_____; "Nacionalismo y posmodernidad"; *Polifonía salvaje: ensayos de cultura y política en la posmodernidad*; Editorial *Postdata*, San Juan, 1995.

Rivera Ramos, Efren; "Los Derechos Civiles: retos del presente y del porvenir"; Conferencia presentada ante el Instituto de Derechos Civiles de Puerto Rico, pp.2-4. (fotocopia).

Rodríguez Adrados, Francisco; *Historia de la Democracia: de Solón a nuestros días*; Editorial *Temas de Hoy*, España, 1997.

Rogalski, M.; "El auge de la fractura norte-sur: ¿es posible un gobierno global"; Revista *Nueva Sociedad*, num.132, Caracas, 1994.

Rojas Osorio, C.J.; *Foucault y el pensamiento contemporáneo*; Editorial de la Universidad de Puerto Rico, San Juan, 1995.

_____; "La crítica marxista del posmodernismo"; Revista de Ciencias Sociales *Nueva Época*, Centro de Investigaciones Sociales, Universidad de Puerto Rico, recinto de Río Piedras, núm.5, junio, 1998.

Román Rodríguez, G.; *Simulación de poder: crisis de gobernabilidad en Puerto Rico* (Tesis de Maestría), Depto. de sociología, Universidad de Puerto Rico, Río Piedras, 1994.

_____; "Crisis de gobernabilidad: el poder estatal como simulacro";

Revista *Bordes,* núm.3, Grupo de Estudios Alternos, Río Piedras, 1996.

Román, Madeline; *Estado y criminalidad en Puerto Rico: un abordaje criminológico alternativo*; Publicaciones Puertorriqueñas, San Juan, 1993.

_____; "Identidad y desidentificaciones: notas sobre lo político contemporáneo"; Ponencia presentada en el ciclo de conferencias *El estado actual de la intelectualidad en el contexto Cuba-Puerto Rico*, Universidad de Puerto Rico, Río Piedras, noviembre, 1996.

_____; "Discurso de la diferencia y justicia de multiplicidades: deconstruyendo las coordenadas del discurso del derecho igual"; Revista *Bordes,* num.3, Grupo de Estudios Alternos, Río Piedras, 1996.

_____; *Lo criminal y otros relatos de ingobernabilidad*; Publicaciones Puertorriqueñas, San Juan, 1998.

Romano, R., Tenenti A.; *Los fundamentos del mundo moderno*; Editorial *Siglo XXI*, México, 1961.

Rorty, Richard; ¿Cantaremos nuevas canciones?; *Izquierda: punto cero*; Editorial *Paidós Estado y Sociedad*; Barcelona, 1996.

Roy, Arundhati; *El final de la imaginación*; Editorial *Anagrama*, Barcelona, 1998.

Saborit, J.; "La imagen publicitaria"; Editorial *cátedra*, Madrid, 1988, en López Gil, M.; *Filosofía, modernidad y posmodernidad;* Editorial *Biblos,* Buenos Aires, 1993.

Sánchez Vázquez, Adolfo; "Posmodernidad, posmodernismo y socialismo", *Revista Casa de las Américas,* Año XXX, núm.135, La Habana, 1989.

Santa-Pinter, J.J.; *Los derechos civiles en Puerto Rico*; Editorial *Edil*; Río Piedras, 1973.

Sartori, Giovanni; ¿La izquierda? Es la ética; *Izquierda: punto cero*; Editorial *Paidós Estado y Sociedad*; Barcelona, 1996.

Sartre, Jean-Paul; *Las manos sucias*; Alianza Editorial, Madrid, 1995.

_____; "La constitución del desprecio"; *Colonialismo y neocolonialismo*; Editorial *Losada*; Buenos Aires, 1965.

Savater, Fernando; "El pensamiento Ilustrado"; *En torno a la postmodernidad;* Editorial *Anthropos,* Barcelona, 1991.

_____; "La humanidad en cuestión"; *La herencia ética de la ilustración* Editorial *Crítica*, Barcelona, 1991.

_____; "El mito de la crisis: una superstición ideológica" (fotocopia).

_____; *Diccionario filosófico;* Editorial *Booket,* Barcelona; 1997

Sawicki, Jana; *Disciplining Foucault: Feminism, Power and the Body*; Editorial *Routledge,* New York, 1991.

Scarano, Francisco; *Puerto Rico: cinco siglos de historia*; Editorial *McGraw Hill,*

México, 1993.

Schmitter, Philippe C.; "La transición del gobierno autoritario a la democracia en sociedades en proceso de modernización: ¿puede invertirse la proposición (y el pesimismo) de Gino Germani?"; *Los límites de la democracia*; Editorial *CLACSO*; Buenos Aires, 1985.

Scott, Joan W.; "Gender: A Useful Category of Historical Analysis"; *Gender and the Politics of History*; Editorial *Columbia University Press*, New York, 1988.

_____; "Experience"; *Feminists Theorize the Political;* Editorial *Routledge*, New York, 1992.

Serexhe, Bernhard; Deregulation/Globalisation: The Loss of Cultural Diversity?; (fotocopia)

Serrano Caldera, Alejandro; *El fin de la historia: reaparición del mito*; Editorial *13 de marzo*, La Habana, 1991.

Schmidt, H.; *Gobernabilidad: ¿sueño de la democracia?*(intro); Revista *Nueva Sociedad*, num.128.Caracas, 1993.

Shohat, E., "Notes on the post-colonial"; citada en Hall, Stuart; "When was the 'post-colonial'?: thinking at the limit"; en Chambers, I. y Curtis, L.; *The postcolonial question: common skies, divided horizons*, Editorial *Routledge*, New York, 1996.

Silén, Juan Ángel; *De la guerrilla cívica a la nación dividida;* Ediciones *Puerto Rico*, Río Piedras, 1972.

Silone, Ignacio; *La Escuela de los Dictadores*; Editorial *Losada*, Buenos Aires, 1939.

Singer, Linda; "Feminism and Postmodernism"; *Feminists Theorize the Political*; Editorial *Routledge*, New York, 1992.

Skidmore, Max J. y Carter Tripp, Marshall; *American Government: A Brief Introduction*; Editorial *St. Martin's Press*, New York; 1985.

Stockton, David; *The Classical Atenian Democracy*; Editorial *Oxford University Press*, New York, 1990.

Subirats, Eduardo; *Metamorfosis de la cultura moderna*; Editorial *Anthropos*, Barcelona, 1991.

Sweezy, P.M.; "The Theory of Capitalist Development" en Edwards, R.C., Reich, M. y Weisskopf, T.E.; *The Capitalsit System: A Radical Analysis of American Society*; Editorial *Prentice Hall*, Massachussetts, 1972.

Szasz, Thomas; "Las drogas como propiedad: el derecho que rechazamos"; *Nuestro derecho a las drogas*, Editorial *Anagrama*, Barcelona, 1994.

_____; "El mito de la enfermedad mental"; *Razón, locura y sociedad*; Editorial *Siglo XXI*, México, 1995.

Tapia González, Bernice E.; "¿El fin del trabajo? Debates sobre una mirada moderna, postindustrial y posmoderna"; Revista de Ciencias

Sociales *Nueva Época,* Centro de Investigaciones sociales, Universidad de Puerto Rico, recinto de Río Piedras, núm.5, junio, 1998.

Therborn, Gorán; "¿Existen verdaderamente (amenazas contra) las democracias?"; *Los límites de la democracia*; Editorial *CLACSO*; Buenos Aires, 1985.

The Staff, Social Science I (Eds.); *The People Shall Judge* I-II; Editorial *The University of Chicago Press*, Chicago, 1949.

Thiebaut, Carlos; "¿La emancipación desvanecida?; *La herencia ética de la ilustración* Editorial *Crítica*, Barcelona, 1991.

Torrecilla, Arturo; *El espectro posmoderno: Ecología, Neoproletario, Intelligentsia*; Publicaciones Puertorriqueñas, San Juan; 1995.

Torres Rivas, Edelberto; "Las aporías de la democracia al final del siglo" en *Democracia para una nueva sociedad (Modelo para armar)*; Editorial *Nueva Sociedad*, Venezuela, 1997.

Touraine, Alain; *Crítica de la modernidad*; Editorial *Temas de Hoy*; Madrid, 1993.

_____; *¿Qué es la democracia?*; Editorial *Temas de Hoy*; Madrid, 1994.

Trías Monge, J.; *Sociedad, Derecho y Justicia: discursos y ensayos*; Editorial de la Universidad de Puerto Rico, Río Piedras, 1986.

_____; "La crisis del derecho en Puerto Rico"; Revista Jurídica de la Universidad de Puerto Rico; Vol. XLIX, num.1, Río Piedras, 1980.

Valcárcel, A; "Sobre la herencia de la igualdad"; *La herencia ética de la ilustración*; Editorial *Crítica*, Barcelona, 1991.

Vatimmo, Gianni; *Más allá del sujeto;* Ediciones *Paidós*, México, 1992.

_____; *Creer que se cree*; Ediciones *Paidós*; Barcelona, 1996.

_____; "Postmodernidad: ¿una sociedad transparente?" en *En torno a la postmodernidad*; Editorial *Anthopos*, Barcelona, 1990.

_____; "El desencantamiento y la dispersión"; *Modernidad y política: izquierda, individuo y democracia;* Editorial *Nueva Sociedad*, Caracas, 1995.

Veca, S.; "Individualismo y pluralismo"; *Modernidad y política: izquierda, individuo y democracia;* Editorial *Nueva Sociedad*, Caracas, 1995.

_____; "La igual dignidad"; *Izquierda: punto cero*; Editorial *Paidós Estado y Sociedad*; Barcelona, 1996.

Vilar, Pierre; *Economía, Derecho, Historia: conceptos y realidades;* Editorial *Ariel*, Barcelona, 1983.

Villalobos, Joaquín; *Una Revoluciónb en la Izquierda para una Revolución Democrática*; Editorial *Arcoiris*, El Salvador, 1992.

Virno, Paolo; "Cuando la cultura es el centro de la producción, la vida es una gran puesta en escena"; Revista *Bordes*, núm. 2, Grupo de Estudios Alternos, Río Piedras, 1995.

Von Eckardt, Ursula M.; *The Pursuit of Happiness in the Democratic Creed: An Analysis of Political Ethics*, Editorial *Frederick A.Praeger*, New York, 1959.

Von Glasersfeld, Ernst; "El final de una gran ilusión"; *El final de los grandes proyectos*; Editorial *Gedisa*; Barcelona, 1996.

Wallerstein, Immanuel; *Después del liberalismo*; Editorial *Siglo XXI*, México, 1996.

Walzer, Michael; "La izquierda que existe"; *Izquierda: punto cero*; Editorial *Paidós Estado y Sociedad*; Barcelona, 1996.

Weiner, Mirón (Ed.); *Modernization: The Dynamics of Grouth*; Editorial Basic Books, Inc., New York, 1966.

Weinstein, J.; "The Corporate Ideal and the Liberal State" en Edwards, R.C., Reich, M. y Weisskopf, T.E.; *The Capitalsit System: A Radical Analysis of American Society*; Editorial *Prentice Hall*, Massachussetts, 1972.

Welsch, Wolfgang; "Topoi de la postmodernidad"; *El final de los grandes proyectos*; Editorial *Gedisa*; Barcelona, 1996.

Zincone, Giovanna; "El motor de los derechos"; *Izquierda: punto cero*; Editorial *Paidós Estado y Sociedad*; Barcelona, 1996.

www.ingramcontent.com/pod-product-compliance
Lightning Source LLC
Chambersburg PA
CBHW020654270326
41928CB00005B/112